Peter Joachim Lapp · Gefechtsdienst im Frieden –
Das Grenzregime der DDR

Peter Joachim Lapp

Gefechtsdienst im Frieden – Das Grenzregime der DDR

Bernard & Graefe Verlag Bonn

Hestellung und Layout: Walter Amann, München
Satz: DTP-Studio Ruf, Landshut
Reproduktionen: Repro GmbH, Ergolding
Druck und Bindung: Wiener Verlag, Himberg b. Wien
Printed in Austria

ISBN 3-7637-5992-1

Inhalt

Einleitung

Hunderte sind an den Grenzen der DDR ums Leben gekommen. Erschossen von Grenzsoldaten, getötet durch Minen, ertrunken an der Ostseeküste oder in Grenzgewässern.
Darüber hinaus wurden Hunderte durch Schußwaffengebrauch und Detonationen von Bodenminen und Selbstschußgeräten verletzt und so schwer getroffen, daß zum Teil bis heute Behinderungen blieben.
Zehntausende gerieten in Haft: »Ungesetzlicher Grenzübertritt« war das häufigste politische Delikt in der DDR.
Bürger, die die DDR »illegal« verlassen wollten, waren in den Augen der Verantwortlichen der SED/DDR letztlich Verräter an der Sache des (realen) Sozialismus, da sie ins Lager des Klassengegners überlaufen wollten und damit »den Imperialismus stärkten«.
Von Anfang an versuchte man, Flüchtlinge (diesen Begriff benutzte man offiziell nicht!) zu kriminalisieren: »Grenzverletzer« mußten bei Entdeckung/Festnahme nach § 213 DDR-StGB zuletzt mit bis zu acht Jahren Haft rechnen, – zum Beispiel dann, wenn es sich um einen »schweren Fall« handelte und sie ihren Versuch zusammen mit anderen, wiederholt und/oder mit Hilfsmitteln machten. Als »Ersttäter« kam man zumeist mit bis zu zwei Jahren Haft davon.
Grenzdienst in der DDR galt bis in die 80er Jahre hinein als **»Gefechtsdienst im Frieden«**, die Grenzsicherung wurde planmäßig betrieben und ständig vervollkommnet. Man entwickelte Praktiken, die menschenfeindlich waren, – in der äußeren wie in der inneren Grenzsicherung.
Die **äußere Grenzsicherung** betrieb man mit Hilfe von Grenzsicherungsanlagen, zeitweise – bis 1984/85 – mit Minen, immer mit Zäunen und Sperren (Mauern), bis April 1989 auch mit Schußwaffeneinsatz gegen »Grenzverletzer«.
Die **innere Grenzsicherung** war Bestandteil des Alltags überall in der Republik. Sie beinhaltete Anstrengungen der »Organe«, Fluchtvorhaben schon im Ansatz zu erkennen und zu vereiteln. Durch Bespitzelung der Bürger.
Teile der Volkspolizei, insbesondere im grenznahen Bereich und im Grenzgebiet selbst, sorgten dafür – unter Anleitung und Kontrolle des Ministeriums für Staatssicherheit –, daß potentielle »Grenzverletzer« bereits im Hinterland gestellt werden konnten.
Im Laufe der Jahrzehnte entwickelte die amtliche DDR bzw. ihre Grenzsicherungsorgane – Grenztruppen, Volkspolizei, Staatssicherheit und Zoll – Praktiken, die 90 von 100 »Grenzverletzern« zum Verhängnis wurden und zu ihrer Entdeckung führten.
Zwar nahm der »Druck auf die Grenze« zeitweise ab, weil sich DDR-Bürger über Drittstaaten oder bundesdeutsche diplomatische Vertretungen in den Westen absetzten, doch stieg die Zahl der »Grenzverletzer« in der zweiten Hälfte der 80er Jahre wieder an, weil immer mehr Menschen das Land verlassen wollten.
Die politisch Verantwortlichen dachten seit den 80er Jahren darüber nach, wie man künftig »Grenzverletzer« ohne Waffeneinwirkung festnehmen könne. Man entwarf

Pläne, Flüchtlinge mit Hilfe physikalischer Wirkungsmechanismen – etwa durch Lichtschranken und Laser – zu stellen.
Anschaffung und Wartung hätten die Kosten weiter in die Höhe getrieben. Kosten, die schon Mitte der 18er Jahre jährlich bei mehr als zwei Milliarden Mark lagen.
Zur DDR-Grenzsicherung fiel der Verantwortlichen immer etwas ein, Rechtsnormen (wenn man das so nennen will) dazu ergingen in laufenden Metern. An erster Stelle zu nennen ist das Grenzgesetz der DDR vom Frühjahr 1982 mit seinen Ausführungsbestimmungen.
In der praktischen Grenzsicherung spielten die sogenannten 101er-Befehle des DDR-Verteidigungsministers eine herausragende Rolle, ebenso die »Folgebefehle« des nachgeordneten Kommandos der Grenztruppen, seiner (drei) territorialen Grenzkommandos sowie der Grenzregimenter.
Dienstvorschriften (DV) der 18er Reihe bestimmten die alltägliche Grenzsicherungspraxis auf den Ebenen von der Grenzkompanie bis zum Grenzkommando. Dazu kamen Hunderte von weiteren Normen, in erster Linie Befehle des Chefs der Grenztruppen und seiner Unterstellten.
Überschaubar war das nur noch für Experten.
Wichtiger als die meisten der genannten Bestimmungen waren aber (weitere) Rechtsnormen, die das MfS erließ. Dieses Ministerium entwickelte eigene Grundsätze für die Grenzsicherung der DDR, die in ihrer Bedeutung nicht überschätzt werden können.
Offen und verdeckt tätige Mitarbeiter (Offiziere) des MfS garantierten ferner, daß die Gestaltung der praktischen Grenzsicherung seitens der Grenztruppen, der Volkspolizei und des Zolls nicht ohne Zutun des Mielke-Imperiums erfolgte.
Auffallend ist einmal die Vielzahl der Bestimmungen, zum anderen ihre »Wortgewaltigkeit«. Von der angestrebten Klarheit der Rechtsnormen blieb oftmals wenig zu erkennen, teils widersprachen sich sogar die Bestimmungen und/oder luden die beteiligten »Organe« zu Konkurrenzdenken und -handeln ein.

Tendenz: Das MfS hatte fast immer das letzte Wort.

Im Mittelpunkt des Buches steht die Grenzsicherungspraxis der DDR, in erster Linie die der 70er und 80er Jahre.
Vorgeschaltet ist den Kapiteln ein historischer Abriß der SBZ- und frühen DDR-Grenzsicherung.
Unterteilt wird nach der Grenzsicherung an der »Grünen Grenze«, also der Demarkationslinie, der innerdeutschen Grenze, der Zonengrenze oder der »Staatsgrenze West«, an der »Grauen Grenze« in und um die Stadt Berlin (West), und an der »Blauen Grenze«, also der Grenzsicherung an der Ostseeküste der DDR.
Formen der Grenzsicherung werden ebenso behandelt wie das Leben der Grenzbevölkerung.
Der Einfluß des MfS auf die DDR-Grenzsicherung wird in einem besonderen Kapitel berücksichtigt.
Die »Grenzüberwachung« an den DDR-Grenzen zu Polen und zur CSR/CSSR ist in knappen Umrissen nachgezeichnet.
Abschließend gibt das Buch einen Überblick zu den »Grenzprozessen« gegen Verantwortliche des Nationalen Verteidigungsrates, des SED-Politbüros und des Kommandos der Grenztruppen; zuvor werden die »Mauerschützenprozesse« gegen

(einfache) Grenzsoldaten vorgestellt. Wieder stehen die Grenzsicherungspraktiken bzw. deren gerichtliche Aufarbeitung im Zentrum des Interesses.
Grundlage der Arbeit sind Aussagen von Zeitzeugen, unter anderem von ehemaligen Offizieren und Soldaten der Grenztruppen, Unterlagen verschiedener Archive (Bundesarchiv-Militärarchiv/»Gauckbehörde«/SAPMO/Berliner Mauer-Archiv Hagen Koch) sowie Sach- und Fachbücher zum Thema (einschließlich Diplom-, Magister- und Staatsexamensarbeiten).

Das Buch verzichtet auf vorschnelle Schuldzuweisungen. Objektiv haben die Grenzsoldaten und -offiziere zwar einem Unrechtsregime gedient, jedoch haben sich die meisten von ihnen subjektiv nichts vorzuwerfen. Sie waren eingebunden in ein System, das seinen »Grenzern« im Frieden zumutete, auf Menschen zu schießen. Man gab den Grenzsoldaten eine Lizenz zum Töten, zu DDR-Zeiten brauchten sie sich vor Gericht nicht zu verantworten, die Vorgesetzten mußten bei ihren Berichten über »Schwere Grenzzwischenfälle« den Namen des Schützen nicht nennen. Und der betreffende Todesschütze konnte sogar seinen Namen ändern.
Das alles verriet das schlechte Gewissen der Partei- und Staatsführung. Wenn jemand schuldig wurde, dann vor allem diejenigen im SED-Politbüro, die für Sicherheitsfragen zuständig waren. Moralisch schuldig wurden freilich auch die, die sich den Zwängen und »Beauflagungen« der Grenztruppenführung nicht entzogen und es zuließen, daß die Schußwaffengebrauchsbestimmungen der DDR so waren, wie nach der Wende allgemein bekannt wurde: »Normal« konnte keine Bestimmung sein, die verpflichtete, »Grenzverletzer zu vernichten« …
Viele Grenztruppenangehörige haben das erst nach der Wende in der DDR erkennen können, – die Mehrzahl von ihnen ist froh, daß diese Periode zu Ende ist und die Grenzen in Deutschland verschwunden sind.

Den Opfern dieser Grenzen durch unser Land sei dieses Buch gewidmet.

Januar 1999 Peter Joachim Lapp

Grenzsicherung (GS) an der innerdeutschen Grenze

1. Anfänge der GS auf Grund alliierter Vereinbarungen 1945/46

Mehr als sieben Monate vor der Kapitulation der Deutschen Wehrmacht am 8. Mai 1945 einigten sich die USA, die UdSSR und Großbritannien in der »Europäischen Beratenden Kommission« über die Aufteilung Deutschlands in Besatzungszonen und Sektoren (Berlin): Das »Londoner Protokoll« vom 12. September 1944 (in Kraft getreten am 6. Februar 1945; Frankreich trat der Vereinbarung am 26. Juli 1945 bei) legte die künftige Demarkationslinie (DL) zwischen den (zwei) westlichen Alliierten und der Sowjetischen Besatzungszone (SBZ) fest.
Diese DL sowie die Sektorengrenzen in Berlin sollten lediglich verwaltungsmäßige Trennungslinien darstellen, die grundsätzlich durchlässig bleiben mußten. Gemäß »Londoner Protokoll« verlief die DL von Lübecker Bucht im Norden entlang der (alten) Landesgrenzen von Schleswig-Holstein und Mecklenburg, danach folgte die Grenzlinie den ehemaligen Landes- bzw. Provinzgrenzen zwischen Hannover und Braunschweig (später: Niedersachsen) auf der einen Seite und denen der preußischen Provinz Sachsen und des Landes Anhalt (später: Sachsen-Anhalt) auf der anderen Seite, und folgte dann der West- und Südgrenze Thüringens sowie der Südgrenze Sachsens bis zur deutsch-tschechoslowakischen Grenze von 1937[1].
Die DL hatte eine Länge von knapp 1.400 km und sollte – bei kleineren Korrekturen der Alliierten und der Deutschen – für viereinhalb Jahrzehnte als »Interzonengrenze«, »Zonengrenze«, »Staatsgrenze (West)« und/oder »Innerdeutsche Grenze« Bestand haben.

Nach der deutschen Kapitulation schufen die Alliierten in Berlin mit Wirkung vom 30. August 1945 einen »Kontrollrat«, der die oberste Regierungsgewalt in Angelegenheiten, die Deutschland als Ganzes betrafen, werden sollte[2].
Der »Alliierte Kontrollrat« erließ schon 1945 erste Regelungen zum Personen- und Güterverkehr über die DL bzw. zwischen den Besatzungszonen des besiegten Deutschlands. Grundsätzlich war es von Anfang an verboten, ohne Genehmigung der jeweiligen Besatzungsmacht die DL zu überschreiten oder deutsches Territorium zu verlassen. Die Beschränkung der Freizügigkeit war Ausfluß alliierter Siegerrechte und allen Deutschen auferlegt. Hunderttausende hielten sich allerdings nicht an diese Auflagen und wechselten 1945/46 ohne Genehmigung ihren Lebens- und Arbeitsbereich. Besonders viele Deutsche verließen die SBZ und siedelten sich in den Westzonen an, – allein von Oktober 1945 bis Ende Juni 1946 kamen mehr als 1,5 Millionen Einwohner der sowjetischen Zone in die britische Besatzungszone[3].
Am 30. Juni 1946 wurde deshalb – auf sowjetischen Wunsch – ein Kontrollratsbeschluß zur Sperrung der Zonengrenze/DL erlassen. Jeder künftige Verkehr über die DL sollte nunmehr auf der Grundlage von »Kontrollratsdirektiven« geregelt werden.

Den sogenannten »Kleinen Grenzverkehr« regelte die Direktive Nr. 42, den privaten Reiseverkehr zwischen den Besatzungszonen Deutschlands die Kontrollratsdirektiven Nr. 43 (vom 29. Oktober 1946) und Nr. 49 (vom 23. April 1947). Danach durften die DL (legal) überschreiten,

- wer im Besitze einer einmaligen, in der Regel auf 14 Tage befristeten Interzonenreisegenehmigung war;
- wer einen Interzonenpaß besaß, der sechs Monate Gültigkeit hatte;
- wer eine offizielle Zuzugsgenehmigung für eine andere Besatzungszone besaß;
- wer einen sogenannten Grenzausweis oder eine entsprechende Genehmigung für den »Kleinen Grenzverkehr« vorweisen konnte[4].

Bis in den Spätherbst 1946 wurde auf östlicher Seite die DL ausschließlich von Soldaten der Sowjetarmee überwacht, die auch den Verkehr kontrollierten.
Die DL war 1945/46 kaum deutlich markiert, gelegentlich existierte allerdings auf der Ostseite schon ein Drahtzaun[5], außerdem gab es Hinweistafeln auf die Zonengrenze.
Entsprechend russischer Befehle begannen die SBZ-Länderinnenministerien bzw. Landespolizeibehörden zwischen dem 21. und dem 27. November 1946 damit, eine »Grenzpolizei« aufzubauen, deren Gesamtstärke zunächst bei knapp 2.600 Mann lag. Diese verteilten sich auf eine Landgrenze von insgesamt 2.236 km Länge (DL 1.381 km, Grenze zu Polen 460 km, zur CSR 385 km)[6]. Damit kamen – unter Berücksichtigung der Diensteinteilung – auf 6 bis 15 km Länge der Grenze nur eine Grenzstreife bzw. ein Einzelposten zum Einsatz[7]. Mit diesen geringen Kräften ließ sich allenfalls eine Grenzüberwachung, nicht aber eine GS herstellen.
Zu diesem Zeitpunkt befanden sich auch in den Westzonen schwache Grenzpolizei- und Zollkräfte im Aufbau: In Niedersachsen seit dem 25. September 1945 und in Bayern seit dem 15. November 1945 (Zollgrenzdienst) sowie in Hessen seit dem 3. Mai 1946 (Grenzpolizei).
Die Alliierten hatten sich auf die Bildung einer Grenzpolizei auf Länderebene schon Ende 1945 verständigt; eine Direktive des Kontrollrats (Nr. 16 vom 6. November 1945) erwähnte ausdrücklich (auch) eine »Grenzpolizei« im Zusammenhang mit Fragen der (allgemeinen) Bewaffnung deutscher Polizeikräfte[8].
Diese Grenzpolizei sollte nicht zentral auf Besatzungszonenebene, sondern dezentral – in jedem (Bundes-)Land – aufgestellt werden. Dagegen verstießen die Verantwortlichen in SMAD von Anfang an. Sie bildeten – zunächst verdeckt und in der Praxis mit Widersprüchen im Organisationsaufbau – eine SBZ-Grenzpolizei. Denn eine durch einen geheimen SMAD-Befehl ins Leben gerufene »Deutsche Verwaltung des Innern« (DVdI) erhielt ab August 1947 die Auflage, »die Grenzpolizei zu einer einzigen Körperschaft zusammenzufassen.« Und diese DVdI ergriff damit die Initiative zur Zentralisierung der Grenzpolizei[9] und zur Koordination aller SBZ-Polizeikräfte. DDR-Staatsrechtler meinten dazu in den 80er Jahren:

»Mit ihrem Befehl vom 30. Juli 1946 über die Bildung der Deutschen Verwaltung des Innern (DVdI) ermöglichte es die SMAD, die polizeiliche Arbeit über die Grenzen der Länder und Provinzen hinaus einheitlicher zu lenken, enger zu koordinieren und allmählich zu einer zentralen Führung der Volkspolizei überzugehen[10].«

Das war nicht rechtens und widersprach den gesamtalliierten Vereinbarungen von 1945/46. Nicht die Etablierung einer Grenzpolizei in der SBZ war illegal, wohl aber deren Zentralisierung …

2. Grenzüberwachung und GS 1945 bis 1949

Schon im Herbst 1946 wurden von den sowjetischen Einheiten, die die DL bewachten, gelegentlich deutsche Polizeikräfte zur Unterstützung herangezogen. So jedenfalls in Thüringen[11].

Seit November 1946, verstärkt seit März/April 1947, zogen sich sowjetische Soldaten von der DL zurück und überließen es den neuen deutschen Grenzpolizeiformationen, die Grenze zu sichern. Man ging allerdings auch noch einige Zeit gemeinsam auf Grenzwacht; darüber gab es dann in der Folge allerlei »Geschichten« von einer frühen »Waffenbrüderschaft« zwischen Grenzpolizisten und Sowjetsoldaten in den »schweren Jahren des Anfangs[12]«.

Der »legale« interzonale Reiseverkehr und der Güteraustausch (mit Warenbegleitscheinen) wurde an festgelegten Übergangsstellen abgewickelt. Für den Eisenbahnverkehr gab es Übergangspunkte in Herrnburg, Schwanheide, Oebisfelde, Marienborn, Ellrich, Wartha und Gutenfürst; für den Straßenverkehr in Herrnburg, Klein Grabenstadt, Oebisfelde, Marienborn, Ellrich, Kirchgandern, Wartha, Höhnbach, Probstzella und Heinersgrün; für den Binnenschiffsverkehr Übergangstellen in Dömitz und Buchhorst[13].

Das Passieren der DL war, wie angeführt, an Genehmigungen der Alliierten geknüpft. Aber unzählige Menschen überquerten 1945/46 illegal die DL von Ost nach West (und umgekehrt). Hundertausende waren auf der Suche nach Verwandten, nach Arbeit und Nahrung. Selbst DDR-Militärhistoriker mußten einräumen, daß zu den »Grenzverletzern« in diesen Jahren »auch ehrliche Menschen gehörten, die nur Angehörige oder Arbeit suchten, während des Krieges verlagertes persönliches Gut zurückführen oder dem Hunger entgehen wollten[14]«.

Aber auch tatsächliche und angebliche Bedrohungsängste des Ostens kamen verstärkt auf oder wurden propagiert: Die Rede war von »gedungenen Terroristen, Agenten und Spionen«, die die DL in jener Zeit überschritten (oder überschreiten wollten), um im Auftrage westlicher Geheimdienste Unruhe unter der Bevölkerung zu stiften[15].

Mehr ins Gewicht fielen Schmuggler, die aus persönlicher Habsucht das Wirtschaftsgefälle zwischen West und Ost nutzten:

»Unzählige große und kleine Schieber und Spekulanten nutzten die Nachkriegssituation aus, um sich durch Schwarzhandel persönlich zu bereichern. So schmuggelten sie z.B. Glas-, Porzellan- und Steingutwaren aus Thüringen sowie Textilien aller Art aus Sachsen nach dem Westen …[16]«

Zu diesen »Textilien« gehörten auch »Seidenstrümpfe« aus mitteldeutscher Fabrikation, die in Rucksäcken nach Bremen, Bremerhaven und Hamburg geschafft

wurden, um dagegen Fisch einzutauschen. Der Zug, der diese »Schmuggler« dann zurück in die Nähe der Zonengrenze brachte, wurde als »Heringsexpreß« bezeichnet. Für diesen Fisch konnte man beispielsweise in Nordhausen (Thüringen) »alles haben«. Auch den bis heute berühmten »Nordhäuser Korn«, der wiederum im illegalen »Kleinen Grenzverkehr« von Ost nach West als Zahlungsmittel eingesetzt wurde und notfalls auch zur Bestechung russischer Wachposten verwendet werden mußte[17].
Die Gefahr der Festnahme an der Grenze blieb in den Jahren 1945/46 gering. Wenn man gefaßt wurde, kam man zumeist mit einem kurzzeitigen Kellerkarzer davon; die russischen Wachposten verhielten sich gegenüber Grenzübertretern vielfach menschlich:

»Solange die Russen noch die Grenze bewachten, trauten sich die Menschen leichter, diese zu negieren ...[18]«

Ortskundige wechselten schon einmal die DL, um im Nachbarort auf der »anderen Seite« Verwandte und Bekannte zu besuchen, Festlichkeiten zu begehen, Alteigentum zu besichtigen oder um günstig einzukaufen bzw. zu tauschen. Auch im Westen wurde man für diese illegalen Grenzübertritte – wenn man erwischt wurde – bestraft. Viele Grenzbewohner stellten sich in diesen Jahren bis zur völligen Absperrung der DL auch als »Schlepper« zur Verfügung und verdienten mit dem Schleusen von »Grenzverletzern« Geld.
Mit dem Auftauchen ostdeutscher Grenzpolizisten an der DL wurde die Situation für die oben genannten Personenkreise unübersichtlicher und gefährlicher. Die Bewachung der DL durch Deutsche hatte nicht nur strengere Kontrollen an der Grenze zur Folge, diese Kräfte der neuen deutschen Grenzpolizei gingen auch dazu über, das Hinterland der DL stärker zu kontrollieren. Die Folge: Die Festnahmezahlen stiegen steil an. Dennoch: In den Jahren 1945/46/47 konnte man sich als »Grenzverletzer« bei einigem Geschick sich seiner Sache recht sicher fühlen, – mehrheitlich entging man einer Kontrolle bzw. einer zeitweiligen Verhaftung.
Der Grenzdienst auf östlicher Seite wurde 1946/47 in der Regel gemeinsam von deutschen und russischen Grenzposten durchgeführt; die neuen deutschen Grenzpolizeiformationen wurden an der DL und entlang der übrigen Grenzen nach Plänen der sowjetischen Besatzungsmacht stationiert[19]. Zunächst brachte man die (ost-)deutschen Grenzpolizisten zumeist in Privatquartieren, bei Bauern oder in Gasthöfen, unter. Gemeinschaftsunterkünfte konnten erst später errichtet werden.
Sowjets und deutsche Kommunisten in der SED achteten darauf, der neuen Grenzpolizei nur zuverlässige Leute zuzuführen, die sich bereits auf Orts-, Kreis- und Landesebene im allgemeinen Polizeidienst bewährt hatten. Dieser Personenkreis war harten Belastungen ausgesetzt, es fehlte an Ausrüstung, Ernährung und vernünftigen Nachrichtenverbindungen. 1946/47 besaß die Grenzpolizei in keinem SBZ-Lande Dienstfahrräder, Pferdegespanne, Reitpferde oder Diensthunde, es gab nur wenige fahrbereite Lkw, Pkw und Kräder. Die Grenzpolizisten rückten oft in »Räuberzivil« an die Grenze, ein Teil des Personals trug Uniform- und Zivilkleidungsstücke kombiniert, versehen mit einer Armbinde. Die Bewaffnung setzte sich aus alten deutschen Karabinern und Pistolen zusammen; dazu gab es – aus sowjetischen Beutebeständen – auch italienische und polnische Handfeuerwaffen. Daneben wurden veraltete sowjetische Gewehre und Pistolen ausgegeben; die Munition war äußerst knapp bemessen[20].

Bis zum Inkrafttreten spezieller Dienstanweisungen/Instruktionen im Jahre 1947 galten in der Grenzpolizei die Bestimmungen der Schutzpolizei.
Bei ihrer Gründung Ende 1946/Anfang 1947 wurden der Grenzpolizei folgende Aufgaben gestellt:

- entsprechend den Weisungen der sowjetischen Besatzungsmacht und gemeinsam mit den zum Grenzdienst eingesetzten sowjetischen Truppen die DL und die Grenzen der SBZ zu überwachen, den grenzüberschreitenden Verkehr in geordnete Bahnen zu lenken und illegale Grenzüberschritte nicht zuzulassen;
- für Ruhe und Ordnung im Grenzgebiet zu sorgen, Banden zu bekämpfen, nach Kriegs-, Nazi- und sonstigen Verbrechern zu fahnden;
- die illegale Aus- und Einfuhr von Waren und anderen Wirtschaftsgütern sowie jeglichen Schmuggel und Schwarzhandel zu unterbinden[21].

Die sowjetische Besatzungsmacht hatte mit SMAD-Befehl Nr. 05 vom 8. Januar 1946 den Handel mit den Westzonen gestattet. Nach den Bestimmungen des »Potsdamer Abkommens« von August 1945 war das besetzte Deutschland als wirtschaftliche Einheit zu behandeln, – »Interzonenhandel« damit möglich. Die vertragliche Grundlage dieses Handels war allerdings häufigen Änderungen ausgesetzt, alle Besatzungsmächte gaben zwischen 1945 und 1948/49 nur kurzfristigen Vereinbarungen ihre Zustimmung. Insgesamt muß der Interzonenhandel als stark fremdbestimmt bezeichnet werden: Politisch motivierte Eingriffe, die vor allem in der SBZ häufig von der Sorge der Besatzungsmacht um die zu erbringenden Reparationsleistungen geprägt waren, belasteten die Möglichkeiten des Warenaustausches. Zwar versuchten Kaufleute in Ost und West, an die traditionellen Handelswege in Deutschland anzuknüpfen, doch sank das Volumen des Handels, nicht zuletzt wegen der politischen Eingriffe und der damit verbundenen Unsicherheit: »Grauer und Schwarzhandel dürfte das offizielle Austauschvolumen im Interzonenhandel um ein mehrfaches übertroffen haben[22].«
Obwohl die neue Grenzpolizei anfangs keine grenzfachliche Ausbildung hatte, gelang es ihr im Laufe des Jahres 1947 immer öfter, illegale Warenschieber festzusetzen bzw. Waren zu beschlagnahmen. Zusammenhängende Statistiken wurden damals noch nicht geführt, DDR-Militärhistoriker berichteten aber z.B. in den 70er Jahren stolz davon, daß die Grenzpolizei allein an der DL Thüringens 1947 über 165.000 Personen »beim illegalen Grenzübertritt festgenommen« hätte. Und an der gesamten DL der SBZ wurden im 2. Halbjahr 1948 226.300 Menschen »zeitweilig« als Grenzverletzer festgesetzt; im 1. Halbjahr 1949 waren es mehr als 256.000 Personen[23]. Damit setzte die Grenzpolizei in den Jahren 1947 bis 1949 pro Jahr rund eine halbe Million Menschen zeitweise fest und überstellte sie zur Bestrafung der allgemeinen Polizei oder entließ die betreffenden Personen nach einer Personalfeststellung – oft bei Beschlagnahmung mitgeführter Gegenstände – wieder in Freiheit.
Im August 1947 erließ der Oberkommandierende der sowjetischen Streitkräfte in Deutschland, Sowjetmarschall W. Sokolowskij, »Richtlinien für die Organe der deutschen Polizei zum Schutz der Demarkationslinie in der sowjetischen Okkupationszone Deutschlands«. Diese bildeten in der Folge die Grundlage für entsprechende (ost-)deutsche Bestimmungen der Grenzpolizei bzw. zur GS der SBZ/DDR.

Die »Richtlinien« legten fest, daß die Grenzpolizei von den Sowjets angeleitet und ausgestattet wurde; praktisch ergab sich eine sehr enge Anbindung, die kaum Platz für eigenständiges Handeln deutscher Stellen ließ.
An der DL/Grenze stehende »Polizeiangehörige« wurden verpflichtet,

- jegliche Art von Grenzübertritt und Übertritt der DL zur SBZ und zurück, egal von wem, nicht zuzulassen;
- Personen, die an irgend einer Stelle – außer an den speziell festgesetzten Übergangspunkten – versuchen, die Grenzen und DL zu übertreten, festzunehmen und zur Grenzkommandantur zu bringen sind;
- Eigenmächtigkeiten und Grobheiten der örtlichen Bevölkerung gegenüber zu vermeiden sind[24].

Sodann enthielten die »Richtlinien« genaue Auflagen über »Festnahme und Registrierung der Grenzübertreter«. Diese hatten sich einer Leibesvisitation zu unterziehen und verblieben – bis zur Personalüberprüfung durch die Sowjets bzw. die SBZ-Landes- und Polizeibehörden – in Gewahrsam der Grenzpolizeikommandantur. Nach 48 Stunden war der Festgenommene »einer weiteren Untersuchung« zuzuführen oder »mit einer Geldstrafe von 50–200 Reichsmark« zu belegen (und zu entlassen). SBZ-Einwohner, die als »Grenzübertreter« erwischt wurden und eine Bestrafung erhielten, überstellte man der Polizei ihres ständigen Wohnortes. Andere, also Einwohner der Westzonen, wurden über die Grenzübergangspunkte/DL abgeschoben (sofern keine Bestrafung vorgesehen war). Für die meisten SBZ-Einwohner, die als »Grenzübertreter« registriert wurden, blieb es bei einem »Vermerk« seitens der allgemeinen Polizei in »ihren Registrierkarten«; weitere Folgen waren in jenen Jahren eher die Ausnahme.
Nach § 20 der »Richtlinien« vom 23. August 1947 konnten schon damals Grenzpolizeiangehörige in den folgenden Fällen von der Waffe Gebrauch machen:

- bei einwandfreiem Überfall auf den Posten, Kommandantur oder Kommando;
- **bei Flucht von Grenzübertretern und Übertretern der Demarkationslinie**, wenn andere Möglichkeiten der Festnahme erschöpft sind (Anruf, Warnschuß in die Luft);
- bei Flucht von Zwangsgestellten und Transportgefangenen.

Über den Waffengebrauch war Bericht zu erstatten, eine Untersuchung des Vorgangs folgte.
Von der Schußwaffe wurde in jener Zeit nur sehr selten Gebrauch gemacht, – in den allermeisten Fällen konnte eine Festnahme ohne Waffeneinsatz erfolgen. Und diejenigen, die damals als Grenzpolizisten dienten, kamen auch von sich aus kaum auf die Idee, die Waffe gegen »Grenzverletzer« bzw. »Grenzübertreter« zu benutzen. Auch Vorgesetzte orientierten zu dieser Zeit noch nicht auf einen Schußwaffengebrauch an der Grenze. Wenn Waffengebrauch erfolgte, war das bis in die frühen 50er Jahre die absolute Ausnahme[25].
Dagegen kam es im Jahre 1948/49 zu mehreren ernsten Zwischenfällen an der DL, bei denen »Banden« aus dem Westen in Erscheinung traten oder westalliierte Soldaten beteiligt waren. Diese Vorfälle sind heute kaum noch rekonstruierbar und die Schuld lag wohl nicht nur auf einer Seite; Schußwaffengebrauch führte jedoch zu den ersten Toten und Verletzten. Aus gegebenem Anlaß erließ die DVdI Ende 1948 einen geharnischten Befehl an die Grenzpolizei, »bei Schiessereien von den westli-

chen Besatzungszonen her« nicht mit »wilder und planloser Erwiderung des Banditenfeuers vom Westen her« zu antworten, was offensichtlich in der Vergangenheit öfter der Fall war[26].
Eine gewisse Gereiztheit stellte sich im Verlaufe des Jahres 1948 auch an der DL ein, da die ehemaligen Siegermächte und Alliierten des Zweiten Weltkrieges in Deutschland zunehmend auf Distanz gingen. So kam es nicht nur in und um Berlin wegen der Blockade 1948/49 zur Verschärfung des »Grenzregimes«, sondern auch an der DL. Am 1. April 1948 hatte die SMAD – nach Auszug des sowjetischen Vertreters aus dem »Alliierten Kontrollrat« – neue Bestimmungen für den Verkehr zwischen Berlin und den Westzonen erlassen, die den ungehinderten Zugang zur ehemaligen Reichshauptstadt erschwerten. So wurden unter anderem nunmehr für die Ausfuhr von Waren der drei Westmächte aus Berlin »Freigabebescheinigungen« verlangt; außerdem entstand mit dem 1. April 1948 ein sogenannter »Ring um Berlin«, den eine deutsche Polizeiformation im Auftrag der Sowjets zu überwachen hatte[27].
Ab Juli 1948 verlangte die SMAD für Westbesuche in der SBZ zusätzlich zu den bereits erforderlichen Papieren noch eine besondere »Aufenthaltsgenehmigung« der örtlichen Polizeibehörden.
Der Verkehr und seine Kontrolle über die DL wurde durch diese Maßnahmen arbeitsintensiver und komplizierter.
Auf Anweisung der Sowjets konzentrierte sich die Grenzpolizei zunehmend auf die DL und deren »Schutz«, – die Zeiten der bloßen »Überwachung« gehörten ab 1948 der Vergangenheit an. Damit einhergehend verstärkte man die personelle Ausstattung der Formationen, im April 1948 zählte die Grenzpolizei bereits mehr als 9.000 Angehörige[28].
Zeitgleich setzten die Verantwortlichen die Zentralisierung der Grenzpolizei fort: In der DVdI schuf man im August 1948 eine »Hauptabteilung Grenzpolizei/Bereitschaften«, mit Wirkung vom 15. November 1948 unterstellte man die Grenzpolizei (und die Polizeibereitschaften) direkt der DVdI. Auch auf westalliierte Vorhaltungen hin kehrte man aber im Juli 1949 noch einmal zu einer modifizierten Unterstellung der Grenzpolizei unter SBZ-Länderhoheit zurück: die neue »Hauptabteilung Grenzpolizei« in der DVdI besaß gegenüber den in den Ländern wiederentstehenden Abteilungen der Grenzpolizei nur hinsichtlich des operativen Einsatzes und der Koordinierung im Zonenmaßstab Weisungsrecht. Diese nochmalige und halbherzig betriebene Dezentralisierung der Grenzpolizei sollte dann mit Ablauf des Jahres 1950 endgültig enden[29].
1948/49 konnte mit der Gemeinschaftsunterbringung der Grenzpolizisten begonnen werden, jetzt begann auch durchgehend eine intensive grenzfachliche Ausbildung.
Grenzpolizisten hatten sich seit 1948 in der Regel für drei Jahre zu verpflichten. Seit der 2. Hälfte des Jahres 1948 konnte man die Grenzpolizei vollständig und einheitlich mit Schützenwaffen ausrüsten, ab 1949 erhielten die Grenzbereitschaften und -kommandanturen zum Teil je einen Lkw und Pkw sowie die Grenzkommandos zwei bis drei Fahrräder[30].
Die Grenzpolizei der SBZ umfaßte Mitte 1949 rund 10.000 Mann, die – auch hinsichtlich ihres Kräfteeinsatzes an der DL – weiter eng von der Sowjetarmee geführt wurde.
Die SED sicherte sich durch Schaffung von »Polit-Kultur-Organen« (= Politoffizieren) zusätzlichen direkten Einfluß in den Formationen und achtete weiterhin

darauf, der Grenzpolizei bevorzugt politisch überprüfte Leute zuzuführen. Allerdings stieg die Zahl der Desertionen dennoch ständig an.
An der Grenze bzw. DL selbst standen ab August 1949 sogenannte 38-Mann-Kommandos im Einsatz, die ab September 1949 dazu übergehen konnten, einen 8-Stunden-Grenzdienst einzuführen (vorab: 12 Stunden)[31].

Primitive Grenzanlagen – mit Schlagbäumen und einfachen Stacheldrahtzäunen gesichert, Grenzposten, deren Patrouillengänge berechenbar waren (nicht zuletzt wegen der oftmals privaten Unterkunft der »Grenzer«), und – nicht zu vergessen – auch gefälschte »Passierscheine«, – all' das machte die DL/Zonengrenze zwar nicht wirklich durchlässig[32], ließ aber »Grenzverletzern« eine gute Chance, unentdeckt zu bleiben. Der verstärkte »Schutz« der DL durch erhöhten Personaleinsatz der SBZ-Grenzpolizei und die professioneller werdende GS insgesamt machte »illegale« Grenzübertritte risikoreicher. Aber noch war die »Grüne Grenze« an der DL zwischen SBZ und den Westzonen nicht unüberwindlich, vor allem Leute mit Ortskenntnissen konnten sie ohne größere Gefahren für Leib und Gut überqueren.

3. GS der jungen Republik: Die Jahre 1949 bis 1955

Mit Gründung der DDR am 7. Oktober 1949 wurde die Grenzpolizei zum »Grenzschutzorgan« des neuen Staates und alsbald als »Hauptabteilung Grenzpolizei« Teil der »Hauptverwaltung Deutsche Volkspolizei« in den entstehenden neuen Staatsapparat eingefügt. Für eine Übergangszeit blieb bis Ende 1950 die formelle Anbindung an die (fünf) Länder bestehen; mit Wirkung vom 1. Januar 1951 waren alle Grenzbereitschaften fachlich, personell und dienstaufsichtsmäßig beim DDR-Ministerium des Innern (MdI) angesiedelt worden[33].
Seit Anfang Januar 1950 hatte die Grenzpolizei des damaligen Landes Mecklenburg auch die Überwachung der Ostseeküste bzw. der Drei-Meilen-Zone sowie die Kontrolle der Hafeneinfahrten übertragen bekommen. Dazu erging am 14. September 1950 eine »Instruktion für die Grenzpolizei Nord zum Schutz der Ostseeküste der DDR», die folgende Auflagen der GS enthielt:

- Bewachung der Küste und Territorialgewässer gegen das Eindringen bewaffneter Banden, Spione, Diversanten, Schmuggler und anderer feindlicher Elemente;
- Kampf gegen alle Arten des Schmuggels sowie Schutz der Bevölkerung und der Fischer;
- Überwachung des Schiffsverkehrs bzw. der dafür erlassenen Gesetze und Bestimmungen[34].

Die Angehörigen der Grenzbereitschaften Nord setzten sich – neben neu eingestellten Kräften – aus bewährten Unterführern und Offizieren der Schutz-, Transport- und Wasserschutzpolizei des Landes zusammen; für die seemännische Ausbildung entstand in Ribnitz eine »Bootsschule«[35].

Mit Wirkung vom 10. Juni 1950 übertrug das Nachfolgeorgan der SMAD, die (neue) »Sowjetische Kontrollkommission« (SKK), Grenzsicherungsorganen der jungen Republik die »Durchführung von Kontrollaufgaben an den Grenzkontrollpassierpunkten«. Die Kontrolle des Personen- und Güterverkehrs der Alliierten und sonstiger ausländischer Staaten oblag aber weiterhin den sowjetischen Streitkräften/Organen.
In den Grenzpolizeikommandanturen und den »Kontrollpassierpunkten« (KPP) waren seit Anfang 1950 »Grenzkriminalpolizeikräfte« geschaffen worden.
Diese aus bisherigen Ermittlungsabteilungen der Grenzpolizei hervorgegangenen »Grenzkriminalisten« sollten aus der Masse der »Grenzverletzer« diejenigen herausfinden, die »direkt für den Gegner arbeiteten oder mit kriminellen Handlungen die DDR schädigen wollten«. Insbesondere suchte man »Schieberware« und Zahlungsmittel.
Die Grenzkriminalpolizei-Stellen in den Kommandanturen und in den KPP bestanden aus einem Leiter, seinem Stellvertreter und sechs Kriminalisten; eine weibliche Kriminalistin führte die Fahndungskartei.
Mit Wirkung vom 1. Dezember 1952 löste man diese Einrichtungen aber wieder auf, da die Anzahl der an der DL festgenommenen Personen – nach Einführung der Sperrmaßnahmen im Mai 1952 – stark zurückgegangen war[36].

Im April 1950 verabschiedete die (provisorische) Volkskammer der DDR ein »Gesetz zum Schutze des innerdeutschen Handels«, das eine relativ umfassende Kontrolle des Warenverkehrs mit der Bundesrepublik sowie von und nach Berlin (West) festschrieb. In Durchführung des Gesetzes erging per 1. November 1950 eine Bestimmung, wonach künftig nur noch bestimmte KPP für den Waren- und Fahrzeugverkehr zugelassen waren: Zwei KPP für den Waren- und Fahrzeugverkehr zwischen der Bundesrepublik und Berlin (West), fünf KPP zwischen der (inneren) DDR und Berlin (West) und neun KPP für den Verkehr zwischen der DDR und Berlin (Ost).
Die DDR-Seite wollte damit unkontrollierte Warenbewegungen von der DDR über Ost- nach West-Berlin verhindern sowie ein Umgehen von Kontrollen – noch immer möglich wegen des »dünnmaschigen Streifennetzes der Grenzpolizei« – unterbinden. Angeblich waren im 1. Halbjahr 1950 von der Grenzpolizei mehrere Hundert Tonnen Lebensmittel, 100.000 Stück Oberbekleidung und rund 20.000 Paar Strümpfe – unter anderem –, die illegal von Ost nach West verbracht werden sollten, sichergestellt worden[37].
Ab Januar 1951 bzw. ab August 1952 oblag es einem »Amt für Kontrolle des Warenverkehrs« bzw. einem »Amt für Zoll und Kontrolle des Warenverkehrs« (AZKW), Güter/Waren, die ein- oder ausgeführt werden sollten, an den KPP zu kontrollieren[38]. Dabei blieb es bis zum Ende der DDR (durch den »Zoll der DDR«).
Die Grenzabfertigungsanlagen und Kontrollstellen zu beiden Seiten der DL befanden sich Anfang der 50er Jahre in einem provisorischen Zustand, in aller Regel waren es Behelfsbauten (Baracken), die an den Übergangspunkten in aller Eile errichtet worden waren. Erst Jahre später ging die DDR-Seite dazu über, dauerhafte, große Abfertigungsanlagen zu bauen, die in den 80er Jahren schließlich riesige Ausmaße annahmen. Dagegen blieben die »Grenzbauten« auf westlicher Seite überschaubar und eher bescheiden, – nicht zuletzt deshalb, weil man den Verkehr zwar kontrol-

lierte und registrierte, nicht aber komplizierte und zeitaufwendige Ein- und Ausreiseverfahren einführte.
Die schlichte Einfachheit der frühen KPP der DDR schockierte selbst Anhänger des Regimes. So berichtete z.B. die »National-Zeitung« der NDPD Anfang Oktober 1950 unter ihrer Rubrik »Nationales Forum« entsetzt von Zuständen am KPP Herrnburg (Mecklenburg):

»Welches Bild gewinnt ... der westdeutsche interzonenpaßbewehrte Besucher von der ersten Station in der Deutschen Demokratischen Republik? Zunächst wartet er in der Grenzkommandantur in einem Raum, der mehr einer Zelle, als einem Warteraum gleicht, auf die Paßabfertigung. Die Wände sind kahl und frostig. Fußboden ist nicht da, nur Sand ... Holzbänke ohne Rückenlehne, alte ausgediente Gartenstühle. Das ist alles. Wo in der ganzen Republik gibt es einen ähnlichen Wartesaal? Wir kennen keinen anderen. Aber ausgerechnet hier an der Zonengrenze, da wartet man mit so etwas auf. Hat der Reisende die Paßabfertigung hinter sich, geht es zum Bahnhof. Dort fällt ihm ein HO-Kiosk auf ... Aber so einen HO-Kiosk haben wir in der ganzen Republik nicht! Kramladen übelster Sorte. Verschimmelte Seife neben Drops; Zwirn neben Butterkeks. Was Nahrhaftes möchten Sie zu essen haben? Ja, bitte hier eine Riesenbüchse Bratheringe. 35,– DM. Ist das etwa typisch für unsere HO-Läden? Repräsentiert man so vielleicht die Verbesserung unserer Lebenslage? Natürlich kauft niemand die Büchse Heringe für 35,– DM ...[39]«

Diese Tristesse der KPP konnte die amtliche DDR nie völlig abschaffen, – in den 50er Jahren waren die Abfertigungsumstände und das unmittelbare Umfeld erbärmlich primitiv.
Verängstigt und verunsichert wurden die Interzonen-Reisenden an den KPP zusätzlich durch ein vielfach unfreundliches bis abweisendes Verhalten der DDR-Grenzorgane, die auch vor Willkürhandlungen nicht zurückschreckten. Zwar bemühte sich die Partei- und Staatsführung von SED und DDR immer einmal wieder darum, die Grenzabfertigung humaner zu gestalten, doch verfiel man bis in die 80er Jahre hinein stets in kraß obrigkeitsstaatliches Verhalten: Ein- und Ausreisende wurden an den DDR-Grenzen selten zuvorkommend, schnellstmöglich und berechenbar abgefertigt, sondern häufig umständlich, zeitaufwendig und nicht durchschaubar. Die DDR zeigte an ihren Grenzen, in den KPP, oftmals ihr häßlichstes Gesicht.
Allein von Oktober 1949 bis zum März 1950 wurden mehr als 150.000 Menschen an den DDR-Grenzen (zeitweise) festgenommen, weil sie gegen irgendwelche Bestimmungen verstoßen hatten. Auch der Schußwaffengebrauch – immer noch die Ausnahme – forderte vermehrt Opfer: Vom 1. Juli 1949 bis zum 31. Dezember 1950 starben 30 Menschen an den Grenzen der SBZ/DDR, darunter auch einige Grenzpolizisten. 65 Personen wurden verletzt[40].
Von Anfang an, auch wenn das nicht immer aus Dokumenten hervorging, orientierten Sowjets und deutsche Kommunisten in der SED die Grenzpolizei vor allem darauf, die Fluchtbewegung in den Westen zu unterbinden. Eben das gelang zunächst nur unvollständig, denn Hunderttausende überquerten die »Grüne Grenze«, also die DL, und die Sektorengrenzen in der Vier-Mächte-Stadt Berlin in Richtung Westen:

1949 129.345 Personen,	1951 165.648 Personen
1950 197.788 Personen,	1952 182.393 Personen[41].

Die geplante Einbindung der Bundesrepublik in die westliche Verteidigungsallianz (EVG) mußte offiziell dazu herhalten, im Frühjahr 1952 die DL zu sperren. Entsprechend sowjetischer Auflagen (SKK) ging man nunmehr daran, eine wirkliche Grenzsicherung (GS) der DL vorzunehmen.
Ab 16. Mai 1952 unterstellte man die – so jetzt die amtliche Bezeichnung – **»Deutsche Grenzpolizei«** (DGP) dem Ministerium für Staatssicherheit (MfS) der DDR und gliederte damit die rund 20.000 Angehörigen aus dem MdI aus; künftig leitete eine »Hauptverwaltung Deutsche Grenzpolizei« im MfS die Formationen, die nunmehr endgültig aus dem allgemeinen Bestand der Volkspolizei ausschieden und von nun an als »selbständiger Zweig der bewaffneten Organe« der DDR betrachtet wurden[42].
Die SKK wies die SED bzw. die DDR-Behörden an, zunächst einmal die KPP für »Passierscheininhaber« der Kontrollratsdirektive Nr. 42 (»Kleiner Grenzverkehr«) zu schließen. Damit konnten beispielweise Beschäftigte, die im Westen wohnten und im Osten arbeiteten, nicht mehr die DL überqueren.
Wichtiger als diese Auflage waren jedoch Weisungen der Russen, an der DL durchgängig ab sofort eine

5-km-Sperrzone

zu schaffen, die wie folgt aufgegliedert sein sollte:

10-m-Schutzstreifen,
500-m-Schutzstreifen,
5-km-Streifen (Ausweiszone).

Den »deutschen Genossen« gingen zu den einzelnen Punkten genaue Richtlinien zu, die diese in eigene Rechtsvorschriften umsetzen mußten[43].
Im Zusammenhang damit ergingen »Weisungen der SKK an das ZK der SED über ein neues Regime an der Demarkationslinie«, die mit den folgenden Feststellungen begannen:

»Um den Kampf gegen gegnerische Agenturen, Diversanten und andere aus Westdeutschland in die DDR geschickte feindliche Elemente sowie gegen den auf Untergrabung der Wirtschaftslage der DDR gerichteten Schmuggel wirksam führen zu können, wird die Errichtung eines besonderen Regimes an der DL zwischen der DDR und Westdeutschland und im Küstengebiet ab 22. Mai 1952 vorgesehen[44].«

Sodann wird der DDR-Regierung »nahegelegt«, Beschlüsse zur Einführung des neuen Grenzregimes zu fassen.
Über grundsätzliche »Beschlüsse aus Moskau«, die auch die Errichtung eines Grenzregimes enthielten, war die SED-Parteiführung schon am 14. April 1952 von der SKK unterrichtet worden[45]. Abgesegnet wurden die Grenzauflagen der Sowjets dann während der Politbüro-Sitzung am 13. Mai 1952[46].

Hinsichtlich der GS war in erster Linie eine

Polizeiverordnung über die Einführung einer besonderen Ordnung an der Demarkationslinie

des MfS von Bedeutung, die am 27. Mai 1952 in Kraft trat[47]. Die wichtigsten Festlegungen lauteten:

§ 1: Die entlang der DL zwischen der DDR und Westdeutschland festgelegte Sperrzone umfaßt einen 10 m breiten Kontrollstreifen unmittelbar an der DL, anschließend einen etwa 500 m breiten Schutzstreifen und dann eine etwa 5 km breite Sperrzone.
§ 2: Die Bestimmungen über den kleinen Grenzverkehr sind ab sofort aufgehoben. Die DL darf nur mit gültigem Interzonenpaß an den vorgesehenen Kontrollpunkten der Deutschen Grenzpolizei passiert werden.
§ 3: Für Personen, die im Sperrgebiet wohnen, werden ab sofort keine Interzonenpässe mehr ausgegeben. Für Personen, die in Westdeutschland wohnen, werden für das Sperrgebiet keine Aufenthaltsgenehmigungen mehr erteilt. Die Einreise in das Sperrgebiet mit Interzonenpaß oder Visum ist mit sofortiger Wirkung verboten.
§ 4: Das Überschreiten des 10-m-Kontrollstreifens ist für alle Personen verboten. Personen, die versuchen, den Kontrollstreifen in Richtung DDR oder Westdeutschland zu überschreiten, werden von den Grenzstreifen festgenommen. Bei Nichtbeachtung der Anordnung der Grenzstreifen wird von der Waffe Gebrauch gemacht.

Die MfS-»Polizeiverordnung«, insgesamt 16 Paragraphen, legte weiter fest, daß alle Bewohner der 5-km-Sperrzone sich bei der Volkspolizei zwecks Registrierung zu melden haben; die Personalausweise erhielten einen »Stempel«, der dem Bürger die «Wohnberechtigung« in der Sperrzone gab. DDR-Bürger, die in der 5-km-Sperrzone arbeiteten – und im Hinterland wohnten – hatten ab sofort zeitlich befristete Ausweise für den Aufenthalt im Sperrgebiet zu beantragen.
Andere, die in die Sperrzone vorübergehend einreisen wollten, hatten »Passierscheine« zu beantragen und sich strengen Meldepflichten bei der VP zu unterziehen.
Innerhalb des 500-m-Schutzstreifens – generell unter verschärfter Erlaubnispflicht was die Wohnberechtigung betraf – war der Aufenthalt außerhalb von Wohnungen/Häusern nur von Sonnenaufgang bis Sonnenuntergang gestattet.
Das öffentliche Leben wurde eingeschränkt, bauliche Veränderungen bedurften nunmehr der Genehmigung der Grenzpolizei. Diese konnte auch die Wege/Straßen vorschreiben, die von den Bürgern benutzt werden mußten.
»Unzuverlässige Elemente« im Grenzsperrgebiet wurden in den folgenden Wochen, teils unter dramatischen Begleitumständen unter Anwendung von Gewalt, ausgesiedelt und ins Innere der DDR verbracht. Rund 12.000 Menschen waren davon betroffen[48]; eine spätere Rückkehr wurde gestattet, war aber selten.
Bezüglich der DDR-GS schuf die Grenzpolizei ab Ende Mai 1952 die Grundlagen für eine totale Absperrung: Traktoren begannen schon in den Morgenstunden des 27. Mai damit, einen 10 m breiten Kontrollstreifen zu pflügen. Forstarbeiter rodeten Bäume/Sträucher an diesem Streifen, Farbkolonnen brachten weiße Streifen an Bäumen in Waldgebieten (in der Nähe des 10-m-Kontrollstreifens) an; ebenso an der 500-m-Schutzstreifenbegrenzung und an der 5-km-Linie eingangs des Sperrgebiets. Außerdem wurden Schilder gesetzt, an der 5-km-Linie wurde damit begonnen, Schlagbäume aufzustellen. Die Kommandoleiter der Grenzpolizei erhielten die notwendigen »Stempel, Registrierbücher und Passierscheine«, die nunmehr auf Grund der »Polizeiverordnung« zur Abwicklung der beschlossenen Maßnahmen gebraucht wurden.

Die eigentliche GS der Grenzpolizei erfolgte zunächst weiter vorwiegend direkt am 10-m-Kontrollstreifen und im 500-m-Schutzstreifen, – weniger im 5 km breiten Sperrgebiet. Bei letzterem reichten die Kräfte nicht aus.
Das neue DDR-Grenzsperrgebiet umfaßte mehr als 500 Ortschaften/Städte mit insgesamt mehr als 345.000 Einwohnern.
Die »Grenzbevölkerung« reagierte auf die Maßnahmen nicht durchweg positiv wie die Verantwortlichen glauben machen wollten.
Unter dem Datum des 29. Mai 1952 berichtete beispielsweise die »Grenzbereitschaft Halberstadt« davon, daß schon mit »der Aussiedlung der negativen Elemente aus der 500-m- und 5-km-Zone begonnen« wurde, die (übrige) Zivilbevölkerung aber teils beunruhigt sei, weil Gerüchte verbreitet würden, »daß die gesamte Bevölkerung aus beiden Zonen ausgesiedelt wird.« Negative Diskussionen seien größtenteils von den Arbeitern zum Ausdruck gebracht worden, die »in der Westzone gearbeitet haben gemäß Direktive 42 (damit war die alliierte Kontrollratsdirektive über den »Kleinen Grenzverkehr« gemeint; der Verf.) und im Augenblick ohne Arbeit sind, so z.B. in der Ortschaft Hötensleben[49]«.
Widerspruch gegen die »Polizeiverordnung« gab es auch seitens der Grenzpolizisten, die diese als »Willkürmaßnahme« bezeichneten. SED und MfS sorgten dafür, daß solches Verhalten geahndet wurde[50].
Die Sperrmaßnahmen des Mai 1952 waren mit der Abriegelung von Eisenbahnstrecken, von Straßen und Wegen verbunden. Im Ergebnis sollten es 32 Eisenbahnlinien, 3 Autobahnen, 31 Bundes- bzw. Fernstraßen, 80 Landstraßen 1. Ordnung, etwa 60 Landstraßen 2. Ordnung sowie Tausende öffentliche und private Wirtschafts-Wege sein, die unterbrochen wurden als Folge dieser Maßnahmen[51].
Dieses, die DDR-seitige Absperrung der DL mit Weghindernissen und Schlagbäumen, die Schaffung von Wachtürmen und Beobachtungsstellen an der DL, die Erlaubnispflicht für Aufenthalte im Grenzgebiet, die Registrierung und Kontrolle der »Grenzbevölkerung« und – nicht zuletzt – die Aussiedlung »negativer Elemente« aus der neuen Sperrzone erleichterten in der Folge die GS der DDR bzw. der Grenzpolizei wesentlich. Und der »Druck auf die DL« ließ in den nächsten Monaten/Jahren spürbar nach, da diejenigen, die der DDR den Rücken kehren wollten, den (Flucht-)Weg über die Sektorengrenzen in Berlin wählten.
»Grenzverletzer«, die die Grenzpolizei festnehmen konnte, mußten ab Mitte 1952 mit bis zu zwei Jahren Haft oder mit Geldstrafe bis zu 2.000 DM rechnen[52].
Wegen der erweiterten Aktivitäten der Grenzpolizei stockte die Partei- und Staatsführung von SED und DDR die Formationen um etwa 10.000 Mann auf[53].
Um die Grenzpolizei (auch) bei der GS zu unterstützen, nahmen ab 1. Juni 1952 sowjetische Generale und Offiziere der KGB-geleiteten Grenztruppen der UdSSR ihren Dienst als »Berater« auf und verblieben bis zum 30. September 1958 in den Einheiten[54].
Am 9. Juni 1952 übertrugen die Verantwortlichen ihr neues Regime auch auf die Grenze der DDR zu Westberlin und auf die Seegrenze; an der Küste – nicht zu Westberlin – entstand analog zur DL eine 5-km-Schutzzone[55].
Um Erschwernisse im Alltag der »Grenzbevölkerung« abzumildern, entschloß sich die DDR-Regierung zur Gewährung von Lohn-, Gehalts- und Rentenaufbesserungen: Werktätige bekamen im Sperrgebiet 15 Prozent mehr Lohn und Gehalt, Rentner 10 DM monatlich mehr, Handwerker und freie Berufe durften mit 10 bzw.

15 Prozent Steuerminderung rechnen. Bauern wurde ein geringeres Ablieferungssoll auferlegt[56].
Viele dieser Maßnahmen blieben grundsätzlich bis zum Ende der DDR in Kraft. Sie sollten die »Moral« der »Grenzbevölkerung« stützen und ein Gefühl des Auserwähltseins schaffen: Die führende SED sah es als eine Art Auszeichnung an, im Grenzgebiet wohnen zu dürfen.

Aus der »Grenzbevölkerung« rekrutierten sich seit Sommer 1952 »freiwillige Helfer der Grenzpolizei« (GPH), die in ihren Ortschaften Ausschau nach Fluchtwilligen halten sollten. Am 25. August 1952 wurden erstmals mehr als 500 GPH im Streifen- und Beobachtungsdienst eingesetzt.
Später bestimmten »Richtwerte«, wieviele Grenzeinwohner eines Gebiets, eines Dorfes oder einer Stadt als »Helfer« gewonnen werden mußten: Zwischen sechs und neun Prozent[57].
Im Laufe der Jahre fügte man die »Helfer« fest in die DDR-GS ein und bildete z.B. ab Juni 1958 auch Helfergruppen »in der Tiefe des Grenzgebiets«. Tausende waren ab Mitte der 50er Jahre im Einsatz, zeitweise organisierten übereifrige Funktionäre in Uniform ganze »Grenzhelferdörfer«, um die »Verbundenheit« der Grenzbevölkerung zur Grenzpolizei/GS zu beweisen[58]. GPH leisteten bis zu 60 Stunden im Monat unentgeltlich Dienst, vor allem abends und an Feiertagen sowie in der Haupturlaubszeit. Obwohl die DDR-GS mit Einführung der Sperrmaßnahmen vom Mai 1952 im Sinne der Verantwortlichen erleichtert wurde und die Annäherung der »Grenzverletzer« an die DL schwieriger werden sollte, weil die Gefahr des Entdecktwerdens zunahm, konnte die Grenzpolizei und ihre »Helfer« bis weit in die späten 50er Jahre hinein DL-Übertritte von Ost nach West nicht vollständig unterbinden. Zwar erließ die »Hauptverwaltung Deutsche Grenzpolizei« im MfS »Instruktionen« zur GS mit Auflagen, wie diese künftig durchgeführt werden sollte, doch haperte es bei der Umsetzung: Längst nicht alle »Grenzpolizeibereitschaften« (= Grenzregimenter) konnten die Forderungen der Zentrale sogleich umsetzen, dazu fehlte es an Ausbildung und Personal, vielleicht auch gelegentlich am Willen.

Auch das verstärkte Ausbringen von Stacheldrahtzäunen an der DL stellte kein unüberwindliches Hindernis für Menschen dar, die in den Westen flüchteten. Erste Signalgeräte, noch recht primitiv, erhöhten die Anzahl der entdeckten Fluchten, doch konnten viele »Grenzverletzer« die DL dennoch überqueren. »Hinterhaltsposten«, getarnte Streifen/Posten, Patrouillen/Alarmgruppen der Grenzpolizei, wurden eingeführt/eingesetzt, hatten aber (noch) nicht die Wirkung, die man sich von ihnen versprach. Und deshalb konnte es vorkommen, daß am hellichten Tag Ortskundige die DL in Richtung Westen unerkannt überwinden konnten und dabei auch »Hab und Gut« mitführten. Aus einem Bericht der »Hauptverwaltung Deutsche Grenzpolizei« über die Flucht eines Bauern Anfang 1953:

Bereich des Kommandos Haselhorst/Bereitschaft Gardelegen

»Es wurde festgestellt, daß es dem Großbauern Sch. gelang, am hellichten Tage, und zwar in den Vormittagsstunden zwischen 9.00 und 10.00 Uhr, ohne von der Grenzpolizei bemerkt zu werden, mit einem Traktor, drei Pferden und zwei gummibereiften Wagen, beladen mit Hausrat, die Republikflucht durchzuführen.«

Die gelungene Flucht führte zu einer Untersuchung unter Beteiligung von Kräften der SKK, die eine ganze Reihe von Mängeln auflistete: Einmal wurde eine »schablonenhafte Dienstdurchführung« des Kommandos festgestellt und nur »Streifen und Standposten« eingesetzt (und das seit Wochen und Monaten), zum anderen kritisierten die Untersuchungsorgane fehlende Signalanlagen und Beobachtungstürme an der DL und hielten das politische Klima in der Grenzortschaft für schlecht (unter den 280 Einwohnern befanden sich 52 Mitglieder der LDP), schließlich »entdeckten« sie eine »mangelnde Zusammenarbeit« mit den sowjetischen Einheiten, die im Grenzdienst standen[59].
Nach dem Tode von W. J. Stalin im März 1953 und dem Volksaufstand am 17. Juni 1953 setzte in der DDR eine kurzzeitige Liberalisierung ein, die auch Auswirkungen auf die GS hatte.
1953/54 erleichterten die Behörden zeitweise die Ein- und Ausreise sowohl zwischen der DDR und Westdeutschland (und umgekehrt) als auch in die Grenzsperrgebiete. Am 16. November 1953 verzichteten die Westalliierten auf den Interzonenpaßzwang und die UdSSR ihrerseits auf die »Interzonenreiseangelegenheiten«. Das MdI der DDR gab eine »Anordnung über die Regelung des Interzonenreiseverkehrs« heraus, die aus fünf Paragraphen bestand:

§ 1 – Für Reisen aus der DDR nach Westdeutschland –
1. Interzonenpässe kommen nicht mehr zur Ausgabe.
2. Die in § 2 Abs. 2 der Verordnung vom 29. Oktober 1953 über die Ausgabe von Personalausweisen der DDR (GBl. S. 1090) festgelegten Personalbescheinigungen berechtigen zum Passieren der Kontrollpassierpunkte an der Demarkationslinie.
§ 2 – Für die Einreise in die DDR aus Westdeutschland –
Zur Einreise in die DDR an den vorgeschriebenen KPP sind keine Interzonenpässe erforderlich, es genügt der amtliche Personalausweis und die Vorlage einer Aufenthaltsgenehmigung des Rates des Kreises des zu besuchenden Ortes. Die Aufenthaltsgenehmigung kann von den Angehörigen oder Bekannten, die der Einreisende aufzusuchen beabsichtigt bzw. bei Dienst- oder Geschäftsreisen von Dienststellen oder Organisationen beantragt werden.

DDR-Bürger, die ihren Staat also zeitweise legal verlassen wollten und dazu die Erlaubnis erhielten, mußten ihren Personalausweis abgeben und erhielten für die Westreise eine »Personalbescheinigung«. Diese bezeichneten die Behörden als **»PM 12 a«**.
Davon zu unterscheiden war eine Bescheinigung »PM 12«, die z.B. diejenigen erhielten, die im Verdacht standen, »Republikflucht« begehen zu wollen. Dieses Papier, versehen mit einem roten Querstrich, beschränkte die Beweglichkeit/Freizügigkeit von DDR-Bürgern im Innern des Staates erheblich. Vielfach durften PM-12-Inhaber ihren Heimatkreis nicht verlassen.

Die zeitweilige Liberalisierung betraf sowohl die DL, den »Ring um Berlin« als auch die Seegrenze, also das gesamte Grenzregime der DDR. So schaffte man an der Küste die Mitte 1952 eingeführte 5-km-Schutzzone wieder ab; 1961 führte man allerdings eben diese erneut wieder ein.
An der DL selbst brachte eine »Anordnung über die Neuregelung der Maßnahmen an der Demarkationslinie zwischen der DDR und Westdeutschland« vom 18. Juni 1954

der »Grenzbevölkerung« eine Reihe von Erleichterungen: Die Ein- und Ausreise von DDR-Bürgern und Westdeutschen in das Sperrgebiet wurde verbessert bzw. wieder eingeführt, der Zuzug ins Grenzgebiet möglich, die Meldepflichten variiert und weniger streng gefaßt, die Veranstaltungsverbote gelockert und der erlaubte Aufenthalt außerhalb der Wohnungen erweitert.
Am »Ring um Berlin« eröffnete man neue KPP, die den Personen- und Berufsverkehr beschleunigten und vereinfachten.
Allerdings nahm die DDR die Erleichterungen 1956, spätestens aber 1961 wieder zurück. In der Zwischenzeit verkaufte die herrschende SED die Maßnahmen als »großes Entgegenkommen« an den Westen und als Zeichen ihrer Friedenspolitik[60].
In jenen Jahren stellten die Behörden in der Tat noch relativ großzügig auch Westreisegenehmigungen aus: 1956 konnten z.B. rund 2,5 Millionen DDR-Bürger und Ostberliner das Bundesgebiet besuchen; 1958 waren es dagegen nur noch 700.000[61].

Etwa zeitgleich mit der vorübergehenden Liberalisierung war die »Deutsche Grenzpolizei« nach dem 17. Juni 1953 aus dem zum »Staatssekretariat für Staatssicherheit« degradierten Bereich herausgelöst worden und bildete nun im MdI eine selbständige »Hauptverwaltung«. Aber nicht auf Dauer: Zum 1. April 1955 erfolgte die Rücküberstellung in den DDR-Staatssicherheitsapparat[62].
Am 8. Juli 1954 erhielt die Grenzpolizei den Befehl Nr. 53/54 des DDR-Innenministers, der vorsah, die »Bewachung des Aussenringes des Wismutsperrgebietes« zu übernehmen[63].
Die WISMUT, eine sowjetisch-deutsche Aktiengesellschaft und »Staat im Staate«[64], besorgte die Förderung von Uran für die UdSSR. Die Gebiete im Süden der DDR waren zum Teil hermetisch von der Außenwelt abgeschottet, die Ein- und Ausreise erfolgte über besondere KPP mit Sondergenehmigung. Ab 1955/56 übernahmen Bereitschaftspolizei und später die Volkspolizei (Betriebsschutz) die Überwachung der Sperrgebiete.
In der Grenzpolizei dienten 1953 (September) rund 25.000 Mann. Davon standen gut 13.000 »Grenzpolizisten« an der DL und über 5.000 Angehörige am »Ring um Berlin«; die übrigen »Grenzer« taten an der Grenze zur CSR und zu Polen Dienst oder befanden sich in der Ausbildung, in rückwärtigen Einrichtungen und an der Küste der DDR[65].
Das SED-Politbüro beklagte auf seiner Sitzung am 21. November 1953 die mangelhafte personelle Ausstattung der Grenzpolizei und stellte beim Mannschaftsbestand ein Defizit bis zu 25 Prozent fest, »wodurch eine Kontinuität des Dienstes an der Grenze und am Berliner Aussenring gestört wird[66]«.
Im Jahre 1954 zählte man mehr als 30.000 Grenzpolizeiangehörige. Und in den Einheiten wurden im Laufe des Jahres »vorläufige« Innendienstvorschriften und Disziplinarordnungen eingeführt, die denen der »Kasernierten Volkspolizei« (KVP) entsprachen.
Die Ausrüstung war im Jahre 1954 modernisiert worden, sowjetische Schützenwaffen jüngeren Datums konnten angeschafft werden. Im Juli 1955 entschloß die Partei- und Staatsführung zur Aufstellung »Innerer Truppen« (der Volkspolizei); zugleich wurde eine weitgehende Militarisierung der Grenzpolizei eingeleitet. Schon auf dem 23. Plenum des ZK der SED im April 1955 wurde darauf orientiert, künftig auch einen mehr oder weniger militärischen Schutz der DL/Grenze durch die

Grenzpolizei sicherzustellen[67]. Angedacht und/oder geplant wurde in diesem Zusammenhang die Anschaffung von mittelschweren Infantriebegleitwaffen, von Artillerie und selbst von Panzern.
Walter Ulbricht informierte am 11. Juli 1955 den sowjetischen »Statthalter« in der DDR, Sowjetbotschafter G. M. Puschkin, von den geplanten Beschlüssen der Sicherheitskommission des ZK der SED. Der 1. Sekretär des ZK der SED eingangs:

»Angesichts der wachsenden Bedeutung der Fragen der inneren Sicherheit und der Verteidigung der Grenzen unserer Republik haben wir den Beschluß über die Schaffung der Inneren Truppen in der DDR und über die Reorganisation unserer Grenzpolizei zu **Grenztruppen** gefaßt. Zeitweilig werden die Grenztruppen weiterhin den Namen ›Polizei‹ tragen, aber sie werden eine militärische Organisation besitzen und gemeinsam mit den Inneren Truppen unter dem Befehl des Staatssekretärs für Staatssicherheit stehen[68].«

Die Parteiführung hatte, entsprechend sowjetischen »Wünschen«, Ende 1955 beschlossen, die Grenzpolizei »zur schlagkräftigen und jederzeit kampfbereiten militärischen Truppe zu entwickeln[69]«.
Offiziell auf Grund des »Staatsvertrages« über die Beziehungen zwischen der DDR und der UdSSR vom 20. September 1955, der am 6. Oktober 1955 in Kraft trat, erhalten die Verantwortlichen in Ostberlin die Souveränität, (auch) ihre Grenzüberwachung selbst vorzunehmen (mit Ausnahmen, die näher geregelt wurden). Übereinstimmung zwischen der DDR und Moskau wurde unter anderem über folgende Punkte erzielt:
1. Die DDR übt die Bewachung und Kontrolle an den Grenzen der DDR, an der DL zwischen der DDR und der »Deutschen Bundesrepublik«, am Außenring von Groß-Berlin, in Berlin sowie auf den im Gebiet der DDR liegenden Verbindungswegen zwischen der Bundesrepublik und Westberlin aus
2. Die Kontrolle des Verkehrs von Truppenpersonal und Gütern der in Westberlin stationierten Garnisionen Frankreichs, Englands und der USA, zwischen der Bundesrepublik und Westberlin wird zeitweilig bis zur Vereinbarung eines entsprechenden Abkommens vom Kommando der Gruppe der sowjetischen Truppen in Deutschland ausgeübt. Dabei wird der Verkehr … zugelassen:
a) auf der Autobahn Berlin – Marienborn,
b) auf der Eisenbahnlinie Berlin – Helmstedt (bei Zurückführung des leeren Transportraumes auf der Eisenbahnlinie Berlin – Oebisfelde),
c) auf den Luftkorridoren Berlin – Hamburg, Berlin – Bückeburg, Berlin – Frankfurt am Main[70].

Am 22. Oktober 1955 übergaben sowjetische Einheiten der Grenzpolizei der DDR die »Sicherungsaufgaben» an der Oder-Neiße-Grenze zu Polen. Am 1. Dezember 1955 ging die Bewachung aller »Staatsgrenzen« der DDR (einschließlich der am Außenring von Berlin) auf die Grenzpolizei über. Nur die Bewachung der Sektorengrenzen in Groß-Berlin erfolgte – wegen des Vier-Mächte-Status der Stadt – ausdrücklich **nicht** durch die Grenzpolizei, sondern durch die »Deutsche Volkspolizei«.
Aus gegebenen Anlaß (?) wurden die »Organe« der Grenzpolizei angewiesen, »die Teilnehmer des Grenzverkehrs an den festgelegten Kontroll-Passierpunkten höflich und korrekt zu behandeln[71]«.

Sowjetische Offiziere verblieben in **den** KPP, die westalliiertes Personal benutzte (von und nach Westberlin); vorerst kontrollierten die Sowjets auch noch Ausländer auf den Zugangswegen von und nach Berlin, die nicht den westalliierten Streitkräften angehörten (ab 5. Dezember 1956 hatten dann alle Ausländer beim Passieren der KPP zur Ein- und Ausreise gültige Visa der DDR vorzuweisen).
Ab Dezember 1955 bzw. 1956 kontrollierten also allein DDR-Grenzsicherungsorgane – mit der genannten Ausnahme der westalliierten Militärpersonen – die Grenzen/DL. Das wurde von den Verantwortlichen in der DDR dankbar aufgenommen und als Ausfluß ihrer Souveränität aufgefaßt. Doch die Sowjets hielten immer, solange es die DDR gab, ein wachsames Auge auf die GS. Wirklich selbständig konnte Ostberlin erst in den 80er Jahren verfahren.
Auf Beschluß des DDR-Ministerrats vom 24. November 1955 bekam das bisherige »Staatssekretariat für Staatssicherheit« (SfS) im MdI der DDR wieder den Status eines selbständigen Ministeriums[72]. Teil dieses Hauses blieb (zunächst) die »Hauptverwaltung Deutsche Grenzpolizei«.

4. Militarisierung der Grenzpolizei und GS von 1956 bis 1961

Die seit Oktober 1952 mit militärischen Dienstgraden versehenen »Grenzpolizisten« erhielten Mitte der 50er Jahre eine verstärkte fachliche und politische Ausbildung, die sie nach Meinung ihrer Vorgesetzten befähigte, ihre Aufgaben besser wahrzunehmen. Alle grenzsichernden Einheiten wurden bis 1955/56 mit modernen russischen Schützenwaffen ausgerüstet, erhielten Nachrichtentechnik, Fahrzeuge (Kräder/PKW/LKW) und gingen dazu über, die Grenze »pioniermäßig« zu verstärken. Es entstanden vermehrt Gräben, Hindernisse aller Art, es wurden Signaleinrichtungen montiert, Beobachtungstürme gebaut, Unterstände ausgehoben, die GS wurde insgesamt beweglicher und »variantenreicher«.
Für die Grenzpolizei blieben auch nach dem 1. Dezember 1955 die Westgrenze/DL und der »Ring um Berlin« Schwerpunkte der GS[73]. Die Hauptrichtung der »Grenzverletzer« war nicht mehr der »Grenzdurchbruch« über die »Staatsgrenze West«, die DL, sondern der Weg über die noch offenen Sektorengrenzen in Berlin. Obwohl in der täglichen Praxis der Grenzpolizei die Fluchtverhinderung von DDR-Bürgern Hauptinhalt aller Aktivitäten war, versuchten die SED-Verantwortlichen zunehmend, sich auch auf eine **militärische** GS zu orientieren. Dafür fehlten allerdings zunächst die Mittel, Waffen und Gerät.
Aber von der amtlichen Aufgabenstellung her war die neue GS schon von anderer Qualität als die bisher praktizierte. Die Grenzpolizei sollte künftig befähigt werden, folgende Aufgaben zu lösen:

- ☐ Die unmittelbare Sicherung und Verteidigung der Land- und Seegrenzen der DDR gegen alle Grenverletzungen und Provokationen;
- ☐ die Niederschlagung von in das Grenzgebiet einbrechender bewaffneter Gruppen des Gegners mit eigenen Mitteln;

- die Verhinderung eines überraschenden Angriffs des Gegners;
- die Vernichtung eingedrungener Kräfte des Gegners im Zusammenwirken mit der Nationalen Volksarmee bzw. die standhafte Verteidigung der Staatsgrenze[74].

Ein durchgehender militärischer Aufbau und die Berücksichtigung militärischer Erfordernisse sollten zur Grundvoraussetzung eines neuen Systems der GS werden. Aber das war leichter verkündet, als getan. Erst einmal gaben es die materiellen Möglichkeiten der DDR nicht her, die Grenzpolizei umgehend zu einer Grenztruppe mit der Qualität von Mot-Schützenverbänden umzuformen. Jedenfalls würde das Jahre dauern. Und Vorrang bei Ausrüstung und Ausbildung hatten die neuformierten Verbände der NVA, die Anfang 1956 ins Leben gerufen worden war (und sich der KVP-Erfahrungen einschließlich des Personals bediente).

Am 3. Mai 1956 verabschiedete der DDR-Ministerrat eine neue »Verordnung zur Erleichterung und Regelung von Maßnahmen an der Grenze zwischen der DDR und der Deutschen Bundesrepublik«, die die Anordnung vom 18. Juni 1954 ablöste[75]. Grundsätzlich blieb es bei den alten Bestimmungen. Nur DDR-Einwohnern, die als Ärzte, Hebammen oder Spezialisten tätig waren (und im Grenzkreis wohnten), erließ man die ansonsten festgelegte Passierschein- und Meldepflicht im Sperrgebiet, wenn sie dort in dringenden Fällen benötigt wurden; ebenso betrafen diese Einreise-Erleichterungen Einsatzkräfte der Feuerwehren und des Katastrophenschutzes. Ferner wurden, unter strengen Auflagen, Jagden, Sportschießen und »Grenzfischerei« möglich.
Personen, die gegen diese »Grenzverordnung« verstießen, hatten Gefängnisstrafen bis zu 2 Jahren oder/und Geldstrafen bis zu 2000 DM zu erwarten (sofern nicht nach anderen Gesetzen höhere Strafen drohten); in minderschweren Fällen sollte die Strafe »Haft oder Geldstrafe bis zu 150 DM« sein (§ 11 der GrenzVO).
Bei Lichte besehen veränderte diese neue Grenzverordnung das Leben im Sperrgebiet kaum, die »Erleichterungen« bestanden nur in der Tilgung von bürokratischen Hürden, denen die genannten Personenkreise bislang ausgesetzt waren.
Im Herbst 1956 – angesichts des Ungarnaufstandes – versuchte die Partei- und Staatsführung der DDR, alle für den inneren Einsatz infrage kommenden Kräfte in einer »Hauptverwaltung Innere Sicherheit« (HVIS) im MfS zusammenzufügen. Dazu gehörten Grenzpolizei, Transport- und Bereitschaftspolizei. Aber bereits Ende 1956 beschloß die Sicherheitskommission des ZK der SED, die Grenzpolizei wieder aus diesem Verbund herauszulösen: Die Formationen erhielten nunmehr mit dem »Kommando der Deutschen Grenzpolizei« ein selbständiges Führungsorgan, das zunächst einem der Stellvertreter des Ministers für Staatssicherheit direkt unterstellt werden sollte, dann – völlig überraschend – ab 1. März 1957 dem Ministerium des Innern zugeschlagen wurde[76].
Das MfS hatte bereits Mitte Februar den »Oberbefehl« über die Bereitschaftspolizei (früher: Innere Truppen) und Transportpolizei verloren, nun mußte das Haus auch noch auf die Grenzpolizei verzichten.
Das mag damit zusammengehängt haben, daß seinerzeit der Minister für Staatssicherheit noch Ernst Wollweber hieß, der sich auf eine heftige innerparteiliche Auseinandersetzung mit Walter Ulbricht eingelassen hatte[77].

Die Rücküberstellung der Grenzpolizei an das DDR-Innenministerium änderte allerdings nichts an der Generalkonzeption für die GS und die Einheiten: Das »Kommando der Deutschen Grenzpolizei« in Pätz (Kreis Königs Wusterhausen) entwickelte Aufgabenstellungen, die in Ausbildung, Bewaffnung und GS militärische Komponenten einführten, aus der Grenzpolizei entstand ab Mitte 1957 mehr und mehr eine **»Grenztruppe«**. Konkret bedeutete das, folgende Aufgaben in den Jahren 1957/58 zu lösen:

- ☐ eine durchgreifende militärische Struktur und Gliederung in Grenzbrigaden, -bereitschaften, -abteilungen und -kompanien. Acht Grenzbrigaden traten an die Stelle der bisherigen Abschnittsverwaltungen;
- ☐ Schaffung von größeren Reserven in den Grenzbrigaden, um eine wirksame (militärnahe) GS organisieren zu können. Jeder Grenzbrigade wurde jetzt eine schwere Grenzabteilung zugeordnet, die neben infanteristischen auch gepanzerte Einheiten (SPW) sowie Panzerabwehr-, Granatwerfer- und MG-Einheiten einschließlich Sicherstellungsformationen umfaßte;
- ☐ Entbindung der Grenzpolizei von den Kontrollen des grenzüberschreitenden Verkehrs. Das »Amt für Zoll und Kontrolle des Warenverkehrs« (AZKW) übernahm die KPP an der DL und am (westlichen) Außenring von Berlin; die Grenzpolizei führte nur noch Sicherungsaufgaben in den KPP bzw. - später - in den »Grenzübergangsstellen« (GÜSt) durch;
- ☐ Verbesserung der Ausbildung durch verstärkte militärische und politische Schulung sowie Qualifizierung der Offiziere;
- ☐ Einführung von »Bestimmungen für die Dienstlaufbahn der Soldaten, Unteroffiziere und Offiziere der Grenzpolizei der DDR«;
- ☐ **Einführung eines neuen Systems der GS**, das vor allem eine tiefere Staffelung und höhere Beweglichkeit in der praktischen GS vorsah (unter Hinzuziehung von Reserven) und zugleich auf eine enge Kooperation mit der VP und der »Grenzbevölkerung» orientierte sowie auf den Ausbau »pioniertechnischer Anlagen in den Hauptrichtungen« (der Flüchtlinge) setzte. Damit diese neue GS zugleich bestimmten militärischen Erfordernissen Rechnung trug, mußten die Grenzposten so eingesetzt werden, daß sie – so die Forderung – bei eventuell notwendigen Verteidigungshandlungen ohne Verzug in geschlossenen Einheiten geführt werden konnten:

  »Diesem Erfordernis wurde in erster Linie dadurch entsprochen, daß die Grenzposten nicht mehr wie bisher nach dem sogenannten Rollsystem, sondern gruppen- und später sogar zugweise zum Einsatz kamen. Das änderte allerdings nichts daran, daß sie nach wie vor völlig dezentralisiert und ohne ständige Verbindung untereinander im Grenzgebiet handeln mußten[78].«

Leise Kritik wird aus diesen Zeilen deutlich, das System der neuen GS war nicht der Weisheit letzter Schluß. Die militärischen Anforderungen und die militärähnliche Handhabung des Einsatzes von »grenzsichernden Einheiten« an der DL lösten die Probleme nicht. »Republikflucht« war weiterhin möglich:

»Trotz aller Anstrengungen der Deutschen Grenzpolizei waren ... die Möglichkeiten ... für Grenzverletzungen äußerst günstig, da es unmöglich war, jeden Meter der Grenze durch Grenzposten zu sichern[79].«

Im ersten Halbjahr 1957 registrierte die Grenzpolizei an der DL 99 erfolgreiche »Grenzdurchbrüche« mit 148 Personen; im gleichen Zeitraum erfolgten über 53.000 Festnahmen[80]. Zur Erinnerung: Noch waren die Sektorengrenzen in Berlin offen, die die übergroße Mehrheit der »Republikflüchtigen« benutzte.
Anfang 1957 hatte die DDR damit begonnen, den innerdeutschen Reiseverkehr drastisch einzuschränken, bestimmten Personengruppen aus der DDR wurde prinzipiell die Ausreise in das Bundesgebiet verweigert.
Ende 1957 bekam das geltende DDR-Paßgesetz vom 15. September 1954 die folgende Fassung[81]:

»Wer ohne erforderliche Genehmigung das Gebiet der DDR verläßt oder betritt oder wer ihm vorgeschriebene Reiseziele, Reisewege oder Reisefristen oder sonstige Beschränkungen der Reise oder des Aufenthaltes hierbei nicht einhält, wird mit Gefängnis bis zu drei Jahren oder mit Geldstrafe bestraft.
Vorbereitung und Versuch sind strafbar.«

Hunderttausende verließen in den 50er Jahren die DDR, obwohl die Verantwortlichen diese »Republikflucht« immer wieder eindämmen wollten, nicht zuletzt durch den »Schutz der Grenzen«. In Richtung Westen überquerten

1953 331.390 Personen,
1954 184.198 Personen,
1955 252.870 Personen,
1956 279.189 Personen,
1957 261.622 Personen,
1958 204.092 Personen,
1959 143.917 Personen[82]

die Sektorengrenzen in Berlin bzw. die DL.
Bis zum Mauerbau im August 1961 hatten über 2,5 Millionen DDR-Einwohner ihren Staat in Richtung Westen verlassen, zählt man die Zahl der »Zuwanderer« aus den Jahren 1945 bis 1949 hinzu, kommt man auf gut 3,5 Millionen Menschen[83].
Kein politisches System konnte einen derartigen Aderlaß unbeschädigt überstehen. Und selbst diejenigen, die die Grenzen »schützen« sollten, setzten sich nach Westen ab: Immer mehr »Grenzer« desertierten, Tausende traten in den 50er Jahren auf Bundesgebiet über[84].
Im Herbst 1958 erließ das »Kommando der Deutschen Volkspolizei« eine umfängliche »Dienstvorschrift für den Dienst der Grenzposten«, die für die kommenden Jahre Art und Weise der GS der DDR festschreiben sollte. In 235 Ziffern wird aufgelistet, wie die DDR-GS mit welchen Mitteln und Grenzpostentypen zu gewährleisten ist, notfalls auch mit Schußwaffeneinsatz gegen Flüchtlinge[85].
Die Abkehr vom oben erwähnten »Rollsystem der Postengestaltung« in der GS, die Einführung von geschlossenen Einheiten – Gruppen und Zügen einer Grenzkompanie – in der GS, stellte die jeweiligen Kompaniechefs vor erhebliche Probleme, da die Personaldecke seinerzeit knapp bemessen war. Gruppen und Züge der grenzsichernden Kompanien hatten ständig einsatzbereit zu sein, außerdem mußte der »Chef« Alarmeinheiten in Bereitschaft halten.
Neu eingestellte »Grenzpolizisten« kamen damals schon nach drei Monaten Ausbildung in der GS zum Einsatz. Die Folge: Die Ausbildung mußte in den

Einheiten vor Ort fortgesetzt werden. Dabei wurde dann – zunächst – zugunsten der militärischen Ausbildung der Grenzdienst der Gruppen/Züge auf sechs Stunden reduziert »und dafür 2 bis 4 Stunden Ausbildung befohlen«[86].
Festzuhalten bleibt: Die militärische Zusatzausbildung der »Grenzer«, von oben angeordnet, stellte die Kompaniechefs vor Schwierigkeiten, die kaum zu bewältigen waren. Irgendetwas kam in dieser Umbruchphase immer zu kurz: Entweder der direkte Grenzdienst, die GS selbst, oder aber die militärische (Zusatz-)Ausbildung. Vielfach war man einfach überfordert. Und um die Qualität der »Hilfs-Mot-Schützen« in Grenzeruniform dürften sich die Verantwortlichen wohl, sofern sie realistisch waren, keine Illusionen gemacht haben.
An der DL erprobte man Ende der 50er Jahre vermehrt Signalgeräte zur Feststellung von »Grenzverletzern«, baute verstärkt Beobachtungstürme (vorwiegend noch aus Holz) und errichtete in größerer Zahl »Grenzzäune« aus Stacheldraht[87].
Im Januar 1958 verfügte die Grenzpolizei über knapp 39.000 Soll-Planstellen, von denen jedoch nur 34.500 besetzt waren[88].
Nach wie vor setzten sich die Angehörigen der Grenzpolizei aus Freiwilligen zusammen, die sich für drei Jahre zu verpflichten hatten.
Auch äußerlich demonstrierten diese »Grenzpolizisten« Militärnähe: Bei noch vorerst beibehaltender Khakifarbe wurde im Schnitt die Grenzeruniform die der regulären NVA-Uniform angeglichen[89].

Zusammenfassend ist festzuhalten, daß die Grenzpolizei in diesen Jahren durchweg überfordert war: Unter der Auflage, sich zu einem Art Mot-Schützen-Reserveverband zu entwickeln, litt ihre eigentliche Hauptaufgabe, die Grenzen der DDR »freundwärts« gegen »Grenzverletzer« zu sichern, beide Funktionen – die militärische Absicherung der Grenze und die klassische GS gegen Flüchtlinge – konnte die Grenzpolizei nicht erfüllen.

Die sogenannte »militärische Grenzsicherung« wirkte auch über weite Strecken etwas weltfremd, denn die tatsächliche Bedrohung der DL durch den Westen entsprach zu keiner Zeit den Realitäten. Die Militarisierung der Grenzpolizei war gänzlich überflüssig und die militärische GS sollte sich alsbald in der täglichen Grenzpraxis als fehlerhaft herausstellen.
Und noch etwas schlug negativ zu Buche: Die Verantwortlichen mußten einräumen,

»daß die mit großen Anstrengungen in der Grenzsicherung errungenen Erfolge durch die offene Grenze zu Westberlin geschmälert wurden und auch das Fehlen durchgehender pioniertechnischer Anlagen an der Grenze zur BRD dem Gegner relativ viel Spielraum ließ[90].«

Dieser »Gegner« war im wesentlichen der eigene Bürger, der – aus welchen Gründen auch immer – in den Westen strebte. Die Partei- und Staatsführung hatte es noch immer nicht erreicht, bei den Bürgern des eigenen Landes »moralische Gewinne« (Ernst Niekisch) zu erzielen, die sie veranlaßt hätten, ihrem System auch bei »offenen Grenzen« die Treue zu halten.

5. 1961: Verschärftes Grenzregime an der DL nach dem Mauerbau

Die Absperrung Westberlins vom Ostsektor der Vier-Mächte-Stadt und vom DDR-Umland am 13. August 1961 war Folge einer längeren Entwicklung: Weil letztlich alle politischen Bemühungen der Verantwortlichen versagten, gab Moskau schließlich »Grünes Licht«, die »Staatsgrenze« gegenüber Westberlin zu schließen und dort eine MAUER zu errichten[91].
Der 13. August 1961 kann als sozio-kulturelle Geburtsstunde der DDR angesprochen werden, – von nun an galt der zweite deutsche Staat überall auf der Welt als »Mauerstaat«, der sein Überleben nicht anders hatte organisieren können. Politisch-moralisch war der 13. August »eine Art Kapitulation der DDR«[92].
Daß die Absperrung organisatorisch von seiten der DDR/SED im Sinne des Regimes hervorragend gelöst wurde und man den Westen völlig (?) überraschte, macht diese drakonische Maßnahme gegen die eigenen Bürger nicht besser.
Die leitenden Männer der Grenzpolizei gingen zu recht davon aus, daß die Schließung der Sektorengrenzen in Berlin den »Druck auf die Staatsgrenze West«, auf die DL, erhöhen würde.
Eine »Direktive« des ZK der SED vom 16. August 1961 verpflichtete die Grenzpolizei, weitere Kräfte zur Sicherung dieser DL heranzuziehen, – große Teile der zwei Grenzbrigaden, die an den Grenzen zur CSR und Polen disloziert waren, zog man jetzt zur DL ab[93].
Schon mit Befehl Nr. 002/61 des »Kommandeurs der Deutschen Grenzpolizei« vom 12. August 1961 aus dem **»Gefechtsstand Pätz«** war die **»verstärkte Grenzsicherung«** an der Staatsgrenze zur BRD angeordnet worden, die bis gegen Ende des Jahres beibehalten wurde.
»Die größte Dichte an Kräften und Mitteln ist in der Hauptrichtung der Bewegung der Grenzverletzer« zu schaffen, hieß es in diesem Dokument ausdrücklich. Und in »der Tiefe« (des Grenzgebiets) seien motorisierte Reserven bereitzuhalten, außerdem sei mit den anderen Sicherheitsorganen (VP, MfS, NVA, Kampfgruppen) ein enges Zusammenwirken zu organisieren[94].
Im Grenzregiment 8 (Grabow) wurde die »verstärkte Grenzsicherung« im 12-Stunden-Dienst durchgeführt:

»12 Stunden Dienst bedeutete ... Urlaubs- und Ausgangssperre. Auch das Dienstfrei wurde gestrichen. Die Postendichte wurde erhöht. Alle ... Maßnahmen wurden in den Grenzkompanien den Grenzsoldaten erläutert ... Der 13. August 1961 war ein schöner Hochsommertag. An der Staatsgrenze im Abschnitt der Grenzbereitschaft war es besonders ruhig, als ob der Feind diesen Sonntag verschlafen hatte ...[95].

Im grenznahen Raum der DL setzten Partei- und Staatsführung Ausbildungseinheiten und Kampfgruppen als »2. Staffel« ein, auch (normale) Volkspolizei und »Grenzhelfer« kamen vermehrt zum Einsatz. Hauptaufgabe war, Grenzdurchbrüche nicht zuzulassen, »Grenzverletzer« schon im Hinterland zu erkennen. Zwischen den Maßnahmen in Berlin und denen an der »Staatsgrenze West« wurde ein untrennbarer Zusammenhang gesehen, denn:

»Ein vollständiger Erfolg in Berlin setzte die Sicherheit der Westgrenze voraus[96].«

Von Anfang an hielten es die Verantwortlichen nicht für opportun und materiell möglich, an der DL auch mit dem Bau einer MAUER zu beginnen; dafür eignete sich diese »Grüne Grenze« – bis auf bestimmte Abschnitte – nicht[97]. Andererseits konnte man nicht so viel Personal aufwenden, um diese knapp 1.400 km lange DL durchgehend zu sichern. Was blieb? Nur die Konzentration auf die »hauptsächlichen Grenzverletzerbewegungen« und der »pioniermäßige Ausbau« der Grenzsperren, ferner die nochmalige Aussiedlung von unzuverlässigen Elementen.
Am 14. September 1961 veranlaßte der (neue) Oberkommandierende der sowjetischen Streitkräfte in Deutschland, Weltkriegs-Marschall Iwan S. Konew, die DDR-Führung, mit Maßnahmen dieser Art zu beginnen. Konkret: Die Errichtung von Drahtsperren, **Minenfeldern**, Signalvorrichtungen und Beobachtungstürmen vorzunehmen. Und sogar die »Personen- bzw. Infantrie«-Minentypen (POMS-2 und PMD-6) wurden »empfohlen« sowie eine neue Bestimmung über den Schußwaffengebrauch vorgeschlagen. Das alles ging der DDR-Regierung in Form eines »Wunsches« zu, kam jedoch einem Befehl gleich[98].
Der sowjetische Partei- und Armeeführung bestimmte inhaltlich, was an DDR-Grenzsicherung seinerzeit vorzunehmen war, sie gab Vorgaben, denen sich die Adressaten nicht entziehen konnten. Man war eben nicht souverän in diesen Angelegenheiten, man hatte nur gewisse Spielräume in der Art und Weise der Durchführung!
Behauptungen, die DDR-Seite habe von sich aus Personen-Minen gelegt, während die Russen »nur« die Verlegung von Panzer-Minen verlangt hatten, entbehren jeder Grundlage[99].
Gemäß eines Befehls des »Nationalen Verteidigungsrates« (NVR) der DDR vom 12. September 1961 (Vorsitzender: Walter Ulbricht; Sekretär: Erich Honecker; errichtet im Februar 1960 anstelle der Sicherheitskommission des ZK der SED) wurde die bisherige »Deutsche Grenzpolizei« als **»Kommando Grenze der Nationalen Volksarmee«** in das »Ministerium für Nationale Verteidigung« (MfNV) eingegliedert. Die »Übergabe« vom MdI an das MfNV wurde zwischen dem 15. und 30. September 1961 vollzogen und leitete eine neue Entwicklungsetappe dieser Grenzformationen ein.

Das DDR-Verteidigungsministerium übernahm

zwei Generale,
4.167 Offiziere,
6.617 Unteroffiziere, und
27.532 »Soldaten« (»Grenzpolizisten«).

Eingesetzt waren diese Kräfte wie folgt:

68 Prozent an der »Staatsgrenze West«/DL,
6 Prozent an der Küste der DDR,
4 Prozent an der Grenze zu Polen,
2 Prozent an der Grenze zur CSSR, und
20 Prozent im »Kommando Grenze« in Pätz, in Ausbildungseinrichtungen und Schulen sowie in rückwärtigen Einheiten.

Von den drei Dienstgradgruppen – Offiziere, Unteroffiziere und Soldaten – gehörten nur je ein Drittel der SED als Mitglieder (oder Kandidaten) an; insbesondere bei den Offizieren ein unverhältnismäßig niedriger Prozentsatz, der künftig geändert werden sollte.
Die vom MfNV aufgelisteten »Schlußfolgerungen« aus der Übernahme vom Herbst 1961 ergeben ein äußerst ungünstiges Gesamtbild der Grenztruppe und der Grenzsicherung. Die Westgrenze sei bislang eine »offene Grenze«, denn lediglich 130 km (= 9,5 Prozent) der DL wären mit einfachen Drahtsperren gesichert; außerdem wurde eine unzureichende »Postendichte« moniert.
Hinsichtlich der Führung der Grenztruppe und der »Verbesserung« der GS kam das MfNV unter anderem zu diesen Feststellungen, Wünschen und Auflagen[100]:

- Straffung der Leitungsstrukturen einschließlich personeller Veränderungen »in der Leitung«;
- Überarbeitung der Struktur und der Stellenpläne, um künftig eine »maximale Grenzsicherung« zu garantieren;
- Hebung des politisch-moralischen Zustands einschließlich der Reduzierung von Fahnenfluchten und »Besonderen Vorkommnissen«;
- Analyse der personellen Zusammensetzung der an der Westgrenze eingesetzten Grenztruppen (60 bis 70 Prozent hatten angeblich Westverbindungen);
- Volle Verantwortung der NVA-Grenztruppen für die »Ordnung und Sicherung« im 500-m-Schutzstreifen an der Staatsgrenze West und an der Küste;
- Enge Zusammenarbeit der Grenztruppen mit den anderen Schutz- und Sicherheitsorganen bei der »Ordnung« in der 5-km-Zone.

Auf der (angeblichen) Grundlage der Grenzverordnung des Ministerrats der DDR vom 3. Mai 1956 erging nach der Absperrung Berlins eine neue »Ordnung zur Gewährleistung der Sicherheit an der Westgrenze der DDR«. Vor allem die »Bedingungen für den Aufenthalt im Grenzgebiet« in diesem Dokument vom 21. September 1961 erfahren wesentliche Änderungen, die den Menschen neue Erschwernisse bringen. Erst einmal legte man fest, alle bisherigen Registriervermerke zum Aufenthalt im Grenzgebiet aufzuheben, – alle Einwohner mußten sich neu registrieren lassen. Und die Registriervermerke für Personen, die außerhalb wohnten und ins Sperrgebiet einreisen wollten, wurden jetzt nicht mehr auf sechs sondern nur noch auf drei Monate erteilt. Verschärfungen traten auch für die Dauer von Veranstaltungen ein (Sperrstunde), gestrichen wurde die Befreiung von der Passierschein- und Meldepflicht für Ärzte, Hebammen und sonstige Personen, die als Einsatzkräfte (z.B. Feuerwehr) bislang zeitweise ins Grenzsperrgebiet einreisen konnten (mit »Abschwächungen« am 17. Februar 1962 dann korrigiert). Der wichtigste Einschnitt: »Staatsangehörigen von kapitalistischen Staaten«, also Westdeutschen, war ab sofort das Betreten des Grenzgebiets der DDR untersagt[101].

Walter Ulbricht wandte sich mit einem Schreiben vom 11. September 1961 an alle »l. Sekretäre der Bezirks- und Kreisleitungen der SED an der Staatsgrenze West« und forderte die Betreffenden auf, Kaderkommissionen zur Überprüfung leitenden Personals in den Grenzkreisen zu bilden. Forderung: »Ungeeignete Kader« sind auszuwechseln und durch »klassenbewußte qualifizierte Kader zu ersetzen.«

Die SED-Parteileitung forderte weiter,

- im 500-m-Schutzstreifen keine neuen Produktionskapazitäten zu schaffen und eine Erweiterung derselben in der 5-km-Sperrzone nur vorzunehmen, wenn das die Versorgung der in diesem Gebiet wohnenden Bevölkerung unbedingt erfordert;
- zu prüfen, welche volkswirtschaftlich wichtigen Produktionen aus der 5-km-Sperrzone ins Innere der DDR zu verlagern sind;
- alle Material- und Warenlager in den Grenzkreisen, besonders in der 5-km-Sperrzone, auf das erforderliche Mindestmaß einzuschränken;
- auf dem Gebiet der Landwirtschaft folgende Maßnahmen durchzuführen:
  - Die pflanzliche Produktion der LPG und VEG in unmittelbarer Nähe der Grenze dem sicheren Schutz der DL unterzuordnen, was erfordert, in einer Entfernung bis zu 100 Metern von der Grenze keine hochwachsenden landwirtschaftlichen Kulturen (Getreide, Mais, Ölfrüchte, Faserpflanzen etc.) mehr anzubauen;
  - innerhalb von 200 Metern dürfen von den LPG und VEG keine künstlichen Hindernisse (Heu- und Strohschober, Kartoffelmieten) mehr errichtet werden;
  - innerhalb von 100 Metern von der Grenze ist das Weiden von Vieh nicht mehr zulässig. Vorhandene Weiden sind umzulegen. Weidezäune in der 500-m-Schutzzone sind zu Hindernissen für Grenzverletzer auszubauen;
  - die LPG und VEG sind zu verpflichten, jeden Abend den Einsatzplan der Feldbaubrigade für Arbeiten in unmittelbarer Nähe des 10-m-Kontrollstreifens dem zuständigen Kompaniechef der Grenzpolizei vorzulegen[102].

Die »politische Arbeit« in den Grenzkompanien hatte Anfang der 60er Jahre zum Ziel, »in möglichst kurzer Zeit die Wirksamkeit der Grenzsicherung wesentlich zu erhöhen[103]«.
Die Grenzer wurden angehalten, von sich aus einfache Signalgeräte zu entwickeln, mit deren Einsatz die Annäherung von »Grenzverletzern« rechtzeitig festgestellt werden konnte »und dadurch viele Festnahmen möglich« wurden.

Doch die Partei- und Staatsführung der DDR wollte es nicht dem Einfallsreichtum der Grenzer überlassen, die GS zu besorgen. Unter dem neuen Oberbefehl des MfNV wurde das »Kommando Grenze« in Pätz bei Königs Wusterhausen angewiesen, zur »**militärischen** Grenzsicherung« überzugehen.
Dieses beinhaltete nicht zuletzt das Ausbringen von **»Bodenminenfeldern«** an der DL.
In mehreren Etappen – die erste war bereits zum 30. November 1961 abzuschließen – sollten auf rund 800 km Grenzlänge zur BRD »Drahtminensperren« ausgebracht werden, Minen der Typen (russisch) POMS-2 und PMD-6. Auf der Grundlage des Befehls Nr. 85/61 vom 19. Oktober 1961 und einiger »Folgebefehle« des MfNV aus den Jahren 1962 und 1963 wurden in vier Etappen folgende Sperren errichtet[104]:

774 km Minensperre,
407 km Drahtsperre auf Betonpfählen,
153 km S-Rollensperre (Stacheldraht),
370 km Kfz-Sperrgraben.

In der 1. Etappe vom 25. Oktober bis zum 30. November 1961 wurde die Mine POMS-2 in ausgewählten Abschnitten auf 73 km verlegt (zusammen 4.500 Stück); in der 2. und 3. Etappe vom 2. April bis 30. November 1962 kam die Mine PMD-6 dazu, von der fast 450.000 Stück auf einer Länge von 670 km ausgebracht wurden. In einer 4. Etappe kam schließlich die Mine PMN zum Einsatz, deren Verlegung am 30. März 1963 zum Abschluß kam. Damit war Anfang1963 die DL auf einer Länge von knapp 800 km vermint (= 56 Prozent der Grenze DDR/BRD).
Bei diesen **»Infantrieminen«** sowjetischer Herkunft handelte es sich um Spreng- und Splitterminen.
Die Infantriemine POMS-2 bestand aus einem 1,5 kg schweren Gußstahlkörper (Durchmesser: 6 cm; Höhe: 13 cm), der mit 75 Gramm TNT gefüllt war. Die Mine wurde mittels eines Holzpflocks 10 bis 20 cm über der Erdoberfläche installiert und beidseitig mit einem 5 bis 7 m langen verpflockten Spanndraht verbunden. Die Auslösung der POMS-2 erfolgte durch Belastung des Spanndrahts (Stolperdraht) bei einem Druck von etwa 5 bis 8 kp. Der detonierende Sprengstoff zerlegte den Stahlmantel (deshalb: Splittermine) mit einer Rundumwirkung von 25 bis 30 m. Der tödliche Wirkungsradius lag bei 8 bis 10 m.
Die Infantriemine PMD-6 war eine Sprengmine ebenfalls russischer Herkunft. Sie bestand aus einem Holzkasten (19 x 9 x 5 cm) mit einem beweglichen Deckel. In diesem Holzkasten war ein 200 Gramm TNT-Körper eingelegt, der mit einem Zugzünder versehen war. Die Mine wurde offen und verdeckt verlegt und durch Druck auf den Deckel (10 bis 20 kp) zur Auslösung gebracht. Die Detonationen verursachten die Verletzung der »unteren und mittleren Körperteile«. Die Infantriemine PMN, auch eine Sprengmine aus sowjetischer Produktion, bestand aus einem runden Plastikbehälter (Durchmesser: 10 cm, Höhe: 5,3 cm), der mit 200 Gramm TNT gefüllt und mit einem Gummideckel wasserdicht abgeschlossen wurde. Dieser Typ konnte offen und verdeckt im Erdboden verlegt werden und wurde durch Druck (8 bis 25 kp) auf den Deckel zur Auslösung gebracht. Die Detonation verursachte starke Verletzungen der unteren Gliedmaßen.
Die Minentypen POMS-2 und PMD-6 waren für eine längere Verweildauer nicht geeignet; die »Holzkastenminen« verrotteten im Boden. Und wurden funktionsuntüchtig.
Im allgemeinen wurden die Minensperren durch zwei Zäune begrenzt. Es existierten Verlegekarten, die aber nicht immer vollständig die Minenfelder auflisteten. Die Wartung besorgten Pioniereinheiten der NVA, jedenfalls zunächst. Später standen dafür ausgebildete Spezialkräfte der Grenztruppen zur Verfügung.
»Grenzverletzer«, die von diesen Minen verwundet wurden, mußten – wenn sie nicht schnell gefunden wurden – verbluten; manche erlitten auch sogleich tödliche Verletzungen. Auf jeden Fall waren die Minenfelder – im Sinne der GS – wirksame Sperrelemente und ihre Existenz nach kurzer Zeit in Ost und West bekannt. Die meisten »Grenzverletzer« kannten in der ersten Hälfte der 60er Jahre das Risiko.

Zeitgleich mit der Ausbringung von Minen an der DL ging der Ausbau »pioniertechnischer Anlagen« zur GS weiter. Es entstanden Unterstände, Beobachtungstürme, Straßensperren, Lichtsperren, Kfz-Sperrgräben und 6-m-Kontrollstreifen. Und an den Grenzen zum Sperrgebiet und zum 500-m-Schutzstreifen ließen die Verantwortlichen Verbots- und Warnschilder anbringen. Ganz im Geiste der Bedrohungsängste

jener Zeit wurden auch Panzersperren an einigen Grenzabschnitten errichtet (im wesentlichen blieb das aber auf die Berliner Grenze beschränkt).
Die geltenden Schußwaffengebrauchsvorschriften »präzisierten« die leitenden Offiziere des »Kommandos Grenze« bzw. der NVA: Im Oktober 1961 erging ein Befehl Nr. 76/61 des Ministers für Nationale Verteidigung.
Inhalt: Bestimmungen über den Schußwaffengebrauch für das Kommando Grenze der Nationalen Volksarmee.
In Erweiterung der (bisherigen) Bestimmungen für NVA-Einheiten befahl der DDR-Verteidigungsminister, die Schußwaffe in folgenden Fällen anzuwenden:

- ☐ zur Festnahme, Gefangennahme oder zur Vernichtung bewaffneter Personen oder Banditengruppen, die in das Gebiet der DDR eingedrungen sind bzw. **die Grenze nach der Westzone zu durchbrechen versuchen**, wenn sie die Aufforderung zum Ablegen der Waffen nicht befolgen oder sich ihrer Festnahme oder Gefangennahme durch Bedrohung mit der Waffe oder Anwendung der Waffe zu entziehen versuchen;
- ☐ zur Abwehr von bewaffneten Angriffen bzw. Überfällen auf das Territorium der DDR, auf die Bevölkerung im Grenzbereich, auf Grenzposten oder Angehörige anderer bewaffneter Organe der DDR im Grenzgebiet;
- ☐ zur Festnahme von Personen, die sich den Anordnungen der Grenzposten nicht fügen, indem sie auf Anruf, »Halt – stehenbleiben – Grenzposten« oder nach Abgabe eines Warnschusses nicht stehenbleiben, sondern offensichtlich versuchen, die Staatsgrenze der DDR zu verletzen und keine andere Möglichkeit zur Festnahme besteht;
- ☐ zur Festnahme von Personen, die mittels Fahrzeugen aller Art die Staatsgrenze offensichtlich zu verletzen versuchen, nachdem sie vorschriftsmäßig gegebene Stoppzeichen der Grenzposten unbeachtet lassen oder auf einen Warnschuß nicht reagieren bzw. nachdem sie Straßensperren durchbrochen, beiseite geräumt oder umfahren haben und andere Möglichkeiten zur Festnahme der betreffenden Personen nicht mehr gegeben sind[105].

Die Anwendung der Schußwaffe gegen Grenzverletzer durfte nur in Richtung DDR-Gebiet oder parallel zur Grenze erfolgen.
Gegenüber Angehörigen ausländischer Armeen und Militärverbindungsmissionen, Angehörigen diplomatischer Vertretungen und gegenüber Kindern war es **verboten**, die Schußwaffe einzusetzen.

War es generell bis Mitte 1961 eher die Ausnahme, daß »Grenzverletzer« an der DL zu Tode kamen oder verwundet wurden, schnellten die Opferzahlen nach Errichtung der MAUER und nach Etablierung der »militärischen Grenzsicherung« in die Höhe. Zwar blieben die Zahlen Erschossener und Verletzter an der innerdeutschen Grenze hinter denen an der Berliner Mauer zurück, doch kamen ab 1962/63 an der DL vermehrt Menschen wegen Minendetonationen ums Leben.
Ausbildungsrichtlinien der NVA-Grenztruppen enthielten nunmehr die **Aufforderung zum Töten**, wenn geschrieben wurde:

»Die Verfolgung der Grenzverletzer ist die aktivste taktische Handlung der Grenzposten zur vorläufigen Festnahme beziehungsweise **Vernichtung von Grenzverletzern**[106].«

Leidtragende des Mauerbaus und der totalen Abriegelung der DL waren wieder – wie im Jahre 1952 – einige tausend Bürger im Grenzgebiet: Rund 3.000 Menschen, unter ihnen 1.000 Kinder (920 Familien), wurden im Oktober 1961 ins Innere der DDR zwangsumgesiedelt, weil man sie für unzuverlässig im Sinne der herrschenden SED hielt[107].

MAUER, Zwangsumsiedlungen, Schußwaffengebrauch und Minen an der DL machten ab Spätsommer 1961 aller Welt klar, daß die DDR jeden Preis zu zahlen bereit war, um ihr Überleben zu sichern.

Bis zum Ende blieb dieses System wegen der Vorgänge und Folgen dieser Aktivitäten im August 1961 für viele im In- und Ausland der häßliche MAUER-STAAT mit einem Grenzregime, das schlicht unmenschlich war.

6. Die Jahre 1962 bis 1970: Die Gewaltdichte nimmt zu

Gemessen an der Zahl der Opfer waren die 60er Jahre an der innerdeutschen Grenze die blutigsten: Mehr als 100 Menschen kamen ums Leben, getötet vor allem durch Schußwaffengebrauch oder Bodenminen[108].

Die Schußwaffengebrauchsbestimmungen wurden in diesem Jahrzehnt weit ausgelegt, eher verschärft als abgeschwächt. Das galt besonders für die Grenze zu Westberlin, wo keine Minen verlegt wurden, aber auch an der DL.

An dieser DL ging man daran, immer größere Abschnitte zu verminen: 1961 verlegten die NVA-Grenztruppen auf rund 150 km Länge Minensperren vom Typ 61 mit der Mine POMS-2, 1962 bis 1965 brachte man auf cirka 800 km Länge Minensperren des Typs 62 mit den Minen PMD-6 aus, ab 1966 verlegte man auf 300 km Länge der DL Minensperren vom Typ 66 mit den Minen PMN, PMP-71 und PPM-2[109].

Über die Ausbringung der Minen fertigte die Truppe Lagekarten an. Diese Dokumente enthielten Angaben über den Tag der Verlegung, den Ort, die Dichte, den Minentyp, den Sperrabschnitt und über die genaue Anzahl der Minen.

Beispielsweise verlegte man im Bereich des Grenzregiments 7 im Jahre 1963 im Sperrabschnitt 13 auf 13,9 km Länge zwischen der Bahnlinie Schwanheide und der Elbe insgesamt 6.321 Minen des Typs PMD-6[110].

Hunderttausende dieser Bodenminen brachte man seit den 60er Jahren an der DL aus, die in Abständen erneuert wurden (und erst 1984/85 abgebaut werden sollten).

Die Angehörigen der NVA-Grenztruppen werden in der ersten Hälfte der 60er Jahre verstärkt dahingehend orientiert, die praktische GS zu verbessern. Die sogenannten »101er« Befehle des MfNV, zu Beginn des Ausbildungsjahres erlassen, enthalten diesbezüglich eine Vielzahl von Forderungen und Hinweisen an die nachgeordneten Dienststellen bzw. das »Kommando Grenze« in Pätz. In den Ausbildungseinrichtungen werden »Lehrgrenzen« errichtet, um die GS zu perfektionieren. Ende 1962 kommen die ersten Wehrpflichtigen, die zu den Grenztruppen eingezogen wur-

den (DDR-Wehrpflichtgesetz vom 24. Januar 1962), in die grenzsichernden Einheiten (nach sechs Monaten Ausbildung). Das Zusammenwirken der Truppe mit der Volkspolizei und dem MfS hat man, unter dem Einfluß der (neuen) Bezirks- und Kreiseinsatzleitungen, verbessert: Die Abstimmung der Posten- und Streifenpläne mit den »Kräften des Zusammenwirkens« hat feste Formen angenommen, Einsatzunterlagen für Grenzoperationen werden zwischen den Stäben der Grenzbereitschaft (Grenzbataillon) und den Volkspolizei-Kreisämtern abgestimmt. Die »Abschnittsbevollmächtigten« (ABV) der VP arbeiten eng mit den Grenzkompanien zusammen, vor allem im 500-m-Schutzstreifen. Die führende SED bemüht sich intensiv, die GS an der DL besser als bisher zu organisieren. Hauptziel all' dieser Bemühungen: Die Verhinderung von Fluchten.
Das MfS gewinnt im Zuge dieser Bemühungen immer stärker an Einfluß auf die Truppe. So werden 1962 die **»Paßkontrollkräfte«** der NVA-Grenztruppen dem MfS »operativ unterstellt«; aus ihnen entstehen später die »Paßkontrolleinheiten« (PKE) des MfS, die ihre Tätigkeit in der Uniform der Grenztruppe ausüben[111].
1963/64 entschließen sich die Verantwortlichen, die rechtlichen Bestimmungen über die »Ordnung« an DL und Berliner Grenze in neuen Rechtsvorschriften zusammenzufassen.
Im Juni 1963 ergehen »Verordnungen« bzw. »Anordnungen« des DDR-Ministerrats bzw. des Ministers für Nationale Verteidigung über »Maßnahmen zum Schutze der Staatsgrenze zwischen der DDR und Westberlin« und über die »Einrichtung eines Grenzgebietes an der Staatsgrenze der DDR zu Westberlin«[112].
Mit Datum vom 19. März 1964 wird eine »Verordnung zum Schutze der Staatsgrenze der DDR« erlassen, der eine »Anordnung über die Ordnung in den Grenzgebieten und den Territorialgewässern der DDR« (Grenzordnung) vom gleichen Tage beigegeben wird[113].
Die »Verordnung« des DDR-Ministerrats vom 19. März 1964 hebt eine Reihe von alten Bestimmungen auf, unter anderem Grenzverordnungen aus den Jahren 1952, 1956 und 1962/63.
§ 2 der VO des Ministerrats legt jetzt fest, daß Verlauf und Tiefe der einzelnen Grenzgebiete durch den zuständigen Minister bestimmt werden (das ist der DDR-Verteidigungsminister).
Abschnitt II der »Grenzordnung« dieses Ministers enthält nun alle »Bestimmungen über die Ordnung im Grenzgebiet zur westdeutschen Bundesrepublik«, Abschnitt III faßt diese für das Grenzgebiet zu Westberlin zusammen.
Inhaltlich ändert sich nicht sehr viel im Vergleich zu den alten Bestimmungen, die freilich nur recht verstreut aufzufinden und z.T. schon längst außer Kraft gesetzt waren.
§ 12 der »Grenzordnung« bestimmt:

»Entlang der Staatsgrenze der DDR zur westdeutschen Bundesrepublik besteht das Grenzgebiet aus dem Schutzstreifen (etwa 500 m) und der Sperrzone (etwa 5 km)«.

Das wußte man schon. Und auch die weiteren Festlegungen unterscheiden sich kaum von den alten Regelungen. Der einzige Vorteil: Diese »Grenzordnung« vom 19. März 1964 faßte nunmehr alle Auflagen für eine längere Dauer zusammen, auch für die Grenzgebiete zu Westberlin, an der Küste sowie für die Grenzen zu Polen und der CSSR.

Ende 1964 werden die Grenzsoldaten per »101er« Befehl abermals aufgerufen bzw. verpflichtet, »Grenzdurchbrüche« zu verhindern:

»Durch den taktisch-zweckmäßigen Einsatz der Kräfte und Mittel, bei der Schaffung der größten Dichte zu den Schwerpunktzeiten und in den wahrscheinlichen Richtungen der Bewegung der Grenzverletzer ist unter Ausnutzung der signal- und pioniertechnischen Anlagen und des geschaffenen Sicht- und Schußfeldes zu erreichen, daß Grenzverletzer frühzeitig erkannt und ihre Festnahme oder Vernichtung gewährleistet wird[114].«

Auch nach der fast totalen Abriegelung der DL und nach dem Bau der MAUER in Berlin gelingt es noch immer Menschen aus der DDR, über die Grenze in die Bundesrepublik oder nach Westberlin zu fliehen. Unter Lebensgefahr! In der ersten Hälfte der 60er erreichen Tausende ihr Ziel[115].

1961 (ab 13. August)	8.507 Personen
1962	5.761 Personen
1963	3.692 Personen
1964	3.155 Personen
1965	2.329 Personen.

Diese »Sperrbrecher« (Westbezeichnung) überwanden die DDR-Grenzbefestigungen.
Aber auch die »Bewacher« dieser Grenzbefestigungen fliehen in den Westen, — Hunderte verlassen ihren Staat, begehen »Fahnenflucht«, kommen nach Westberlin und in die Bundesrepublik. Aus einer »Information über den politisch-moralischen Zustand in den Grenztruppen der Nationalen Volksarmee« aus dem Jahre 1963, vorgelegt dem NVR der DDR, geht hervor, daß die Verantwortlichen darin ein »ernstes Signal« sehen. Denn:

»Hauptkriterium der Wirksamkeit der gesamten Arbeit in den Grenztruppen ist der sichere Schutz unserer Staatsgrenzen nach Westdeutschland und Westberlin und die politische Zuverlässigkeit und Standhaftigkeit aller Armeeangehörigen bei den Grenztruppen[116].«

An **»Fahnenfluchten«** listet die »Information« auf:

1962	1. Halbjahr = 290 (251 Westgrenze; 39 Berlin)
	2. Halbjahr = 198 (160 Westgrenze; 38 Berlin)
1963	1. Halbjahr = 196 (158 Westgrenze; 38 Berlin).

Und an **»verhinderten Fahnenfluchten«** = 17 (14 Westgrenze; 3 Berlin).

Angeführt wird in diesem Zusammenhang, daß »täglich Grenzdurchbrüche von Personen nach Westdeutschland und Westberlin gelingen«. Beim Erkennen von Grenzverletzern werde zwar **»in der Regel von der Schußwaffe Gebrauch gemacht«,** doch stehe der Aufwand an Munition im kraßen Mißverhältnis zum Erfolg. Die Ursache dafür sei sowohl in mangelhafter Schießausbildung als auch »besonders im subjektiven Treffen-Wollen« der einzelnen zu suchen. **Die Einflußnahme des Gegners, »Triff daneben – werde nicht zum Mörder« ist keinesfalls ohne Wirkung[117].«**

Im Nachhinein kann konstatiert werden, daß westliche Propaganda an der DL und an der Berliner MAUER gegen den »Schießbefehl« Wirkungen hatte, die seinerzeit nicht bestätigt werden konnten. Und daß es eine Reihe von Grenzsoldaten gab, die sich tatsächlich den Forderungen ihrer Vorgesetzten, auf Menschen im Frieden zu schießen, entzogen bzw. nicht treffen wollten!
Die genannte »Information« aus der Spitze des MfNV stellt dann heraus, was die »Zuverlässigkeit der Grenztruppen« mindert:

1. Mangelhafte politisch-ideologische Arbeit. Insbesondere habe man die Arbeit des Gegners unterschätzt und zeige eine defensive Haltung gegenüber dem Westen, außerdem werde die politisch-ideologische Arbeit nur formal durchgeführt, ferner fehle es den meisten jungen Offizieren an der Fähigkeit, im politischen Gespräch zu überzeugen. Und unter diesen Offizieren sei die Meinung verbreitet: Fahnenfluchten waren, sind und werden auch in Zukunft sein.
2. Sorglosigkeit, Schlamperei in der Disziplin und Ordnung sowie Mißachtung der Rechte der Grenzsoldaten sei »noch vielfach bei den Grenztruppen anzutreffen. Eine große Anzahl Offiziere hat sich an Disziplinlosigkeit und Unordnung gewöhnt.« Und bei vielen Unteroffizieren und Offizieren finde man die »Ideologie«: »In den Landstreitkräfte der NVA kann man eine straffe Disziplin fordern, jedoch bei den Grenztruppen ist das durch die hohen Belastungen der Soldaten im Grenzdienst nicht möglich.« Abschließend: »Die Politorgane, von der Kompanie bis zum Kommando, fühlen sich in zu geringem Umfang für die Einhaltung der dem Soldaten durch Gesetze und Dienstvorschriften zustehenden Rechte verantwortlich und lassen es an persönlichem Rat und Fürsorge, an der Sorge um den Menschen, fehlen.«
Dieselben Vorgesetzten, die notfalls die »**Vernichtung** von Grenzverletzern« befahlen, entdeckten nun die »Sorge um den Menschen« …
3. Die kadermäßige Zusammensetzung der Grenztruppen sei nicht immer optimal gelöst: »Die Wehrkreiskommandos werden den Forderungen für die Auswahl von politisch zuverlässigen Wehrpflichtigen für die Grenztruppen immer noch nicht gerecht.«
4. Die Grenzer würden im »Hinterland« einer starken Beeinflussung unterliegen: »Das beginnt bei Diskussionen der Bevölkerung im Grenzgebiet oder auch im Urlaub mit den Grenzsoldaten über den Wert ihres Dienstes und geht bis zur direkten Bestechung, um bei Grenzdurchbrüchen Hilfe zu leisten oder selbst fahnenflüchtig zu werden.«

Als »Schlußfolgerungen« legte das MfNV fest, daß unter anderem den Grenztruppen generell größere Aufmerksamkeit zuteil werden müsse: »Das muß sich niederschlagen in der vorrangigen Behandlung aller Probleme der Truppen, **die direkt am Gegner stehen**[118].«
Die Unzufriedenheit der Partei- und Staatsführung mit den Zuständen in der Truppe machte auch vor ihrem Chef nicht halt: **Oberst Erich Peter**, eingesetzt im Mai 1960 noch als »Kommandeur der Deutschen Grenzpolizei«, sollte nach einem Beschluß des SED-Politbüros erst dann zum (etatmäßigen) Generalmajor befördert werden, wenn eine »sichtbare Veränderung im Gesamtzustand« eingetreten sei. Mehrmals lehnte die »Abteilung für Sicherheitsfragen« des ZK der SED seine Beförderung 1961/62 ab, die vom MfNV vorgeschlagen wurde; sogar seine Abberufung aus dieser Funktion zog man in Erwägung[119]. Wegen des Nichtzurückgehens der

Fahnenfluchten, der »schweren Grenzdurchbrüche« und »anderer negativer Erscheinungen« in seiner Grenztruppe mußte der Offizier bis zum Oktober 1963 auf seinen ersten Generalsrang warten.

Mit den Jahren gelang es den Verantwortlichen doch, die Anzahl der »Grenzdurchbrüche« und »Fahnenfluchten« zu reduzieren. Es zahlten sich jetzt zunehmend die Erfahrungen aus, die man in der GS gemacht hatte, man kannte die wichtigsten Annäherungswege der »Grenzverletzer« und ihre bevorzugten Fluchtzeiten, die Führung konnte den Ausbau der Grenzanlagen beschleunigen, es kamen verstärkt besser ausgebildete Soldaten, Unteroffiziere und Offiziere »zur Grenze«, die Hinterlandsicherung wurde verbessert und intensiviert (mit den »Kräften des Zusammenwirkens«, also vor allem mit VP, Grenzhelfern und MfS) und – nicht zuletzt – die Grenztruppenleitung war in der Lage, den Soldaten und Vorgesetzten günstigere Lebensbedingungen »vor Ort« zu bieten: Neue Wohnungen im Grenzgebiet, bevorzugte Einkaufsmöglichkeiten, mehr Urlaub, bessere Beförderungschancen.
Das alles hatte Einfluß auf die tägliche Praxis der GS: Die Zahlen der »Sperrbrecher« gingen langsam zurück[120]:

1966	1.736 Personen
1967	1.203 Personen
1968	1.135 Personen
1969	1.193 Personen.

Und im Jahre 1968 flohen erstmals weniger als 100 Grenzsoldaten in den Westen; ein Jahr darauf waren es nur noch rund 80[121].
Das Zurückgehen der »Fahnenfluchten« erfolgte auch deshalb, weil man den Anteil der älteren und verheirateten Soldaten im Grundwehrdienst in den Grenzkompanien erhöhte: »Diese Altersgruppe war lebenserfahrender, reifer und in ihrem Charakter gefestigter«, hieß es dazu. Deutlicher: Grenzer mit Frau und Kindern begingen seltener »Republik- und Fahnenflucht«.

Mitte Oktober 1966 kam es auf der Elbe in Höhe Dömitz zu Grenzzwischenfällen, da die DDR-Seite durch ihre Grenzstreckenboote demonstrieren wollte, daß man die Mitte des Talwegs der Elbe als »Staatsgrenze« ansah. Die Bundesrepublik vertrat dagegen die Ansicht – und westalliierte Kreise unterstützten das – , daß der Strom hier in seiner ganzen Breite zum Westen gehöre. Dementsprechend benutzten Zoll- und Wasserschutzpolizeifahrzeuge die volle Breite des Flusses, – und wurden durch gefährliche Bootsmanöver der NVA-Grenztruppen dabei behindert und bedrängt. Die Situation eskalierte, beide Seiten setzten immer mehr Boote ein, Hubschrauber des »Bundesgrenzschutz« (BGS) und der britischen Streitkräfte erschienen über dem Strom und den DDR-Booten, ein DDR-Hubschrauber des Typs Mi-4 zog seine Kreise, am westlichen Ufer fuhren englische SPW auf, drehten ihre Maschinenwaffen in Richtung Ost ... Von einem echten schweren Grenzzwischenfall mit Waffeneinsatz war man nur wenig entfernt.
Schließlich gab die DDR-Seite nach und unterließ die Behinderung von Westschiffen und -booten auf dem Strom, die die ganze Breite der Elbe benutzten. Diese ihrerseits achteten darauf, nicht zu sehr ans östliche Ufer zu geraten.
In der SED-Presse wurde der Vorfall als »westliche Grenzprovokation« dargestellt:

»Eine Grenzrevision an der Elbe« sei geplant gewesen, man habe aber alle »gegnerischen Angriffe« abgewehrt. Nach den Rangeleien auf der Elbe verteilte die NVA-Führung, wie nach gewonnener Schlacht, Orden und Medaillen (»Für vorbildlichen Grenzdienst«) an die beteiligten Grenzsoldaten[122].
Wenig später ging die DDR-Seite daran, an der DL »Duftmarken« zu setzen: Im August 1967 installierten die Grenztruppen 2.622 Grenzsäulen, 13 Grenzbojen und 9.079 Grenzsteine auf den knapp 1.400 km Grenze DDR/BRD.
Durch diese einseitige Markierung der Grenze versuchte die DDR, ihre Ansichten des genauen Verlaufs der DL durchzusetzen. Und die schwarz-rot-gold angestrichenen Grenzsäulen mit dem DDR-Emblem in Richtung Westen sollten wohl auch provozieren: seht, hier beginnt die DDR, hier beginnt ein anderes System, dieses ist eine **Staatsgrenze**, keine DL mehr, erst recht keine innerdeutsche Grenze.
Das Imponiergehabe mag Ausfluß der noch nicht erreichten völkerrechtlichen Anerkennung der DDR gewesen sein, – dem Klima an der Grenze hat es nicht genutzt.
Gravierender als diese politischen Muskelspiele waren Handlungen der NVA-Grenztruppen, quasi im Windschatten des Aufmarsches der Warschauer-Pakt-Streitkräfte an den Grenzen zur CSSR im August 1968 zur »verstärkten Grenzsicherung« überzugehen und zugleich Einheiten in das DDR-Grenzgebiet an der Südgrenze zu beordern: Grenzer in der Stärke von zwei Regimentern (etwa 2.500 Mann) wurden an die Grenze zur CSSR verlegt, von der »Grenzüberwachung« ging man zur »Grenzsicherung« über. Mit diesen Maßnahmen deckte man letztlich die ab 21. August 1968 einsetzende Okkupation der CSSR durch Pakt-Truppen der Russen, Polen, Ungarn und Bulgaren; zusammen mit der regulären NVA, die mit zwei Divisionen auf DDR-Gebiet stehenblieb und nur Drohhandlungen vornahm[123].
Die Grenztruppen-Einheiten, die (zeitweise) im Süden der DDR zum Einsatz kamen, waren von der DL und von den Berliner Grenzen kurzfristig abgezogen worden, andere Verbände – vor allem Ausbildungskräfte – übernahmen diese Aufgaben.

Durch häufigen Schußwaffengebrauch, vor allem in Berlin, durch das Anlegen von Minensperren an der DL auf der Länge von mehreren hundert Kilometer, durch verstärkte Hinterlandsicherung im DDR-Grenzgebiet und im grenznahen Raum, durch bessere grenztaktische Ausbildung und schließlich auch durch die »Ausprägung eines realistischen **Feindbildes**« (vom Westen) entstanden menschenfeindliche und völkerrechtswidrige Zustände an den DDR-Grenzen, entstanden Situationen, in denen Menschen festgenommen und für längere Zeit inhaftiert, verwundet oder sogar erschossen wurden.
Nie zuvor und niemals später war die Gewaltdichte an der DL (und an der MAUER) höher, als in diesen 60er Jahren.
Rechtlich hatten die DDR-Verantwortlichen seit Anfang 1968 eine weitere Handhabe geschaffen, »Republikflucht« zu bestrafen: Das neue Strafgesetzbuch der DDR vom 12. Januar 1968 enthielt den

> **§ 213 (Ungesetzlicher Grenzübertritt),**
> der Haft bis zu 2 Jahren für diejenigen vorsah, die widerrechtlich die Staatsgrenze der DDR passieren wollten.

In schweren Fällen konnte sogar auf bis zu acht Jahren Haft erkannt werden. Als schwere Fälle galten, wenn

- die Tat Leben und Gesundheit von Menschen gefährdet;
- die Tat unter Mitführung von Waffen oder unter Anwendung gefährlicher Mittel und Methoden erfolgt;
- die Tat mit besonderer Intensität durchgeführt wird;
- die Tat durch Urkundenfälschung oder durch Mißbrauch von Urkunden oder unter Ausnutzung eines Verstecks erfolgt;
- die Tat zusammen mit anderen begangen wird;
- der Täter wegen ungesetzlichen Grenzübertritts bereits vorbestraft ist.

Vorbereitung und Versuch waren strafbar.

Zehntausende sollten in Zukunft nach diesem § 213 DDR-StGB bestraft werden, zu dem die SED-Parteiführung, der Generalstaatsanwalt und das Oberste Gericht der DDR »Handreichungen« erarbeiteten, die den Gerichten vorschrieben, was wann ein »Schwerer Fall« war bzw. sein sollte.

Eine »Gemeinsame Anweisung« des DDR-Generalstaatsanwalts und des »Ministers des Innern und Chef der Deutschen Volkspolizei« vom 15. August 1968 bestimmte, daß »in der Regel« Untersuchungsorgane des MdI Grenzverletzungen nach § 213 StGB bearbeiten sollten. Das MfS konnte aber jederzeit, zumal bei stark politischem Hintergrund, das Untersuchungsverfahren an sich ziehen.

Jede Grenzverletzung galt nach der Lehre als schwere Verletzung der sozialistischen Gesetzlichkeit und nahm angeblich eine »spezifische Stellung im Rahmen der Kriminalitätsbekämpfung« ein.

Ein DDR-»Grenzverletzer« sah sich somit erst einmal in die Rolle eines Kriminellen versetzt.

Das neue DDR-StGB von 1968 bestimmte auch, daß nach § 262 die

»Verletzung der Dienstvorschriften über die Grenzsicherung«

mit einer Freiheitsstrafe bis zu fünf Jahren oder mit einer Verurteilung auf Bewährung bzw. Strafarrest geahndet werden konnte. Bereits das Militärstrafgesetz vom 24. Januar 1962 enthielt in § 18 eine diesbezügliche Strafandrohung, die sogar bis zu »acht Jahren Zuchthaus« in Aussicht stellte, wer als Grenztruppenangehöriger Befehlen zur GS nicht nachkam.

Diese Bestimmungen galten für diejenigen »Grenzer«, die gegen Befehle, die mit der unmittelbaren GS zu tun hatten, verstießen, sich – zum Beispiel – aus den ihnen zugewiesenen Postenbereichen entfernten, während des Grenzdienstes schliefen oder absichtlich erkannte »Grenzverletzer« nicht festnahmen. Auch die Nichtanwendung der Schußwaffe gegen »Grenzverletzer« konnte nach dieser Rechtsnorm bestraft werden.

Bei Verletzung der »Standort- und Wachdienstvorschrift der NVA«, die analog fürdie Grenztruppen galt, war § 262 StGB dann anzuwenden, wenn die Handlung während des Einsatzes als Grenzposten in der GS erfolgte; ebenso kam dieser Paragraph zur Anwendung, wenn eine »vorschriftswidrige Kontaktaufnahme« des Grenzsoldaten beispielsweise zu Angehörigen des BGS oder West-Zolls nachgewiesen werden konnte (dann war auch die strafrechtliche Verantwortlichkeit nach § 100 StGB – Landesverräterische Agententätigkeit – zu prüfen).

DDR-Grenzsoldaten standen also ständig unter Strafandrohung in der täglichen GS, sie mußten schon bei **kleineren** Dienstpflichtverletzungen mit Strafarrest rechnen.

7. Mittel der Grenzsicherung (GS)

Unter den Mitteln zur GS verstand die Grenztruppenführung Verhaltensweisen, die der Absperrung der DL dienten sowie »Sperrgerät« aller Art.
Dazu zählten: Boden- bzw. Erdminen, Splitterminen (»Selbstschußanlagen«), Zäune verschiedener Qualität, Sperrgräben, Kontrollstreifen, Signalgeräte, der Schußwaffengebrauch der »Grenzer« und weitere Sperrelemente wie zum Beispiel »Röntgenanlagen« an den GÜSten der DDR.

a) Selbstschußgeräte

Ende der 60er Jahre faßte die Partei- und Staatsführung der SED/DDR den Entschluß, die seit Anfang der 60er Jahre verlegten Bodenminenfelder durch einen neuen Typ einer »Splittermine« (SM) am letzten DDR-Grenzzaun »zu ergänzen«. Denn inzwischen hatte sich herausgestellt, daß die Bodenminen nicht den Abschreckungseffekt erwirkten, wie erwartet. Und auch nicht allen Ansprüchen gerecht wurden, die die Grenztruppenführung an sie stellte. Denn viele dieser Minen erwiesen sich im Laufe der Zeit als unwirksam, weil sie im Boden verwitterten, unbrauchbar wurden. Die »Nachverlegung« der Erdminen machte ferner erhebliche Anstrengungen notwendig und war zugleich nicht ungefährlich.
Man suchte deshalb nach einem Sperrelement, das hochwirksam war und es »Grenzverletzern« nicht erlaubte, es ohne Gefahr für Leib und Leben zu überwinden.
Immerhin dachte man in Teilen der Armeeführung daran, eventuell Hartgummigeschosse mit diesen neuen Geräten zu verschießen, doch fand dieser Vorschlag von Heinz Keßler keine Mehrheit[124].
Stattdessen entschied man sich für die Erprobung einer »Splittermine«, die 80 Stahlsplitter 4 x 4 mm aus einem Schußtrichter bis zu einer Entfernung von 120 m verschießen konnte. Diese »SM-70« hatte eine optimale Schußentfernung von 10 m und verursachte starke Verletzungen oder sogar – im Nahbereich – den Tod. Bei der Detonation der »SM-70« wurden Metallwürfel (Stahlsplitter) mit 110 Gramm TNT herausgeschleudert; die Anlage »501« bzw. die verbesserte Anlage »701« wurde versetzt in drei Reihen am »Grenzzaun I« (Metallgitterzaun) angebracht. Der vorhandene Spanndraht reagierte auf Druck bzw. Zug, man benutzte Verteilerkästen zur Stromzuführung. Es existierte unter anderem eine Zünd- und eine Signalleitung. Diese waren mit einer Prüf- und Schaltanlage verbunden. Stromschreiber, Signallampen, Hauptschalter, Zonenschalter, Transverterteil, Sicherungen und andere Teilstücke waren Bestandteil dieser Prüf- und Schaltanlage. Bei der Detonation der »SM-70« erfolgte eine optische und akustische Anzeige der jeweiligen Zone und des Grenzabschnitts im Führungspunkt der grenzsichernden Kompanie; daraufhin »überprüfte« man den jeweiligen Abschnitt.
Auch für Nichttechniker ist unschwer zu erkennen, daß diese Anlagen störungsanfällig sein mußten, denn ihre Konstruktion und Wirkungsweise waren recht kompliziert, die Wartungserfordernisse erheblich. Offenbar übersahen das die Verantwortlichen und versprachen sich vom vorzeitigen (?) Einsatz dieser »richtungsgebundenen Mine« Erfolge bei der GS an der DL.

Im Oktober 1970 befahl der »Chef der Grenztruppen«, Generalleutnant Erich Peter, die Erprobung der neuen Waffe:

»Mit der Zielstellung im pioniermäßigen Ausbau der Staatsgrenze der DDR eine neue Qualität zu erreichen und damit die Effektivität der Grenzsicherung zu erhöhen, ist die Splittermine (SM-70) im Grenzeinsatz zu erproben. Zur Durchführung dieser Maßnahme BEFEHLE ICH

1. Im Grenzabschnitt des Grenzregiments 24 (3.GK., 4.GK., 6.GK.) sind drei Komplekte der Splittermine SM-70 zur Komplettierung der vorhandenen Pioniersperren einzubauen (...),
2. Der Einbau hat in 2 Varianten zu erfolgen:
   – 3 Minenlinien vertikal am Grenzzaun I angebracht
   – 2 Minenlinien vertikal am freundwärtigen Zaun der Minensperre Typ 66 angebracht.

   Zur Verhinderung des Untergrabens der Sperre sind zwischen den Betonzaunpfählen Erdsporne einzubringen, an denen das untere Streckmetallfeld zu befestigen ist[125].«

Die zum Einbau der »SM-70« eingesetzten »Grenzer« wurden »aktenkundig über die Geheimhaltung dieser Maßnahme« belehrt.
Von Anfang an versuchte die Partei- und Grenztruppenführung, die Existenz dieser »SM-70« zu verharmlosen oder zu vertuschen; man war sich offensichtlich der besonderen Problematik dieser Geräte bewußt. Schließlich tauchten Berichte auf, wonach diese Anlagen dereinst zur Absicherung von KZ in Nazi-Zeiten erfunden wurden[126].
Der Einbau der »Selbstschußanlagen« blieb im Westen nicht unbekannt und löste Abscheu und Empörung aus. Übergetretene Grenzsoldaten informierten über die Wirkungsweise der SM-70-Geräte. Und es waren alsbald auch Verletzte zu beklagen, die sich nach Auslösung der Anlage noch ins Bundesgebiet flüchten konnten.
Michael Gartenschläger, ehemaliger langjähriger politischer Häftling in der DDR, und seinen Freunden ist es zu verdanken, daß man seit Mitte der 70er Jahre über die »Splittermine« im Westen genau bescheid wußte: er und seine Kameraden »entwendeten« drei SM-70 vom »vorderen Sperrelement« der DDR-Grenze.
Michael Gartenschläger selbst wurde in der Nacht zum 1. Mai 1976 von MfS-Angehörigen in Grenzeruniform erschossen, als er versuchte, abermals ein Gerät abzumontieren.
Der »Diebstahl« versetzte die offizielle DDR in helle Aufregung weil sie befürchten mußte, daß diese »Minen« der UNO zur Verfügung gestellt werden könnten, um den völkerrechtswidrigen Charakter dieser Waffe zu belegen.
Die Grenztruppenführung erdachte neue Maßnahmen zur Absicherung des Grenzzaunes I mit der »SM-70«; ausschließen konnte man aber für die Zukunft weitere »Entnahmen« nicht, – dazu war das Gerät zu nahe an der DL.
An die »Genossen Generale und Offiziere« richtete man Anfang Juni 1976 die Mahnung, künftig das Augenmerk mehr auf diese Anlagen zu lenken. Durch eine »Umrüstung« der »oberen Minenlinie« wollte man zudem die Zugriffsmöglichkeit erschweren. »Feindwärts« des Grenzzauns I plante man verstärkt Signalgeräte und Signalminen zu installieren; außerdem sollten Scheinwerferanlagen und Hundelaufanlagen angelegt werden[127].

Die Grenzsoldaten wurden angewiesen, mehr als bislang diese Anlagen »zu schützen«; das MfS erdachte Praktiken, um vor dem letzten Sperrelement stärker präsent zu sein.
Im Westen bestand nach der »Einbringung« von mehreren SM-70-Geräten keine Veranlaßung mehr, weitere Anlagen zu »entwenden«, die zusätzlichen Sicherungsmaßnahmen der Grenztruppen erwiesen sich als überflüssig.
Es war die Absicht der Partei- und Staatsführung, den Ausbau der Staatsgrenze West bis 1981 zu beenden. »Hauptelement der Grenzsicherungsanlagen« sollte die SM-70 sein, da sich die Splittermine als **»das wirksamste Sperrelement«** erwiesen hatte[128].
Aber die Grenztruppen hatten auch erhebliche Sorgen mit der Anlage, da die ersten Varianten sehr störanfällig waren: Im Ausbildungsjahr 1978/79 detonierten etwa 10.000 Minen (seinerzeit rund 15 Prozent aller montierten Minen), wovon durch Wild ca. 50 Prozent, 30 Prozent durch Witterungseinflüsse und ca. 20 Prozent durch technische Mängel ausgelöst wurden[129].
Bei Gewitter mußte man die Anlage ausschalten. Geschah das nicht, konnten Teile von Abschnitten explodieren (was vorkam!).
Ende 1978 plante die Grenztruppenleitung, bis 1980 den Ausbaustand von SM-70-Anlagen auf 490 km (mit über 100 Anlagen) zu erweitern (davon beim Grenzkommando Nord auf 255 km, beim Grenzkommando Süd auf 235 km); in der Konzeption wollte man darüber hinaus diese Selbstschußanlagen auf einer Länge von über 600 km an der innerdeutschen Grenze errichtet wissen[130].
Schließlich wurden folgende Kennziffern für die Minensperren SM-70 (und die Minensperre Typ 66/Bodenminen) erarbeitet:

Minensperre SM-70	=	730 km	=	146 Anlagen
davon Grenzkommando Nord		325 km	=	65 Anlagen
Grenzkommando Süd		405 km	=	81 Anlagen
Minensperre Typ 66	=	100 km		
davon Grenzkommando Nord		50 km		
Grenzkommando Süd		50 km[131].		

Die ständige, langsame Erweiterung der SM-70-Anlagen sollte zeitgleich mit der Reduzierung der Bodenminenfelder an der DL erfolgen; aus Kostengründen war eine längere Übergangszeit vorgesehen. 100 km Sperranlagen SM-70 schlugen mit mehr als 20 Millionen Mark zu Buche[132].

SED-Politbüro, Nationaler Verteidigungsrat, Ministerium für Nationale Verteidigung und das Kommando der Grenztruppen orientierten darauf, die SM-70-Anlagen technisch zu verbessern und sie vor allem funktionssicherer zu machen. Die vielen Fehlalarme führten zu starken Motivationsverlusten der grenzsichernden Einheiten, – über 90 Prozent dieser »Grenzalarme« gingen zeitweise auf Wild- und Witterungsvorgänge sowie auf technische Defekte der Anlage »501« und »701« zurück.
Die schließlich verbesserte Anlage »701« mußte bei Gewitter nicht mehr abgeschaltet werden und war mit Abweisern gegen Wild versehen; eine SM-70/M verschoß nicht mehr Stahlsplitter, sondern jeweils 20 Wälzlagerkugeln von der Größe 8 mm, die nicht mehr die furchtbaren Wunden rissen, wie die »normale« SM-70[133].
Mitte der 70er Jahre waren etwa 15 Prozent der innerdeutschen Grenze mit SM-70 vermint, Ende des Jahrzehnts kam man auf rund 30 Prozent der DL. Dabei blieb es

bis 1983/84 im wesentlichen, Mitte 1983 gab es auf ca. 450 km Länge der innerdeutschen Grenze rund 60.000 Selbstschußgeräte.
Im Herbst 1983 entschied Partei- und Staatschef **Erich Honecker** in einem einsamen (?) Beschluß, alle Bodenminen und Selbstschußgeräte an der innerdeutschen Grenze bis 1984/85 entfernen zu lassen. Diesem Entscheid vorausgegangen waren Verhandlungen über einen westlichen Milliardenkredit an die DDR, die der damalige CSU-Vorsitzende Franz-Josef Strauß mit Honecker geführt hatte[134].
Offenbar ohne Absprache mit Moskau und ohne vorherige Ankündigung an die eigene Armee- und Grenztruppenführung verfügte der erste Mann von Partei und Staat **die Schleifung** aller Minenfelder und -anlagen in relativ kurzer Frist.
Zuvor war darüber nachgedacht worden, die SM-70 vom letzten DDR-Grenzsperrelement, dem Grenzzaun I (Metallgitterzaun), an das erste DDR-Grenzsperrelement, den Grenzsignalzaun (= Schutzstreifenzaun) rund 500 m landeinwärts, zu verlegen. Dadurch sollte die Wirkung der SM-70 erhalten, aber »dem Feind« verborgen bleiben[135]. Überlegungen dazu wurden durch die politische Entwicklung des Herbstes 1983 überholt; immerhin lagerte man aber zunächst die abgebauten SM-70 im grenznahen Hinterland zur möglichen Wiederverwendung.
Angehörigen der Grenztruppen gegenüber wurde der 1983 eingeleitete Abbau der Selbstschußanlagen und Bodenminenfelder als Ausdruck der Entspannungspolitik »verkauft«; wenn es so gewesen wäre, hätte man damit allerdings schon Mitte der 70er Jahre – nach Abschluß der KSZE-Verhandlungen – beginnen müssen.
Längst nicht alle Grenztruppenangehörigen akzeptierten den überraschenden Abbau ohne Widerspruch: Schließlich garantierten die Selbstschußanlagen und die Erdminen, daß der »Druck auf die Grenze« seit deren Installierung ständig zurückging und die Grenzsoldaten sich beim versuchten »Grenzdurchbruch« immer noch auf die Wirkung der Minen verlassen konnten.
Das entfiel nunmehr, der »Druck auf die Grenze« sollte jetzt bis gegen Ende der 80er Jahre (wieder) zunehmen.

Ungehalten gaben sich auch die Sowjets: Der Oberkommandierende der GSSD machte Bedenken geltend und der Chef der sowjetischen Grenztruppen tauchte in Ostberlin auf, um Honecker & Genossen davon zu überzeugen, daß diese Maßnahme die UdSSR und die übrigen Staaten des Warschauer Pakts gefährde[136].
Die Vorgehensweise Honeckers war ohne Beispiel, bisher hatte die SED immer die Wünsche und Auflagen Moskaus – gerade in militärischen Angelegenheiten – erfüllt oder gar übererfüllt. Unter der Oberherrschaft eines Leonid I. Breshnew wäre ein solches Verhalten der SED/DDR auch vermutlich nicht geduldet worden, – seine Nachfolger hatten nicht mehr das politische Gewicht, um sich überall in jeder Frage durchzusetzen.
Der damalige DDR-Verteidigungsminister Heinz Hoffmann meldete Ende Dezember 1984 an Honecker Vollzug:

»Durch den konzentrierten Einsatz der Pioniereinheiten der Grenztruppen der DDR, verstärkt durch Pionierkräfte der Landstreitkräfte der Nationalen Volksarmee, wurden bis zum 30.11.1984
– die Sperranlagen mit Splitterminen auf einer Länge von insgesamt 450 km vollständig abgebaut und
– 38 km (27,5 %) Erdminensperren geräumt[137].

Die Räumung der (restlichen) erdverlegten Minen wurde zum 31. Oktober 1985 in Aussicht gestellt.
Der Minister wies zugleich darauf hin, daß man die Sicherung des Grenzgebietes zu verstärken habe und künftig – mehr als bisher – auf eine »hohe Sicherheit und Ordnung« in diesem Raum achten müsse; nicht zuletzt deshalb stellte er eine engere Zusammenarbeit mit der Volkspolizei und dem MfS im Grenzgebiet zur Diskussion, über die der »Nationale Verteidigungsrat« zu entscheiden habe.

Der Abbau der SM-70 wurde im Westen mit Erleichterung zur Kenntnis genommen, der angekündigte vollständige Abbau der Bodenminen ebenso. Man sah darin ein deutliches Zeichen der Entspannung im geteilten Land, es hieß jetzt, daß die Grenze »weniger blutig« geworden sei und sich die Deutschlandpolitik der Koalition aus CDU/CSU und FDP bewährt habe[138].

Die amtliche DDR war mit der Beseitigung der SM-70-Anlagen ein Problem los, das sie international über Jahre hinweg in Mißkredit gebracht hatte: Fast alle Staaten außerhalb des Warschauer Pakts lehnten diese Art der GS mit Minen ab, spätestens seit Mitte der 70er Jahre war deren Existenz anachronistisch und zur Belastung geworden. Selbst überzeugte Anhänger der SED taten sich schwer, diese Geräte zu verteidigen.

b) Bodenminen

Nach dem Mauerbau im August 1961 in Berlin hatte die DDR damit begonnen, an der DL Bodenminen zu verlegen. Diese sollen im Ausnahmefall – entsprechend sowjetischen Weisungen – schon zuvor an einigen Grenzabschnitten »probeweise« ausgelegt worden sein.
Zwischen 1961 und 1983 verbrachte man insgesamt mehr als eine Million Bodenminen verschiedener Typen in Gebiete der innerdeutschen Grenze, verlegt durch Pioniere der Grenztruppen und der NVA.
Hunderttausende Erdminen wurden im Laufe der Jahre »nachverlegt«, da ihre Lebensdauer beschränkt war und viele sich – gottlob – als unwirksam erwiesen.
Der »Nationale Verteidigungsrat« stellte Ende Spetember 1977 fest, daß beispielsweise der zuletzt verlegte Minensperrtyp 66 »zum größten Teil unwirksam« sei oder »höchstens eine Wirksamkeit von 20 %« erreicht und deshalb ohne größere Schwierigkeiten von »Grenzverletzern« zu überwinden wäre[139].
Beklagt wurde, daß viele Minensperren nur noch »moralische Wirkung« hätten und daß »der Gegner« diese schwachen Stellen popularisiere. Außerdem sei der Arbeitsaufwand zum Legen und Räumen dieser Minen extrem hoch und gefährlich, – dabei seien schon »Genossen« verletzt worden[140]. Ferner habe Hochwasser in der Vergangenheit schon mehrfach dazu geführt, daß Erdminen auf »gegnerisches Gebiet« geschwemmt worden seien, was in wiederholten Fällen schon zu Protesten der BRD geführt habe.
Die Verantwortlichen zogen aus all den genannten Gründen ein eher selbstkritisches Fazit:

»Entsprechend dem hohen Arbeitsaufwand, dem niedrigen Wirkungsgrad von Erdminen gegenüber Grenzverletzern, dem hohen Gefährdungsgrad der eigenen Kräfte und im Interesse einer größeren Ruhe an der Staatsgrenze ist es zweckmäßig, den Bau von Erdminensperren weitestgehend einzuschränken und nur auf die Abschnitte zu beschränken, die anders nicht zu sichern sind[141].«

Das waren nach DDR-Lesart zuletzt noch etwa 150 km.
Diese räumte man bis Ende Oktober 1985 vollständig, – freilich mit einigen »Auslassungen« auf Grund ungenauer Verlegeprotokolle, so daß nach der deutschen Einheit eine Nachsuche erfolgte, die erst Ende 1995 abgeschlossen werden konnte.
Alle verlegten Bodenminen waren »Schützen- bzw. Infantrie-Minen« und dafür bestimmt, »Grenzverletzer« am »Grenzdurchbruch« zu hindern. Die Bodenminenfelder wurden durch Warntafeln angezeigt, sie lagen in »Gassen« innerhalb von Zaunanlagen »feindwärts« vom letzten DDR-Grenzzaun (Metallgitterzaun). Man sah in ihnen ein allerletztes Sperrelement auf DDR-Gebiet. Diese Minen verursachten in der Regel »nur« Beinverwundungen bei der Explosion, Hunderte wurden aber durch diese Erdminen verstümmelt, manche verbluteten in den Minenfeldern, wenn sie nicht rechtzeitig gefunden werden konnten. Ihre Ausbringung durch die Verantwortlichen in der DDR war ganz und gar nicht mit dem angeblich »humanistischen Wesen« der GS bzw. der Tätigkeit der Grenztruppen[142] in Übereinstimmung zu bringen.

Minensperren an der innerdeutschen Grenze 1961–1985

Verlegt/errichtet wurden bis 1983:

1961: Minensperren Typ 61 mit Bodenminen POMS-2 aus sowjetischer Produktion; zusammen etwa 4.500 Stück auf ca. 150 km[1)]

1962–1965: Minensperren Typ 62 mit Bodenminen PMD-6 aus sowjetischer Produktion; zusammen rund 449.000 Stück auf ca. 800 km[2)]

1966–1983: Minensperren Typ 66 mit Bodenminen PMN aus sowjetischer Produktion (verlegt etwa 364.000) und PMP-71 aus DDR-Produktion (verlegt rund 99.000 Stück) sowie PPM-2 aus DDR-Produktion (verlegt etwa 400.000 Stück); Einführung PMN: ab 1966/PMP-71: ab 1971/PPM-2: ab 1977
Insgesamt etwa 863.000 Stück auf ca. 300 km[2)]

1970–1983: Splitterminen SM-70 (Anlagen 501 und 701) aus DDR-Produktion; maximal 60.000 Stück am Grenzzaun I (MGZ) auf einer Länge von 450 km[3)]

1) Vollständig 1979 geräumt
2) Geräumt bis Ende 1985 (30.10.); »Reste« erst bis Ende 1995
3) Abgebaut bis Ende 1984 (30.11.)

Quellen: Grenztruppen der DDR. Kommando der Grenztruppen/Chef Pionierwesen, GVS-Nr.: G/406070 (8 Blatt), 27.8.1979; Der Spiegel vom 22.7.1991, S. 38; Volker Koop: »Den Gegner vernichten«. Die Grenzsicherung der DDR, Bonn 1996, S. 209 ff.

d) Schußwaffengebrauch

Der Gebrauch von Schußwaffen durch »Grenzer« der SBZ und DDR gehörte zum Alltag der GS. In zahlreichen Bestimmungen wurden die DDR-Grenzsoldaten verpflichtet, gegen »Grenzverletzer« notfalls die Waffe einzusetzen. Diese Tatsache ergibt sich eindeutig aus den aufgefundenen Rechtsvorschriften und – vor allem – aus der Praxis der GS.
Auf »Grenzverletzer« wurde von Anfang an geschossen, von den späten 40er Jahren bis ins Frühjahr 1989.
In den Ausbildungseinheiten der Grenztruppen wurden die Soldaten auf den Schußwaffengebrauch vorbereitet: politisch und praktisch. Äußerten die Soldaten Bedenken gegen diesen, wurden sie zumeist **nicht** in grenzsichernden Einheiten eingesetzt, sondern erhielten Aufgaben in rückwärtigen Einrichtungen.
Eine **gesetzliche** Regelung des Schußwaffengebrauchs erfolgte erst mit Verabschiedung des DDR-Grenzgesetzes vom 25. März 1982, zuvor galten Rechtsnormen minderer Qualität bzw. Dienstvorschriften der Armee- und Grenztruppenführung.
§ 27 des DDR-Grenzgesetzes vom 25. März 1982 bestimmte, daß die Anwendung der Schußwaffe die

»äußerste Maßnahme der Gewaltanwendung gegenüber Personen«

darstellte und nur in solchen Fällen anzuwenden sei, wenn die körperliche Einwirkung »ohne oder mit Hilfsmitteln erfolglos blieb oder offensichtlich keinen Erfolg verspricht«.
Die Anwendung der Schußwaffe war gerechtfertigt, wenn damit eine Straftat verhindert werden konnte, »die sich den Umständen nach als ein Verbrechen darstellt«. Und sie war auch gerechtfertigt, wenn damit Personen ergriffen werden konnten, die eines Verbrechens dringend verdächtigt waren.
Vorab sollte in der Regel ein Warnschuß abgegeben werden »sofern nicht eine unmittelbar bevorstehende Gefahr nur durch die gezielte Anwendung der Schußwaffe verhindert oder beseitigt werden kann«.
Vom Text her entsprachen diese Passagen Bestimmungen, die auch in anderen Staaten so geregelt worden waren (und wurden von DDR-Seite auch ausdrücklich ähnlich formuliert).
Nicht anzuwenden war die Schußwaffe, wenn

- das Leben oder die Gesundheit Unbeteiligter gefährdet werden könnte,
- die Personen dem äußeren Eindruck nach im Kindesalter waren, oder
- das Hoheitsgebiet eines benachbarten Staates beschossen werden müßte.

Gegen Jugendliche und Frauen sollten nach Möglichkeit Schußwaffen überhaupt nicht eingesetzt werden.
Kam es zur Anwendung der Schußwaffe, war das Leben von Personen nach Möglichkeit zu schonen. Verletzten sollte Erste Hilfe erwiesen werden.
Soweit die Bestimmungen des § 27 DDR-Grenzgesetz.
Auch wenn einige Formulierungen eher schwammig abgefaßt wurden, wird staatlicherseits eine gewisse Zurückhaltung deutlich: Der Schußwaffeneinsatz sollte so etwas wie das allerletzte Mittel der DDR-Grenzsicherung sein! Allenfalls im Ausnahmefall anzuwenden. Wenn überhaupt, wurde so erst in den 80er Jahren verfahren.

Vorab war der Schußwaffengebrauch an der DL und in Berlin leider gängige Praxis, – die Anzahl der Toten und Verletzten beweist dieses unstrittig.
Konkretisiert wurden die Schußwaffengebrauchsbestimmungen für die Grenzsoldaten durch »Dienstvorschriften« der 18er Reihe, die in den 70er und 80er Jahren an Klarheit nichts zu wünschen übrig ließen. Ziffer 210 Absatz 2 der DV 018/0/008 aus dem Jahre 1974 (Einsatz der Grenztruppen zur Sicherung der Staatsgrenze – Grenzkompanie, VVS-Nr. A 69964, S. 108 ff.) bestimmt, daß von der Schußwaffe nur auf Befehl des Vorgesetzten oder auf eigenen Entschluß der im Grenzdienst eingesetzten Soldaten Gebrauch gemacht werden darf,

»a) um die unmittelbar bevorstehende Ausführung oder Fortsetzung einer Handlung zu verhindern, die sich den Umständen nach darstellt als ein
- Verbrechen gegen die Souveränität der DDR, den Frieden, die Menschlichkeit und die Menschenrechte,
- Verbrechen gegen die DDR, gegen die allgemeine Sicherheit oder gegen die staatliche Ordnung,
- Verbrechen gegen die Persönlichkeit,
- anderes Verbrechen, das insbesondere unter Anwendung von Schußwaffen oder Sprengmitteln begangen werden soll oder ausgeführt wird;

b) zur Verhinderung der Flucht oder Wiederergreifung von Personen,
- die eines Verbrechens dringend verdächtig sind oder wegen eines Verbrechens festgenommen wurden,
- die anderer Straftaten verdächtig sind ...,

c) gegen Personen, die wegen einer Straftat Festgenommene oder zu einer Strafe mit Freiheitsentzug Verurteilte mit Gewalt zu befreien versuchen ...,

d) wenn andere Mittel nicht mehr ausreichen, um einen unmittelbar drohenden oder gegenwärtigen Angriff auf Anlagen der bewaffneten Organe ... zu verhindern,

e) zur Brechung bewaffneten Widerstandes;

f) zur Festnahme von Personen, wenn
- bewaffnete Personen die Aufforderung zum Ablegen der Waffen nicht befolgen oder sich ihrer Festnahme durch Bedrohung mit der Waffe oder Anwendung derselben zu entziehen versuchen,
- Personen dem Anruf oder der Aufforderung des Grenzpostens nicht Folge leisten und offensichtlich versuchen, die Staatsgrenze der DDR zu durchbrechen und alle anderen Mittel und Möglichkeiten zur Festnahme oder Verhinderung der Flucht erschöpft sind,
- Personen mit Transportmitteln vorschriftsmäßig gegebene Stoppzeichen unbeachtet ließen und Sperren durchbrochen, beiseite geräumt oder umfahren haben und eindeutig versuchen, die Staatsgrenze zu durchbrechen[143].«

Die Bestimmungen, die die anderen »Ziffern« der DV aus 1974 festhalten, entsprechen im allgemeinen denen im oben genannten DDR-Grenzgesetz von 1982. Und: Entsprechende Vorschriften finden sich auch in den Dienstvorschriften, die nach 1982 erlassen wurden und die bis zum Ende der DDR galten.

Erwähnenswert ist, daß der Gebrauch der Schußwaffe in jedem Fall unverzüglich dem Vorgesetzten zu melden war und – wenn dabei Menschen verletzt oder getötet wurden – als **»Besondere Vorkommnisse«** zu behandeln waren.

Über diese »Besonderen Vorkommnisse« wurden der Partei- und Staatschef der SED/DDR, Erich Honecker, bzw. der für Sicherheitsfragen Zuständige im SED-Politbüro (Sekretär des ZK), zuletzt Egon Krenz, von der Armeeführung direkt informiert. Diese beiden (?) Politbüro-Mitglieder bekamen vom DDR-Verteidigungsminister (ebenfalls Mitglied des Politbüros) Angaben über

- ☐ über den Hergang der »Grenzverletzung« und über den Grund des Schußwaffeneinsatzes,
- ☐ die Identität des »Grenzverletzers«,
- ☐ mögliche Angriffe auf die Grenzposten,
- ☐ Auswirkungen im Grenzgebiet und auf die Grenzbevölkerung,
- ☐ Handlungen des »Gegners« auf der »anderen Seite«,
- ☐ Maßnahmen und Schlußfolgerungen, und
- ☐ über Belobigungen und Auszeichnungen der beteiligten Grenzsoldaten[144].

Zumindest einige Mitglieder des SED-Politbüros, zumal diejenigen, die für Sicherheitsfragen zuständig waren, hatten genaue Kenntnisse über jeden Schußwaffengebrauch in Berlin und an der DL.
Hinweise auf den Schußwaffengebrauch enthielten regelmäßig auch die jährlichen »Sammelbefehle« der 101er Reihe des DDR-Verteidigungsministers an die DDR-Grenztruppen, die durch – ebenfalls jährliche – Befehle der 80er Reihe des Kommandos der Grenztruppen ergänzt wurden. Letztere bildeten die Grundlage für Befehle der 40er Reihe der »Grenzkommandos Nord, Süd und Mitte« an die unterstellten Grenzregimenter; diese wiederum erließen auf dieser Basis die sogenannten 20er Befehle an die Grenzbataillone und -kompanien.
So findet sich im Befehl 80/75 (80er Reihe) des Chefs der Grenztruppen vom 14. Oktober 1975 (GVS G 279500) die folgende Ermahnung an die unterstellten Grenzkommandos in Stendal, Erfurt und Berlin:

»Durch zielgerichtete Erziehung und Ausbildung der Angehörigen (der Grenztruppen; der Verf.) ist zu sichern, daß zur Verhinderung von Grenzdurchbrüchen ... die Schußwaffe entsprechend der Schußwaffengebrauchsbestimmung mit hohem politischen Verantwortungsbewußtsein entschlossen und treffsicher angewandt wird[145].«

Beim täglichen Aufzug zum Grenzdienst verpflichtete die Grenztruppenführung die »Grenzer« im unmittelbaren Grenzdienst an der Staatsgrenze per **»Vergatterung«** ebenfalls nochmals auf den Schußwaffengebrauch. Die zur GS ausrückenden Kompanien/Züge wurden bei Dienstantritt vom Kompaniechef/Zugführer unter anderem mit folgenden Formulierungen an die Grenze befohlen:

»Der ... Zug, eingesetzt für die Zeit von ... bis ... sichert die Staatsgrenze der DDR im Abschnitt der....Grenzkompanie mit der Aufgabe, Grenzdurchbrüche nicht zuzulassen und Grenzverletzer vorläufig festzunehmen oder **unschädlich** zu machen ...« (Textauszug DV-30/10, VVS Nr. 13/64, S. 33 f./**1964**)

»Der Zug, eingesetzt für die Zeit von ... bis ..., sichert die Staatsgrenze der DDR ... mit der Aufgabe, Grenzdurchbrüche nicht zuzulassen, Grenzverletzer vorläufig festzunehmen oder zu **vernichten** ...«
(Textauszug DV-30/10, VVS Nr. A 203679 S. 43/**1967**)[146]

Mitte der 80er Jahre tilgte die Grenztruppenführung den Begriff »Vernichten« aus dem Vergatterungstext. Und hohe Offiziere der Grenztruppen bemühten sich nach der Wende 1989, diese Formulierung zu verharmlosen.
Auf jeden Fall konnte man unter dem Begriff »Vernichten« auch das Töten von Grenzverletzern verstehen; in den Westen übergetretene Grenzoffiziere haben das vor 1989 mehrfach bestätigt.
In den 80er Jahren wurde jeder Schußwaffeneinsatz in Berlin und an der innerdeutschen Grenze von den Verantwortlichen im SED-Politbüro bedauert, geleugnet oder verniedlicht. Offenbar war es Erich Honecker & Genossen peinlich geworden, eine derartige GS mit der Schußwaffe zu praktizieren.
Die sogen. »Sicherungsperioden« wurden in diesen Jahren ausgeweitet und – im Zusammenhang damit – »verstärkte Grenzsicherung« befohlen. Das bedeutete, daß man zeitweise jeden Schußwaffengebrauch an der DDR-Grenze verbot – zum Beispiel bei Besuchen von SED-Größen im westlichen Ausland –, um »Grenzzwischenfälle« zu vermeiden, die der DDR eine schlechte Presse hätten bringen können.
Stattdessen schickte man Ausbildungseinheiten an die Grenze und versuchte durch verstärkten Personaleinsatz im Schutzstreifen und im Grenzgebiet, »Grenzverletzer« auch ohne Schußwaffengebrauch festzunehmen. Dieses hätte man generell haben können, allerdings nur durch eine Aufstockung der Anzahl der »Grenzer«.
Hohe Grenzoffiziere behaupteten nach dem Untergang der DDR, daß man darüber durchaus nachgedacht habe. Unter den Bedingungen des Reiseverbots für DDR-Bürger ins westliche Ausland, nach Westberlin und die BRD hätte das bedeutet, die Zahl der »Grenzer« um etwa 20.000 Mann zu erhöhen (also auf dann zusammen rund 70.000), neue Ausbildungsgrundsätze zu erarbeiten sowie eine neue Hinterlandsicherung aufzubauen, »wo rechtzeitig signaltechnisch Grenzverletzungen angezeigt werden, wo rechtzeitig vorn an der Staatsgrenze abgeriegelt und mittels Suchtrupps die Festnahme ohne Schußwaffe erfolgen sollte[147].«
Vielleicht konnte man das aus Kostengründen nicht weiter verfolgen, obwohl es andererseits Planungen und Forschungen über Grenzsicherungsgerät gab, das – wenn es angeschafft worden wäre – Milliarden verschlungen hätte[148].
Unzweifelhaft versuchten die Verantwortlichen verstärkt gegen Ende der 80er Jahre, die DDR-Grenze in den 90er Jahren ohne Schußwaffeneinsatz zu sichern, entsprechende Vorbereitungen dazu, unter anderem durch neues Grenzsperrgerät (Infrarotgeräte/Lichtschranken/Funkstrahlensignalgeber/seismische Signalgeräte) weisen in diese Richtung[149]. Wegen der finanziellen Probleme der DDR wären allerdings wohl diese GS-Mittel erst gegen Ende der 90er Jahre zum Einsatz gekommen … Vermutlich hätte man erst dann endgültig auf jeden Schußwaffeneinsatz verzichten können.
In der Nacht vom 5. zum 6. Februar 1989 erschossen Grenzsoldaten der DDR an der Berliner Mauer den erst 20jährigen Ostberliner **Chris Gueffroy**[150]; der junge Mann sollte das letzte Opfer der Schußwaffenbestimmungen der Grenztruppen sein.
Ein Sturm der Entrüstung ging durch Deutschland und Europa: Diese Tat von Angehörigen des Grenzregiments 33 verstand niemand. Zumal bekannt wurde, daß man Gueffroy (und seinen Freund) auch ohne Schußwaffengebrauch hätte festnehmen können.
Der Vorfall an der Berliner Mauer veranlaßte offenbar die Verantwortlichen, den Schußwaffengebrauch zu verbieten. Das Ansehen der DDR – soweit vorhanden – stand auf dem Spiel.

Klammheimlich und nur mündlich setzte man den Schußwaffeneinsatz Anfang April 1989, ein halbes Jahr vor der Wende, aus:

Niederschrift der Hauptabteilung I beim Kommando (der) Grenztruppen, Pätz, vom 12.4.1989

»Seit dem 3.4.1989 wurden nach mündlicher Beauflagung durch den amtierenden Minister für Nationale Verteidigung, Generaloberst Streletz, durch den Stellv. Minister und Chef der Grenztruppen der DDR, Gen. Generaloberst Baumgarten, alle unterstellten Verbände, GK Nord, GK Mitte und GK Süd, gegen 19.00 Uhr mündlich angewiesen, die Schußwaffe im Grenzdienst (Staatsgrenze zur BRD und zu Berlin/West) zur Verhinderung von Grenzdurchbrüchen nicht anzuwenden.
Nur bei Bedrohung des eigenen Lebens darf die Schußwaffe eingesetzt werden.
Diese Befehlsgebung ist am 4.4.1989 bis zum Grenzposten bekanntgemacht worden und wird praktiziert[151].«

Damit endete – bis auf wenige Ausnahmen – der DDR-Schußwaffengebrauch, endete das Töten von »Grenzverletzern«, von Menschen, die – in aller Regel – ohne jede Gewaltanwendung von Ost nach West wollten, die von einem deutschen Staat in den anderen strebten. Die SED/DDR-Führung hatte es versäumt, rechtzeitig überschaubare, berechenbare Reiseregelungen zu schaffen, die den »Druck auf die Grenze« abgeschwächt – wenn nicht überhaupt verhindert – hätten. Dafür hatte man seit Mitte der 70er Jahre allen Anlaß, denn die KSZE-Schlußakte von Helsinki gewährte bekanntlich zumindest ein starkes moralisches Recht auf freie Ausreise, auf Reisefreiheit. Dieses Papier hatte auch die DDR unterschrieben und im »Neuen Deutschland«, dem Zentralorgan des ZK der SED, veröffentlicht. Spätestens seit jenen Jahren paßten jedwede Schußwaffengebrauchsbestimmungen nicht mehr in die Zeit, nicht mehr nach Europa, wo die Staaten auf Entspannung und gute Nachbarschaft orientiert waren.

Schußwaffengebrauchsvorschriften der DGP/GT der NVA/DDR

1) **Richtlinien** (des sowjetischen Oberkommandierenden) für die Organe der deutschen Polizei zum Schutz der Demarkationslinie in der sowjetischen Okkupationszone Deutschlands vom 23. August 1947 (§ 20 f.)
2) Deutsche Verwaltung des Innern in der SBZ: **Waffengebrauchsvorschrift** vom 6. Oktober 1947 (GVS 034/53)
3) Der Präsident der Deutschen Verwaltung des Innern in der SBZ: Befehl Nr. 14 vom 19. November 1948 (VVS-Tgb.-Nr.: 0156/48)
4) **Polizeiverordnung** (des MfS) über die Einführung einer besonderen Ordnung an der Demarkationslinie vom 27. Mai 1952 (§ 4)
5) Hauptverwaltung Deutsche Volkspolizei: **Schußwaffengebrauchsvorschrift** (des MdI) für die Angehörigen der HVDVP vom 26. August 1953 (VVS)
6) Regierung der DDR/Ministerium des Innern/Kommando der Deutschen Grenzpolizei vom 12. September 1958: Dienstvorschrift für den Dienst der Grenzposten (DV III/2), XI. Kapitel (**Schußwaffengebrauchsbestimmungen**), Ziff. 207 ff.

7) Regierung der DDR/Ministerium des Innern, Befehl Nr. 39/60 des Ministers des Innern vom 24. Juni 1960 (GVS B3/1 – 16/60): **Schußwaffengebrauchsbestimmungen**
8) Kommando der Deutschen Grenzpolizei – Der Kommandeur –, 1. Durchführungsanweisung zum Befehl Nr. 39/60 des Ministers des Innern vom 11. Juli 1960 (GVS G1/4 – 199/60)
9) Regierung der DDR/Ministerium des Innern – Der Minister –, Erste Ergänzung zum Befehl des Ministers des Innern Nr. 39/60 vom 26. August 1961 (GVS B3/1 – 16/3/61): **Schußwaffengebrauchsbestimmungen**
10) Regierung der DDR. Befehl des Ministers für Nationale Verteidigung Nr. 76/61 vom 6. Oktober 1961: Bestimmungen über den **Schußwaffengebrauch** für das Kommando Grenze der Nationalen Volksarmee
11) Regierung der DDR/Ministerium des Innern – Der Minister –, Bestimmung über **Schußwaffengebrauch** für die 1. und 2. Grenzbrigade (B) vom 19. März 1962 (GVS B3/1 – 13/62)
12) Ministerrat der DDR/Ministerium des Innern: Dienstvorschrift VIII/5 über Schußwaffengebrauch – **Schußwaffengebrauchsvorschrift** – vom 29. Juni 1968
13) Grenztruppen der DDR (VVS): DV (Dienstvorschrift) o18/0/008: Einsatz der Grenztruppen zur Sicherung der Staatsgrenze. Grenzkompanie, 1974 – X. **Gebrauch der Schußwaffe**, Ziff. 210 ff.
14) Ministerium für Nationale Verteidigung über die Anwendung der Schußwaffe in besonderen Fällen – **Schußwaffenanwendungsverordnung** – vom 11. Dezember 1978 (AMBl. Nr. 85/78)
15) Gesetz über die Staatsgrenze der DDR (Grenzgesetz) vom 25. März 1982 (GBl. I, S. 197); § 27 (**Anwendung von Schußwaffen**)
16) Grenztruppen der DDR (VVS): DV 018/0/009: Einsatz der Grenztruppen zum Schutz der Staatsgrenze. Grenzposten, 1984 –, **Anwendung der Schußwaffe**, Ziff. 5 ff.

d) Sperrelemente

Seit dem Frühsommer 1952 baute die DDR die DL mit Sperrelementen aller Art aus und schuf in den folgenden Jahrzehnten ein nahezu perfektes System von »pionier- und signaltechnischen Anlagen« zur Grenzsicherung.
Mit Schaffung eines Grenzgebiets und eines Schutzstreifens an der innerdeutschen Grenze im Mai 1952 war es Bürgern nicht mehr gestattet, ohne besondere Erlaubnis in den genannten Räumen zu wohnen oder sie zu betreten.
Auf allen Zufahrten zum Grenzgebiet errichtete die Grenzpolizei bzw. die Deutsche Volkspolizei Kontrollpassierpunkte mit Schlagbäumen, – in einer Entfernung von rund 5 km vor der DL.
Noch stärker abgeriegelt wurde von Anfang an der sogenannte Schutzstreifen etwa 500 m vor der innerdeutschen Grenze. Hier baute man vermehrt Zäune unterschiedlicher Qualität und sperrte für die meisten Bürger den Zugang; nur besonders zuverlässige Einwohner behielten in diesem Streifen das Dauerwohnrecht, Besucher hatten sich Nachprüfungen der Volkspolizei bzw. des MfS zu unterziehen.

Nach der Absperrung Westberlins im August 1961 wurde mit dem systematischen Aufbau von Schutzstreifenzäunen begonnen, die auch als Grenzsignal- und Sperrzäune bezeichnet wurden und das erste Sperrelement im DDR-Grenzgebiet darstellten. Diese »Grenzsignalzäune« (GSZ) verbesserte man bis gegen Ende der 80er Jahre ständig, nach dem Abbau der Bodenminenfelder und der SM-70-Anlagen wurde dieser Zaun zum wichtigsten Sperrelement an der Grenze.
Überwand ein »Grenzverletzer« diesen GSZ, stieß er möglicherweise auf Hunde und/oder Signalgeräte. Erkannte man den versuchten »Grenzdurchbruch«, versuchten Alarmgruppen der Grenztruppen den Flüchtling zu stellen. Dazu benutzten sie den Kolonnenweg, der auf der ganzen Länge der innerdeutschen Grenze vorhanden war. Konnte der »Grenzverletzer« unerkannt diese etwa 500 m in Richtung Westen überwinden, traf er auf das letzte DDR-Grenzsperrelement: den »Metallgitterzaun« (MGZ) oder »Grenzzaun I« (DDR-Bezeichnung). Dieser 3 m hohe Zaun stand zuletzt überall an der DL. War dieser überstiegen, erreichte der Flüchtling nach etwa 30 m den Westen.

DDR-Grenzsperrsystem von Ost nach West (Grobschema):

– Zeichnung folgende Seite –

- ☐ **Grenzgebiet** (etwa 5 km vor der Grenze); VP-Wache am Eingang/Zugang (Kontrollpunkt/Schlagbaum)[1)]
- ☐ **Schutzstreifen** (cirka 500 m vor der Grenze); davor evtl. Kolonnenweg; 2 m breiter, geeggter Kontrollstreifen (direkt vor Schutzstreifenzaun oder/und -mauer); Signalgeräte[2)]
- ☐ **Schutzstreifen- oder Grenzsignalzaun** (auf der gesamten Länge der Grenze); evtl. auch MAUER (bei Ortschaften)
- ☐ **Hundefreigehege** (unterteilt) in besonders gefährdeten Abschnitten
- ☐ **Beobachtungstürme**
- ☐ **Hundelaufanlagen**; Signalgeräte[2)]
- ☐ **Lichtsperren**
- ☐ **Kolonnenweg** (auf der gesamten Länge der Grenze)
- ☐ 6 m breiter, geeggter **Kontrollstreifen** (K-6)[3)]
- ☐ **Kfz-Sperrgraben** (nicht überall) oder Kfz-Hindernisse
- ☐ **Grenzzaun I**/Metallgitterzaun (bis 1984 z.T. versehen mit SM-70)
- ☐ Bis 1984/85: Evtl. zwei Metallgitterzäune, – dazwischen **Bodenminen**
- ☐ Evtl. **Tore** im Metallgitterzaun
- ☐ **DDR-Grenzsäulen**[4)]
- ☐ **Innerdeutsche Grenze**[5)]

1) Einreise nur gegen Passierschein; Erlaubnisvermerk für Bewohner im Personalausweis
2) Verschiedene Typen mit unterschiedlicher Wirkungsweise
3) Wurde mindestens einmal am Tag auf Spuren untersucht
4) Erst seit 1967; wurden oft beschädigt durch Souvenirjäger. Standen immer einige Meter vor der Grenzlinie (von der DDR aus gesehen)
5) Durch Grenzsteine durchgehend gekennzeichnet

DDR - Grenzs

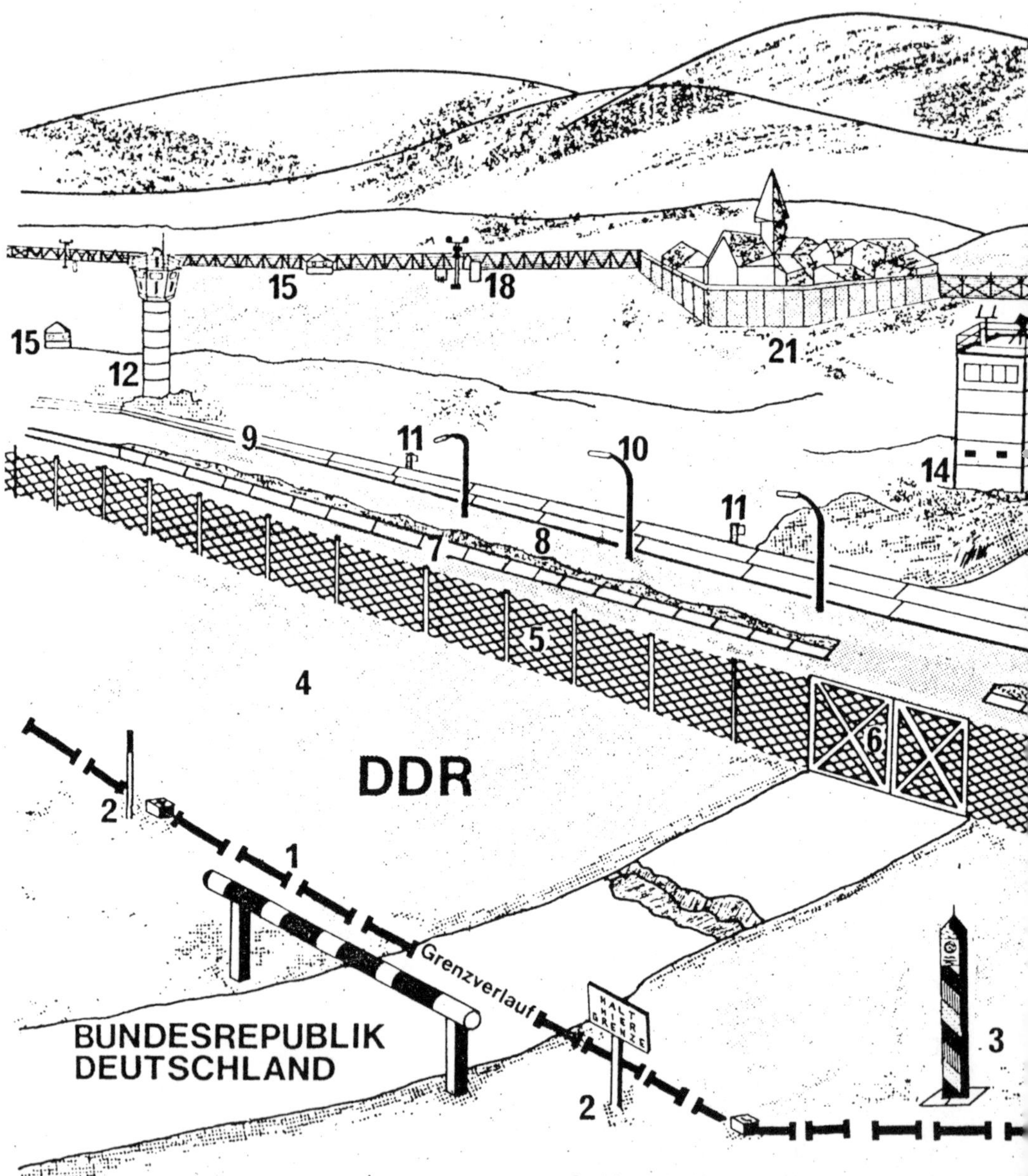

Bereich zwischen Grenzverlauf (1) und Kontrollpassierpunkt (22

Bereich zwischen Grenzverlauf (1) und Schutzstreifenzaun/Beto

rranlagen ⟨ ~ 1988 ⟩

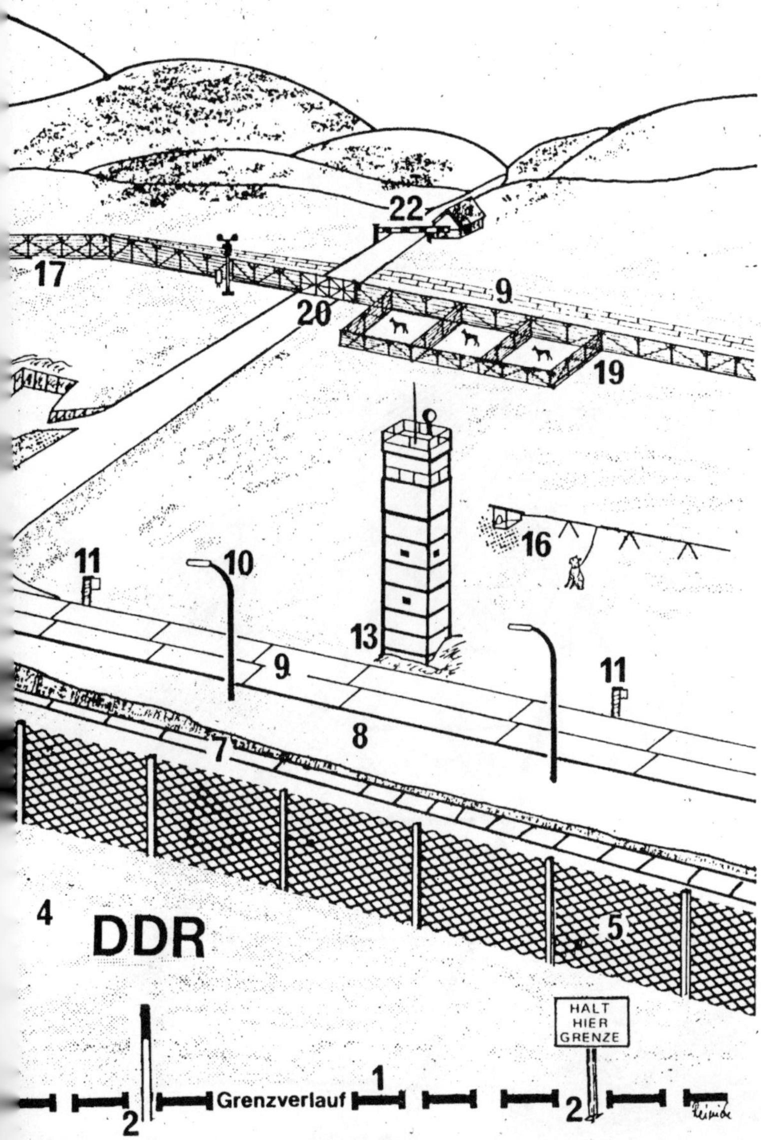

one (Ø ca. 5 km)

r (17/21) = Schutzstreifen (Ø ca. 100 – 2000 m)

Erläuterungen:

1 Grenzverlauf mit Grenzsteinen

2 Grenzhinweisschild bzw. -pfahl unmittelbar vor dem Grenzverlauf

3 DDR-Grenzsäule (ca. 1,8 m hoch, schwarz-rot-gold mit DDR-Emblem)

4 Abgeholzter und geräumter Geländestreifen

5 Einreihiger Metallgitterzaun (ca. 3,2 m hoch)

6 Durchlaß im Metallgitterzaun

7 Kfz.-Sperrgraben (mit Betonplatten befestigt)

8 ca. 6 m bzw. 2 m breiter Kontrollstreifen (Spurensicherungstreifen)

9 Kolonnenweg mit Fahrspurplatten (Lochbeton)

10 Lichtsperre

11 Anschlußsäule für das erdverkabelte Grenzmeldenetz

12 Beton-Beobachtungsturm (BT 11)

13 Beton-Beobachtungsturm (2 x 2 m)

14 Beton-Beobachtungsturm (4 x 4 m zum Teil noch mit Führungsstelle)

15 Beobachtungsbunker

16 Hundelaufanlage

17 Modifizierter Schutzstreifenzaun mit elektronischen und akustischen Signalanlagen

18 Stromverteilungs-/und Schalteinrichtungen am modifizierten Schutzstreifenzaun

19 Hundefreilaufanlage

20 Durchlaßtor im Schutzstreifenzaun mit Signaldrähten

21 Betonsperrmauer/Sichtblende

22 Kontrollpassierpunkt zur Sperrzone

Prinzipschema des pionier- und signaltechnischen Ausbaus der Staatsgrenze zur BRD ⟨~1984/85⟩

Gehei[m]

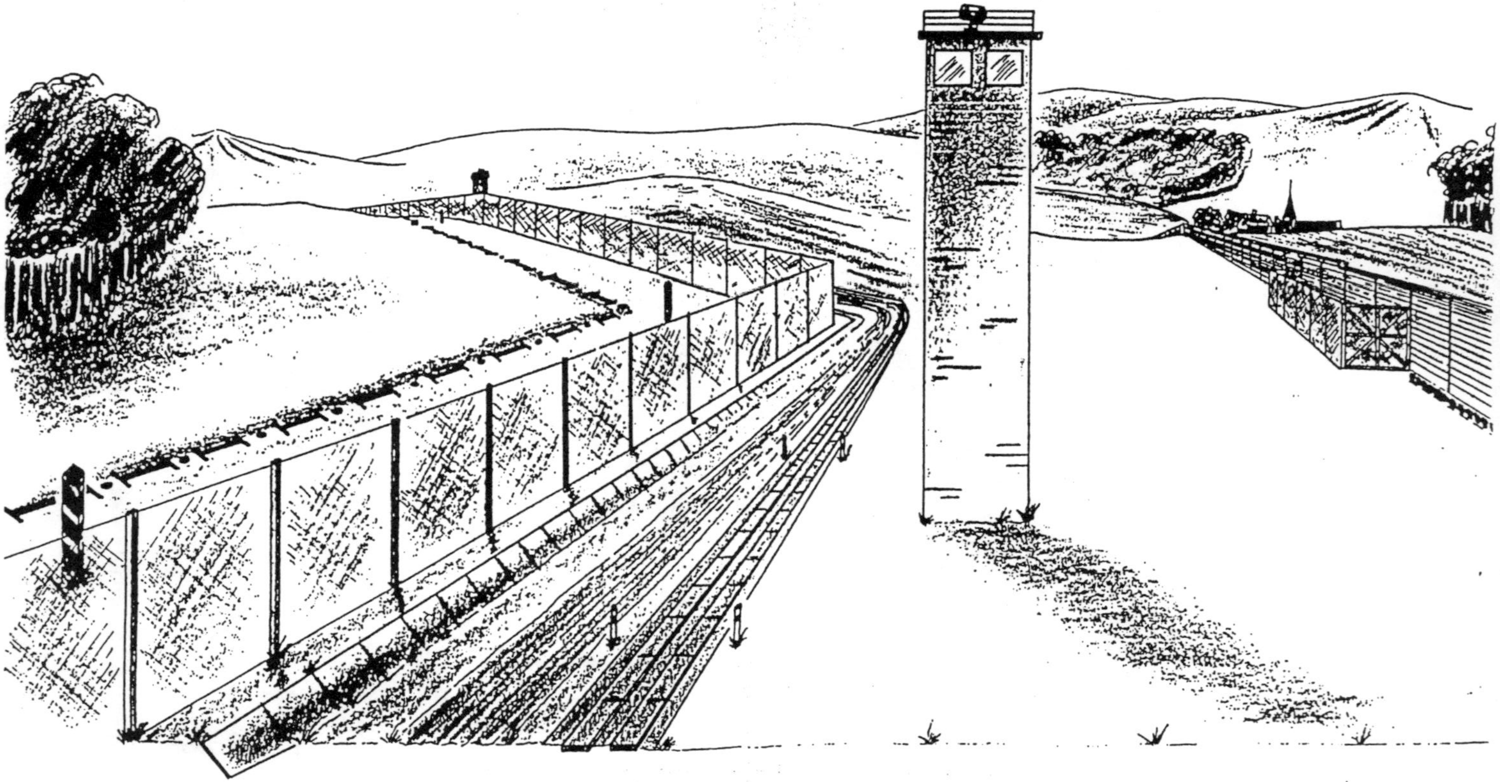

Schutzstreifenzaun (SSZ)/Grenzsignalzaun (GSZ) Grenzsignal- und Sperrzaun (GSSZ) I und II

Dieser Zauntyp war das erste wirksame Sperrelement im DDR-Grenzgebiet und bildete zumeist die Begrenzung des etwa 500 m breiten Schutzstreifens.
Grenzsignalzäune (GSZ) existierten in vielen Versionen, manche waren kombiniert mit Hupen (Hörnern), Rundumleuchten, Scheinwerfern und Hunde-Laufanlagen. Immer gab es so etwas wie einen Grundtyp, von dem eine Vielzahl von Abwandlungen vorhanden waren. Vor 1970 standen an der DL GSZ des Typs 55, Zäune minderer Qualität.
Der erste durchgehend errichtete GSZ an der DL war der Typ 70, der etwa zeitgleich mit der Einführung der Bataillonssicherung (vgl. dazu nächstes Kapitel) ab Anfang der 70er Jahre aufgestellt wurde. Gegen ein Untergraben war dieser GSZ 70 zunächst nicht geschützt, entsprechende Vorrichtungen wurden erst später nachträglich eingebaut.
Der GSZ 70 (und Varianten) war in Felder unterteilt. Jedes der Felder konnte in der Anfangszeit rund 300 m lang sein. Die Felder versah man mit Nummern. Bei Auslösung eines Alarms durch Berührung leuchtete eine Anzeige in der Führungsstelle der Grenztruppen auf und ein Klingelton wurde erzeugt. Anhand der Numerierung konnte man feststellen, welches Signalfeld im Gelände ausgelöst worden war. Zugleich wurde bei Zaunberührung eine Hupe und eine Rundumleuchte in Funktion gesetzt. Der »Grenzverletzer« wußte spätestens jetzt, daß er entdeckt worden war und konnte seine Schlüsse ziehen. Wenn die ausrückende Alarmgruppe der Grenztruppen nicht schnell genug war, konnte er vielfach entkommen. Die Grenztruppenleitung beklagte diese Abdrängung von der DL, man plante für die Zukunft den sogenannten »stillen Alarm«, der den »Grenzverletzer« im unklaren über seine Entdeckung ließ.
Der GSZ 70 bestand aus einer Streckmetallplatte. Oberhalb dieser waren mehrere Stacheldrahtreihen gespannt. Den Abschluß bildete ein »Abweiserteil«, welches in einem Winkel von rund 45 Grad in Richtung DDR zeigte. Auf dem »Abweiser« befanden sich vier Drähte. Obwohl sich der GSZ 70 angeblich als »zweckmäßiges Mittel zur Signalisierung von Grenzverletzern bewährt« hat[152], galt die Anlage als extrem störanfällig. Es kam zu einer hohen Zahl von Fehlauslösungen durch Witterung (Schnee), Wind und technische Mängel. So wurden beispielsweise im Bereich des Grenzkommandos Nord im 1. Quartal 1977 mehr als 6.100 Fehlauslösungen registriert; nur 20 Auslösungen wurden demgegenüber durch »Grenzverletzer« verursacht.
Die hohe Anzahl an Fehlalarmen dürfte die Motivation der grenzsichernden Einheiten nicht gestärkt haben, deutliche Unlustgefühle und passives Verhalten der »Grenzer« waren die Antwort.
Die Grenztruppenführung bemühte sich, die Grenzsignalzaunelektronik zu vervollkommnen und mehr Wartungskräfte einzusetzen, jedoch nur mit mäßigem Erfolg. Die Kosten waren kaum zu tragen, die Personallage ließ eine regelmäßige genaue Kontrolle der Funktionsfähigkeit der GSZ nicht zu.
Immerhin entwickelte man bis 1980 einen neuen, verbesserten GSZ, den »Grenzsignal- und Sperrzaun 80« (GSSZ 80) I und II. Auch davon kamen verschiedene Ausführungen zum Einsatz.

An den Streckmetallgitterplatten fanden Flüchtlinge keinen Haltemöglichkeit, die Platten waren »freundwärts« nicht abmontierbar, sondern »feindwärts« (in Richtung Westen) an Betonpfosten festgeschraubt. 80 cm über dem Boden und etwa 50 cm tief in der Erde waren Betonplatten eingelassen/angebracht, die ein Untergraben des GS-SZ verhindern sollten. Die Höhe des Zaunes betrug 2,80 bis 3,20 m. Auf der Zaunkrone befanden sich T-, V- und Y-förmige Abweiser mit Stacheldraht. Auf der zur DDR gerichteten Seite des GSSZ (»freundwärts«) brachte man in Abständen von 10 bis 15 cm Chromnickeldrähte an, die eine Signalfunktion hatten. Befestigt an Plaste-Schellen waren diese Drähte auf einen Druck von etwa 4,5 kg geeicht. Transformatorenkästen speisten die Drähte mit Gleichstrom von geringer Spannung. Wurde der Stromkreis unterbrochen oder kurzgeschlossen, durch das Durchtrennen von Drähten oder durch das Berühren von zwei Drähten, erfolgte in den Führungsstellen der Grenztruppen stiller Alarm. Dann rückten Alarmgruppen aus, um den »Grenzverletzer« noch vor dem letzten DDR-Grenzzaun zu fassen.
Um die Zahl der Fehlauslösungen durch Wild zu reduzieren, wurden »Durchschlüpfe« für Niederwild geschaffen und Weidezaungeräte gegen Hochwild am GS-SZ angebracht. Mit mäßigem Erfolg: Höhere Grenztruppenoffiziere beklagten noch Anfang 1989, daß die erreichte Funktionssicherheit der GSSZ II mit 40 bis 50 Fehlauslösungen **pro Monat und Kilometer** nicht vertretbar sei ... Die vielen Fehlalarme hielten die grenzsichernden Kräfte in Atem und verursachten starke Vorbehalte gegen die Anlagen.
Dabei waren die GSSZ 80 ohne technische Hilfsmittel praktisch nicht überwindbar. Sie existierten in den 80er Jahren auf der gesamten Länge der DL und im Berliner Raum, an den GÜSten gab es auch mehrere Reihen dieses Zaunes (z.T. deshalb, weil man hier – bis 1983 – keine »SM-70« und Erdminen verlegte).
Der Abstand des GSSZ 80 zur Grenzlinie betrug im allgemeinen 500 m, manchmal aber auch nur 50 m oder sogar 1,5 km. Nach dem Abbau der »SM-70« und der Bodenminen beschleunigte man ab 1983/84 die Aufstellung des GSSZ 80 I/II.

Hunde-Laufanlagen/Diensthunde/Hundemeuten

An besonders gefährdeten Stellen mit starker »Grenzverletzerbewegung« koppelte man den GSSZ 80 mit Hunde-Laufanlagen des Typs 80 bzw. 83. Die Grenztruppe baute in diesem Zusammenhang nochmals einen etwa 2 m hohen Streckmetallzaun »feindwärts« des GSSZ (Tiefe: 10 bis 20 m) und unterteilte das Gebiet alle 100 m durch Querzäune. In diesen Bereichen setzte man dann ab 1983 vermehrt freilaufende Wachhunde ein, die darauf trainiert wurden, »Grenzverletzer«, die den GSSZ überwunden hatten, anzufallen. Andere Wachhunde wurden an Laufseilanlagen zwischen GSSZ und Grenzzaun I eingesetzt, insbesondere an unübersichtlichen Stellen der DL und an der Grenze zu Westberlin.
Nachdem man bis Ende der 70er Jahre das »Diensthundewesen« in den Grenztruppen eher vernachlässigt hatte, bekam diese Disziplin seit den 80er Jahren erhöhte Bedeutung.
Tausende Wachhunde fanden sich 1988/89 im Einsatz an der Grenze. Ihr Zustand war längst nicht immer zufriedenstellend, manche wurden nur unzureichend ernährt und gepflegt, es kam auch vor, daß man Wachhunde dem Tode aussetzte, – im Sinne einer effektiven Grenzsicherung auf vereisten Seen, die dann bei Tauwetter ums Leben kamen[153].

Anfang der 80er Jahre experimentierten Grenzregimenter auch mit Hundemeuten, die zur Absuche eines Waldstückes oder eines Feldes abgerichtet werden sollten. Geführt werden sollte die Meute mit Hilfe von Ultraschallpfeifen. Bei (probeweisen) Einsatz der Meuten zog man Grenzsoldaten aus dem Gebiet ab oder verbannte sie auf die Beobachtungstürme. Die Meuten verhielten sich jedoch wie Wolfsrudel und rissen alles, was ihnen über den Weg kam. Im Jahre 1980 kam es im damaligen Harzregiment 20 zu einem folgenschweren Unfall: Eine Hundemeute zerriß eine Frau[154]. Daraufhin verfuhr man zurückhaltender in der Ausbildung dieser Meuten und reduzierte sie schließlich fast ganz.
Die Sicherstellungskompanien der I. und II. Grenzbataillone der Grenzregimenter verfügten über jeweils zwei Fährtenhunde, sechs bis acht Schutzhunde (zumeist den Grenzaufklärern beigegeben), eine Hundemeute (ab 1983 nur noch jeweils eine pro Grenzregiment; nicht mehr in jeder Sicherstellungskompanie) sowie über rund 100 Wachhunde. Der Leiter der Diensthundestaffel einer Sicherstellungskompanie war ein Fähnrich; auf der Ebene der Grenzkompanien des I. und II. Grenzbataillons gab es pro Grenzsicherungszug (drei pro Kompanie) einen Diensthundeführer und im Grenzaufklärerzug (einer pro Grenzkompanie) sieben Diensthundeführer.
Unter dem Strich: Wachhunde vor allem waren bis zum Ende der DDR-Grenzsicherung ein lebendes Sperrelement.

Signalgeräte

Solche Geräte kamen bereits in den frühen 50er Jahren zum Einsatz und wurden auch durch besonders findige »Grenzer« selbst entwickelt. »Postensignalgeräte« der ersten Generation galten in den 50er und 60er Jahren als »wichtige Mittel zur Erhöhung der Wirksamkeit der Grenzsicherung[155]«.
Bei der Auswahl der Einsatzorte und der Art des Einsatzes der Geräte waren Mitte der 60er Jahre folgende Punkte zu berücksichtigen:

- der Grenzposten darf bei der Festnahme bzw. **Vernichtung** von Grenzverletzern räumlich nicht behindert sein;
- die Entfernung vom Einsatzort des Grenzpostens bis zum Sperrensystem;
- die Entfernung vom Einsatzort des Grenzpostens nach rechts und links (Spannweiten von Signalgerät und Schnur);
- die Umgehungsmöglichkeiten des Geräts;
- die Beschaffenheit des Geländes und die Bodenbewachsung;
- die Witterungsverhältnisse;
- den Aktionsradius des Grenzpostens;
- das Zusammenwirken mit den Nachbarposten.

Postensignalgeräte lösten optische und akustische Signale aus oder/und verschossen Platz- und Leuchtspurmunition.
Die frühen Postensignalgeräte der Typen GS-1 und GS-2 arbeiteten nach dem Ruhestromprinzip (durch den gespannten Reißdraht floß Strom). Zerriß ein »Grenzverletzer« den Draht, wurde der Stromkreis unterbrochen und das Gerät gab optische und akustische Signale ab. Die Geräte sperrten eine Entfernung von bis zu 2000 m (vom Grenzposten entfernt).
Das Postensignalgerät SP-1, ebenfalls schon Mitte der 60er Jahre im Einsatz und auch noch in den 80er Jahren teilweise benutzt, war einer Schußwaffe ähnlich und

bestand im wesentlichen aus einem Karabinerschloß, welches mit Signalmunition (Platzpatrone) geladen war. Man brachte es an einem Baum oder an Haltevorrichtungen an, nach links und rechts spannte man jeweils eine Signalschnur auf einer Höhe von etwa einem halben Meter über dem Erdboden. Wurde diese Schnur durch Berührung gestrafft, löste sie das Gerät aus. Man konnte diese Geräte entweder in Linie oder als Feld aufbauen und so auch größere Geländeabschnitte sperren.
Im Unterschied zum SP-1 wurden beim Signalgerät R-67 Leuchtspurpatronen verwendet. Die Geräte verschossen bei Auslösung verschiedene Signalfarben, kombiniert mit einer unterschiedlichen Anzahl von »Sternen«. Es existierten unter anderem ein Stern, zwei und drei Sterne, dazu die Farben gelb, grün und rot.
Die Auslösung konnte auf große Entfernung wahrgenommen werden und eine genaue Zuordnung des Standorts war möglich, denn die Führungsstellen verfügten über Dokumentationen, in denen der Aufstellungsort der Geräte eingezeichnet war[156].
Ab 1987 führte man noch das neue »Postensignalgerät 85« ein, das zur Überwachung größerer Geländeabschnitte geeignet war.
Im allgemeinen konnte nach Auslösung der Geräte eine »Grenzverletzung« vermutet werden (bis auf Fehlalarm durch Wild), die Bewegungsrichtung der »Grenzverletzer« ließ sich jedoch in der Regel nicht eindeutig feststellen.
Im Winter sorgten Schnee und Rauhreif für Störungen der Geräte, die dann schon einmal die Signale selbst auslösten.
Signalgeräte verwandte die Grenztruppe in erster Linie zusätzlich zur GS an besonders unübersichtlichen Stellen, vor allem vor dem ersten Sperrelement, dem GSSZ, (»freundwärts«) und zwischen dem GSSZ und dem Grenzzaun I.

Metallgitterzaun (MGZ)/Grenzzaun I

Letztes Sperrelement auf DDR-Gebiet war der MGZ oder »Grenzzaun I« (DDR-Bezeichnung). Dieser existierte auf der gesamten Länge der DL. Das »vordere Sperrelement« bestand aus vorgefertigten Metallgitterplatten, die an Betonpfählen befestigt wurden. Diese Streckmetallkonstruktionen hatten rhombenförmige Gitter (wobei die einzelnen Rhomben eine Größe von nur etwa 2 cm Kantenlänge aufwiesen). An diesen Gittern fanden Hände keinen Halt, dazu waren die Rhomben zu klein und zu scharfkantig. Die oberste Kante bzw. Begrenzung des 3 m hohen MGZ war ebenfalls scharfkantig, so daß sich beim Überklettern die »Grenzverletzer« der Gefahr aussetzten, sich die Hände aufzureißen.
Vor dem MGZ (freundwärts gesehen, also in Richtung DDR) gab es einen Kfz-Sperrgraben, der bis zu 1,5 m tief war; diesen konnte man vom Westen aus überwinden, nicht aber aus Richtung DDR-Binnenland. Vor diesem Graben, der in den 80er Jahren teilweise eingeebnet wurde, hatten die Verantwortlichen einen Kontroll- bzw. Spurenstreifen von 6 m Breite (deshalb »K-6«) angelegt, der morgens und abends von Fußstreifen oder motorisierten Streifen (auf dem Kolonnenweg) auf eventuell vorhandene Fußabdrücke von »Grenzverletzern« kontrolliert wurde. Die Meldung »Spuren auf dem K-6« fürchtete jeder Kompaniechef, Bataillons- und Regimentskommandeur.

Beobachtungstürme/Erdbunker/Lichttrassen/Scheinwerferanlagen

Ab Mitte der 60er Jahre errichteten die Grenztruppen an der DL (und in Berlin) die ersten Betonbeobachtungstürme. Die »Kanzel« befand sich – je nach Variante – auf

elf (BT-11) oder auf sechs Meter Höhe (BT-6) über dem Boden. Die Türme wurden aus Betonringen gefertigt, die mit einer Stahlkonstruktion verbunden waren. Auf dem Dach brachte man leistungsstarke Scheinwerfer an (500 bis 2000 Watt). Die »Kanzel« hatte die Form eines Achtecks und war mit Kippfenstern versehen. Auf dem Turm konnten sich bis zu fünf »Grenzer« aufhalten. Bei extrem hohen Windgeschwindigkeiten mußte der Turm wegen Einsturzgefahr geräumt werden. Die BT-11 und BT-6, von denen zwischen 1966 und 1976 an der DL rund 115 Stück aufgestellt wurden, konnten geheizt werden, waren an das Grenzmeldenetz angeschlossen und boten insgesamt den Grenzsoldaten einen erträglichen Aufenthalt.
Komfortabler eingerichtet waren die seit Mitte der 70er Jahre aufgebauten kastenförmigen Beobachtungstürme (BT-9), von denen an der innerdeutschen Grenze mehr als 200 Stück vorhanden waren.
Fast zeitgleich mit der Einführung des BT-9 errichtete die Grenztruppe ab 1976 größere Beobachtungstürme (ebenfalls kastenförmig), die als »Führungsstellen« dienten. Von 1976 bis 1983 stellte man mehr als 130 Türme dieses Typs in die Landschaft an der DL. Aus diesen Objekten erfolgte die direkte Führung der GS der Züge/Grenzkompanien, hier befanden sich die Einrichtungen der Nachrichten- und Grenzsignalzauntechnik, hier war die Alarmgruppe »Gelände« untergebracht.
Alle Beobachtungstürme waren tagsüber längst nicht immer besetzt, die meisten von diesen Türmen standen im Schutzstreifen zwischen GSSZ und Grenzzaun I (in Berlin zumeist in unmittelbarer Nähe der MAUER).
Neben Hunderten dieser Objekte gab es eine Unzahl von kleineren Erdbunkern und Beobachtungsstellen, die vom (alten) Bundesgebiet nicht immer ausgemacht werden konnten (Ende der 80er Jahre: rund 700 Stück).
Dazu kamen Lichtsperren auf einer Länge von 230 km sowie Halogenstrahlersperren auf knapp 70 km.
Die Kosten dieser »pionier- und signaltechnischen Sperren« beliefen sich Mitte der 80er Jahre auf 1,5 Mill. Mark pro Kilometer[157].

Grenzsicherungsboote

Sperrelemente im weitesten Sinne waren auch Fahrzeuge auf dem Wasser, die in der GS standen. Seit dem Ende der 50er Jahre unterhielt die DDR auf »ihrem« etwa 90 km langen Elbe-Abschnitt Grenzsicherungsboote (GSB), die in Bootseinheiten bzw. Bootskompanien zusammengefaßt wurden.
Zunächst besorgten Fahrzeuge der Wasserschutzpolizei Kontrollaufgaben auf der Elbe, erst am 28. April 1958 nahm die Deutsche Grenzpolizei in Dömitz einen Bootsstützpunkt in Betrieb. Aus dem Ausbildungsobjekt der »Grenzpolizei See« in Ribnitz-Damgarten (Mecklenburg-Vorpommern) waren zuvor fünf Boote des Typs »Kurier« (zwei Mann Besatzung) zugeführt worden; diese kleinen Streckenboote waren bis Mitte der 60er Jahre im Einsatz. 1959 übernahm die Grenzpolizei von der Wasserschutzpolizei weitere Boote, 1960 bildete man eine »Bootsgruppe« in Dömitz. Bis zum Jahre 1962 hatte diese eine Stärke von rund 90 Mann. In ihrem Fahrzeugbestand befanden sich nunmehr sechs schnellaufende Streckenboote und zwölf »Hafenbarkassen«. Letztere taten noch bis Mitte der 70er Jahre Dienst. Die Barkassen hatten eine Besatzung von vier bis fünf Mann; alle Angehörigen der Bootsgruppe trugen Marine-Uniformen der »Grenzpolizei See« (bis auf die Zeit von Ende 1962 bis Mai 1964).

Bei Bildung des Grenzkommandos Nord Anfang 1971 übernahm das Grenzregiment 8 (Stabssitz: Grabow) den Elbe-Grenzabschnitt und damit auch die Boots**abteilung** (bestehend aus zwei Bootskompanien), der jetzt ein »Korvettenkapitän« (= Major) vorstand[158].
In der Folge wurde diese Abteilung mehrmals umstrukturiert, schließlich blieb es bis zum Ende der 80er Jahre bei einer Bootskompanie mit Hauptsitz in Dömitz im Bestand des Grenzregiments 8 (»Robert Abshagen«) in Grabow.
Der Dömitzer Bootskompanie der Grenztruppen liefen in der zweiten Hälfte der 60er Jahre neue Fahrzeuge des Typs »GSB 066« (4 ts) zu; ab 1975 erhielt die Kompanie das Boot des Typs »GSB 12« (7,8 ts) und ab 1984 bekamen die »Grenzer in Blau« den Typ »GSB 075« (4,1 ts). Die Fahrzeuge entwickelten Geschwindigkeiten bis zu 60 Stundenkilometer und hatten drei bis vier Mann Besatzung.
Insbesondere in den Sommermonaten »sicherten« die Fahrzeuge der Dömitzer Bootskompanie des Grenzregiments 8 die Elbegrenze, die nach der DDR-Lesart in der Mitte des Stroms verlief, nach westlicher Ansicht jedoch am Ostufer der Elbe war.
Auch die innerdeutschen Verhandlungen in den 70er und 80er Jahren konnten dieses Problem nicht aus der Welt schaffen, beide Seiten beharrten bis zuletzt auf ihrer Rechtsauffassung.
Deshalb kam es vor allem in den 60er Jahren zu mehreren Zwischenfällen auf der Elbe, weil DDR-Boote westdeutsche Zollfahrzeuge des öfteren bedrängten bzw. vom Ostufer abdrängten. Und auch westdeutsche Sportbooteigner wurden belästigt, unwillig kommentierten die Verantwortlichen deren Verhalten auf der Elbe:

» …einige BRD-Bürger maßen sich an, … den imperialistischen Anspruch auf unser Territorium zu demonstrieren. Mit Sportbooten überqueren sie provokatorisch die Strommitte, wo die Staatsgrenze verläuft. Manche versuchen sogar, dicht vor unserem Ufer zu ankern …[159]«

Von da wurden sie natürlich vertrieben. Doch die Kontrolle und Belästigung bundesdeutscher Wasserfahrzeuge waren nicht der Hauptbestandteil der Grenzeraktivitäten auf der Elbe.
Im Mittelpunkt des Grenzdienstes auf dem Fluß stand die Aufgabe, »Ablandungen« von der Ostseite in Richtung Westen zu verhindern, »Grenzverletzer« am Ufer bzw. im Strom aufzugreifen. Die Besatzungen der Grenzsicherungsboote auf der Elbe wurden besonders dafür geschult, Fluchten in Ufernähe und im Wasser rechtzeitig zu erkennen. Die Grenzboote ließen kaum ein Buhnenfeld bei ihren Kontrollfahrten aus, – immer bemüht, mögliche Flüchtlinge auszumachen.
»Grenzverletzer«, die sich bereits in der Elbe befanden, wurden bei Entdeckung – vorwiegend in den Nachtstunden – auch schon einmal von den »Grenzsicherungsbooten« (versehentlich?) überfahren sofern sie sich nicht bereit erklärten, »freiwillig« an Bord zu gehen bzw. den angebotenen Bootshaken der »Grenzer in Blau« zu ergreifen …

Grenzflieger
Zu Zeiten des »Kommandos Grenze der NVA«, im Mai 1964, formierte die Armeeführung der DDR die ersten drei »Grenzketten« von Hubschraubern der Typen «SM-1« und »Mi-4«.

Im Februar 1965 nahmen die »Grenzketten« Nord und Süd in Salzwedel und Meiningen ihren Dienst in der Nähe der DL auf; die »Grenzkette« Berlin wurde 1968 aufgelöst.
»Grenzflieger« der Grenztruppen hatten die Aufgabe – wenn es die Witterung zuließ – Flüchtende in unübersichtlichem Gelände aufzuspüren und diese den Suchtrupps zuzutreiben. Über die Einsätze wurde auch schon zu DDR-Zeiten, wenn auch verklausuliert, berichtet:

»Gegen Morgen war der Mann in das Gebiet der DDR eingedrungen. Welche Absichten hat er? Gewiß keine guten. Seitdem er verfolgt wird, versucht er dauernd zurückzugehen. Doch der Rückweg ist ihm abgeschnitten ... Noch einmal fliegt Oberleutnant Hübner die Schonung an. Wieder tasten die Blicke der Flieger Baumreihe um Baumreihe ab. Dort! Im gleichen Augenblick entdecken beide die Person. Auch der Mann hat den Hubschrauber bemerkt ... Sofort läuft er weiter, wechselt dauernd die Richtung. Es hilft ihm nichts, ständig kreist der Hubschrauber über ihm. Er treibt in geradewegs in die Arme der Grenzsoldaten, die den Rand der Schonung abgeriegelt haben. ›Halt! Grenzposten! Hände hoch!‹[160].«

Der Vorgang dürfte »verfremdet« worden sein, denn bei der Suche nach »Grenzverletzern« handelte es sich in aller Regel um Personen, die nicht in die DDR eingedrungen waren, sondern um solche, die die DDR verlassen wollten.
Im April 1971 bildete man aus den beiden »Ketten« eine Hubschrauberstaffel, die dem Kommando der Grenztruppen in Pätz direkt unterstellt wurde. Diese Grenzfliegerstaffel erhielt im Juni 1973 den neueren Hubschrauber des Typs »Mi-2« und ab November 1977 den mittleren Hubschraubertyp »Mi-8«. Die Verantwortlichen bemängelten im Spätsommer 1977 den Hubschraubereinsatz an der Grenze:

»Der gesamte Hubschraubereinsatz ist vom Organisationsprinzip her zu umfangreich. Für die direkte Grenzsicherung ist der Einsatz der Hubschrauber nicht flexibel genug und auch nicht immer genügend mit den Kommandeuren der Grenzkommandos abgestimmt. Die Stationierung an einem Ort begrenzt ihre Einsatzmöglichkeit und schnelle Anwesenheit an dem betreffenden Einsatzort. Eine Funkverbindung von den Hubschraubern zu der Führungsstelle der Grenztruppen gibt es nicht. Der Einsatz der Hubschrauber des Bundesgrenzschutzes erfolgt in der Regel schneller und ist operativer[161].«

Ein einigermaßen vernichtendes Urteil. Vermutlich aus Kostengründen konnte jedoch keine Abhilfe geschaffen werden, die Einsatzmängel blieben bis zum Ende der DDR bestehen.
1986 stationierte die Grenztruppenführung die »Hubschrauberstaffel 16« im nordthüringischen Nordhausen. Landeplätze in Salzwedel und Meiningen für Überwachungsflüge an der innerdeutschen Grenze wurden weiter genutzt; in Meiningen stand immer mindestens ein Hubschrauber einsatzbereit zur Verfügung. Einsätze erfolgten auf Weisung des Chefs der Grenztruppen bzw. seines Kommandos in Pätz.
Das fliegende Personal bestand aus Offizieren – wie überall in fliegenden Einheiten – die Männer trugen Uniformen der Luftstreitkräfte, die mit dem Ärmelband (grün) »Grenztruppen der DDR« versehen waren. Sie bezeichneten sich auch selbst als »Grenzflieger« und betrachteten sich als besonders elitären »Verein«.
Einen »Knick« erhielt ihr Selbstverständnis allerdings im Jahre 1986 mit der Anwei-

sung, 18 Planstellen »Zweiter Hubschrauberführer« von Offiziers- in Fähnrich-Planstellen umzuwandeln. Offensichtlich wollte man Personalkosten sparen.
Der Sollbestand der »Hubschrauberstaffel 16« betrug ab 1. Dezember 1986 371 Planstellen (plus 29 Zivilplanstellen)«,
Die Staffel hatte zuletzt – 1989 – 15 Mi-2 und 3 Mi-8 T im Bestand.

Gammastrahlenquellen

Um ein besonders perfides Sperrelement handelte es sich bei den Gammastrahlern, die seit 1979 an den GÜSten in Berlin und an den größeren Übergängen an der innerdeutschen Grenze installiert wurden, zuletzt – 1989 – befanden sich insgesamt 17 »Gammastrahlenkanonen« im Einsatz.
Bis zur Wende 1989/90 waren diese Geräte im Westen wie Osten unbekannt, nur eine kleine Truppe von vielleicht 200 MfS-Leuten wußten von der Sache.
Entwickelt von der »Operativ-Technischen Sicherung« (OTS) der Hauptabteilung VI des MfS konnten diese Geräte alle Pkw und Lkw an den GÜSten auf Flüchtlinge »durchleuchten«:

»Die radioaktive Fahndungstechnik erfaßte Personenwagen und Lastautos, sie machte jeden Menschen als dunklen Fleck auf einem Fernsehbildschirm sichtbar ...[162]«

Im Laufe der Jahre wurden Millionen Bürger an den GÜSten der DDR mit diesen Gammastrahlen konfrontiert, gesundheitliche Schäden wegen der »Cäsium 137«-Quellen können nicht völlig ausgeschlossen werden. Die radioaktiven Strahlenquellen waren auf »Beschaubrücken« angebracht:

»Nach der Vorkontrolle durch die Volkspolizei passierten die Autos nach etwa 20 Metern mit 6 bis 20 km/h die für PKW in 5 Meter Höhe angebrachte Strahlenkontrolle. Lastwagen wurden aus seitlichen Stützpfeilern heraus durchstrahlt. Die Mechanik des Apparates wurde durch Stasi-Offiziere mittels Knopfdruck ausgelöst, die Blenden der Strahlenquellen blieben 10 bis 30 Sekunden offen. Die ionisierenden Gammastrahlen durchdrangen das Auto und wurden von jeweils 130 Szintillatoren registriert, die unter einer Bitumenfuge der Fahrbahn in einem Metallkanal versteckt waren. Das Detektorsystem war mit jeweils vier ›Robotron‹-Rechnereinheiten verbunden, die sekundenschnell ein Monitorbild aufbauten. Es zeigte einen waagerechten Schnitt durch das Fahrzeug. Insassen und verborgene Personen waren darauf als dunkle Schatten sichtbar. Verdächtige PKW wurden in Untersuchungsräume dirigiert, bei LKW kamen Spürhunde zum Einsatz[163].«

Mit der Mauer- und Grenzöffnung am 9. November 1989 stellte man die Geräte ab, an der GÜSt Marienborn wurde die Gammastrahlenquelle um 22 Uhr ausgeschaltet. Das schlechte Gewissen auf seiten der Verantwortlichen muß erheblich gewesen sein: MfS-Offiziere sammelten die Anlagen »blitzschnell« ein und veranlaßten, daß alle Spuren beseitigt wurden.
Die Existenz der Geräte zwischen 1979 und 1989 war so geheim, daß selbst Langzeitbedienstete in den GÜSten – in erster Linie Angehörige des Zolls und der Paßkontrolleinheiten (PKE) – nichts von den Strahlenquellen wußten. Eine »Betretungsordnung«, die es in jeder GÜST gab, verhinderte, daß Unberechtigte auch nur in die Nähe der Kontrollräume kamen.

Der verantwortliche MfS-General Heinz Fiedler, Chef der Hauptabteilung VI, beging Ende 1993 Selbstmord.
Diejenigen MfS-Offiziere, die diese Geräte bedienten oder davon wußten, schweigen heute oder bagatellisieren den Vorgang[164].
Nach der Wiedervereinigung Deutschlands soll auf einem ehemaligen Übungsplatz der »Chemischen Dienste« (der NVA) südlich von Berlin, der sich in Abwicklung befand, ein früherer Hauptmann von der »Diensteinheit 3024« aufgetaucht sein, der einen Behälter mit »Cäsium-137-Quellen« übergab und sich den Empfang quittieren ließ[165].

8. Methoden der Grenzsicherung (GS)

Seit Ende der 60er Jahre dachte man in den Führungsgremien der Armee und der Grenztruppen darüber nach, die Struktur der Grenzeinheiten zu straffen[166], um damit die GS zu verbessern.
1969/70 erarbeitete das DDR-Verteidigungsministerium in Zusammenarbeit mit dem Grenztruppenkommando Vorschläge aus, die schließlich vom SED-Politbüro und dem Nationalen Verteidigungsrat der DDR gebilligt wurden und Anfang 1971 zu einer grundlegenden Umgliederung der Verbände führten[167].
Um zu »einer weiteren Erhöhung der Standhaftigkeit des Grenzsicherungssystems« beizutragen und den neuen, höheren Anforderungen an die DDR-Grenztruppen gerecht zu werden, wurde vorgeschlagen:

- Die DDR-Grenztruppen an der DL und an der Grenze zu Westberlin als »geschlossenen Dienstbereich des Ministeriums für Nationale Verteidigung« dem Chef der Grenztruppen zu unterstellen,
  sowie
- das Führungsorgan des Chefs der Grenztruppen aus Teilen des derzeitigen Kommandos der Grenztruppen und der Stadtkommandantur Berlin unter der Bezeichnung
  »Kommando der Grenztruppen«
  mit Standort Pätz zu bilden.

Damit konnte jetzt das Kommando der Grenztruppen die Funktion als zentrales Organ **aller** Verbände der Grenztruppen wahrnehmen (bisher hatten die in Berlin stehenden Verbände einen Sonderstatus).
An der Grenze zu Westdeutschland bildete die Führung aus den bislang vorhandenen sechs Grenzbrigaden **zwei** Grenzkommandos. Damit entstanden angeblich »bessere Bedingungen, die Grenzsicherung und Ausbildung entsprechend den Besonderheiten des Nord- und Südabschnittes der Staatsgrenze der DDR zu organisieren und zu führen[168].«
Zugleich konzentrierte man die Ausbildungskapazitäten und bemühte sich, »starke, geschlossene Truppenteile« zu schaffen, die sowohl für die »Verstärkung der **gefechtsmäßigen** Sicherung« der Grenze als auch für eine kurzfristige Auffüllung der Kampfverbände der NVA-Landstreitkräfte von Bedeutung sein sollten. Ausdrücklich war davon die Rede, in den Grenzausbildungsregimentern jetzt moderne, schwimmfähige Schützenpanzerwagen **und Panzer** einzuführen[169].

Damit verfolgte die Partei- und Armeeführung die Absicht, aus Teilen der Grenztruppen so etwas wie Mot-Schützenverbände minderer Qualität zu machen.
Dieses Bestreben schlug Anfang der 70er Jahre unmittelbar auf die Art und Weise der GS durch, denn man ging nun ab von der bisherigen Form und setzte jetzt verstärkt die sogenannte »Bataillonssicherung« an der DL in Kraft, die zum direkten Grenzeinsatz geschlossener Einheiten (Kompanien) führte.
Mit der Einführung der beiden Grenzkommandos Nord und Süd reduzierte die Führung die Anzahl der Grenzbataillone und -kompanien ohne insgesamt Personal einzusparen, – dieses wurde nur umverteilt. Ziel all dieser Maßnahmen:

Das Grenzsicherungssystem sollte »elastischer und wirksamer gestaltet« werden, der Einsatz der Kräfte zur GS »variantenreicher« organisiert werden und zu einer starken Konzentration der »Kräfte in den Räumen der Hauptanstrengung« führen. Damit war gemeint, die Grenzsoldaten vor allem da zu konzentrieren, wo es zu den meisten »Grenzdurchbruchsversuchen« kam.

Die Einführung der »Bataillonssicherung« führte in den grenzsichernden Einheiten an der DL zu erheblicher Beunruhigung, da Umgliederungen mit Personalaustauschen und Ortswechsel verbunden waren sowie dauerhaft eine erhöhte Personalfluktuation verursachten. Zum Beispiel wurde nunmehr der Kompaniechef einer Grenzkompanie öfter als früher abgelöst, der bisher manchmal besonders lange »Standzeiten« vorweisen konnte (was in bezug auf die Grenzbevölkerung von Nutzen war). Das neue GS-System orientierte sich auch an militärischen Auflagen einer GS, die politisch gewollt waren. Diese kollidierten allerdings mit der bisherigen Ausbildung und Grenzpraxis.
Während die Strukturen der Grenztruppen grundsätzlich bis ins Jahr 1989 beibehalten wurden, sahen die Verantwortlichen schon bald ein, daß das neue militärnahe Prinzip der »Bataillonssicherung« nicht zu Erfolgen in der GS führte.
Unter »Grenzsicherung« (GS) verstanden die Verantwortlichen die Gesamtheit der taktischen Handlungen und Ordnungsmaßnahmen der DDR-Grenztruppen, – auch im Zusammenwirken mit den anderen Organen (den »Kräften des Zusammenwirkens«: Volkspolizei, Transportpolizei, Helfer der Grenztruppen/der Volkspolizei sowie MfS) und in Zusammenarbeit mit den örtlichen Dienststellen und der Grenzbevölkerung. Das Ziel der GS war die »ununterbrochene und zuverlässige Sicherung der Staatsgrenze der DDR« zur BRD und zu Westberlin.

Als »Hauptprinzipien« der GS galten

a) ununterbrochene, aktive und standhafte Handlungen in allen Arten der GS,
b) Konzentrierung der Kräfte und Mittel in den wichtigsten Richtungen (der »Grenzverletzer«) und zur entscheidenden Zeit (Schwerpunktzeit: die Nacht),
c) Staffelung der Kräfte und Mittel,
d) Aufklärung der Absichten und Handlungen des Gegners im einsehbaren Grenzgebiet des Gegners und im eigenen Grenzgebiet,
e) Tarnung und Geheimhaltung der eigenen Absichten und Handlungen,
f) ununterbrochenes Zusammenwirken (z.B. mit Polizei und MfS),
g) ständige Zusammenarbeit (z.B. mit den Grenzgemeinden).

Entsprechend der Lage waren die folgenden **Arten der GS** durchzuführen:

die normale GS,
die verstärkte GS, und
die gefechtsmäßige GS.

Der Einsatz der Einheiten zur GS erfolgte – seit Mitte der 80er Jahre – einmal

- ☐ in der »Regimentssicherung« durch den aufeinanderfolgenden oder gleichzeitigen Einsatz von Grenzkompanien (mit oder Verstärkungskräfte und Mittel) im zugeordneten Grenzabschnitt des Grenzregiments (an der Grenze zu Westberlin), und
- ☐ in der GS zur Staatsgrenze West durch den aufeinanderfolgenden Einsatz von Zügen und Grenzposten (»modifizierte« Kompaniesicherung)[170].

Der Grenzdienst erfolgte in Früh-, Spät- und Nachtaufzügen. Als Arten des Dienstes waren festgelegt: Der 8-Stunden-Vierteldienst, der 8-Stunden-Dritteldienst und der 12-Stunden-Hälftedienst.
Unter normalen Bedingungen (normale GS) wurde der Dienst im 8-Stunden-Vierteldienst absolviert. Das bedeutete, daß jeder Zug bzw. jede Kompanie im Wechsel für acht Stunden zum Grenzdienst aufzog; mit Wechsel der Dienstaufzüge zwischen Früh-, Spät- und Nachtdienst. Die Einheit, die z.B. zum Frühdienst aufzog, wurde am anderen Tag zum Spätdienst eingesetzt, einen weiteren Tag danach dann zum Nachtdienst[171].
Dieser Dienst war die »Norm«, das Normale.
Der Grenzdienst umfaßte alle Handlungen der Einheiten und Grenzposten im Postenbereich, Sicherungsabschnitt oder Grenzabschnitt auf der Grundlage des Befehls zur GS. Er begann mit der Erteilung des Befehls zum Grenzdienst (»Vergatterung«) und endete mit der Meldung an den Vorgesetzten nach Rückkehr der Einheiten oder Grenzposten in der Kaserne.
In den einzelnen Grenzabschnitten waren »Postenpunkte« festzulegen, der **»Raum der Hauptanstrengung«** galt als Teil des Grenzabschnitts, in dem die GS besonders konzentriert zu erfolgen hatte. Hier wurden die meisten Probleme erwartet, vor allem das Auftreten von »Grenzverletzern«.
Die einzelne Grenzkompanie konnte selbständig (mit oder ohne Unterstützung des Grenzbataillons/Grenzregiments) folgende taktische Handlungen durchführen:

- ☐ die Sicherung des Grenzabschnitts,
- ☐ die Abriegelung,
- ☐ die Verfolgung,
- ☐ die Suche,
- ☐ die Einkreisung,
- ☐ den Hinterhalt,
- ☐ den Angriff mit begrenztem Ziel, und
- ☐ die Verteidigung.

Die **Abriegelung** hatte das Ziel, die wahrscheinliche oder erkannte Richtung der »Grenzverletzerbewegung« zu sperren, die **Verfolgung** sollte bewirken, den »Grenzverletzer« in kürzester Zeit und unter Ausnutzung des Geländes einzuholen und festzunehmen. Diese waren

– unmittelbar zu verfolgen, wenn sie sich im Blickfeld des Grenzpostens befanden,

- nach der Spur zu verfolgen, wenn sie sich nicht im Blickfeld des Grenzpostens befanden, aber Spuren vorhanden waren,
- nach Richtung zu verfolgen, wenn nur die Richtung ihrer Bewegung bekannt war,
- parallel-überholend zu verfolgen, um die Veränderung der Richtung rechtzeitig zu erkennen, Kontaktaufnahmen mit außenstehenden Personen zu verhindern oder die Richtung der Grenzverletzerbewegung abzuriegeln.

Die Grenzposten hatten die Verfolgung abzubrechen, wenn die »Grenzverletzer« die Staatsgrenze in Richtung BRD oder Westberlin überschritten hatten und sich im Westen befanden.
Die **Suche** hatte das Ziel[172],

»Grenzverletzer oder subversive Kräfte des Gegners aufzuspüren und festzunehmen oder zu vernichten.«

Bei der **Einkreisung** war das Ziel das gleiche:

»...festgestellte Grenzverletzer zu umstellen, ihren Aufenthaltsort einzuengen, sie von anderen Personen zu isolieren und festzunehmen **oder zu vernichten.**«

Während der Vergatterungstext diesbezüglich seit Mitte der 80er Jahre entschärft war – auch hier sprach man vom »vernichten« – enthielt die letzte umfassende Dienstvorschrift der DDR-Grenztruppen, die erst mit dem 1. Dezember 1985 in Kraft trat, Formulierungen, die zumindest das Töten von »Grenzverletzern« nicht ausschloß. Auch beim **Hinterhalt** als »taktischer Handlung« war in der Dienstvorschrift noch einmal davon die Rede, den »Gegner« (und »Grenzverletzer«) eventuell auch zu »vernichten«.

a) Normale Grenzsicherung (GS)

Diese Art der GS praktizierte man dann, wenn im Grenzgebiet bzw. Grenzabschnitt relative Ruhe herrschte und die Aufgaben der GS bei normaler Auslastung der vorhandenen Kräfte erfüllt werden konnte.
Vom Bataillonskommandeur wurde dem Kompaniechef »eine Richtung der Hauptanstrengung« befohlen; dieser konnte nun von sich aus – in der befohlenen Richtung

> **»den Raum der Hauptanstrengung und die Schwerpunktzeit ... festlegen.«**

Zur Sicherung des »Raumes der Hauptanstrengung« hatte der Chef der Grenzkompanie

- ☐ eine hohe Dichte an Kräften und Mitteln in der wahrscheinlichen Richtung der Bewegung der Grenzverletzer zu schaffen,
- ☐ den Einsatz der Züge (der Kompanie), der Grenzaufklärer, der Kräfte des III. Grenzbataillons und der Volkspolizei zu koordinieren,
- ☐ die Alarmgruppe im Gelände zu stationieren, und
- ☐ verstärkt freiwillige Helfer der Grenztruppen einzusetzen[173].

Unter der **»Schwerpunktzeit«** verstand man einen begrenzten Zeitraum von Stunden oder Tagen, in dem auf Grund von Aufklärungsergebnissen und im Ergebnis der Lagebeurteilung am wahrscheinlichsten mit Grenzverletzungen zu rechnen war. Schwerpunktzeiten konnten täglich bis zu maximal 6 Stunden für den Raum der Hauptanstrengung befohlen werden, – monatlich je Woche bis zu zwei Tagen.
In dieser Zeit mußte der Kompaniechef möglichst alle Kräfte zum Einsatz bringen, über die er verfügte. Und die Volkspolizei war zum koordinierten Einsatz am Rande des Schutzstreifens und in der Tiefe des Grenzgebietes anzuhalten.

Beim Einsatz der Posten im Grenzdienst war der Kompaniechef ausdrücklich verpflichtet,

- »Grenzposten auf Grundlage der Schlußfolgerungen aus der Personalanalyse« zusamenzusetzen, und
- einen aufeinanderfolgenden Einsatz von Grenzposten im gleichen Postenbereich und in gleicher Zusammensetzung nicht zuzulassen[174].

Diese Bestimmungen sollten verhindern, daß sich Grenzposten miteinander befreundeten und möglicherweise verabredeten, gemeinsam »Fahnenflucht« zu begehen. Gerade das kam bis zum Ende der GS der DDR immer wieder vor. »Unsichere Elemente« unter den Grenzsoldaten wurden zwar aus den grenzsichernden Einheiten abgezogen und in rückwärtige Dienststellen versetzt, doch kam es ziemlich regelmäßig zu »Gruppenfluchten« (mindestens zwei Soldaten) in den Westen.
Der Befehl 44/83 (des Chefs der Grenztruppen) bestimmte, daß für jeden Grenzsoldaten ein Persönlichkeitsbild zu erstellen sei. Inhalte: Angaben zur Person, Wohnort, Beruf, Familienstand, Verwandte, Mitgliedschaft in Parteien und Organisationen, evtl. Studienwünsche, politische Einstellung, militärische Kenntnisse, Beurteilung des Betriebs, Einschätzung der Volkspolizei bzw. des MfS.

Außerdem existierten in den grenzsichernden Einheiten für alle Angehörige der Truppe **»Beobachtungsblätter«** beim jeweiligen Vorgesetzten, vom Zugführer (= Offizier/Leutnant) aufwärts.
Einmal pro Monat war in jeder grenzsichernden Kompanie eine

»Personalanalyse«

durchzuführen (siehe oben), bei der der gesamte Personalbestand nach Sicherheitsmerkmalen eingeschätzt/eingestuft wurde. An dieser Analyse nahmen teil:

- ☐ der Kompaniechef,
- ☐ der Politstellvertreter,
- ☐ ein Offizier des Stabs aus dem Grenzbataillon/Grenzregiment,
- ☐ in MfS-Offizier der »Organisation 2000« (»Militärabwehr«).

Groborientierung der »Personalanalyse« war die Einteilung in zunächst drei Hauptgruppen:

- Kern: absolut zuverlässige Kräfte
- Reserve: Kräfte mit Entwicklungstendenz zum Positiven oder Negativen
- Rest: unzuverlässige Kräfte.

Auf dieser Grobgrundlage wurde nach Kategorien unterteilt:

A = uneingeschränkter Einsatz bis zur Grenzlinie/sehr zuverlässig;
B = Einschränkungen im Einsatz anzuraten;
C = kommandiert/nicht anwesend in der Grenzkompanie;
D = nicht zum Einsatz vorgesehen (oder höchstens bedingt).

In der Praxis unterteilte man weiter, z.B. in

A 1 = nicht ganz so zuverlässig;
B 1 = mit Tendenz zum Negativen.

Die Ergebnisse – von den Grenzsoldaten **»Blutgruppen«** genannt – trug der Kompaniechef ins »Grenzdienstbuch« ein. Anhand dieses Dokuments stellte er dann die Posten (in aller Regel: zwei Mann) zusammen, – etwa wie folgt:

Der Grenzer A kann mit jedem anderen Angehörigen der Kompanie zum Einsatz kommen; der Soldat mit der Kategorie A 1 ist nur mit A und B einzuteilen, nicht aber mit B 1; ein Angehöriger der »Blutgruppe B« kann mit A und A 1 zur Grenze geschickt werden, nicht aber mit B 1; die Kategorie B 1 ist nur mit A einzusetzen; die Kategorie D ist überhaupt ungeeignet (und wenn, dann mit ausgewählten Leuten der Gruppe A)[175].

Unschwer ist zu erkennen, daß die Postenzusammenstellung einige Mühe machen konnte ...
Zur schnellen Festnahme von »Grenzverletzern« im Grenzgebiet oder Schutzstreifen waren **»Alarmgruppen«** bereitzuhalten: einmal eine Gruppe im Objekt der Grenzkompanie (4 Mann), zum anderen eine Gruppe gleicher Stärke im Gelände. Die im Objekt befindliche Gruppe hatte ihre Einsatzbereitschaft in fünf Minuten herzustellen, die im Gelände – untergebracht in einer Führungsstelle (großer Turm) – hatte in zwei Minuten ihren Einsatz zu beginnen (nach Alarm). Alarmeinheiten wurden eingesetzt zur Abriegelung, Verfolgung, Suche und Festnahme von »Grenzverletzern« sowie deren »Eskortierung«; sie waren mit Kfz, Nachrichtenmitteln, Spurenlampen und einer Erste-Hilfe-Ausrüstung auszustatten[176].
Die Grenzkompanie konnte in der gesamten Tiefe des Grenzgebiets eingesetzt werden, man konzentrierte sich aber im wesentlichen auf den Schutzstreifen (Ausnahme: Grenzaufklärer).
Bei normaler (und verstärkter) GS wurden die Grenzposten auf den Türmen, im Gelände oder als Streifen eingesetzt.
Jeder Posten bzw. jede Streife bestand aus mindestens zwei Mann (Postenführer/Posten), die mit MP und Leuchtpistole ausgerüstet waren.
Diese Kräfte standen unter Anleitung der Gruppen- und Zugführer sowie des Kompaniechefs, die die Posten von einem »Führungspunkt Grenzsicherung« oder mit mobilen Mitteln führten.
Zwischen den Posten und dem Führungspunkt gab es eine Nachrichtenverbindung über das feste »Grenzmeldenetz« (mit Sprechstellen), Zugführer und Kompaniechef waren ferner über Funkgeräte verbunden.
Der Kompaniechef führte seine Kräfte Tag und Nacht selbst und relativ eigenverantwortlich, er mußte immer – zumindest telefonisch – erreichbar sein. In einem »Operativen Diensthabenden (Offizier)« beim Grenzbataillon/Grenzregiment hatte

er immer einen Ansprechpartner. Dieser Offizier (OpD) überwachte den Dienstaufzug der grenzsichernden Einheiten. Bei Grenzzwischenfällen bzw. Grenzverletzungen war der Kommandeur des Grenzregiments verpflichtet, die Führung persönlich zu übernehmen.
Zwischen 1983 und 1985 führten abermalige Umstrukturierungen in den beiden Grenzkommandos an der innerdeutschen Grenze zu anderen Einsatzformen der GS: Die I. und II. Grenzbataillone eines Grenzregiments besorgten nunmehr mit ihren Grenzkompanien die unmittelbare GS, die Kompanien des III. Grenzbataillons übernahmen Aufgaben im Bereich des Grenzgebiets (außer im Schutzstreifen) oder blieben in Reserve. Direkt an der Grenze standen also nur noch die Kompanien der I. und II. Grenzbataillone[177].
Notfalls konnten jedoch die Kompaniechefs Einsatzkräfte dieses III. Grenzbataillons abrufen und – zum Beispiel – im Rahmen einer verstärkten GS in ihrem Grenzabschnitt einsetzen.
Die Abschnittslänge eines Grenzregiments an der DL betrug Mitte der 80er Jahre rund 130 bis 160 km, die eines Grenzbataillons 65 bis 80 km und die einer Grenzkompanie 17 bis 20 km[178].
Grenzkompanien gliederten sich wie folgt:

Gliederung GRENZKOMPANIE (Stand: Mai 1989):

- Kompaniechef (KC)
- Stellvertreter des KC (direkt unterstellt:
  Wartungstrupp Grenzsignalzaunanlagen – 2 Mann)
- Stellvertreter des KC für politische Arbeit (»Politstellvertreter«)
- Hauptfeldwebel
  Waffenunteroffizier
  Schreiber/Kraftfahrer
  Küche
- drei Züge mit jeweils 2 Gruppen
  Stärke des Zugs: 18/19 Mann
  Stärke der Gruppe: 8/9 Mann
  Zugführer: Offizier (Leutnant)
- Grenzaufklärerzug (GAK-Zug) mit 16 Mann (aus 2 GAK-Gruppen)
  GAK-Zugführer: Offizier (Leutnant)
  stellv. GAK-Zugführer: Stabsoberfähnrich
  alle anderen: Fähnrich-Dienstgrade
- Funktrupp: 2 Mann
- Kfz-Techniker: Fähnrichdienstgrad
- Kfz-Schlosser: Soldat
- Kraftfahrer: 3 Mann

Personal-Soll einer Grenzkompanie:

Offiziere:	7	Unteroffiziere auf Zeit:	9
Fähnriche:	17	Soldaten:	53
Berufsunteroffiziere:	4	zusammen:	90 Angehörige

dazu: 4 Zivilbeschäftigte
Dienstgrad des KC: Hauptmann/Major

Exkurs: Freiwillige Helfer der Grenztruppen (FHG)

Gemäß § 20 Absatz 2 DDR-Grenzgesetz vom 25. März 1982 konnten sich Bürger der DDR, die das 18. Lebensjahr erreicht hatten, als FHG melden. In der Regel handelte es sich dabei um »Werktätige«, die im Grenzgebiet ihren Wohnsitz hatten und die bereit waren, außerhalb ihrer Arbeitszeit einige Stunden im Monat Hilfsdienste in der GS zu leisten. Als FHG kamen in erster Linie ehemalige Angehörige der bewaffneten Organe in Frage. Nicht gewonnen werden durften:

a) Partei- und Staatsfunktionäre,
b) freiwillige Helfer der VP, Angehörige der freiwilligen Feuerwehr und Angehörige der »Kampfgruppen der Arbeiterklasse«,
c) Bürger, die Verwandte 1. Grades in der BRD oder Westberlin hatten,
d) Bürger, die Verwandte 2. Grades in der BRD oder Westberlin hatten, die im Staatsaparat, in der Bundeswehr, im BGS, in der Polizei und im Zollgrenzdienst oder in Dienststellen der Besatzungsmächte tätig waren.

FHG sollten »Auge und Ohr« im Grenzgebiet sein und vor allem Fremde ausmachen. Die Verantwortlichen ersannen »Richtwerte« für die Anzahl der gewinnbaren FHG in bezug auf die Gesamteinwohnerzahl im Grenzgebiet/in den Grenzorten:

- in kleineren Städten etwa 9 Prozent,
- in größeren Dörfern rund 6 bis 7 Prozent,
- in kleineren Dörfern cirka 6 bis 8 Prozent[179].

Die Richtwerte wurden nicht erreicht, da der Dienst nicht besonders attraktiv war und ohne Entgelt geleistet werden mußte. Die Dienstzeit betrug im Monat rund sechs Stunden (angestrebt wurden acht Stunden). Eingesetzt wurden die mehreren Tausend FHG vor allem in der Zeit zwischen 18 und 23 Uhr; die Einsatztage richteten sich nach den »Schwerpunktzeiten« der einzelnen Grenzkompanien, denen FHG-Züge und -Gruppen beigegeben waren. Die Kompanien der III. Grenzbataillone führten keine FHG mehr. Die am 1. Dezember 1985 in Kraft getretene DV 018/0/007 legte die Richtzahl auf 175 FHG pro Grenzbataillon (I./II. Grenzbataillon) fest. Seit 1982 gab es auch Frauen als FHG (rund 30 pro Grenzbataillon), die aber nicht im operativen Dienst eingesetzt wurden, sondern nur »Informationen« lieferten. FHG trugen Grenzeruniformen ohne Dienstgradabzeichen und eine grüne Armbinde mit der Aufschrift »Freiwilliger Helfer der Grenztruppen«; auf Befehl des Kompaniechefs konnten sie mit Handsignalzeichen und mit Grenzmeldenetzhörer, auf Weisung des Ministers auch mit Waffen ausgerüstet werden.

FHG wurden eingesetzt als:

- ☐ Doppelposten (bestehend aus 2 FHG),
- ☐ zusammen mit Grenzaufklärern,
- ☐ zusammen mit Grenzposten,
- ☐ zusammen mit freiwilligen Helfern der Volkspolizei, und
- ☐ zusammen mit Volkspolizisten.

Die Ausbildung erfolgte in der Grenzkompanie, der die FHG zugeordnet waren. Pro Kalendermonat erhielten die »Helfer« eine Stunde Politunterricht, zwei Stunden praktische Ausbildung mit Schießen, Topographie und Gesetzeskunde sowie eine Stunde »Dienstberatung«[180]. Sie wurden für folgende Aufgaben »qualifiziert«:

- Gegnererkennung = Grenzverletzererkennung;
- Dienst als Beobachtungsposten, Sicherungsposten und als Grenzstreife;
- Kontrolle von Personen und Fahrzeugen,
- Festnahme, Durchsuchung und Zuführung von »Grenzverletzern«,
- Handlungen zur Sicherung volkswirtschaftlicher Arbeiten, zur Durchsuchung und Überwachung von Unterschlupfmöglichkeiten für Grenzverletzer sowie Handlungen zur Durchsetzung der Sicherheit und Ordnung im Grenzgebiet[181].

Manche Grenzregimenter, Bataillone und Grenzkompanien waren stolz auf die Erfolge »ihrer« FHG-Gruppen; angeblich trug ihre Tätigkeit »wesentlich zur Festigung des Vertrauensverhältnisses zwischen den Grenztruppen und der Grenzbevölkerung bei«. Und ihr Dienst hatte oft Erfolg: »Jährlich gingen Festnahmen auf das Konto der Freiwilligen Helfer.« Zum Beispiel diese:

»Am 1. Mai 1963 reiste eine Gruppe von fünf Jugendlichen aus Salzwedel mit der Reichsbahn nach Kaulitz an. Auf dem Bahnhof Binde/Kaulitz versah der FHG Kathe als Bahnhofsvorsteher seinen Dienst. Er erkannte sofort, daß diese Jugendlichen nicht aus Kaulitz waren und informierte sofort telefonisch die Grenzkompanie. Die eingeleiteten Maßnahmen führten nach ca. 30 Minuten zur Festnahme. Von diesen Jugendlichen war ein gewaltsamer Grenzdurchbruch geplant[182].«
Solche »erfolgreichen« FHG erhielten hohe staatliche Auszeichnungen; Ende 1986 stiftete der Nationale Verteidigungsrat der DDR sogar eine »Medaille für treue Dienste freiwilliger Helfer beim Schutz der Staatsgrenze« (GBl. I/1987/S. 9).
Neben den normalen FHG gab es noch geheimdienstlich verpflichtete: Eine Anordnung 15/81 (des MfS) bestimmte, daß die MfS-Offiziere der »Organisation 2000« diese Leute zu werben hatten. Der Soll-Bestand:

pro Grenzkompanie	=	8 FHG (MfS)
pro Grenzbataillon	=	32 FHG (MfS)
pro Grenzregiment	=	64 FHG (MfS)
pro Grenzkommando	=	320 FHG (MfS).

Zur Mitarbeit zu verpflichtende Personen durften nicht bereits als »Inoffizieller Mitarbeiter« (IM), als normaler FHG oder als freiwilliger Helfer der Volkspolizei arbeiten.
Die betreffenden Leute hatten eine Verpflichtungserklärung zu unterschreiben und erhielten einen Decknamen, – dann wurden sie dem Grenzaufklärer der zuständigen Grenzkompanie zugeordnet. Dieser Grenzaufklärer kannte nur die ihm zugeteilten FHG-MfS; untereinander kannten sich diese nicht. Nur der Grenzkompaniechef war »bestätigt« mit der Anordnung 15/81 zu arbeiten, er erhielt auch die täglichen Meldungen dieser Leute (ohne ihren Klarnamen zu kennen).
Diese Meldungen gingen an das Bataillon und das Grenzregiment sowie – »doublierend« – an die MfS-Offiziere.
Zielpersonen und -gruppen der FHG-MfS waren:

- Personen, die im Verdacht standen, Republikflucht zu begehen,
- unzuverlässige Personen im Sinne der herrschenden Partei,

- Angehörige der Schutz- und Sicherheitsorgane (Überprüfung ihrer Verhaltensweisen in der Freizeit),
- die Grenzbevölkerung schlechthin, ihre Denkgewohnheiten, ihr Meinungs- und Stimmungsbild[183].

Von den FHG-MfS nach AO 15/81 waren etwa 1.000 Personen im Einsatz; bei den normalen FHG-Gruppen dienten 1988/89 rund 7.000 Bürger.

b) Verstärkte Grenzsicherung (GS)

Zur verstärkten GS war überzugehen, wenn im Grenzgebiet eine erhöhte Aktivität des Gegners festgestellt wurde, wenn Versuche oder Handlungen zur Vorbereitung von Grenzdurchbrüchen bekannt wurden sowie »anhaltend ungünstiges Wetter« (z.B. Nebel) bestand[184].
Diese Art der GS wurde verwirklicht/realisiert durch:

- ☐ Umgruppierung der Kräfte und Mittel,
- ☐ Einsatz der Alarmeinheit des III. Grenzbataillons, Verlegung der Alarmgruppe Objekt (der Grenzkompanie) ins Gelände, Bildung einer neuen Alarmgruppe Objekt, Einsatz der Grenzaufklärer und der FHG,
- ☐ Präzisierung der Aufgaben der Kräfte/Organe des Zusammenwirkens und der Zusammenarbeit (z.B. Volkspolizei und örtliche Verwaltungen),
- ☐ Einschränken oder Einstellen von Arbeiten im Schutzstreifen,
- ☐ Unterbrechen oder Verkürzen von Ausbildungsmaßnahmen,
- ☐ Einschränken oder Nichtgewähren von Ausgang und Dienstfrei.

Auf Befehl des Kompaniechefs konnte die Dienstzeit von acht auf zwölf Stunden erhöht werden und ein Zug – zwei Züge in der Schwerpunktzeit – war(en) zur Verstärkung auf der Ebene Grenzkompanie einzusetzen. Die verstärkte GS konnte in zwei Varianten durchgeführt werden: Im 8-Stunden-Dritteldienst oder im 12-Stunden-Hälftedienst. Das bedeutete in der ersten Variante, daß die für den jeweiligen Grenzabschnitt verbleibenden drei Einheiten (Züge) sich nach jeweils 8 Stunden Grenzdienst innerhalb von 24 Stunden ablösten. Hier zog die Einheit über mehrere Tage dann jeweils zum gleichen Dienstaufzug (Schicht) auf. Um diese starke Belastung zu verringern, wurde nach einigen gleichen Dienstaufzügen ein »Kurzer Wechsel« befohlen, – dabei zog die Einheit, die im Nachtdienst war, dann am anderen Tag zum Spätdienst auf.

Bei beiden Varianten wurden die freiwerdenden Einheiten zur Verstärkung der GS im Abschnitt eingesetzt. Dadurch konnte die Postendichte erhöht werden, – der Abstand zwischen den Grenzposten und den Streifen verringerte sich. Im ersten Fall (Dritteldienst) konnte eine Einheit (Zug) zur Verstärkung herangezogen werden, im zweiten Fall (Hälftedienst) zwei Einheiten (Züge)[185].

c) Organisation des Zusammenwirkens in der GS

Der Kompaniechef war für das Zusammenwirken der Grenzposten untereinander verantwortlich und hatte sicherzustellen, daß man auch zu den Nachbareinheiten Kontakt hielt und die Trennungslinien einhielt. Zu koordinieren waren auch die Handlungen zwischen den Posten, den Alarmgruppen und den Grenzaufklärern. Das alles betraf die interne Abstimmung und war unproblematisch.
Komplizierter gestaltete sich die Organisation des Zusammenwirkens mit anderen »Organen«, hier entstanden immer wieder Reibungsverluste und Mißverständnisse sowie Eifersüchteleien.
Ziffer 123 der DV 18/8 aus dem Jahre 1985 bestimmte:

»Durch den Kompaniechef ist das Zusammenwirken einmal wöchentlich mit dem Gruppenpostenleiter der Deutschen Volkspolizei und täglich mit dem Abschnittsbevollmächtigten zu organisieren.«

Schwerpunkte des Zusammenwirkens sollten sein:

a) Aufklärung besonders gefährdeter Räume sowie der wahrscheinlichen Richtungen der Bewegung der Grenzverletzer im Grenzgebiet **(in jeder Grenzkompanie wurde eine Analysekarte der Grenzverletzerbewegung der letzten 10 Jahre geführt!)**.
b) Einsatzplanung der freiwilligen Helfer der Volkspolizei im Interesse der GS, besonders in den wahrscheinlichen Richtungen der Grenzverletzerbewegung in der Sperrzone (Grenzgebiet) und in den Fahndungszonen,
c) Maßnahmen zur Durchsetzung der Grenzordnung,
d) Sicherung von wichtigen Objekten und die Kontrolle gefährdeter Abschnitte und Anlagen (z.B. der Verschluß von Kfz),
e) Abstimmung über Arbeiten im Schutzstreifen,
f) Veränderungen für den Aufenthalt und die Bewegung von Personen und Technik im Schutzstreifen,
g) Kontrolle der öffentlichen Verkehrsmittel an den Zugängen zum Grenzgebiet und an den Endhaltestellen.

Beim täglichen Zusammentreffen des Kompaniechefs mit dem Abschnittsbevollmächtigten (ABV) der Volkspolizei waren vor allem folgende Informationen auszutauschen:

- zu erwartende Grenzverletzungen,
- Festnahme oder Haftentlassung von Bewohnern des Grenzgebiets (die als besonders fluchtverdächtig galten),
- Ermittlungen gegen Bewohner des Grenzgebiets,
- gefundene Gegenstände, die auf Grenzverletzungen schließen ließen,
- gegnerische Tätigkeit im Grenzgebiet und Stimmungslage der Grenzbevölkerung,
- geplante und genehmigte Baumaßnahmen und Arbeitseinsätze im Grenzgebiet und am Rande des Grenzgebiets,
- Verstöße gegen die Grenzordnung,
- geplante und genehmigte Großveranstaltungen im Grenzgebiet.

Zweimal pro Monat hatte der Kompaniechef in Gemeinden, die im Schutzstreifen lagen, Sicherheitsberatungen durchzuführen. Ausdrücklich einzuladen waren dazu:

der ABV, der SED-Sekretär der Ortsparteiorganisation, der Bürgermeister der betreffenden Gemeinde **und** der **Beauftragte des MfS**[186].

Offen ausgewiesene oder verdeckt tätige Mitarbeiter des MfS waren generell bei allen diesen Koordinierungsmaßnahmen dabei, auch vor Einführung des MfS-Grenzbeauftragten[187].

Im DDR-Grenzgebiet umfaßten die VP-Gruppenposten/Grenze zwischen 30 und 70 Mann; das Gros der Festnahmen von »Grenzverletzern« ging auf ihr Konto. Ohne die VP in den Grenzgebieten/Grenzkreisen war die DDR-GS nicht denkbar. In den »Volkspolizei-Kreisämtern« (VPKA) existierten innerhalb des Arbeitsgebiets I (»K I«) spezielle **Arbeitsgruppen »Grenze«**, die für die »Grenzdelikte« zuständig waren und die die Aufgaben hatten, illegale Grenzübertritte zu verhindern und – in Zusammenarbeit mit dem MfS – Übersiedlungsersuchen zurückzudrängen
In Zügen (auch: »Interzonenzügen«) sorgten Kräfte der Transportpolizei (Trapo) – Zugbegleitkommandos bzw. Operativgruppen Zugbegleitung (ZB) – dafür, daß vermeintliche »Grenzverletzer« kontrolliert und festgenommen wurden; in Zügen in Richtung Grenze befanden sich immer Transportpolizisten, die die Reisenden – vor allem jüngere Jahrgänge – überprüften und Ausweiskontrollen vornahmen.

d) Kompanie- und Bataillonssicherung

Anfang der 70er Jahre kamen Überlegungen auf, von der bisher praktizierten GS abzugehen und größere Einheiten im Grenzdienst einzusetzen. Damit einher gingen Bemühungen, aus der Grenztruppe eine militärähnliche Formation zu machen, die von der Qualität her den Mot-Schützentruppen vergleichbar sein sollte.
An der Staatsgrenze zur BRD ging man Mitte der 70er Jahre generell dazu über, eine sogenannte »Bataillonssicherung« einzuführen; Ende 1976 war der Übergang zu dieser Form der GS abgeschlossen[188].
Nach dieser Methode wurde eine Grenzkompanie im ständigen Wechsel mit den anderen Grenzkompanien des Grenzbataillons grundsätzlich **geschlossen** zum Grenzdienst eingesetzt. Man errechnete sich günstigere Bedingungen im Grenz- und Garnisonsdienst, vor allem eine Erhöhung der Gefechtsbereitschaft, aber auch mehr Effektivität in der GS. Ebenso meinte man, die Disziplin und Ordnung in der Truppe festigen zu können. Mit einem Satz: Die DDR-Grenzsicherung sollte mit dieser Art völlig militärischen Anforderungen genügen, grenzpolizeiliche »Restbestände« der alten (Kompanie-)Sicherung wollte man tilgen. Zugleich mit der Einführung der neuen GS wurde der Einsatz der **Grenzaufklärer** intensiviert: Diese Leute, seinerzeit in erster Linie Berufsunteroffiziere, später Fähnrichdienstgrade, hatten die Aufgabe, überall – im Schutzstreifen und im Grenzgebiet – nach »Grenzverletzern« Ausschau zu halten, während die »Linieneinheiten« der Grenztruppe, die Kompanien, vorwiegend auf der Höhe des Kolonnenwegs im Schutzstreifen – dicht vor der eigentlichen

Grenzlinie – zum Einsatz gelangten. Die lineare Absicherung der Grenze wurde also mit den Grenzaufklärern ergänzt und nach Ansicht der Verantwortlichen auch vervollkommnet.
Schon Ende der 70er Jahre stellte sich aber heraus, daß die Bataillonssicherung nicht der Weisheit letzter Schluß war: Die Zahl der Fahnenfluchten von Grenzsoldaten stieg an, die täglichen Belastungen der grenzsichernden Einheiten waren zu hoch, das neue System der GS zu starr und durchsichtig und die Kontakte zur Grenzbevölkerung versandeten zunehmend. Schon die Anmarschwege der Kompanien eines Grenzbataillons an die Grenze war zu zeitaufwendig, die Entfernungen zwischen Garnison (Kaserne) und Einsatzort zu weit.
In der alten Kompaniesicherung waren die »Standzeiten« der Chefs lang, in der Bataillonssicherung tat ein Kompanieführer selten länger als ein Jahr Dienst. Und die grenzsichernden Einheiten wurden von der Bataillonsebene geführt, die im Hinterland lag. Das Verhältnis Grenztruppen – Grenzbevölkerung erreichte einen Tiefpunkt.
Die Verantwortlichen sannen auf Abhilfe und kamen schließlich auf die Idee, so etwas wie eine **modifizierte** Kompaniesicherung (wieder) einzuführen. Nach einer Erprobungsphase in den Grenzregimentern 4 (Grenzkommando Süd) und 23 (Grenzkommando Nord) Anfang der 80er Jahre führte man diese Art der GS 1983/84 an der innerdeutschen Grenze ein. Dabei erstrebte man folgende Ziele:

- Höhere Wirksamkeit der GS,
- mehr Eigenverantwortung für die Grenzkompanien bzw. ihre Chefs,
- Verbesserung des Verhältnisses zur Grenzbevölkerung,
- Festigung des politisch-moralischen Zustands der Grenzsoldaten, verbunden mit der Erleichterung der Dienst- und Lebensbedingungen,
- Schaffung mobiler (Kampf-)Einheiten in der Form der III. Grenzbataillone, deren Kompanien nicht im direkten Grenzdienst stehen sollten (oder nur teilweise)[189].

Die Kompanien des III. Bataillons wurden auf zwei Grenzsicherungszüge und auf einen Waffenzug umgegliedert; bis auf den Einsatz in »Grenzdienstwochen« löste man das III. Grenzbataillon aus der unmittelbaren GS heraus, betrachtete es als Reserve, verstärkte die militärische Ausbildung an Infantriebegleitwaffen (Granatwerfer/Panzerabwehrbüchsen etc.).
Die Grenzkompanien der I. und II. Grenzbataillone eines Grenzregiments trugen jetzt die Hauptverantwortung der direkten GS. Ihr 4. Zug wurde nunmehr zum »Grenzaufklärerzug« (GAK-Zug) umgegliedert: 16 Mann, davon 15 Fähnrichplanstellen und eine Offiziersplanstelle (Leutnant).
Hinzu kam auch ein »Grenzsignalzaun-Elektronik-Trupp« (1 Unteroffizier und 1 Soldat), der die störanfälligen Anlagen zu warten hatte und der die Zahl der Fehlauslösungen reduzieren sollte.
Neu eingeführt wurde ein »Diensthabender der Grenzkompanie« (DHK), jeder Grenzsicherungszug bekam eine »Planstelle Diensthundeführer«.

Gliederung GRENZREGIMENT (Stand: Mai 1989):

- Kommandeur
- Stellvertreter des Kommandeurs und Stabschef
  Stab
  Nachrichtenkompanie
  Stabskompanie
  Sicherungseinheit
  VS-Stelle
- Stellvertreter des Kommandeurs und Leiter der Politabteilung
  Politabteilung
- Stellvertreter des Kommandeurs für Ausbildung
- Pionierkompanie
- Chemische Dienste
- Stellvertreter des Kommandeurs für Rückwärtige Dienste
  Rückwärtige Dienste
  Waffeninstandsetzungsgruppe
  Regimentsarzt
  Regiments-Med-Punkt
- Stellvertreter des Kommandeurs für Technik und Ausrüstung
  Technische Stelle
  Kfz-Instandsetzungszug
  Regimentslager
- Kader
- Finanzökonom

- drei Grenzbataillone (GB)
  I. und II. GB mit jeweils vier Grenzkompanien (GK)
  und je einer Sicherstellungskompanie;
  III. GB (am Sitz des GR) mit vier GK (ohne Sicherstellungskompanie)
- Stärke eines GB: etwa 400 Mann/Angehörige
- Stärke eines GR: rund 1.400 Angehörige plus 180 Zivilbeschäftigte

Das neue System der modifizierten Kompaniesicherung ab 1983/84 an der DL bewährte sich, die Vorteile der neuen Sicherungsart (gegenüber der Bataillonssicherung) zeigten sich nach internen Angaben in »besseren Voraussetzungen für

- die Erhöhung der Wirksamkeit der Grenzsicherung durch einen effektiven und beweglichen Einsatz der Kräfte unter Einbeziehung eines wesentlich höheren Anteils an Berufskadern;
- die Durchsetzung der Hauptprinzipien der Grenzsicherung wie der Konzentrierung der Kräfte und Mittel zur Schwerpunktzeit, ihre Tiefenstaffelung, die Aufklärung des Gegners sowie die Tarnung und Geheimhaltung der eigenen Handlungen und Absichten;

- ☐ der Gewährleistung der Funktionssicherheit der Grenzsicherungsanlagen und die Verbesserung ihres Wartungsstandes;
- ☐ die Reduzierung des ökonomischen Aufwandes, zum Beispiel konnte der Kraftstoffverbrauch ... gesenkt werden; und
- ☐ die Verbesserung der Dienst- und Lebensbedingungen der Berufskader durch eine lagebezogene konkrete Dienstplanung, eine längerfristige Planung des Grenzdienstes, der Politschulung, Gefechtsausbildung sowie des Garnisonsdienstes[190].«

Besonders begrüßt wurde von den »Grenzern« die Verkürzung der monatlichen Dienstzeit um 20 Stunden für Berufskader in den Stäben und Grenzkompanien des I. und II. Grenzbataillons.
DDR-Grenzdienst war anstrengend und selten streßfrei. Während der Dienstzeit mußten die Soldaten damit rechnen, offen oder verdeckt kontrolliert zu werden (auch wiederkehrend), unter anderem durch Offiziersstreifen.
Der »Kontrollstreifen 6« (K-6) war einmal in 24 Stunden auf Spuren zu prüfen – vier Stunden nach Sonnenaufgang; der »K-2« (freundwärts des Schutzstreifenzauns) ebenso (beim Einsatz von Kräften des III. Grenzbataillons – der »Reserve« – allerdings zusätzlich noch zweimal).

e) Grenzaufklärer/Grenzaufklärung

Schon Anfang der 70er Jahre – 1971 – setzte die Grenztruppe vom MfS ausgewähte bzw. bestätigte Unteroffiziere als **Grenzaufklärer** ein. Diese Leute wurden speziell ausgebildet, hatten im Grenzgebiet seßhaft zu sein und guten Kontakt zur Grenzbevölkerung zu halten und sollten über ausgezeichnete Kenntnisse des Grenzabschnittes verfügen, in dem sie eingesetzt waren.
Hauptaufgabe: Rechtzeitiges Erkennen von »Grenzverletzern«. Entsprechend ihrer Bedeutung stufte die Armee- und Grenztruppenführung diese »Kader« als Fähnriche ein, ab 1. September 1982 wurden Fähnrichschüler an der Offiziershochschule der Grenztruppen in Einjahreslehrgängen zu Grenzaufklärern herangebildet, ab 1. September 1984 bildete man regelmäßig Grenzaufklärer in Zweijahreslehrgängen an dieser Lehrstätte aus[191].
Der Bedarf war groß: Seit 1983/84 sollte jede grenzsichernde Kompanie über einen GAK-Zug (16 Mann) verfügen.
Ihre Zuverlässigkeit im Sinne der herrschenden SED wurde vom MfS überprüft; alle Grenzaufklärer bedurften der Förderung durch dieses Ministerium. Die Schaffung dieser Funktion zahlte sich aus: bis zu 30 Prozent der gestellten »Grenzverletzer« gingen auf das Konto der Grenzaufklärer[192].
In der Regel zum Einsatz **vor** dem letzten DDR-Sperrelement, dem Grenzzaun I, bestätigt, setzten sich nur wenige dieser Soldaten in die Bundesrepublik ab.
Die **Grenzaufklärung** galt nach Ziffer 150 der DV 18/8 von 1985 als **»die wichtigste Art der Sicherstellung der Grenzsicherung.«**
Sie war vom Kompaniechef zu organisieren, aktiv und ununterbrochen zu führen, sie sollte rechtzeitig Angaben einbringen über

- die Vorbereitung oder Anzeichen von Grenzdurchbrüchen,
- Annäherungswege sowie -richtungen und Unterschlupfmöglichkeiten der Grenzverletzer,
- Grenzprovokationen (geplante), Handlungen der Bundeswehr und anderer NATO-Streitkräfte in Grenznähe,
- das System der Grenzüberwachung des Gegners,
- alle Veränderungen im Gelände beiderseits der Staatsgrenze.

Methoden der Grenzaufklärung waren:

... die Beobachtung, ... der Horchdienst, ... die Befragung der Grenzbevölkerung, ... Dokumentenstudium, ... die Befragung von »Grenzverletzern« und ... das Einholen von Informationen.

Die **Beobachtung** wurde als Hauptmethode der Grenzaufklärung angesehen und war ununterbrochen im gesamten Grenzabschnitt und besonders im **Raum der Hauptanstrengung** durchzuführen. Zur Beobachtung bei Nacht setzte man ausgebildete Kräfte mit Nachtsichtgeräten ein.
Personen, die die Staatsgrenze **aus** Richtung BRD/Westberlin verletzten, waren (von den Grenzaufklärern) ohne Befragung sofort den MfS-Offizieren zu übergeben.
Abhängig von der Lage konnten folgende »Organe der Grenzaufklärung« gebildet und eingesetzt werden:

- Beobachtungsposten,
- Horchposten (diese ergänzten die Beobachtung bei Nacht und bei begrenzter Sicht. Er war aus mindestens zwei Mann zu bilden. Der Einsatz erfolgte nur mit Bestätigung des Regimentskommandeurs als getarnter Grenzposten vor dem vorderen Sperrelement),
- Gefechtsaufklärungstrupps.

Der GAK-Zug unterstand dem Kompaniechef direkt. Dem Zugführer des GAK-Zuges stellte man monatlich die »Aufgaben zur Grenzaufklärung im einsichtbaren Grenzgebiet der BRD und im eigenen Grenzgebiet«. Grundlage dafür war ein Plan zur Grenzaufklärung des Bataillonskommandeurs für das laufende Quartal.
Der Zugführer (Offizier/Leutnant) stellte über den Gruppenführer jedem Grenzaufklärer für eine Woche seine Aufgaben; der Einsatz der Grenzaufklärer erfolgte in Stärke von einem bis drei Angehörigen der Grenztruppe beim Grenzpostendienst.
Grenzaufklärer konnten eingesetzt werden
a) zu Fuß, b) dienstführend mit Diensthund, e) mit Mokik oder Motorrad und d) in Zivil.
Der Diensthund und Kfz-Technik war »personengebunden« beizugeben; die Aufbewahrung der Ausrüstung und Bewaffnung (MP/Pistole) erfolgte bei den Grenzaufklärern zu Hause.
Grenzaufklärer waren grundsätzlich bestätigt zum Einsatz vor dem vorderen Sperrelement und immer »Blutgruppe A«.
Die Fähnriche waren auf die Grenzortschaften aufzuteilen und hatten ihren Dienst vom Wohnort aus aufzunehmen, sie wurden angehalten zur »persönlichen Arbeit mit der Grenzbevölkerung« (dazu bekam jeder Grenzaufklärer seinen Aufklärungsauftrag).

Teil der Tätigkeit war die Einholung von »Informationen« der FHG-MfS (lt. Anordnung 15/81; siehe oben).
Grenzaufklärer waren bei den normalen Grenzsoldaten längst nicht immer beliebt, da sie Vorzüge genossen und sich selbst von den anderen isolierten bzw. isolieren mußten. Auch zu den »Kräften/Organen des Zusammenwirkens«, also vor allem der Volkspolizei, waren die Beziehungen vielfach gespannt, da beide – Grenzaufklärer und Polizisten – eifersüchtig über ihren Dienstbereich wachten, Überschneidungen aber unvermeidlich und vielleicht auch gewollt waren.

Die Grenzaufklärung »feindwärts«, in Richtung BRD/Westberlin, erfolgte in enger Absprache oder auf direkte Anweisung des MfS, das immer seine »schützende Hand« über diese Spezialtruppe hielt. Praktisch konnte sich kein Grenzaufklärer ohne Zustimmung und Förderung in seiner Dienstposition halten, er war zu engster Zusammenarbeit mit dem MfS verpflichtet und vielfach selbst auch »Inoffizieller Mitarbeiter« (IM).
Die generelle MfS-Nähe der DDR-Grenztruppen insgesamt wurde durch die Grenzaufklärer nur zusätzlich bestätigt.

Ab Ende 1987 wurde damit begonnen, die Zahl der Grenzaufklärer in den Grenzkompanien zu reduzieren; außerdem wandelte man die Offiziersplanstelle in eine Fähnrichplanstelle um. Nunmehr wurden die Grenzaufklärerzüge der Grenzkompanien der I. und II. Grenzbataillone nicht mehr durch Offiziere, sondern nur noch durch Fähnrichdienstgrade geführt. Offenbar hatten die Grenzaufklärer an Wertschätzung verloren.

9. Grenzverletzerbewegung in den 70er und 80er Jahren

Seit 1972/73 vereinbarten die beiden Staaten in Deutschland eine Reihe von Abkommen, die der Entspannung und Normalisierung zwischen BRD und DDR dienten.
Auf der Basis des deutsch-deutschen Grundlagenvertrages vom 21. Dezember 1972 und auch schon zuvor – zum Beispiel mit Verabschiedung des Transitabkommens zwischen beiden deutschen Staaten Ende 1971 – kamen Folgevereinbarungen zustande, die unter anderem den deutsch-deutschen Reise- und Besucherverkehr erleichterten. In erster Linie zwar zunächst nur von West nach Ost, aber immerhin gestattete die DDR ihren Bürgern unterhalb des Rentenalters auch Westreisen in sogenannten »Dringenden Familienangelegenheiten«. Und die Zahl der genehmigten »Dienstreisen« von Ost nach West nahm langsam zu; von diesen »Westreisekadern« blieb ein zunehmender Anteil in der BRD.
Ferner gab es die Möglichkeit der »Familienzusammenführung« und des »Freikaufs« von politischen Häftlingen[193].
Das alles führte im Ergebnis dazu, daß der »Druck auf die Grenze« zu Anfang der 70er Jahre nachließ und sich gegen Mitte des Jahrzehnts weiter verminderte.

Rund 2/3 der »Grenzverletzer« unternahmen in den 70er und 80er Jahren den Fluchtversuch an der innerdeutschen Grenze, etwa 25 Prozent an der Grenze zu Westberlin, der Rest – cirka 7 Prozent – versuchte es über die Seegrenze/Küste der DDR[194].
Davon wurden zwischen 90 und 95 Prozent der »Grenzverletzungen« bzw. »versuchten und vorbereiteten Grenzdurchbrüche« verhindert, – 85 Prozent bereits »in der Tiefe des Territoriums der DDR« (also im grenznahen Raum, im Grenzgebiet selbst **vor** dem Schutzstreifen sowie schon im Landesinneren).
Das Alter der »Grenzverletzer« lag bei 14 bis 25 Jahren, – fast alle waren männlich.
An der DL konzentrierten sich die versuchten »Grenzdurchbrüche« auf die Bezirke Magdeburg und Erfurt[195].

Die Grenzsicherungskräfte der DDR hatten inzwischen gelernt, wie man eine effektive GS garantierte. Sie konnten sich in den 70er Jahren bis in die 80er (1983/84) auf die Selbstschußgeräte und die Bodenminen als »Sperrmittel« verlassen, hatten seit den frühen 60er Jahren die Überwachungstechniken vervollkommnet und waren in der Lage, aus ihrem Erfahrungsschatz zu schöpfen.
Eine **»Analysekarte der Grenzverletzerbewegung«**, geführt für die letzten zehn Jahre, lag auf dem Schreibtisch jedes Grenzkompaniechefs.

SM-70, Bodenminen, Schußwaffengebrauchsbestimmungen, Grenzerpraxis und die Chance der DDR-Bürger, nunmehr legale Wege einer Ausreise zu versuchen (innerdeutsche Abkommen), entlasteten die Grenztruppen merklich. »Grenzverletzer« wichen verstärkt in andere Fluchtrichtungen aus, versuchten den »Grenzdurchbruch« an der Küste der DDR oder in Drittländern.
Mitte der 70er Jahre sah es so aus, als bekäme man die »Grenzverletzerbewegung« an der DL in den Griff.

Im Vergleich zu 1973 gingen die Grenzverletzerzahlen beispielsweise im Jahre 1975 **um mehr als 50 Prozent zurück**: Hatten 1973 etwas mehr als 3.000 Menschen versucht, die Grenze zu durchbrechen, waren es 1975 nur noch rund 1.400 Personen[196].
Die Zahlen stiegen erst gegen Mitte der 80er Jahre wieder an, als die DDR 1984/85 die Selbstschußanlagen und die (auffindbaren) Bodenminen abgebaut bzw. geräumt hatte.

An der innerdeutschen Grenze wagten zwischen Ende 1974 und Ende 1979, also in einem Zeitraum von fünf Jahren, knapp 5.000 Menschen die Flucht in Richtung BRD.
4.000 Personen (= 80 Prozent) wurden durch Volks- und Transportpolizei **vor dem Schutzstreifen** festgenommen, 740 »Grenzverletzer« faßten die Grenztruppen selbst (= 14,5 Prozent), nur 230 Personen gelang der »Grenzdurchbruch«. Das entsprach einer Erfolgsquote – aus Sicht der Flüchtlinge – von nur etwa 5 bis 6 Prozent.
1987/88 stellten Volks- und Transportpolizeikräfte im Grenzgebiet, grenznahen Raum oder im DDR-Hinterland zusammen rund 75 Prozent der »Grenzverletzer«.
Man konnte also mit den »Kräften/Organen des Zusammenwirkens« aus SED-Sicht voll zufrieden sein: Die Mehrzahl der Flüchtlinge wurde von diesen Polizeiformationen gefaßt.

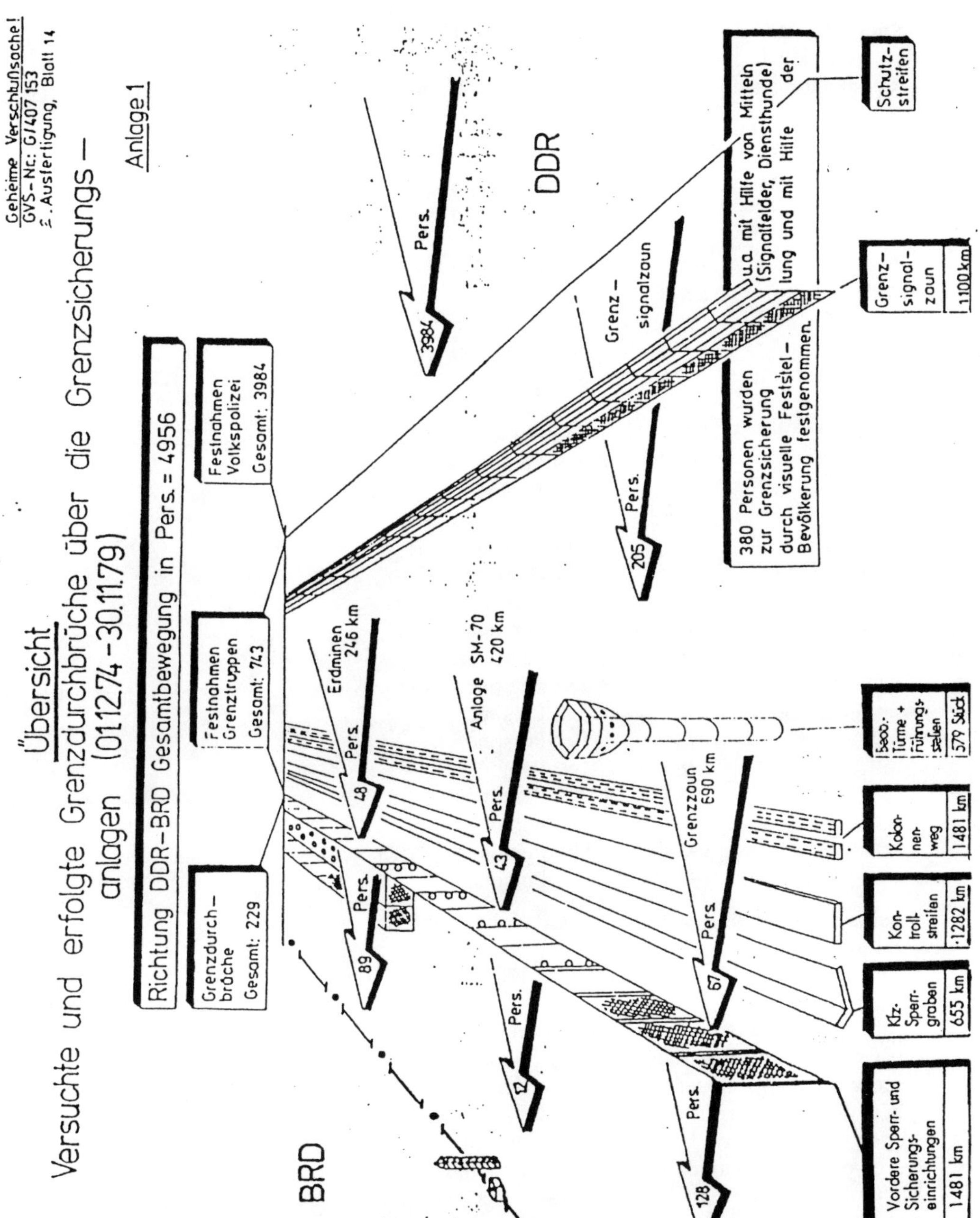

Quelle: Arbeitsgemeinschaft »13. August«

»Sperrbrecher« (Westbezeichnung) bzw. **»Grenzverletzer«** (DDR-Bezeichnung), die von 1961 bis 1989 über die Grenzanlagen in den Westen gelangten (»Grenzdurchbrüche«):

13.8.1961 bis Ende 1962:	14.268 Personen
1963:	3.692 Personen
1964:	3.155 Personen
1965:	2.329 Personen
1966:	1.736 Personen
1967:	1.203 Personen
1968:	1.135 Personen
1969:	1.193 Personen
1970:	901 Personen
1971:	832 Personen
1972:	1.245 Personen
1973:	1.842 Personen
1974:	969 Personen
1975:	673 Personen
1976:	610 Personen
1977:	721 Personen
1978:	461 Personen
1979:	463 Personen
1980:	424 Personen
1981:	298 Personen
1982:	283 Personen
1983:	228 Personen
1984:	192 Personen
1985:	160 Personen
1986:	210 Personen
1987:	288 Personen
1988:	590 Personen
1989*:	? Personen

* keine Angaben über gelungene »Grenzdurchbrüche«

Quelle: 90. PK der AG »13. August« vom 11.8.1989, S. 12.

In diesen 70er Jahren konnte man an der DL noch immer sein Leben verlieren, denn die Gewaltdichte war nach wie vor hoch, auch wenn man an der innerdeutschen Grenze deutlich seltener auf »Grenzverletzer« schoß, als in Berlin.
Aber diese liefen in Bodenminenfelder oder gerieten in Selbstschußanlagen: Mindestens 55 Menschen starben in den 70er Jahren gewaltsam an der DL, davon waren etwa 18 Personen Opfer von Minen und Selbstschußanlagen[197].
Mehrere schwere »Grenzzwischenfälle« an der DL Mitte der 70er Jahre führten – trotz der innerdeutschen Verträge und Abmachungen – immer mal wieder zu Protesten Bonns an Ostberlin.
Abgesehen von der Tötung von **Michael Gartenschläger** in der Nacht zum 1. Mai 1976 erschossen DDR-Grenzer am 5. August 1976 den italienischen Lkw-Fahrer

Benito Corghi und verletzten am 24. Juli 1976 den Bundesbürger **Willi Bubbers** aus Hamburg schwer; in beiden Fällen hatten sich die betreffenden Personen an GÜSten bzw. direkt an der DL »unsachgemäß« bewegt.
Die Proteste taten Wirkung: Die Grenzer ließen künftig ein höheres Maß an Zurückhaltung beim Schußwaffengebauch erkennen.

Für eine gewisse Entspannung sorgten innerdeutsche Vereinbarungen über den Grenzverlauf an der DL, die eine gemeinsame »Grenzkommission« seit Anfang 1973 vorbereitet hatte. Bis in die 80er Jahre hinein tagte diese Kommission und regelte eine Reihe von Alltagsfragen im unmittelbaren Grenzgebiet zu beiden Seiten der DL[198].
Die zunehmende Dichte der innerdeutschen Verträge und Absprachen führte jedoch nicht dazu, das Verhalten der DDR-Grenztruppen nachhaltig zu ändern, an den Grenzen wurde weiter geschossen. Aber man versuchte wenigstens, seltener die Schußwaffe einzusetzen, man war stärker als bislang bemüht, die rückwärtige GS auszubauen. Das war teuer, da besonders personal- und materialintensiv. Gegen Ende der 70er Jahre dienten in den Grenztruppen etwa 50.000 Angehörige, eine weitere Personalerhöhung war kaum denkbar und finanziell kaum machbar. Schließlich nahm es die DDR-Regierung sogar hin, daß sich der Prozentsatz der gelungenen Fluchten ab Mitte der 70er Jahre wieder erhöhte. Die Gesamtzahl der Fluchtfälle – also nicht nur an der DL – ab 1976:

Fluchtfälle (Personen) von 1976–1989[1)]

Jahr	gelungene Fluchten	verhinderte Fluchten	Fluchtfälle
1976	951	3.620	4.571
1977	927	3.601	4.528
1978	778	2.886	3.664
1979	832	2.856	3.664
1980	872	3.321	4.193
1981	663	2.912	3.575
1982	647	3.077	3.724
1983	697	2.910	3.607
1984	627	1.968	2.595
1985	627	1.509	2.136
1986	1.539	2.173	3.712
1987	3.565	3.006	6.571
1988	6.543	4.224	10.767
1989	53.576[2)]	–	–

1) Quelle: Tabelle 2 (Anhang) in: Anatomie der Staatssicherheit. Geschichte-Struktur-Methoden, MfS-Handbuch, Die Zentrale Koordinierungsgruppe/Bekämpfung von Flucht und Übersiedlung, hrsg. von Klaus-Dietmar Henke, Siegfried Suckut, Clemens Vollnhals, Walter Süß und Roger Engelmann, Berlin 1995, S. 49
2) Keine Angaben über verhinderte Fluchten (bis 8.10.1989)

»Druck von der Grenze« nahmen auch die Maßnahmen, die die Regierung der DDR anwandten: Antragsteller auf dauernde Ausreise, auf Übersiedlung in den Westen, konnten zunehmend mit einem positiven Bescheid rechnen (da Bonn auch dafür bezahlte!), die Zahlen der Bürger, die ihren Staat verlassen konnten, stiegen deutlich an. Unter diesen Menschen befanden sich natürlich auch potentielle »Grenzverletzer«, die nun diesen gefährlichen Weg nicht mehr gehen mußten.

Antragsteller auf (dauerhafte) Ausreise aus der DDR 1977–1989[1)]

Jahr	Antragsteller (31.12.)	Erst-Antragsteller jährlich	Rücknahme Antragsteller jährlich	Zuwachs Antragsteller jährlich	Ausreiser insgesamt jährlich
1977		8.400	800	8.000	3.500
1978		5.400	700	4.700	4.900
1979		7.700	4.300	3.400	5.400
1980	21.500	9.800	4.700	5.100	4.400
1981	23.000	12.300	5.000	7.300	9.200
1982	24.900	13.500	6.500	7.000	7.800
1983	30.400	14.800	5.600	9.200	6.700
1984	50.600	57.600	17.300	40.300	29.800
1985	53.000	27.300	11.300	16.000	17.400
1986	78.600	50.600	10.800	39.800	16.000
1987	105.100	43.200	12.800	30.400	7.600
1988	113.500	42.400	11.700	30.700	25.300
1989*)	125.400	23.000	1.400	21.600	34.600

*) Bis 30.6.1989

1) Quelle: Tabelle 3 (Anhang) in: Anatomie, aaO, S. 50

Ab Mitte der 80er Jahre, nach dem Abbau der Selbstschußanlagen 1984 und der Bodenminenräumung 1985, erhöhte sich die Zahl der »Grenzverletzer« wieder und nahm dann Ende der 80er Jahre sehr deutlich zu. Das betraf **nicht** in erster Linie die DL, obwohl auch hier mehr »Druck auf die Grenze« gemessen wurde; die »Grenzverletzer« bewegten sich in den letzten DDR-Jahren vor allem über die CSSR und Ungarn sowie über andere, realsozialistische Staaten in Richtung Westen. Der Schußwaffengebrauch in den 80er Jahren war, verglichen mit den beiden Jahrzehnten zuvor, eher als moderat einzustufen, die Zahl der Grenztoten lag deshalb deutlich niedriger.

»Grenzverletzer« galten in den Augen vieler Grenzsoldaten der DDR als Verräter am Sozialismus, als asoziale Elemente und sogar als Verbrecher. Die Partei- und Grenztruppenführung war immer darum bemüht, Grenzsoldaten zur Abneigung und

Grenzverletzer

	79/80	80/81	81/82	82/83	83/84	84/85	85/86	86/87	87/88	88/89	Gesamt
Gesamtbewegung der Grenzverletzer	1.347	1.284	1.188	1.329	1.105	922	1.114	1.608	2.106	1.804	13.807
davon Festnahmen der GT (F/P)	159/207	178/218	156/193	170/217	141/179	138/175	190/237	327/431	399/561	346/487	2204/2905
Grenzdurchbrüche	35/54	26/36	42/59	35/44	36/53	16/20	46/69	55/87	91/135	77/144	459/671
Anwendung der Schußwaffe	20	25	19	16	13	16	20	18	20	20	187
Festnahmen GT mit Anwendung	15/21	18/24	17/25	12/17	10/12	13/21	17/26	13/14	16/27	17/32	148/219
Grenzdurchbruch nach Anwendung	3/8	3/5	1/1	2/3	3/3	1/1	3/5	1/11	6/9	3/3	29/49
verletzte Personen	2	3	4	5	–	2	–	2	2	4	24
tödlich verletzte Personen	3	2	2	–	3	2	3	1	–	1	17

Auslösung von Minen

	79/80	80/81	81/82	82/83	83/84	84/85	85/86	86/87	87/88	88/89	Gesamt
Fälle/Personen	4/6	10/14	8/8	9/10	6/6						37/44
Festnahmen GT	4/6	7/10	5/5	8/9	3/3						27/44
Durchbrüche	–	3/4	3/3	1/1	3/3						10/11
Verletzte	4/5	9/12	7/7	8/9	5/5						33/38
tödlich Verletzte	–	1/1	1/1	1/1	1/1						4/4

F: Festnahmen P: Personen

Quelle: Arbeitsgemeinschaft »13. August«

zum Haß auf diese Bürger zu erziehen, die da illegal die Grenze überschreiten wollten. Heinz Hoffmann, SED-Politbüromitglied und DDR-Verteidigungsminister bis zu seinem Tode 1985, ließ sich zu der Äußerung hinreißen, »Grenzverletzer« mit Ungeziefer zu vergleichen:

»Der (Grenz-)Soldat muß wissen: Für Freunde gibt es Kontrollpassierpunkte an der Staatsgrenze. Wer aber illegal über die Grenze unseres souveränen Staates will, wie eine Ratte von Westberlin, Westdeutschland oder von unserem Hinterland aus unsere Staatsgrenze zu unterwühlen versucht, der ist ein Feind und wird wie ein Feind behandelt. Mehr denn je ist höchste Wachsamkeit ... im Grenzdienst oberstes Gebot![199]«

Solche Sätze wurden Mitte der 60er Jahre Kommandeuren der Grenztruppen im Minister-Referat geboten. In der Folge erstellte man ein **Feindbild** vom »Grenzverletzer«, das keinesfalls der Realität entsprach: In den Ausbildungseinheiten und in der Weiterbildung propagierte die herrschende SED, daß es sich bei diesen Menschen durchweg um verbrecherische Existenzen handeln würde, die nur darauf aus waren, den eigenen Staat zu verraten und zum Klassenfeind überzulaufen. Dabei seien ein Teil dieser Leute noch bewaffnet, versuchten also, sich notfalls den Weg nach Westen freizuschießen.
In aller Regel waren jedoch »Grenzverletzer« zu allen DDR-Zeiten unbewaffnet und oftmals noch nicht einmal Feinde oder Gegner des Sozialismus, sondern nur Enttäuschte oder Suchende.
Unter den Bedingungen des Reiseverbots hätte man diese Menschen auch ohne Schußwaffengebrauch oder -androhung festnehmen können: Durch spezielle Suchtrupps im Grenzgebiet, durch Abriegelung der vorderen Grenzlinie. Allerdings wäre man nicht um eine personelle Aufstockung der Grenztruppe herumgekommen; Gedankenspiele oder gar Pläne, so zu verfahren und »Grenzverletzer« ohne Schußwaffengebrauch festzunehmen, gab es durchaus, – selbst bei höheren Offizieren der Grenztruppen[200]. Ein Grund, »Fahnenflucht« zu begehen, war auch die Angst des Grenzsoldaten, tatsächlich schießen zu müssen ...

Als »Grenzverletzung« zu DDR-Zeiten galten auch spontane Übertritte von Bundesbürgern (und Ausländern) an der DL (oder in/bei Berlin) außerhalb der GÜSten. Hierbei handelte es sich meistens um Betrunkene oder geistig verwirrte Menschen, die vom Westen aus dann einen »Grenzdurchbruch« absolvierten. Es paßte zeitweise ins amtliche SED-Feindbild, diese »Bedrohung« durch Eindringliche aus dem Westen herauszustellen. Bürger, die dabei von Angehörigen der Grenztruppen festgenommen wurden, überstellte man dem MfS. Zumeist schob man diese »Grenzverletzer« alsbald wieder in die BRD oder nach Westberlin ab, manchmal versuchte das MfS, solche Personen zur (inoffiziellen) Mitarbeit zu gewinnen.

Auf der Grundlage der 101er Befehle des DDR-Verteidigungsministers »orientierte« der Chef der Grenztruppen in Pätz die drei Grenzkommandos in Berlin, Stendal und Erfurt, in bestimmten Grenzabschnitten ihres Verantwortungsbereichs »Richtungen der Hauptanstrengungen« festzulegen.
So enthielt der Befehl 80/75 (GVS G/279500) vom 14. Oktober 1975 zum Beispiel die Beauflagung an das Grenzkommando Nord in Stendal, folgende »Richtungen der Hauptanstrengung« in der GS zu berücksichtigen und Kräfte hier zu konzentrieren:

In den Westen geflüchtete Angehörige der DGP, der Grenzbrigaden in Berlin und der GT der NVA/DDR seit 1961:

1961	–	285	1976	–	6
1962	–	455	1977	–	10
1963	–	317	1978	–	6
1964	–	134	1979	–	6
1965	–	194	1980	–	9
1966	–	158	1981	–	15
1967	–	112	1982	–	16
1968	–	54	1983	–	14
1969	–	73	1984	–	11
1970	–	57	1985	–	10
1971	–	54	1986	–	16
1972	–	33	1987	–	21
1973	–	28	1988	–	14
1974	–	22	1989	–	14* (42)**
1975	–	12			

*) Bis 31.7.1989 **) Bis 30.11.1989
Quelle: Menschenrechte in der DDR und Berlin (Ost), hrsg. von der Internationalen Gesellschaft für Menschenrechte – Deutsche Sektion –, Frankfurt/Main, Arbeitsausschuß »Bürgerrechtsbewegung und politische Gefangene der DDR«, 3. Aufl., Frankfurt/Main 1988, S. 70. 90. PK der AG »13. August« vom 11.8.1989, S. 13 (Skript)

- Ludwigslust – Uelzen,
- Salzwedel – Lüchow,
- Magdeburg – Braunschweig,
- Halberstadt – Clausthal-Zellerfeld
  sowie Objekte
- Elbhäfen Boizenburg und Dömitz,
- Erdgaszentrum Salzwedel, und
- Braunkohlentagebau Harbke.

Für das Grenzkommando Süd mit Stabssitz in Erfurt hatte der Chef der DDR-Grenztruppen die nachfolgenden »Richtungen« in der GS vorgesehen:

- Nordhausen – Bad Sachsa,
- Eisenach – Sontra,
- Schalkau – Coburg,
- Saalfeld – Ludwigsstadt,
- Plauen – Hof (Saale)
  und die Objekte
- Lederfabrik Hirschberg, und
- ZPR und das Stadtgebiet Blankenstein.

Diese jährlichen Beauflagungen des Chefs der Grenztruppen an die ihm unterstellten drei Grenzkommandos wurden anhand der aktuellen »Grenzverletzerbewegung« ergänzt bzw. modifiziert.
Die »Feinabstimmung« in Sachen »Grenzverletzerbewegung« besorgten dann die einzelnen Grenzkommandos und Grenzregimenter in den 40er und 20er Befehlen.
Auf der Grundlage des oben genannten 80er Befehls des Chefs der Grenztruppen vom 14. Oktober 1975 erließ beispielsweise das Grenzkommando Nord einen Befehl 40/75 (GVS G/222000) vom 1. November 1975 an die einzelnen Grenzregimenter und wies diesen im Detail die »Richtung« der Hauptanstrengung zu.
So bekam das Grenzregiment 6 (»Heinz Kollwitz«) in Schönberg die Auflage, die Richtung Grevesmühlen-Lübeck und die Richtung Schlutuper Wiek – Strasse Schlutup-Selmsdorf besonders zu sichern. Und dem Grenzregiment 8 (»Robert Abshagen«) in Grabow wurde befohlen, die Richtungen Wittenberge – Lanz – Lüchow besonders zu überwachen, während das Grenzregiment 24 (»Fritz Heckert«) in Salzwedel den Befehl erhielt, die Räume Salzwedel-Lüchow, Strasse Bergen-Salzwedel, Grenzsäule Nr. 428, sowie das »Urlauberzentrum Arendsee« vorzugsweise gegen »Grenzverletzer« zu sichern[201].
Die Kommandeure der Grenzregimenter und -bataillone wurden angewiesen,

»... periodisch Rekognoszierungen in den Räumen der Hauptanstrengung und den Richtungen der Bewegung der Grenzverletzer durchzuführen. Dabei sind besonders der Einsatz der Kräfte und Mittel, die Varianten zur Verhinderung von Grenzdurchbrüchen und das Zusammenwirken entsprechend der Lage zu präzisieren ...[202]«

Grenzposten wurden angewiesen, daß eventuell durch Schußwaffengebrauch oder durch Minen verletzte Flüchtlinge »schnell und gedeckt geborgen werden. Dem Gegner sind keine Möglichkeiten zur Dokumentation zu geben«, forderte man ausdrücklich, die Verantwortlichen wollten das von ihnen verlangte Handeln vor der Außenwelt und besonders vor dem Westen verheimlichen.

10. Grenzübergangsstellen (GÜSten) und Transitstrecken

Die innerdeutschen Vereinbarungen ab 1971/72 hatten ein Mehr an GÜSten an der DL, eine Erweiterung und Modernisierung der vorhandenen Anlagen sowie den Ausbau der Transitstrecken erforderlich gemacht. Die DDR stellte ab Mitte der 70er Jahre dafür erhebliche finanzielle Mittel zur Verfügung[203], die zum Teil durch Transferzahlungen der BRD wieder hereinkamen (wenn sie nicht sowieso projektgebunden waren, wie zumeist in den 80er Jahren).
Das DDR-Grenzgesetz vom 25. März 1982 legte fest, daß die Staatsgrenze nur über GÜSten passiert werden durfte (§ 9) und der Ministerrat der DDR über Eröffnung und Schließung dieser Übergangsstellen entscheiden konnte, darüber hinaus war die DDR-Regierung ermächtigt, die Art des Verkehrs an den GÜSten festzulegen. Im

Interesse der Sicherheit konnte der Verteidigungsminister die zeitweilige Schließung von GÜSten anordnen.
An den DDR-GÜSten erfolgte eine Paß-, Zoll-, medizinisch-sanitäre, veterinärhygienische und phytosanitäre (= pflanzensanitäre) Kontrolle des grenzüberschreitenden Verkehrs durch die zuständigen Organe des zweiten deutschen Staates (§ 10).
»Zuständige Organe« waren außer den Grenztruppen, die im wesentlichen die Außensicherung der GÜSten übernahmen, die »Paßkontrolleinheiten« (PKE) des MfS, die zur Tarnung Uniformen der Grenztruppen trugen, sowie Kräfte des Zolls.
Über festgelegte GÜSten lief der Transitverkehr von und nach Berlin (West) durch die DDR und der Verkehr in Drittstaaten (§ 11).
GÜSten existierten auch in Seehäfen und auf den fünf Flughäfen der DDR.
Man unterschied an der DL zwischen Straßen-, Eisenbahn- und Wassergrenzübergangsstellen.

An der Grenze der DDR zur BRD befanden sich Mitte der 80er Jahre folgende Straßenübergangsstellen:

Selmsdorf (DDR) – Lübeck-Schlutup (BRD) – B104*)
Horst (DDR) – Lauenburg (BRD) – B 5*)
Zarrentin (DDR) – Gudow (BRD) – BAB**)
Salzwedel (DDR) – Bergen/Dumme (BRD) – B 71
Marienborn (DDR) – Helmstedt (BRD) – BAB**)
Worbis (DDR) – Duderstadt (BRD) – B 247
Wartha (DDR) – Herleshausen (BRD) – BAB**)
Meiningen (DDR) – Eußenhausen (BRD) – B 19
Eisfeld (DDR) – Rottenbach (BRD) – B 4
Hirschberg (DDR) – Rudolphstein (BRD) – BAB.**)

*) **nicht** für den Transit von und nach Berlin (West) zugelassen
**) Für den Transit von und nach Berlin (West)

Eisenbahngrenzübergangsstellen an der innerdeutschen Grenze gab es zwischen:

Herrnburg (DDR) – Lübeck (BRD) – nicht für den Transit von und nach Berlin (West)
Schwanheide (DDR) – Büchen (BRD)
Oebisfelde (DDR) – Wolfsburg (BRD) – nicht für den Transit von und nach Berlin (West)
Marienborn (DDR) – Helmstedt (BRD)
Ellrich (DDR) – Walkenried (BRD) – nur Güterverkehr
Gerstungen (DDR) – Bebra (BRD)
Probstzella (DDR) – Ludwigsstadt (BRD)
Gutenfürst (DDR) – Hof/Saale (BRD).

In Cumlosen (Kreis Perleberg) und in Buchhorst (Kreis Klötze) unterhielt die DDR Wassergrenzübergangsstellen für Binnenschiffe.
Damit gab es in den 80er Jahren (1985) **zehn** Straßen-, **acht** Eisenbahn- und **zwei** Binnenwasser-GÜSten an der innerdeutschen Grenze.
GÜSten der DDR galten als Bestandteil des Grenzregimes und lagen unmittelbar an

der Grenze oder »an geeigneten Orten im Hinterland«; sie waren in der Regel täglich von 0.00 Uhr bis 24.00 Uhr geöffnet.
Zur GÜSt gehörte ein **»Grenzstreckenabschnitt«**, der aus dem Verkehrsweg einer GÜSt bestand, der zwischen der Grenzlinie und dem Kontrollterritorium lag (dieser durfte nicht unberechtigt und unkontrolliert betreten/befahren werden).
Als **»Kontrollterritorium«** der GÜSt wurde der Raum bezeichnet, in dem Personen, Güter und Fahrzeuge des grenzüberschreitenden Verkehrs kontrolliert und abgefertigt wurden; als »Kontrollterritorium« bezeichnete man auch Reisezüge, in denen die Kontrolle während der Fahrt auf festgelegten Kontrollstrecken erfolgte.
Schließlich existierte ein »Raum der Sicherstellung« innerhalb einer GÜSt, in dem sich die Dienstobjekte und Einrichtungen zur Unterbringung und Versorgung befanden; dieser »Raum« umfaßte auch Gebäude an den Endpunkten der festgelegten Kontrollstrecken.
In Vereinbarungen über die »Verantwortlichkeit und das Zusammenwirken der Kräfte der Grenztruppen der DDR, der Grenzsicherungskräfte der Volksmarine, der Kräfte des Ministeriums für Staatssicherheit, der Zollverwaltung der DDR und des Ministeriums des Innern bei der Sicherung der Staatsgrenze« wurde die Zuständigkeit all' der genannten »Organe« für die GÜSten festgeschrieben. Man setzte zur Erfüllung der Aufgaben an den GÜSten die folgenden Kräfte ein:

Grenztruppen der DDR
- Kommandanten der GÜSten und »Diensthabende Offiziere« sowie
- Sicherungseinheiten an den GÜSten an den Grenzen zur BRD und zu Westberlin;

Ministerium für Staatssicherheit
- Paßkontrolleinheiten (PKE);

Zollverwaltung der DDR
- Kräfte der Grenzzollämter;

Ministerium des Innern
- Kräfte der Volkspolizei-Kreisämter bzw. -Inspektionen
- Transportpolizeiämter

Die Aufgaben der eingesetzten Kräfte sollten darauf gerichtet sein,

- Grenzdurchbrüche zu verhindern und Provokationen sowie Anschläge auf die GÜSten abzuwehren,
- eine wirksame Kontrolle des grenzüberschreitenden Verkehrs zu gewährleisten, und
- eine hohe Sicherheit und Ordnung im Bereich der GÜSten und den Verkehrswegen aufrechtzuerhalten.

Die Kommandanten der GÜSten waren gehalten – in Abstimmung mit den Leitern der PKE und der Grenzzollämter – vor allem folgende Aufgaben festzulegen:

- Sicherung der Zugänge zu den Kontrollterritorien sowie der Kontrollgebäude, Anlagen und durchgehenden Verkehrswege in den Kontrollterritorien gegen unberechtigtes Passieren,
- Durchsetzung der in den »Dokumenten des Zusammenwirkens« festgelegten Ordnung (auf Grund von generellen »Weisungen« ergingen veschiedene, weitere

Vereinbarungen der einzelnen Dienststellen untereinander, außerdem Einzelbestimmungen aller an den GÜSten eingesetzten »Organe«),
- Führung aller bewaffneten Kräfte der GÜSten bei Verhinderung von Grenzdurchbrüchen, Terrorhandlungen und anderen Gewaltakten,
- Gewährleistung des reibungslosen Passierens der GÜSten durch Hilfsmannschaften bei Schadensfällen.

Die Kommandanten der GÜSten waren verantwortlich für

- ☐ die Sicherung der Grenzstreckenabschnitte der Straßen- und Binnenwasserstraßengrenzübergangsstellen sowie der Grenzstreckenabschnitte der Eisenbahngrenzübergangsstellen im Schutzstreifen (soweit dafür nicht andere Kräfte der Grenztruppen zuständig waren),
- ☐ die äußere Sicherung der Kontrollterritorien sowie der Reise- und Güterzüge des grenzüberschreitenden Verkehrs,
- ☐ die Sicherung und Bedienung der Sperranlagen auf den grenzseitigen Zugängen der Straßen- und Binnenwasserstraßengrenzübergangsstellen,
- ☐ die Regulierung des Verkehrsflusses auf den Grenzstreckenabschnitten der Straßen- und Binnenwasserstraßengrenzübergangsstellen in Abstimmung mit den Leitern der PKE und den Leitern der Grenzzollämter,
- ☐ die Gewährleistung der Übergabe und Übernahme von Personen und Sachen »über die Staatsgrenze durch die dazu Beauftragten«,
- ☐ die Unterstützung der Abschleppdienste von DDR und BRD bzw. Westberlins bei der unmittelbaren Übergabe/Übernahme betriebsunfähiger Kfz.

Die GÜSt-Kommandanten waren insgesamt gehalten und verpflichtet, das »Zusammenwirken« mit den anderen staatlichen Dienststellen zu organisieren, sie hatten sich mit diesen Behörden ständig in regelmäßigen Abständen zu treffen, sie waren verpflichtet, Informationen auszutauschen.
Formell war der Kommandant der GÜSt, immer ein Offizier der Grenztruppen (Dienstgrad: Oberst oder Oberstltn.), der erste Mann dieser Einrichtung. Aber nur nach außen, intern hatte der Leiter der PKE, ein Offizier des MfS, das Sagen. Den PKE waren auch die wichtigsten Befugnisse in den GÜSten eingeräumt worden, sie entschieden, wer, wann, wo und wie ein- oder ausreisen konnte.
Die Leiter der PKE des MfS waren in »Durchsetzung der ihnen übertragenden Aufgaben bei der Kontrolle, Überwachung und Sicherung des grenzüberschreitenden Verkehrs verantwortlich für

- die Sicherheit und Ordnung bei der Kontrolle der Personen und Transportmittel in den Kontrollterritorien,
- die Sicherung der Zugänge zu den Kontrollterritorien und die Bedienung der Sicherungsanlagen innerhalb der Kontrollterritorien der Straßengrenzübergangsstellen und an ihren Zugängen,
- die Ausübung der Kontrolle über das Betreten und Verlassen der Kontrollterritorien,
- die Organisation des Ablaufes der Kontrollhandlungen an allen GÜSten und des Verkehrsflusses in den Kontrollterritorien der Straßen- und Binnenwasserstraßengrenzübergangsstellen in Abstimmung mit dem Leiter des Grenzzollamtes,

– die Bedienung der Lichtsignalanlagen sowie anderer Verkehrsregulierungs- und -leiteinrichtungen in den Handlungsräumen der PKE an den Straßen- und Binnenwasserstraßengrenzübergangsstellen,
– die Übernahme der von den Grenztruppen an den GÜSten festgenommenen Personen,
– die Koordinierung der Werterhaltungs- und Instandhaltungsmaßnahmen mit den Leitern der Grenzzollämter und den an den GÜSten tätigen zivilen Institutionen sowie die Übergabe der Forderungen an die Grenztruppen[204].«

Die Aufgabenzuordnung läßt erkennen, wer wirklich Einfluß in den GÜSten ausübte: das Ministerium für Staatssicherheit bzw. die ihm unterstellten PKE (die an der innerdeutschen Grenze durch die jeweiligen Bezirksverwaltungen des MfS geführt wurden; in Berlin direkt vom MfS/Hauptabteilung VI).
Die GÜSten an der innerdeutschen Grenze bewachten besondere Sicherungseinheiten der Grenzregimenter; die GÜSten wurden durch mehrere Zäune umgeben, die Grenzsperranlagen waren hier besonders aufwendig. Alle GÜSten hatten nachts taghelle Beleuchtung, immer existierte ein Beobachtungsturm, von dem man die gesamte Anlage überblicken konnte.
Für die an den GÜSten eingesetzten Grenzsoldaten galt eine Extra-Dienstvorschrift. Die Partei- und Grenztruppenführung achtete darauf, in die Sicherungseinheiten ausgesuchte Soldaten zu delegieren: Fahnenfluchten waren hier leichter möglich, als an der normalen DL.
Geschossen werden durfte offiziell innerhalb der GÜsten nicht, Festnahmen hatten ohne direkten Waffeneinsatz zu erfolgen. Dennoch kam es vor, daß auch auf dem Gelände einer GÜSt Schüsse auf »Grenzverletzer« abgegeben wurden.
Das insbesondere dann, wenn es z.B. zu einem (versuchten) Grenzdurchbruch mit Pkw/Lkw kam. Wenn es den Flüchtlingen gelang, auf das Territorium der GÜSt vorzudringen und sie versuchten, die »Passagensperren« gewaltsam zu durchbrechen, waren die Grenzsoldaten gehalten, zu schießen. Bis in die 80er Jahre hinein hat es eine Reihe solcher »Grenzzwischenfälle« gegeben, bei denen zumeist die »Grenzverletzer« zu Schaden kamen oder/und festgenommen wurden.
Die Verantwortlichen waren bemüht, derartige Vorkommnisse zu vermeiden. Nicht zuletzt durch ständig intensivierte Kontrollen im Hinterland, auf den Zufahrten zu den GÜSten.
Als besonders aufwendig galten die sicherheitstechnischen Maßnahmen an **Eisenbahn-GÜSten**, die bis weit in die 80er Jahre ebenfalls vervollständigt wurden. In Richtung GÜSt/Grenze waren für die Grenzbahnhöfe zwischen Einfahrtsignal und ersten Bahnhofsweichen besondere **»Schutzweichen«** für beide Fahrtrichtungen eines Gleises vorgeschrieben. Ungenehmigte Ausfahrten in Richtung Westen endeten damit auf einem toten Gleis bzw. im Sand. Die Schutzweichen wurden fernbedient und waren signalabhängig; ein Offizier der Grenztruppen saß mit im Reichsbahn-Stellwerk in den Grenzbahnhöfen, erst mit seiner Zustimmung konnten die Weichen so bedient werden, daß sie die Ein- oder Ausfahrt der Züge ermöglichten[205].
Neben der GÜSt Drewitz (Berlin) war die Straßen-GÜSt **Marienborn** (Autobahn) die größte Übergangsstelle. Über sie wurde – wie oben erwähnt – der gesamte Verkehr der Westalliierten von und nach Berlin (West) abgewickelt. Und ein Großteil des Transits von und nach Berlin (West) ging ebenfalls über diese GÜSt.

Zwischen 1985 und 1989 wurden fast 5 Millionen Lkw's, über 10 Millionen Pkw's und Motorräder, 140.000 Busse und annähernd 35 Millionen Reisende abgefertigt. Diese GÜSt der 1. Kategorie errichtete die DDR neu in den Jahren 1972 bis 1974, also nach den innerdeutschen Vereinbarungen. Auf einer Fläche von 35 Hektar und etwa 1,5 km von der DL entfernt arbeiteten hier fast 1.000 Bedienstete der »Organe«: PKE, Zoll, Grenztruppenangehörige und Zivilbeschäftigte[206].

Auf den Transitstrecken – rund 1.000 km Straße/Autobahn, cirka 440 km Wasserwege und etwa 1.200 km Schienenstrecken – war die DDR bemüht, ihre Überwachungsmöglichkeiten zu perfektionieren. Das stieß allerdings an Grenzen, eine lückenlose Kontrolle dieser Strecken war kaum durchzusetzen.
Aber die an den Transitwegen liegenden Volkspolizei-Kreisämter (VPKÄ) und Kreisdienststellen des MfS waren generell beauftragt, »ihre« Streckenabschnitte zu kontrollieren. Hauptschwerpunkt: Verhinderung der Aufnahme von Flüchtlingen auf den Transitstrecken durch Westfahrzeuge, Unterbindung von »Kontakten« zwischen Transitreisenden und Einheimischen sowie Überwachung der Transitstreckenbenutzer (ob sie die vorgeschriebenen Routen einhielten).
Volkspolizei und MfS hatten dafür Pkw im Dauereinsatz, die die Strecken befuhren und die Parkplätze beobachteten.
Das MfS teilte die Strecken in Abschnitte ein (je 10 km), numerierte diese und ließ Lageskizzen und Fotos anfertigen. Auf Grund dieses Materials setzte das Mielke-Ministerium dann »Inoffizielle Mitarbeiter« (IM) ein.
Diese IM hatten alle verdächtigen Vorgänge/Personen zu melden. Dafür gab es an den Transitstrecken Treffpunkte mit ihren Führungsoffizieren.
In erster Linie setzte man IM in Gaststätten, Intershops, Tankstellen und auf Bus-Parkplätzen ein.
Teilweise traten sie als Tramper, Wanderer, Streckenarbeiter, Förster oder auch als »Westdeutscher/Westberliner« auf. Diese IM verkleideten sich also, benutzten auch Pkw mit westlichen Kennzeichen, um sich zu tarnen.
Im Prinzip erfolgte die Überwachung an den Eisenbahn- und Wasserstrecken nach den gleichen Methoden.
An den Eisenbahntransitstrecken achtete die Transportpolizei (Trapo) vor allem darauf, daß bei unplanmäßigen Halts der Züge keine DDR-Bürger auf die Waggons sprangen. Darüber hinaus versuchte man, eventuell in der Nähe der Strecke eingesetzte Arbeiter von den Transitzügen fernzuhalten, insbesondere im grenznahen Raum. Die Liegeplätze an den Wasserstrassen wurden ebenfalls besonders überwacht, auch hier kamen IM zum Einsatz[207].

Insgesamt waren die Kräfte des MfS bemüht, die Transitwege politisch-operativ zu sichern, – alle Linien und Diensteinheiten (und die »Kräfte des Zusammenwirkens«) hatten Anstrengungen zu unternehmen, vorbeugend Fluchten zu verhindern sowie zur Aufdeckung und Bekämpfung »feindlicher Pläne«, Absichten und Maßnahmen zum Mißbrauch des Transitverkehrs beizutragen (vgl. dazu Kapitel »Grenzsicherung, MfS und Parteierziehung«).

11. Grenzbevökerung

Bürger der DDR, die im Schutzstreifen oder im (Grenz-)Sperrgebiet (ab 1972 »Grenzgebiet« genannt) wohnten, hatten sich nach Ansicht der Partei- und Staatsführung ihren Daueraufenthalt durch politisches Wohlverhalten zu verdienen.
Mit Schaffung eines Schutzstreifens und eines Sperrgebiets an der innerdeutschen Grenze ab Mai 1952 befanden sich zunächst etwa 375.000 Menschen in
498 Ortschaften und 342 Ortsteilen
in diesem Territorium.
Nach Abschluß der innerdeutschen Verträge ab 1971/72 reduzierte die SED – nicht zuletzt wegen des neuen »Kleinen Grenzverkehrs« – die Tiefe des Schutzstreifens und des Grenzgebiets bzw. nahm Ortschaften und Ortsteile aus diesen Räumen heraus: Durch die Neuregelung wurden 180 Ortschaften und 130 Ortsteile (= 26 Prozent) aus dem Grenzgebiet herausgelöst und damit die Anzahl der Bewohner im Grenzgebiet um **44 Prozent** (etwa 165.000 Einwohner) verringert.
Von den insgesamt 25 Grenzkreisen der DDR an der DL befanden sich ab 1972 nach Neufestlegung des Grenzgebietes

- ☐ in 6 Grenzkreisen (= 23 Prozent) keine Ortschaften und Ortsteile mehr **im Schutzstreifen**,
  und waren
- ☐ in weiteren 9 Grenzkreisen (= 34 Prozent) jeweils weniger als 300 Personen **im Schutzstreifen** wohnhaft[208].

Man hatte also in erster Linie die Tiefe des Schutzstreifens verringert, der immer unter besonders strengen Regelungen stand und in dem der Daueraufenthalt an hohe politische Zuverlässigkeitskriterien gekoppelt war. Deshalb lehnten die örtlichen Staatsorgane auch in der Regel Zuzugsgenehmigungen bei Eheschließungen in den Schutzstreifen ab und verhinderten z.B. Baumaßnahmen, die einer Verbesserung der Versorgung der Grenzbevölkerung hätten dienen können. Mit einem Satz: Die Verantwortlichen wollten die Grenzbevölkerung vor allem im Schutzstreifen ausdünnen, um hier das Grenzregime in aller Schärfe zu praktizieren.
Leben im Schutzstreifen bedeutete Leben unter Ausnahmebedingungen und unterlag damit Einschränkungen, die im Alltag störten: Jede Tätigkeit im Schutzstreifen war erlaubnispflichtig, Arbeiten hier außerhalb geschlossener Ortschaften nur von Sonnenaufgang bis Sonnenuntergang gestattet, das Mitführen von Fahrzeugen aller Art nur unter Bedingungen erlaubt, Veranstaltungen waren vorab anzumelden und auch generell erlaubnispflichtig, der Aufenthalt von Bürgern, die hier wohnten, außerhalb von Ortschaften, Ortsteilen oder einzelstehenden Gehöften grundsätzlich nur am Tage erlaubt, darüberhinaus überhaupt jeder Aufenthalt von Dritten an vielerlei Auflagen gebunden.
Besuche im Schutzstreifen wie im Grenzgebiet waren ebenfalls erlaubnispflichtig; die Besucher erhielten »Passierscheine« und hatten sich an Meldepflichten zu halten. Bundesbürger durften zwar Schutzstreifen und Grenzgebiet durchfahren, eine Aufenthaltsgenehmigung in diesen Territorien wurde aber nicht erteilt.
Nach der Reduzierung des DDR-Grenzgebiets 1972 lebten noch rund **205.000 Menschen in 318 Ortschaften und 203 Ortsteilen** im Grenzgebiet; dieser Personen-

kreis hatte bis zum Ende der DDR 1989/90 Einschränkungen in der Lebensqualität hinzunehmen[209].

Besuche von außerhalb blieben kompliziert, Veranstaltungen aller Art – auch sportliche – benötigten einen größeren Vorlauf mit allerlei Erlaubnissen, Waren des täglichen Bedarfs einschließlich Dienstleistungen wurden nicht in **der** Dichte angeboten, wie im Innern der DDR. Dafür gab es immerhin Lohn- und Gehaltszuschläge von 15 Prozent, kleinere Steuererleichterungen für Handwerker, Erleichterungen im Ablieferungssoll der LPG-Bauern sowie geringe monatliche Zuschläge zur Altersrente. Diese »Vergünstigungen« wurden mittel- und langfristig nur denjenigen gewährt, die sich im Sinne des Regimes politisch bewährten, zumindest aber nicht unliebsam auffielen.

1952 und 1961 gab es, wie oben erwähnt, größere Zwangsaussiedlungskampagnen. Rund 15.000 Menschen mußten dabei ihre Heimat verlassen und wurden im Landesinnern der DDR angesiedelt.

Tausende andere Bewohner des Grenzgebiets wurden ebenfalls des Territoriums verwiesen, wenn sie sich nicht so verhielten, wie erwartet.

Rechtsvorschriften (wenn man das so nennen kann) regelten

»Grundsätze von Fragen der Wohnsitzverlegung von Bürgern aus dem Grenzgebiet an der Staatsgrenze der DDR zur BRD (und zu Westberlin) in andere Orte« (MdI/GVS I 020559);

diese bestimmten wie Bürger aus dem Grenzgebiet auch ohne Strafverfahren abschoben werden konnten.

In Verbindung mit Festlegungen zur »Arbeitserziehung und Aufenthaltsbeschränkung« konnten Volkspolizei und MfS jederzeit politisch Mißliebige ins Landesinnere der DDR verweisen. Besonders unangenehm war, daß mit dem Ausweisungsbeschluß auch die »im gemeinsamen Haushalt lebenden Familienangehörigen« mit zur Wohnsitzverlegung gezwungen werden konnten.

Rechtsmittel dagegen gab es praktisch nicht, manchmal versuchten die Kirchen, das Verfahren zu verzögern oder abzuschwächen.

Der Willkür war damit Tür und Tor geöffnet: SED, Volkspolizei und MfS entschieden, wer unter welchen Bedingungen wielange im Grenzgebiet wohnen durfte.

Die herrschende Kreise versuchten ständig, die Grenzbevölkerung von den Vorzügen des realen DDR-Sozialismus zu überzeugen, Teile der führenden SED betonten bei jeder Gelegenheit die angebliche enge Verbundenheit von Partei, Grenztruppen und Bevölkerung.

Das entsprach bei weitem nicht den Tatsachen: Rund 1/3 der »Grenzverletzer« kam aus dem Kreis der Grenzbevölkerung. Diejenigen DDR-Bürger, die als besonders zuverlässig galten, versuchten – wie alle anderen Schichten – ebenfalls, die DDR zu verlassen.

Die Leitungsgremien der SED erließen in Abständen von mehreren Jahren oder Jahrzehnten besondere »Direktiven zur Arbeit im Grenzgebiet«; die letzte derartige Studie stammte vom 7. April 1982. Wortreich listeten diese Dokumente unter anderem auf, wie man die Grenzbevölkerung zur Mitarbeit bei der GS gewinnen könne, welche Anforderungen an die Funktionäre im Grenzgebiet zu stellen seien, wie man »Partnerschaftsbeziehungen« von Bürgern und Betrieben mit den Grenztruppen gestalten solle.

Man war permanent bemüht, eine »politisch-moralische Einheit« von Grenztruppen und Grenzbevölkerung zu schaffen, man dachte ständig darüber nach, wie man die Grenzbevölkerung im Sinne der Verantwortlichen aktivieren könne.
Besondere Aufmerksamkeit erfuhren ehrenamtlich tätige Bürger wie freiwillige Helfer der Grenztruppen und der Volkspolizei, Angehörige der FDJ-Ordnungsgruppen, Mitglieder der freiwilligen Feuerwehr, Hausbuchverantwortliche sowie Natur- und Umweltschutzbeauftragte.
Alle diese Bürger konnten für die GS nützlich sein, alle diese »Ehrenamtlichen« hatten – zumindest in Teilbereichen – Aufgaben bei der Unterbindung von Fluchten und Fluchtvorbereitungen.
Bei den örtlichen Kommissionen (= Ausschüsse) »Ordnung und Sicherheit« bestanden sogenannte **»Grenzsicherheitsaktivs«** mit zusammen rund 5.000 Bürgern, die mit dafür sorgen sollten, daß Grenzgesetz, Grenzverordnung, Grenzordnung und »Grenzdirektive« in den Grenzkreisen eingehalten wurden, daß »der Schutz der Staatsgrenze der DDR« zunehmend »zur Sache des ganzen Volkes« gemacht werden konnte. Denn:

»Die Mitwirkung der Bürger des Grenzgebietes beim Schutz der Staatsgrenze ist Ausdruck realer Demokratie und wahrer Freiheit ... Die Einbeziehung der Grenzbevölkerung in den Schutz der Staatsgrenze durch vielfältige Formen und Methoden ist ein markanter Ausdruck realer Machtentfaltung durch die Grenzbevölkerung. In ihr findet das Wesen der politischen Freiheit und sozialistischen Demokratie seinen konzentrierten Ausdruck[210].«

Blumiger – um zurückhaltend zu formulieren – konnte man die angebliche Mitwirkung der Grenzbevölkerung bei der GS kaum schildern. Sie entsprach keinesfalls der Realität: Die Herrschenden riefen lediglich die überall vorhandenen denunziatorischen Kapazitäten von Bürgern ab, die meinten, ihrem Staat so dienen zu müssen. Vor allem ging es um »Hinweise« über mögliche Grenzverletzungen. Dafür gab es auch, neben den bereits erwähnten verdeckten Informanten der Grenztruppen, mehr oder weniger offen ausgewiesene Informanten. Diese setzten sich zusammen aus:

- ☐ Verkaufsstellenleitern im Grenzort
- ☐ Postbediensteten
- ☐ Gaststättenleitern
- ☐ Betriebsleitern
- ☐ Traktoristen
- ☐ Kraftfahrern von Bussen.

Eine Liste dieser Zuträger führte jeder Grenzkompaniechef. Die Informanten erhielten eine Telefonnummer genannt, die sie im Falle von Mitteilungen anzurufen hatten. Adressat war zumeist ein Grenzaufklärer.
Wie bereits angedeutet, waren sich die Verantwortlichen der Loyalität und Zuverlässigkeit der Grenzbevölkerung nie völlig sicher. Obwohl »nach oben« durchaus »positiv« berichtet wurde, was die »politisch-moralische Einheit« betraf ...
Man entwickelte Mittel und Methoden, um die Zuverlässigkeit der Bürger im Grenzgebiet zu testen.
Einmal gab es – etwa zweimal im Jahr – solche Testhandlungen von angeblichen Grenzverletzern. Dazu wurden beispielsweise zwei Angehörige der Grenztruppen in

Zivil mit Privat-Pkw ins Grenzgebiet geschickt, um an die DL zu gelangen. Diese »Grenzverletzer« erkundigten sich in Gaststätten, Postämtern und Verkaufsstellen »auffällig abweichend« (von Einheimischen) nach Wegen in Richtung Grenze, verhielten sich insgesamt wenig zurückhaltend und fuhren außerdem noch – mehr oder weniger offen – Kontrollpunkte der VP und der Grenztruppen an. Das Ergebnis dieser Handlungen wurde ausgewertet und führte insgesamt zu einer halbwegs realistischen Beurteilung der Grenzbevölkerung. Längst nicht immer, so mußte man feststellen, meldeten die Informanten die Handlungen der »Tester« an die zuständigen »Organe«[211].
Zum anderen meinte man aus der Dichte des Rekrutierungsgrades von freiwilligen Helfern der Grenztruppen Anzeichen für eine erhöhte Zuverlässigkeit der Grenzbevölkerung zu erkennen; im Zusammenhang damit gab es dann Bestrebungen, möglichst die gesamte Bürgerschaft eines Dorfes zum Grenzhilfsdienst einzuspannen. Nach dem Motto: 100 Prozent der Bürger leisten ehrenamtliche Arbeit als »Helfer«, also: Hundertprozentige Zustimmung zur GS – Nachdenkliche unter den Partei- und Staatsfunktionären erkannten bald, daß diese Gleichung nicht stimmte und eher der »Tonnenideologie« der 50er Jahre in der materiellen Produktion entsprach[212].

Berufssoldaten der Grenztruppen hielt man an, in den Grenzkreisen wehrpolitische Arbeit – vor allem unter der Jugend – zu leisten. In manchen Schulen im Grenzgebiet bzw. in den Grenzkreisen entstanden Arbeitsgemeinschaften »Junge Freunde der Grenzsoldaten«. Schüler der Klassen 4 bis 8 erwarben in diesen erste Kenntnisse und Fertigkeiten in

- Beobachten und Entfernungsschätzen,
- Orientieren im Gelände,
- Überbringen einer Beobachtungsmeldung,
- Anfertigen einer Geländeskizze,
- **Spurenerkennen**,
- Umgang mit Karte und Kompaß[213].

Darüber hinaus gab es eine Vielzahl von Aktivitäten in kulturellen und sportlichen Bereichen. Die Grenztruppenkommandeure hielt man dazu an, auf die Grenzbevölkerung zuzugehen, um zumindest Teile von ihr einzubeziehen in die tägliche GS vor Ort. Folgende Formen und Methoden wandten die Verantwortlichen dabei unter anderem an:

- ☐ Planmäßige Zusammenarbeit der Kommandeure, Polit- und Parteikader mit den örtlichen Volksvertretungen, den Leitungen der Partei- und Massenorganisationen sowie Ausschüssen und Aktivs;
- ☐ aktive Teilnahme der Offiziere an der wehrpolitischen Erziehungsarbeit der Grenzbevölkerung;
- ☐ Gewinnung von Berufssoldaten und ihrer im Grenzgebiet wohnenden Familienangehörigen für gesellschaftliche Arbeit im Grenzgebiet;
- ☐ Befähigung und Unterstützung von FDJ- und Sportfunktionären der Grenztruppen für die enge Zusammenarbeit mit örtlichen Jugend- und Sportverbänden, um ein »reges geistig-kulturelles und sportliches Leben in den Grenzorten zu entwickeln«;

- enge Partnerschaftsbeziehungen zwischen Einheiten der Grenztruppen und Betrieben, Einrichtungen und Schulen im Grenzgebiet; Erziehung der Grenztruppenangehörigen zum vorbildlichen Auftreten in der Öffentlichkeit »und zum höflichen., taktvollen, hilfsbereiten Verhalten gegenüber der Grenzbevölkerung«;
- langfristige Gewinnung von aus dem aktiven Dienst ausscheidenden Grenzsoldaten für die Übernahme von hauptamtlichen Funktionen des Partei- und Staatsapparats im Grenzgebiet;
- Erziehung der Grenzoffiziere zum Zusammenwirken mit den anderen bewaffneten Organen im Grenzgebiet[214].

Lange Verweilzeiten von Grenzkompaniechefs zu Zeiten der »Kompaniesicherung« förderten die Beziehungen zwischen Truppe und Grenzbevölkerung, man begegnete sich durchaus mit gegenseitiger Achtung und mit Respekt, seltener mit Desinteresse und Ablehnung.
Es entstanden immer wieder auch private Kontakte, man traf sich im Konsum, in der Gaststätte, in Versammlungen und in Gremien. Fähnriche und Offiziere bezogen Wohnungen und Häuser im Grenzgebiet, manche heirateten einheimische Frauen.
Das alles führte in vielen Grenzdörfern zu einem Vertrauensverhältnis zwischen Truppe und Bevölkerung, gestärkt auch durch freiwillige Arbeits- und Ernteeinsätze in Betrieben und LPG.
Unter dem Strich: Es gab selten ein feindliches Verhältnis zwischen Truppe und Grenzbevölkerung, – den Zivilisten wäre das auch schlecht bekommen. Teile der Bevölkerung machten gemeinsame Sache mit der SED und den Grenztruppen, befolgten die Auflagen der Stadt- und Gemeindeordnungen grenznaher Territorien, die dazu aufforderten, »Verdächtiges« zu melden. Mehr als 25 Prozent der »Grenzverletzer« sollen in einigen Gebieten durch Hinweise aus der Grenzbevölkerung gestellt worden sein.
Aber die Mehrheit der Grenzbevölkerung litt unter den Auflagen der »Organe«, denn der Alltag war gekennzeichnet durch Gebote und Verbote. Normal konnte man das Leben im Grenzgebiet, schon gar nicht im Schutzstreifen, nicht nennen, es hatte immer etwas von einem »Ausnahmezustand«. Das war auch Ausdruck der »Philosophie« der Grenztruppen, denen – im Angesicht des Klassenfeindes – ein friedliches Grenzgebiet nicht ins Konzept paßte.
Wie eingangs betont, hatten sich die Einwohner im Grenzgebiet und besonders im Schutzstreifen direkt an der DL ihren Aufenthalt durch politisches Wohlverhalten zu verdienen.
Die Verantwortlichen im Staatsapparat, in der SED, in MfS und VP waren darüber hinaus daran interessiert, daß man dieses Wohlverhalten »messen« konnte: Durch »Sicherheitsüberprüfungen«. Maßgeblich dafür war eine MfS-Richtlinie Nr. 1/82 zur Durchführung von Sicherheitsüberprüfungen (GVS MfS 0008/-14/82), die unter anderem Anfang der 80er Jahre festlegte, daß diese Überprüfungen bei Personen, »die eine Erlaubnis bzw. Genehmigung zum Aufenthalt im Schutzstreifen an der Staatsgrenze zur BRD und in besonders gefährdeten Bereichen des Grenzgebietes zu Westberlin … erhalten«, vorzunehmen seien.
Die Erteilung von Erlaubnissen und Genehmigungen zum Aufenthalt

- im Grenzgebiet zur BRD außerhalb des Schutzstreifens,

- ☐ im Grenzgebiet zu Westberlin außerhalb der besonders gefährdeten Bereiche sowie
- ☐ zur Lösung volkswirtschaftlicher Aufgaben in festgelegten Bereichen außerhalb des Grenzgebiets zu Westberlin,

war nicht zuzustimmen, wenn es auch nur vage Hinweise auf Absichten zum ungesetzlichen Verlassen der DDR oder auf Übersiedlungsabsichten gab bzw. wenn die betreffende Person »feindlich-negative Handlungen oder andere Gefahren für die Sicherheit und Ordnung im Grenzgebiet« vermuten ließ[215].
Bewohner des Grenzgebiets, die Besuch aus dem Innern der DDR empfangen wollten – Verwandte/Bekannte –, hatten einen Antrag auf Einreise des Besuchskandidaten zu stellen (dieser konnte das nicht selbst tun!). Daraufhin überprüften MfS bzw. VPKA Antragsteller und Besuchskandidaten auf politische Zuverlässigkeit, versuchten zu erfahren, welche Motive dem geplanten Besuch zugrunde lagen, forschten nach möglichen Fluchtabsichten.
Besonders streng war die Überprüfung dann, wenn der Antragsteller im Schutzstreifen wohnte.
War einer der betreffenden Personen, also entweder der Antragsteller oder der Besuchskandidat politisch ein unsicherer Kantonist im Sinne der herrschenden Partei, fiel der Besuch aus.
MfS und Volkspolizei hatten es jederzeit in der Hand, wer ins Grenzgebiet, wer in den Schutzstreifen einreisen konnte/durfte, wer wielange im Grenzgebiet/Schutzstreifen seinen Wohnsitz behalten durfte. Ergaben sich Zweifel an der politischen Zuverlässigkeit, standen Einwohner sogar auf einer »Schwarzen Liste«, hatten sich die betreffenden Personen mit ihrer Isolierung abzufinden oder mußten sogar damit rechnen, aus dem Schutzstreifen oder dem Grenzgebiet verwiesen zu werden.

12. Reformbemühungen

Gegen Ende der 80er Jahre mußten die Verantwortlichen einsehen, daß der »Schutz der Staatsgrenze« immer personal- und kostenintensiver wurde und es deshalb an der Zeit war, über neue Stratgien der DDR-GS nachzudenken. Und das auch vor dem Hintergrund, daß der »Druck auf die Grenze« (wieder) zunahm und damit die Zahl der »Grenzverletzer« anstieg.
Für die 90er Jahre wurden aufwendige neue Grenzsicherungsanlagen geplant, die Milliarden verschlungen hätten, wenn sie realisiert worden wären. Gedacht war an die Einführung von Grenzsicherungsmitteln mit physikalischen Wirkprinzipien, »die bei hoher Sicherheit die Ansatzpunkte zur Hetze gegen die DDR für den Gegner verringern«. Forschungs- und Entwicklungsvorhaben sollten so geplant werden, daß mit der Einführung folgender technischer Mittel eine verbesserte GS gewährleistet werden sollte:

- ab 1991 mit einem neuen Postensignalgerät,
- ab 1992 mit »stochastischen automatischen Suchscheinwerfern« zur Erhöhung der »Operativität im Grenzabschnitt«,

- ab 1992/93 mit einer Streckmetallsicherung zur Erhöhung der Sicherung des Grenzsignal- und Sperrzauns,
- ab 1995/96 mit einer neuen Grenzsignalzaunanlage,
- ab 1995/96 mit neuen Grenzsicherungsbooten,
- ab 1996 »Beobachtungsstand für den Einsatz an der Staatsgrenze zu Berlin (West)«[216].

Um es auf einen Nenner zu bringen: Die GS der 90er Jahre sollte mit neuen technischen Mitteln die Festnahme von »Grenzverletzern« **ohne** direkte Gewaltanwendung (Waffengebrauch/Einsatz der Schußwaffe) erleichtern; zugleich war man bestrebt, die äußere Gestaltung der Sperranlagen unmittelbar an der »Staatsgrenze« zu verbessern bzw. zu verschönern. Es wurde daran gedacht, die Grenzsignal- und Sperrzäune weiter DDR-landeinwärts zu verlegen, die GS generell landeinwärts auszubauen, um die GS-Praktiken »dem Gegner« bzw. seiner Beobachtung zu entziehen. Und es gab Überlegungen, Grenzgebiet und Schutzstreifen weiter zu verkleinern.
Angedacht und vorbereitet wurden »Maßnahmen der Vervollkommnung des Schutzes der Staatsgrenze der DDR zur BRD und der dazu erforderlichen Entwicklung der Grenztruppen der DDR«; der NVR der DDR beauftragte den MfNV im Juni 1989, Maßnahmen zur Umstrukturierung der Grenztruppen vorzubereiten und bis zum 30. November 1989 abzuschließen. Diese »Maßnahmen« sollten mit dem Ziel durchgeführt werden[217],

- ☐ die Dislozierung der Grenztruppen mit der politischen Territorialstruktur in Übereinstimmung zu bringen und damit bessere Voraussetzungen für das Zusammenwirken mit den anderen Schutz- und Sicherheitsorganen und die Zusammenarbeit mit den örtlichen Partei- und Staatsorganen sowie der Grenzbevölkerung zu schaffen,
- ☐ die Prozesse der Organisation und Durchführung der GS zu verbessern und die Verantwortung der einzelnen Führungsebenen zu erhöhen,
- ☐ **eine höhere Dichte an Kräften und Mitteln in der GS zu erreichen,**
- ☐ die Organisationsstruktur der Führungsorgane weiter zu vervollkommnen (die Führungsebenen an der Staatsgrenze zur BRD von 4 auf 3 zu reduzieren),
- ☐ die Bedingungen in den Grenztruppen für die »Erfüllung von Gefechtsaufgaben im Verteidigungszustand, insbesondere durch die Erhöhung der Anzahl der Panzerabwehrmittel, zu verbessern«, und
- ☐ den Ausbildungs- und Erziehungsprozeß weiter zu intensivieren.

An der »Staatsgrenze West« sollten die Führungsorgane von zwei Grenzkommandos, elf Grenzregimentern, vier Grenzausbildungsregimentern und von 33 Grenzbataillonen aufgelöst und die Führungsorgane von

6 Grenzbezirkskommandos
16 Grenzkreiskommandos und
2 Grenzausbildungszentren

neu formiert werden. Damit wollte man die Anzahl der Führungsorgane von 50 auf 24 reduzieren und deren Personalbestand um etwa 17 Prozent verringern.
Zur Erhöhung der Dichte und Mittel in der GS war geplant, die Anzahl der Grenz-

kompanien mit fest zugewiesenem Grenzabschnitt von gegenwärtig 93 auf 107 Grenzkompanien zu erhöhen und damit die zu sichernde Grenzlänge je Kompanie von durchschnittlich 15 km auf 13 km zu verkürzen. Durch Formierung von »Reservegrenzkompanien« in den Grenzkreiskommandos und von »Sicherungskompanien« in den Grenzbezirkskommandos sollten günstigere Voraussetzungen für die Verwirklichung der Prinzipien der GS geschaffen werden.
Die Sicherungseinheiten an den GÜSten wurden nicht in den Umstrukturierungsprozeß einbezogen.

Drei Ziele wollte man mit der »Reform« erreichen:

1. Die Herstellung einer Übereinstimmung von Struktur und Dislozierung der Grenztruppen mit der politischen Territorialstruktur der DDR (eine Forderung, die seit langem erhoben wurde) einschließlich der Aufnahme der Kommandeure der Grenzbezirks- und Grenzkreiskommandos in die jeweiligen Bezirks- und Kreiseinsatzleitungen;
2. Verkürzung der Befehls- und Meldewege der Grenztruppen,
3. Verringerung von Führungsorganen bei gleichzeitiger Freisetzung von Personal, das nun »unmittelbar zur Grenzsicherung« eingesetzt werden sollte[218].

Bereits im Mai 1989 hatte man mit dem Prozeß der Umstrukturierung begonnen, im November 1989 wurde er beendet. Von den Kommandeuren der Grenztruppen wurde die »Reform« durchweg begrüßt, da man nunmehr Reibungsverluste, die sich bei den Pflichtkontakten und -absprachen mit verschiedenen Kreisen, Räten, Kreisleitungen und VP-Kreisämtern ergaben, reduzieren konnte. Das neue System war überschaubar und erleichterte die Zusammenarbeit zwischen Grenztruppen und »Organen«. Wegen der Wende in der DDR ab Oktober/November 1989 kamen die Vorteile dieser Veränderung jedoch nicht mehr zum Tragen. Spätestens mit dem 9. November 1989 setzte in den Grenztruppen eine tiefe Sinn-Krise ein, die die Tätigkeit weitgehend lähmte.

In der Endphase der SED unter dem Generalsekretär Egon Krenz dachte man noch darüber nach, »Grenzregime« und »Grenzgebiet« zu verändern. Kurz vor dem 9. November 1989, dem Tag der MAUER- und Grenzöffnung.
Das »Aktionsprogramm« der SED vom Oktober 1989 enthielt derartige Pläne. Heinz Keßler während des 2. Beratungstages der 10. Tagung des ZK der SED am 9. November 1989:

»Im Aktionsprogramm der Partei ist bekanntlich vorgesehen, das Grenzregime zu überprüfen. Dazu werden auch die räumliche Ausdehnung des Grenzgebiets, die dort gültigen Einschränkungen und der Zustand der Grenzsicherungsanlagen gehören. Zur Veränderung des Grenzregimes haben wir die ersten Überlegungen erarbeitet. Dabei gehen wir von dem Grundsatz aus, daß das zukünftige Grenzregime den Anforderungen an den Schutz der sozialistischen Ordnung jederzeit genügt, Erleichterungen für die Bürger der DDR schafft und Belastungen der Volkswirtschaft abbaut. Es wird vorgeschlagen, in etwa das Grenzgebiet an der Staatsgrenze der BRD von gegenwärtig 5 km auf 500 m bis maximal 1000 m zu verringern. Dadurch würden ca. 450 Ortschaften mit 170.000 Einwohnern aus dem Grenzgebiet herausgelöst werden[219].«

Im Grenzgebiet/Schutzstreifen wären dann noch rund 30.000 Bürger verblieben. Am Abend des Tages, an dem Keßler als amtierender DDR-Verteidigungsminister diese Vorschläge offenbarte, fielen MAUER und innerdeutsche Grenze; jedwede GS der DDR wurde nunmehr überflüssig …

Grenzsicherung an der Grenze zu Westberlin

1. Vier-Mächte-Stadt Berlin 1945 bis 1948

Mit dem (schon erwähnten) Protokoll der drei Alliierten vom 12. September 1944 über die (künftigen) Besatzungszonen in Deutschland und über die Verwaltung von Groß-Berlin war die Entscheidung gefallen, das »Berliner Gebiet« in drei bzw. vier Sektoren aufzuteilen.
Nach dem Einmarsch westalliierter Verbände Anfang Juli 1945 in Berlin entstand am 10. Juli 1945 eine »Interalliierte Militärkommandantur« für Berlin – nicht zu verwechseln mit dem »Alliierten Kontrollrat«, der für ganz Deutschland zuständig war –, die mit einem Befehl Nr. 1 vom 11. Juli die Berliner Verwaltungsbezirke auf die vier Besatzungsmächte aufteilte:

Amerikanischer Sektor:
- Kreuzberg
- Zehlendorf
- Schöneberg
- Steglitz
- Tempelhof
- Neukölln

Britischer Sektor:
- Tiergarten
- Charlottenburg
- Spandau
- Wilmersdorf

Französischer Sektor:
- Wedding
- Reinickendorf

Sowjetischer Sektor:
- Mitte
- Prenzlauer Berg
- Friedrichshain
- Treptow
- Köpenick
- Lichtenberg
- Weißensee
- Pankow

Der Personen- und Güterverkehr zwischen diesen vier Sektoren war zunächst keinen Einschränkungen ausgesetzt, die Menschen in Berlin konnten sich innerhalb ihrer Stadtgrenzen frei bewegen.
Den »Interzonenverkehr regelten alliierte Übereinkommen«; entsprechende Bestimmungen des »Alliierten Kontrollrats« ergingen erst im September/Oktober 1946 bzw. im April 1947.
Danach war es auch Berlinern verboten, ohne alliierte Genehmigung Berlin zu verlassen, um in andere Teile des besetzten Deutschlands zu reisen.
Die Zugänge von und nach den drei westalliierten Sektoren in Berlin konnten **nicht vertraglich vereinbart** werden: Die Versorgung der westlichen Besatzungsstreitkräfte in Berlin auf dem Eisenbahn-, Straßen- und Wasserstraßenweg blieb mündlichen Abreden und »Gewohnheitsrecht« vorbehalten. Lediglich über den Luftverkehr von und nach Berlin (West) einigte man sich unter den vier Alliierten des Zweiten Weltkrieges. Genehmigt wurde die Schaffung von drei Luftkorridoren:

Berlin ... Hamburg; Berlin ... Bückeburg und Berlin ... Frankfurt (Main).

Um angeblich dem »Schieber- und Spekulantentum« im Berliner Umland den Boden zu entziehen, veranlaßten die russichen Besatzungsbehörden (ost-)deutsche Polizeikräfte frühzeitig schon einmal, bestimmte Verkehrsknotenpunkte zu kontrollieren:

»Die Polizei des Landes Brandenburg mußte ... bereits in den Jahren 1946/47 mehrfach an den Verkehrsknotenpunkten zu den Westsektoren Berlins gegen ... Wirtschaftssaboteure eingesetzt werden. Die erste Aktion dieser Art mit etwa 500 Schutzpolizisten erfolgte vom 24. Oktober bis 17. Dezember 1946. Diese Einsätze trugen die Bezeichnung ›Ring um Berlin‹.«

Bei dieser Bezeichnung sollte es auch in Zukunft bleiben, als die Sowjets ab Anfang 1948 verstärkt die Zugänge zu den Westsektoren Berlins überwachen ließen.
Nach Verkündung der »Truman-Doktrin« und des »Marshall-Planes« im März bzw. Juni 1947 hatte sich das Verhältnis der Westalliierten zu den Sowjets dramatisch verschlechtert: Der **Kalte Krieg** begann in Europa und Deutschland.

Im Januar 1948 führten die Sowjets für den Verkehr Berlins mit der Ostzone **»Passierscheine«** ein, die den bisher freien Verkehr stark behinderten.
Am 24. Januar 1948 hielten die Russen einen britischen Militärzug auf der Strecke Berlin (West) – Bielefeld elf Stunden lang fest und schickten 120 Deutsche, die sich in diesem Zug befanden – mit britischer Erlaubnis – nach Westberlin zurück.
Schon seit August 1947 hatten die Sowjets veranlaßt, daß die Zonengrenzkontrolle der Reisenden in den Interzonenzügen von und nach Berlin nicht mehr im Zug, sondern außerhalb zu erfolgen habe: Die Menschen mußten die Wagen verlassen und auf dem Bahnsteig sich stundenlang zur Kontrolle anstellen.
Am 20. März 1948 verließ der sowjetische Marschall Wassili D. Sokolowskij den »Alliierten Kontrollrat«: Der Bruch zwischen den Siegermächten des Zweiten Weltkrieges war da!
Mit Wirkung vom 1. April 1948 verschärften die Russen durch zusätzliche Bestimmungen die Reisebedingungen im »Transit« zwischen Berlin und den westlichen Besatzungszonen Deutschlands. Bei Babelsberg bauten die Sowjets Kontrollbaracken, Westalliierte hatten sich nunmehr bei ihren Fahrten von und nach Berlin (West) zweimal auszuweisen – in Marienborn und bei Babelsberg:

»Alle militärischen wie auch zivilen Arbeiter der Militärverwaltung amerikanischer, britischer und französischer Staatsangehörigkeit sowie deren Familien, die die sowjetische Besatzungszone auf der Autobahn Berlin – Helmstedt passieren, müssen vom 1. April 1948 ab am Kontrollpunkt Marienborn und am Kontrollpunkt, der an der Autobahn zwei Kilometer östlich von Nowawes errichtet wird, Dokumente vorweisen, aus denen sich ihre Person und Zugehörigkeit zu den Organen der Militärverwaltung in Deutschland ergeben.«

Sowjetische Militärpolizei, unterstützt von Kräften der ostzonalen Grenzpolizei, kontrollierten ab 1. April 1948 den Lkw-Verkehr **auch** zwischen dem Ostsektor Berlins und den Westsektoren (bei Verbot des Warenverkehrs in der Nacht).

Die Ausfuhr von Gütern der drei Westmächte aus Berlin wurde künftig an »Freigabebescheinigungen« gebunden.

Auf Befehl der sowjetischen Militäradministration des SBZ-Landes Brandenburg hatte die Potsdamer Landespolizeibehörde nunmehr eine ihr unmittelbar unterstehende besondere Polizeiformation **»Ring um Berlin«** ins Leben zu rufen, die am 1. April 1948 ihre Arbeit aufnahm. Diese Kräfte erhielten die Aufgabe, die Grenze zu Groß-Berlin zu überwachen.
Insgesamt »beschränkte« sich die Kontrolle, die rund 800 Mann durchführten, auf ein »weitmaschiges Netz« von 71 Straßenkontrollpunkten (innerer Ring) sowie von 17 Bahnhofs- und Wasserstraßenkontrollpunkten (äußerer Ring). Die Stadtgrenze von Groß-Berlin hatte eine Länge von etwa 300 km.
Tätig wurden vier Kommandanturen mit Sitz in Falkensee, Schwanebeck, Schmöckwitz und Teltow; die »Grenzpolizisten« setzten sich aus vorübergehend abkommandierten Angehörigen der Kreispolizeiämter des Landes Brandenburg zusammen.
Im Frühjahr 1948 sahen sich die Westberliner und Westalliierten einer zunehmenden Behinderung des Personen- und Güterverkehrs von und nach Berlin (West) ausgesetzt; selbst innerhalb der Vier-Mächte-Stadt wurden erste Kontrollen östlicherseits aufgebaut, die keinerlei rechtliche Grundlagen hatten. Noch aber konnten die Einwohner der vier Sektoren diese innerhalb des Stadtgebiets frei betreten, noch arbeiteten Zehntausende Berliner aus dem Ostsektor in Westberlin (und umgekehrt), noch kamen »Randberliner« ohne größere Schwierigkeiten (Umwege) nach Westberlin. Die Freizügigkeit in der ehemaligen Reichshauptstadt funktionierte in diesem Frühjahr 1948 noch, die Reisebedingungen für Berliner aber, die in die SBZ oder in die drei Westzonen wollten, hatten sich schon verschlechtert.

Am 24. April 1948 sperrten die Russen – bis auf den Zugverkehr der Westalliierten – jeden Eisenbahnverkehr nach Berlin (und aus Westberlin heraus). Nach Wiederaufnahme des Verkehrs behinderten die Sowjets mehrfach Interzonenzüge auf ihrer Fahrt von und nach Berlin, dehnten die Kontrollen zeitlich extrem aus, schickten Reisende zurück oder schlossen zeitweilig bestimmte Zonengrenzübergangsstellen[220].

2. Berliner Blockade 1948/49 und Grenzsicherung

Nachdem die Alliierten über eine (gesamtdeutsche) Währungs- und Finanzreform für das besetzte Land keine Übereinstimmung erzielt hatten, entschlossen sich die Westmächte, in ihren Zonen eine separate Währungsreform durchzuführen.
Die Westsektoren Berlins blieben von dieser ausdrücklich ausgenommen.
Die Russen nahmen diese Maßnahmen zum Anlaß, **zunächst den Interzonenverkehr zu unterbrechen**. Mit Datum »18. Juni 1948« wurde folgendes von der sowjetischen Militärverwaltung in Deutschland (SMAD) angekündigt:

1. Der Personenzugverkehr sowohl aus der SBZ heraus als auch zurück, wird eingestellt.

2. Die Einreise in die SBZ wird für alle Arten des Kfz.-Verkehrs aus den westlichen Zonen einschließlich des Verkehrs auf der Autobahn Helmstedt – Berlin gesperrt …
3. Alle Transporte auf den Wasserstraßen sowohl aus der SBZ in die westlichen Zonen als auch umgekehrt, stehen unter Genehmigungsvorbehalt der SMAD.
4. Der Durchlaß von Fußgängern aus den westlichen Zonen in die SBZ mit Interzonenpässen der westlichen Zonen über die KPP an der DL **wird eingestellt**. Personen, die sich aus der SBZ in die westlichen Zonen begeben, passieren die KPP wie bisher …
5. Der Güterzugverkehr wird ungehindert, aber unter der Bedingung einer sorgfältigen Kontrolle aller Frachten sowie der Sachen der Zugbegleit- und Schutzmannschaften erfolgen …[221].

In Beantwortung der Währungsreform in den Westzonen ordnet auch die SMAD eine solche für ihre Zone **einschließlich Groß-Berlin** an, die – bezüglich Westberlins – von den Westalliierten sofort wieder außer Kraft gesetzt wird (auch in der Folge kann man sich über **eine** Währung in Groß-Berlin nicht einigen, so daß – später – die Westmächte in ihren Sektoren die West-DM einführen und in Ostberlin **nur** die neue Ost-DM gilt).
Offiziell in Reaktion auf die westliche Währungsreform sperren die Sowjets am 24. Juni 1948 alle Straßen- und (kurz darauf) alle Wasserstraßenverbindungen nach Berlin.
Der Westen beantwortete die Blockade mit einer »Luftbrücke« und einer Art Gegenblockade durch Einstellung des Interzonenhandels.
Für Probleme sorgten in der Vier-Sektoren-Stadt nunmehr die beiden Währungen. Ostberlin verbot zunächst einmal den Besitz von West-Mark und hatte Versuche abzuwehren, daß vom Westen her alte »Reichsmark« in den Ostsektor und die SBZ drängte:

»Allein in den ersten fünf Tagen nach Beginn der separaten Währungsmaßnahmen konnte die Grenzpolizei über 90 Millionen Mark altes Geld beschlagnahmen, das in spekulativer Absicht illegal in die sowjetische Besatzungszone eingeführt werden sollte, wo es noch gültig war[222].«

Die separate Währungsreform veranlaßte die Russen erstmalig dazu, für eine längere Zeit eine Überwachung der Sektorengrenze in Berlin anzuordnen: Volks- und Grenzpolizei »bewährten« sich in diesen Monaten dabei angeblich; erst mit Aufhebung der Blockade im Mai 1949 zog man diesen »**intersektoralen** Polizeischutz« zurück. Aber die Sowjets und die deutschen Kommunisten beließen es bei der Kontrolle am **»Ring um Berlin«**:

»Es entsprach ihrem politischen Interesse, den Personen- und Warenverkehr von und nach Berlin zu kontrollieren und die Abwanderungsbewegung aus der SBZ über Berlin zu bremsen[223].«

Schon kurz vor Beendigung der Blockade hatten die Verantwortlichen die verstärkte »Grenzpolizeibereitschaft«, die diesen »Ring« abdeckte, mit Befehl Nr. 31/49 der DVdI der »Hauptabteilung Grenzpolizei/Bereitschaften« unterstellt (24. April 1948) und damit begonnen, die Formation weiter personell aufzufüllen.

Ihre Effektivität bewies die Grenzeinheit zum Beispiel vom Mitte Mai bis Mitte Juni 1949: Am »Ring um Berlin« beschlagnahmte sie 13.000 kg Lebensmittel, 721.000 Eier, 35 kg Textilien und 550 kg Metall als »Schmuggelgut«.
Mit Befehl Nr. 56 des Obersten Chefs der SMAD vom 9. Mai 1949 erfolgte endlich – nach knapp elf Monaten – die Beendigung der Blockade durch die Russen; die bis zum 1. März 1948 geltende alte Regelung wurde wieder in Kraft gesetzt.
Zukünftig – und das war in dieser Form neu – hatten Personen und Güter die DL zur SBZ über folgende KPP zu passieren:

a) Für den Eisenbahn- und Landstraßenverkehr: Herrnburg, Station Schwanheide (8 km nördlich von Boizenburg/Elbe), Bergen (10 km westlich von Salzwedel), Oebisfelde, Marienborn, Ellrich, Arendshausen (Kirchgandern), Wartha, Vacha, Sonneberg, Probstzella und Gutenfürst.
b) KPP für den Wasserstraßenverkehr: Wittenberge/Elbe und Kolonie Buchhorst (Mittellandkanal)[224].

Die Aktivitäten der Grenzformation »Ring um Berlin« hatten seinerzeit noch nicht die Qualität einer »Grenzsicherung« im Sinne des Wortes, das war eher nur eine »Grenzüberwachung«.
Und bei den »Grenzpolizisten«, die die Grenzen Groß-Berlins überwachten, handelte es sich mehrheitlich um ehemalige Schutzpolizisten des Landes Brandenburg, die ohne grenztaktische Ausbildung waren.
An der SBZ-Grenze zu Westberlin und an der sowjetischen Sektorengrenze zu den drei Westsektoren Berlins war damals auch noch nichts von dem »Druck auf die Grenze« zu spüren, den es an der DL im Westen schon gab. Menschen, die die Ostzone verlassen wollten, konnten bei ihrer Flucht bzw. ihrem Übertritt nach Westberlin die S- und U-Bahnen benutzen, die vom Berliner Umland oder/und vom Ostsektor aus in den Westteil der alten deutschen Hauptstadt fuhren. Hier wurde zwar ab und an kontrolliert, aber 1948/49 nur oberflächlich und zufällig.
Ende September 1949, kurz vor Gründung der DDR, bildete die DVdI aus der bisherigen »Grenzbereitschaft« eine »Grenzpolizei-Abteilung« mit drei nachgeordneten »Grenzbereitschaften« (GB I in Teltow; GB II in Falkensee und GB III in Blumberg). Diese Kräfte umfaßten rund 2.000 Mann.

3. Kalter Krieg und »offene Grenze« in Berlin – Die 50er Jahre

Bei Gründung der DDR am 7. Oktober 1949 in Ostberlin standen innerhalb der Stadt, an der Sektorengrenze, keine Polizei- oder Grenzpolizei-Einheiten: Das freie Betreten der Westsektoren von Ostberlin aus war (und blieb) möglich. Allerdings dachten die Verantwortlichen frühzeitig darüber nach, wie der Zugang für die neuen DDR-Bürger nach Ostberlin (und damit auch Westberlin) erschwert werden könnte. Denn über die Sektorengrenze flohen diejenigen in aller Regel – verstärkt ab Mai 1952 –, die die DDR verließen.

Die innerberliner Sektorengrenze zum Ostsektor verlief von Schildow im Norden bis Schönefeld im Süden auf einer Länge von knapp 45 km. Die SBZ- und jetzige DDR-Grenze des Landes Brandenburg (ab 1952: Bezirk Potsdam) zu den drei Westsektoren Berlins hatte eine Länge von rund 116 km.
Die Herrschenden in Ostberlin sahen in ihrem Teil Berlins einen **»Demokratischen Sektor«**, sie bezeichneten damals noch ganz Berlin als deutsche Hauptstadt, erst gegen Ende der 50er Jahre kam der Begriff **»Hauptstadt der DDR«** stärker in die öffentliche Diskussion. Ostberlin war in diesen 50er Jahren gehalten, den Vier-Mächte-Status Berlins in vielen Fragen zu wahren, – auch wenn die SED alsbald daran ging, den Ostsektor stärker in die Regierungs- und Verwaltungsstruktur einzubauen.
Was blieb, war die offene Sektorengrenze, waren Straßen-, Stadtbahn- und U-Bahnverbindungen zwischen den Westsektoren und dem Ostsektor, waren Zehntausende, die als Einwohner Ostberlins in den Westsektoren arbeiteten (und einige Tausend auch als Westberliner im Ostsektor), waren vielfältige innerberliner Kontakte und Verbindungen. Berlin war seinerzeit, auch mit Sektorengrenzen, noch keine völlig geteilte Stadt. Obwohl natürlich die Sektorengrenze zum Ostsektor schon mehr als eine Verwaltungsgrenze war (oder nach 1952 werden sollte).
Berlin war in jenen Jahren Mittelpunkt der politischen Auseinandersetzung im Kalten Krieg.
Dutzende Parteien und Organisationen unterhielten in Westberlin Büros, die (auch) die Verhältnisse im Ostsektor und in der DDR beobachteten, – einschließlich geheimdienstlicher Methoden. Hunderttausende DDR-Einwohner wurden in jenen Jahren durch westalliierte und westberliner Dienststellen geschleust und machten »Angaben« über ihr Leben und die Situation im Osten – Menschen, die in Westberlin gegen den Kommunismus arbeiteten oder auch nur besonders kritisch gegenüber den Verantwortlichen in Ostberlin eingestellt waren, mußten mit Entführung durch den sowjetischen und ostdeutschen Geheimdienst rechnen: Manche tauchten nie wieder auf, manche kamen erst nach Jahren aus der UdSSR oder DDR zurück.
Entführungen in den Ostsektor gelangen auch deshalb verhältnismäßig einfach, weil auf westlicher Seite die Sektorengrenze kaum je überwacht wurde.
In Folge der Sperrmaßnahmen an der DL im Westen im Mai 1952 kam es auch – mit Zeitverzug – zu Absperrhandlungen und Reiseerschwernissen gegenüber Westberlin und seinen Bürgern:

»Gegenüber Westberlin wurden, ohne eine besondere Schutzzone zu errichten, die bisher am ›Ring um Berlin‹ bestehenden Sicherungsmaßnahmen verstärkt und die **Passierscheinpflicht** für Westberliner Bürger zur Einreise in die DDR, **mit Ausnahme ihrer Hauptstadt**, eingeführt[225].«

Diese Papiere wurden von der Volkspolizei gegen eine Gebühr in West-Mark ausgestellt; allerdings waren sie wochenlang nicht vorrätig. Und die Behörden konnten jederzeit die Ausgabepraxis ändern bzw. die Einreise überhaupt verweigern.
Westberliner, die ohne Passierscheine die Stadtgrenzen Berlins mit der S-Bahn überfuhren, mußten mit einer zeitweiligen Festnahme durch die »Grenzpolizisten« am »Ring um Berlin« rechnen.
Von ursprünglich 277 Straßen, die von Westberlin in den Ostsektor und in die DDR führten, blieben nach diesen Absperrmaßnahmen im September 1952 nur 77 mehr oder weniger offene, benutzbare Straßen übrig.

Wegen des Koreakrieges (1950–1953) hatte sich das Klima zwischen den Alliierten, das sich seit Beendigung der Berliner Blockade gebessert hatte, wieder verschlechtert. Die neuerlichen Sperrmaßnahmen an der DL, die auch zu einer Reduzierung von KPP führten (die eben erst – 1949 – zusätzlich eingeführt wurden) sowie den Erschwernissen in und um Berlin, verursachten ab Mai 1952 Spannungen in Deutschland.
Mehr oder weniger hingenommen wurde westlicherseits die am 1. August 1951 erfolgte Einführung von Autobahngebühren auf den Transitstrecken; die DDR sollte da in Zukunft noch einige Ideen entwickeln.
Im Interzonenhandelsabkommen zwischen der BRD und der DDR aus dem Jahre 1951 konnte man keine Bestimmung über den ungestörten Verkehr auf den Zufahrtsstrecken nach Berlin unterbringen; die Unterzeichner versprachen sich aber, Handel und Verkehr zwischen Berlin und dem Bundesgebiet von Hindernissen frei zu halten.
Das Versprechen wurde gebrochen: Störungen auf den Zufahrtswegen von und nach Berlin (West) sollten später fast zur Regel werden.

In Folge des Volksaufstands am 17. Juni 1953 sperrten Sowjets und Volkspolizei bis zum 8. Juli die Sektorengrenzen völlig ab. Danach besannen sie sich und konzidierten dem eigenen Bürger, Westdeutschen und Westberlinern Erleichterungen im Reiseverkehr: Die DDR schaffte die Interzonenpässe ab, stellte stattdessen »Personalbescheinigungen« für Westreisen aus, die – wenigstens zeitweise – leichter zu erhalten waren. Und Westdeutsche und Westberliner bekamen folgendes Versprechen per »Anordnung« des DDR-Innenministers Willi Stoph[226]:

»Personen, die in Westdeutschland wohnhaft sind, können auf den festgelegten Interzonenreisestrecken nach Westberlin reisen, wenn sie im Besitz eines amtlichen Personalausweises sind.
Personen, die in Westberlin wohnhaft sind, können auf den festgelegten Interzonenreisestrecken nach Westdeutschland reisen, wenn sie im Besitz eines amtlichen Personalausweises sind.«

Diese »Anordnung« des MdI der DDR vom 21. November 1953 war bei Lichte besehen eine Anmaßung, denn die Interzonenpässe waren einst von den vier Alliierten eingeführt worden und die Frage des freien Zugangs nach Westberlin fiel nicht in den Kompetenzbereich der DDR-Regierung.
Der Angelegenheit war eine längere Auseinandersetzung der ehemaligen Siegermächte vorausgegangen. Die Bundesregierung hatte im August 1953 vorgeschlagen, die Interzonenpässe abzuschaffen und die Westmächte gebeten, darüber Verhandlungen mit den sowjetischen Hohen Kommissar in der DDR, Wladimir S. Semjonow, aufzunehmen. Semjonow seinerseits schlug vor, diese Verhandlungen den beiden deutschen Staaten zu überlassen. Die Westalliierten wandten zu recht ein, daß nur diejenigen die Interzonenpässe abschaffen könnten, die sie früher eingeführt hätten. Dieser Argumentation entzog sich jedoch die UdSSR und gab ihre Rechte an die DDR ab, um ihr damit einen Souveränitätsgewinn zu verschaffen.
1953 standen am »Ring um Berlin« rund 5.300 »Grenzpolizisten« auf Wacht und kontrollierten den Zugang zur Vier-Sektoren-Stadt bzw. die 300 km lange Stadtgrenze.

Von 1954 bis 1956 erleichterten die DDR-Behörden zeitweise und in unterschiedlicher Qualität den Berufs- und Personenverkehr von und nach Berlin. So hob z.B. ein gemeinsamer Beschluß der DDR-Regierung und des Magistrats von Ostberlin am 1. Juli 1956 an den Kontrollpunkten **zwischen der DDR und Ostberlin** die Kontrolle von Gütern und Zahlungsmitteln auf.
Zugleich reduzierte man die dortigen Ausweiskontrollen und schaffte die Berechtigungsscheinpflicht für Kfz der DDR für Fahrten von und nach Ostberlin ab.
Außerdem eröffnete man neue KPP an der Stadtgrenze Ostberlins. Das ersparte den Bürgern zeitraubende Umwege.
Diese Maßnahmen waren aber auch Kennzeichen dafür, daß die DDR-Verantwortlichen bestrebt waren, den Ostteil Berlins stärker ins Rechts- und Verwaltungssystem der DDR zu integrieren und den Vier-Mächte-Status Ostberlins langsam auszuhöhlen.
Mitte September 1956 teilte das DDR-Verkehrsministerium mit, daß die Grenzkontrollen in den Interzonenzügen ab 1. Oktober **während der Fahrt** vorgenommen werden sollen, – eine erhebliche Erleichterung für alle Bahnreisenden.
Man war auf DDR-Seite also durchaus in der Lage, das Grenzregime »flexibel« zu handhaben.
Noch immer waren die Berliner Sektorengrenzen offen und es wechselten täglich Zehntausende von Ost nach West (und umgekehrt), unter ihnen auch knapp 40.000 »Grenzgänger« des Ostsektors, die in Westberlin arbeiteten. Dieser Personenkreis geriet bei den Kommunisten immer stärker ins Blickfeld der Kritik, man überlegte in Ostberlin, wie man diese Leute einschüchtern könne. In »persönlichen Gesprächen« legte man vielen dieser »Grenzgänger« nahe, sich im »Demokratischen Sektor« eine Tätigkeit zu suchen.
Gegen die etwa 6.000 »Grenzgänger« aus Westberlin, die im Ostsektor einer Arbeit nachgingen, unternahm niemand etwas.
Nach der Etablierung eines »Kommandos der Deutschen Grenzpolizei« am 1. März 1957 erhielt die Formation eine »durchgehende militärische Struktur« und Gliederung, aus den am »Ring um Berlin« stehenden Verbänden entstand mit Stabssitz Groß Glienicke die **5. Grenzbrigade** der DGP.
Ende 1958 entschließt sich die UdSSR zur politischen Offensive gegen die Anwesenheit der Westalliierten in Berlin: Nikita S. Chruschtschow fordert die Regierungen der Westmächte auf, der Umwandlung Westberlins in eine »freie entmilitarisierte Stadt« zuzustimmen und das Besatzungsregime zu beenden; wenn innerhalb von sechs Monaten keine Übereinkunft darüber erzielt werde, wolle man selbständig handeln. Dieses »Berlin-Ultimatum« der UdSSR verschlechtert sofort die Lage in und um Berlin und führt zu einem neuen Höhepunkt des Kalten Krieges.
Die Note der Sowjets vom 27. November 1958 schlägt konkret vor, Westberlin »in eine selbständige politische Einheit – in eine Freie Stadt« umzuwandeln, »in deren Leben sich kein Staat, auch keiner der beiden bestehenden deutschen Staaten, einmischen dürfe.« Aus Westberlin will die UdSSR praktisch einen dritten deutschen Staat machen.
Die Westmächte lehnen dieses Ansinnen strikt ab und beharren auf ihren Rechten in Berlin (und Deutschland).

4. Das Jahr 1960: Reisebeschränkungen in und um Berlin

Da die Sektorengrenzen in Berlin offen bleiben und die Fluchtbewegung aus der DDR (und Ostberlin) in den Westen wieder zunimmt, verstärken die am »Ring um Berlin« stationierten Grenzpolizeiverbände – zusammen mit Volks- und Transportpolizei – die Personenkontrollen an den KPP nach Berlin.
Auch der Zugang nach Ostberlin – von DDR-Gebiet aus – wird wieder intensiver überwacht. Fluchtverdächtige holt man aus den Zügen nach Berlin – auch der Versuch einer »Republikflucht« ist bekanntlich strafbar – und unterzieht die Betreffenden peinlichen Untersuchungen. Dennoch: Die Abriegelung Berlins vom Umland gelingt nicht durchgängig, dazu gibt einfach noch zuviele Verbindungen über Straßen, Stadt- und U-Bahnen.
Da die amtliche DDR und die Sowjets die Westmächte nicht aus den Westsektoren Berlins vertreiben konnten, gehen sie nun dazu über, Westdeutsche und Westberliner beim Transit zu behindern und Besuche in Ostberlin und der DDR mit neuen Auflagen zu versehen. »Schleppende Abfertigung« des Transits von und nach Westberlin wird dann befohlen, wenn zum Beispiel in Westberlin Veranstaltungen abgehalten werden, die der DDR politisch nicht ins Konzept passen. Und man entschließt sich im Spätsommer 1960 sogar dazu – wegen eines Treffens des Heimkehrerverbandes in Westberlin den Ostsektor zeitweilig für Bundesbürger völlig zu sperren (vom 31. August bis zum 4. September 1960).
Die DDR-Regierung meint darauf hinweisen zu sollen, daß man bei »revanchistischen Veranstaltungen in Westberlin« durchaus erforderliche Maßnahmen anordnen könne, »damit das Territorium und die Verkehrswege der DDR, einschließlich des demokratischen Teils ihrer Hauptstadt Berlin« für »Hetzveranstaltungen« nicht mißbraucht werden können. Außerdem – so die DDR – sei die Benutzung der Luftkorridore »für den Transport von Militaristen und Revanchisten aus Westdeutschland nach West-Berlin« unzulässig, weil diese »einzig und allein für die Versorgung der in West-Berlin stationierten Truppen der drei Westmächte errichtet« seien.
Wieder einmal versuchte die DDR-Regierung, sich in Angelegenheiten einzumischen, die ihrem Kompetenzbereich nicht zustanden.
Am 8. September 1960 ergeht eine Anordnung des MdI der DDR über die unbefristete Sperrung des Ostsektors von Berlin:

»Bürger der Deutschen Bundesrepublik haben beim Betreten der Hauptstadt der DDR (das demokratische Berlin) an den vorgeschriebenen Kontrollstellen eine Genehmigung vorzulegen[227].«

Diese war bei den zuständigen Stellen der Volkspolizei zu beantragen.
Damit war der ungehinderte Zugang des Ostsektors für Bundesbürger nicht mehr gewährleistet, denn die Ostbehörden konnten durchaus eine Genehmigung verweigern (was in der Praxis auch, in Ausnahmefällen, geschah).
Ferner gab das MdI am 13. September 1960 eine weitere Anordnung heraus, die bestimmte, daß die DDR Reisepässe von Westberlinern nicht mehr anerkannte, sondern dieser Personenkreis nur mit dem Personalausweis einreisen könne:

»Zur Durchführung des Beschlusses der Regierung der DDR über die Anerkennung des West-Berliner Personalausweises als Personaldokument für Einwohner West-Berlins teilt das Ministerium des Innern mit:

1. Einwohner West-Berlins können wie bisher die Hauptstadt der DDR (das demokratische Berlin) betreten.
2. Für Reisen von Einwohnern West-Berlins in die Bezirke der DDR geben die Passierscheinstellen der Deutschen Volkspolizei ... Aufenthaltsgenehmigungen aus ...
3. Der Reiseverkehr der Einwohner West-Berlins nach Westdeutschland erfolgt wie bisher. Die West-Berliner Einwohner können die Kontrollstellen der DDR bei Vorlage des West-Berliner Personalausweises wie bisher passieren.
4. West-Berliner Einwohner, die durch die DDR ins Ausland reisen wollen, erhalten bei Vorlage ihres West-Berliner Personaldokuments auf einer Anlage bei der Konsularabteilung des Ministeriums für Auswärtige Angelegenheiten der DDR das Durchreisevisum[228].«

Praktische Folgen hatte diese Anordnung jedoch nicht, weil die Westberliner mit ihrem Personalausweis weiterhin die Transitstrecken der DDR nach Westdeutschland benutzen konnten.
Atmosphärisch hatte sich die Situation in und um Berlin im Jahre 1960 deutlich zugespitzt: Beide Seiten reagierten immer gereizter auf Aktivitäten der anderen Seite. Und die DDR entwickelte Kampagnen gegen angebliche »Menschenhändler« und gegen die »imperialistische Abwerbungspolitik«, weil die Bürger den Staat nach wie vor in Scharen verließen.
Es gelang den Verantwortlichen nicht, den Flüchtlingsstrom über Westberlin, über die Sektorengrenzen, zu stoppen.
Verschärfte Strafvorschriften bei »Republikflucht«, verstärkte innere Überwachung von potentiellen Flüchtlingen durch Ausgabe von provisorischen Personalpapieren (PM 12) an Verdächtige, Drangsalierungen von »Grenzgängern« und aufgeregte Enthüllungsgeschichten über Menschen, die nach dem Weggang aus der DDR im Westen gescheitert seien, halfen nicht. Ein »Ausbluten« der DDR schien durchaus möglich, die Existenz des Staates war gefährdet, da Hunderttausende pro Jahr das Land verließen.

Die inzwischen auf mehr als 6.500 »Grenzpolizisten« angewachsenen Bewacher des »Rings um Berlin« konnten den Flüchtlingszug vielleicht abbremsen, nicht aber verhindern. Dazu hätte es mindestens 10.000 Mann bedurft. Und einer »Grenzschutzzone« mit Hindernissen.

5. Der wahre Geburtstag der DDR: 13. August 1961

Nach Abstimmung im Warschauer Pakt schließt die DDR in den frühen Morgenstunden des 13. August 1961 ihre Grenze zu Westberlin bzw. die Sektorengrenze innerhalb des Stadtgebiets.
Damit verstößt sie gegen elementare Grundsätze des Vier-Mächte-Statuts von Berlin. Die Westalliierten nehmen die Maßnahme mehr oder weniger widerstandslos hin, achten aber immerhin darauf, daß ihre Rechte in **West**berlin gewahrt bleiben.
Die Abriegelung Westberlins kam nicht aus heiterem Himmel, überraschte die Westmächte aber dann doch. Und auch die Bürger der DDR und Ostberlins, die sich nun ihrer einzigen relativ unkomplizierten Fluchtmöglichkeit beraubt sahen.
Das war auch der Hauptgrund, Westberlin vom Ostsektor und dem DDR-Umland (im Bezirk Potsdam) abzusperren. Den eigenen Bürgern sollte auf Dauer der Weg in den Westen verlegt werden, um so endlich »in Ruhe« die Chance zu haben, den »Sozialismus aufzubauen«. Dabei störten offene Grenzen nur, über die Hunderttausende bis zuletzt in den Westen gingen: 1960/61 hatten die Flüchtlingszahlen pro Monat wieder solche Ausmaße angenommen, wie im DDR-Hauptkrisenjahr1953. Es kamen

1960: 199.188 Personen, und
1961: 159.730 Personen (vom 1.1. bis 15.8.1961!)

aus der DDR und Ostberlin in den Westen.

Die Absperrmaßnahmen in Berlin waren so etwas wie eine Notbremse; anderenfalls wäre das Regime schon damals am Ende gewesen. Von daher kann der 13. August 1961 als der eigentliche Geburtstag der DDR angesprochen werden, denn dieser Staat war existenziell von MAUER und Grenzsicherung abhängig.
Die Verantwortlichen der DDR/SED untersagten mit allerlei »Rechtsvorschriften« ab 13. August 1961 ihren Bürgern das Betreten von Westberlin, schlossen rund 70 Übergangsstellen, verboten etwa 38.000 ehemaligen »Grenzgängern« ihre Tätigkeit in Westberlin, unterbrachen Dutzende von Stadtbahn-, Straßenbahn- und U-Bahnverbindungen nach Westberlin, zwangen Westberliner beim Betreten Ostberlins, sich vorab einen »Passierschein« ausstellen zu lassen (was dann – ab 23. August 1961 – erst einmal unmöglich wurde), veranlaßten Ostberliner und »Randberliner« zu langen Umwegen über den »Außenring« Berlins (S-Bahn/Eisenbahn) und schufen an der Grenze zu Westberlin mit der Zeit Mauern, Panzersperren, Hindernisse aller Art, Wachtürme und ein »Grenzgebiet«.

Die **»Staatsgrenze am Brandenburger Tor«**, von Walter Ulbricht noch ein paar Wochen zuvor abgestritten, wurde Wirklichkeit.

Bei den Absperrmaßnahmen boten Sowjets und Kommunisten in der SED Kräfte von »Kampfgruppen«, Volkspolizei (Bereitschaften) und Grenzpolizei auf, in einer »2. Reihe« standen reguläre Einheiten der Volksarmee (NVA) und auch sowjetische Truppen. Unterstützende Funktionen erhielten die (allgemeine) Volkspolizei (Schutz- und Kriminalpolizei), die Transportpolizei und – nicht zuletzt – Einheiten des MfS.

Mit Befehl 002/61 vom 12. August 1961 ordnete der Minister des Innern, Karl Maron, an, mit der »X-Zeit« (= 1.00 Uhr/13.8.61) die Absperrungen einzuleiten und zur **»Grenzsicherung«** überzugehen. Adressat: Die im Raum Berlin eingesetzte »Deutsche Grenzpolizei«, die damals noch dem MdI unterstellt war. Mit »X-Zeit plus 30 Minuten« wurde die 5. Grenzbrigade (Stabssitz: Groß Glienicke) verpflichtet, »Gefechtsalarm auszulösen und die **Grenzsicherung am westlichen Außenring**« zu organisieren. Dabei waren zunächst erst einmal 11 KPP, Kontrollpunkte und Grenzkontrollämter zu schließen, dann waren Teile des Grenzabschnittes sofort mit Drahtsperren zu versehen und die »pioniermäßige Verstärkung des Grenzabschnitts ... bis ›X‹ plus 8 Tage abzuschließen.« Den Einheiten wurde ferner befohlen, zur »verstärkten Grenzsicherung« überzugehen und mit den Kommandeuren der am Ring um Berlin stationierten »sowjetischen Grenzbataillonen« die eingeleiteten Sicherungsmaßnahmen »abzusprechen«. Auch auf die Schußwaffengebrauchsvorschriften wurde ausdrücklich hingewiesen[229].

Die reguläre Armee, die NVA, erhielt mit Befehl 001/61 des DDR-Verteidigungsministers Heinz Hoffmann ebenfalls mit dem 12. August 1961 ihre Aufgaben bei der Grenzsicherung zugewiesen. Dabei setzte man Teile der 1. und 8. Mot-Schützen-Division in einer »zweiten Sicherungsstaffel« in einer Tiefe von rund 1000 m von der Grenze ein:

- einmal an der Sektorengrenze, zum anderen
- am Außenring um »Westberlin«.

In der »ersten Sicherungsstaffel« waren – neben Angehörigen der »Kampfgruppen« aus Berliner Groß-Betrieben (von denen viele fahnenflüchtig wurden) – vor allem Kräfte der 1. Brigade der Bereitschaftspolizei, verstärkt durch Einheiten von VP-Schulen, im Einsatz. Aufgabe:

»Der Kommandeur der 1. Brigade ... hat mit ›X‹ die Aufgabe ... , (den) Schutz der Grenze zwischen der Hauptstadt der DDR und Westberlin zu übernehmen und ist für den Aufbau einer in zwei Linien gestaffelten Sicherung verantwortlich. Der Zwischenraum zwischen den Linien hat in Abhängigkeit von den örtlichen Verhältnissen 100 m bis 150 m zu betragen[230].«

180 Minuten nach ›X‹-Zeit (1.00 Uhr/13.8.61) sollte die »höchste Dichte entlang der Grenze« erreicht werden. Die Kräfte waren angehalten,

- ein Überschreiten und Überfahren der Grenze außerhalb der dafür vorgesehenen KPP nicht zuzulassen

und an »Pioniermaßnahmen« folgendes vorzunehmen:

- die geschlossenen 60 Kontrollpunkte mit beweglichen Drahtsperren zu versehen, und
- Abschnitte mit einer Länge von fast 10 km durch den Aufbau von Drahtsperren auf zwei Pfählen zu sichern.

Direkt an der DDR-Grenze zu Westberlin und an der Sektorengrenze in Berlin standen also Grenzpolizei, Bereitschaftspolizei und – zunächst – Angehörige der Kampfgruppen. In der »zweiten Staffel« wurden reguläre Einheiten der NVA und auch des

MfS (Wachregiment) bereit gehalten, dahinter lagen – nur für den Fall des Eingreifens der Westmächte – sowjetische Truppenverbände.
Von den zunächst 13 Übergängen blieben im Laufe der kommenden Tage längst nicht alle geöffnet; schon am 14. August 1961 schloß man wegen »Provokationen« vom Westen aus den Übergang am Brandenburger Tor, offen blieben schließlich innerhalb Berlins nur noch die folgenden Straßenübergänge:

- **Friedrichstraße** (für Ausländer/Diplomaten/Westalliierte),
- **Bornholmer Straße** und **Heinrich-Heine-Straße** (für Bundesbürger),
- Chausseestraße/Invalidenstraße/Oberbaumbrücke und Sonnenallee (für Westberliner).

Westberliner wurden ab 13. August 1961 gezwungen, Passierscheine zum Betreten des Ostsektors zu erwerben. Aber die vom MdI der DDR in Westberlin eingerichteten Büros zur Ausgabe dieser Genehmigungen schlossen die Westalliierten, weil sich die DDR damit Hoheitsrechte in Westberlin anmaßte. Besuche von Westberlinern im Ostteil der Stadt mußten deshalb – bis zum »Passierscheinabkommen« Ende 1963 – unterbleiben.
Nur die etwa 6.000 »Grenzgänger«, die als Westberliner einen Arbeitsplatz im Ostsektor hatten, durften das Gebiet der »Hauptstadt der DDR« weiterhin betreten.
Die nunmehr erforderlichen Passierscheine bzw. Aufenthaltsgenehmigungen für Westberliner, die den Ostteil Berlins betreten wollten, wurden angeblich von der DDR deshalb eingeführt, weil Westberliner Bürger vom Senat zu »bestimmten Agenten- und Spionagetätigkeiten« veranlaßt und mißbraucht worden waren; außerdem seien westberliner Personalausweise zur »Fortsetzung des organisierten Menschenhandels« eingeführt worden.
In der Tat: Die Flucht von DDR-Bürgern und Einwohnern des Ostsektors war mit dem 13. August 1961 nicht völlig unterbunden worden, noch immer gab es Möglichkeiten, in den Westteil der Stadt zu gelangen. Unter Lebensgefahr!
In der Grenzsicherung um Westberlin setzten die Verantwortlichen am 13. August und in den folgenden Tagen/Wochen rund 24.000 Volks- und Bereitschaftspolizisten, Transportpolizisten und Kampfgruppenmitglieder sowie Grenzpolizisten ein.
Die 5. Grenzbrigade der DGP umfaßte gut 6.000 Mann, die 1. Brigade der Bereitschaftspolizei zählte etwa 7.000 Leute.

6. Schwere »Grenzzwischenfälle« in Berlin 1961/62

»1961/62 entstanden aus der 1. Brigade (mot) der Bereitschaftspolizeit dem Sicherungskommando des Ostberliner Präsidiums der Volkspolizei und der 12. Grenzpolizeibereitschaft die **1. Grenzbrigade (B)** und aus der (alten) 5. Grenzbrigade (Stabssitz in Groß Glienicke) die **2. Grenzbrigade (B)**, die beide zunächst im Verantwortungsbereich des MdI verblieben, aber schon im August 1962 dem (neuen) Stadtkommandanten, einem NVA-General, unterstellt wurden.

Diese »Berliner Grenzpolizisten« bzw. Soldaten waren gehalten, die Schußwaffe anzuwenden (gemäß Befehl Nr. 39/60 des Ministers des Innern). In Ergänzung dieses Befehls ordnete man am 26. August 1961, wenige Tage nach der Absperrung Westberlins, unter anderem an, höchste Disziplin zu üben:

»Die im Befehl des Ministers 39/60 festgelegten Bestimmungen sind unter allen Umständen einzuhalten. Vor Anwendung der Schußwaffe müssen alle anderen Möglichkeiten zur Erreichung des Erfolges ausgenutzt worden sein. Muß im äußersten Falle die Schußwaffe angewandt werden, darf auf keinen Fall in Richtung Westberlin geschossen werden. Gegen Angehörige der westlichen Besatzungsmächte darf die Schußwaffe unter keinen Umständen angewandt werden[231].«

Aber dieser überarbeitete Befehl des DDR-Innenministers konnte in der Praxis offenbar nicht durchgesetzt werden, dazu gab es einfach zuviele »Grenzverletzungen« gerade in Berlin. So kam es in der Zeit vom 13. August bis zum 31. August 1961 zu
128 »Grenzdurchbrüchen«
und in der Zeit vom 1. bis zum 18. September 1961 zu
88 »Grenzdurchbrüchen«[232].
Mitte September 1961 mußten die leitenden Sicherheitsexperten der DDR einräumen, daß pro Tag mit fünf bis sechs Grenzdurchbrüchen mit cirka zehn bis elf Personen zu rechnen sei. Außerdem: Bis Mitte September 1961 wurden 85 »VP-Angehörige« fahnenflüchtig.
Mit solchen Zahlen hatte man anscheinend nicht gerechnet, der »Druck auf die Grenze« war unterschätzt worden.
Um hier schnell Abhilfe zu schaffen, wies man die Kommandeure im Grenzdienst an, nicht nur verstärkt das Sperrsystem auszubauen, sondern auch häufiger die Schußwaffe einzusetzen. Der »Zentrale Stab«, ein Gremium aus allen führenden Leuten der NVA, Polizei und Staatssicherheit, gebildet zum Zwecke der Grenzsicherung ab 13. August 1961 (Leitung: Erich Honecker), ordnete unter dem Datum des 20. September 1961 unter anderem an[233]:

»Gegen Verräter und Grenzverletzer ist die Schußwaffe anzuwenden …«

Die ersten Grenzopfer in Berlin nach dem 13. August 1961 waren Bürger, die aus ihren Wohnungen an der Bernauer Straße flüchteten, die die Grenze zu Westberlin bildete: **Rudolf Urban** und **Ida Siekmann** verletzten sich beim Abseilen bzw. beim Sprung auf die Straße am 19. und 22. August 1961 tödlich.
DDR-Behörden bezeichneten das Abseilen und den Sprung auf die Straße, die zu Westberlin gehörte, als »Grenzdurchbruch«.

Die Bilder derjenigen, die aus diesen Häusern an der Grenze in den Westen sprangen, gingen um die Welt …

Nachweislich der **erste Tote in Berlin**, der durch **Schußwaffeneinsatz** ums Leben kam, war der 24jährige **Günter Litwin**, der am 24. August 1961 versuchte, über das Bahngelände zwischen Friedrichstraße und Lehrter Bahnhof nach Westberlin zu flüchten.

Aus dem Bericht der Bezirkseinsatzleitung Berlin an den Vorsitzenden des Nationalen Verteidigungsrats der DDR, Walter Ulbricht:

»Ein Posten forderte L. auf, stehen zu bleiben, dieser sprang jedoch ins Wasser und versuchte, auf diesem Wege nach Westberlin zu kommen. Durch einen Posten der Transportpolizei wurde nach weiteren Warnungen mit der MPi Sperrfeuer gegeben, ohne daß L. darauf reagierte. Danach gab der Posten gezieltes Feuer. L. wurde durch Kopfschuß tödlich verletzt und versank.
Gegen 19.10 Uhr wurde der Tote aus der Spree geborgen ... Der L. hatte bis zum 13.08.61 in Westberlin gearbeitet ...[234]«
Ein unsicheres Element also, ein »Grenzgänger«, war zu Tode gekommen ...
Wenige Tage später, am 29. August 1961, kam ein weiterer »Grenzverletzer« ums Leben: **Roland Hoff** wurde beim Durchschwimmen des Teltow-Kanals von Angehörigen der 5. Grenzbrigade erschossen. Mindestens acht weitere Opfer fordert bis Ende 1961 das Grenzregime in und um Berlin (West). Und 1962 geht das Töten weiter. Am bekanntesten wird der Fall des 18jährigen **Peter Fechter**, der am 17. August 1962 in Höhe Zimmerstraße/Charlottenstraße (in der Nähe des Übergangs Friedrichstraße/»Checkpoint Charlie«) von »DDR-Grenzpolizisten« der 1. Grenzbrigade (B) erschossen wird. Fechter wird aber nicht sogleich getötet, sondern liegt etwa 50 Minuten ohne jede Hilfe an der MAUER; als er endlich geborgen wird, verstirbt er kurz darauf im VP-Krankenhaus.
Amerikanische Soldaten, die sich in unmittelbarer Nähe aufhielten, greifen nicht ein. Obwohl sie vielleicht wußten, daß auf sie keinesfalls geschossen werden darf. Westberliner Polizisten werfen dem schwer verwundeten jungen Mann Verbandspäckchen zu, müssen aber mitansehen, daß Fechter langsam verblutet.
Die schießenden Grenzer können angeblich den Verletzten nicht bergen, da ihnen dieses nicht gestattet ist. Ein aufsichtführender Offizier kommt viel zu spät zum »Tatort«, der Abtransport wird erst eingeleitet, als Fechter kaum noch Lebenszeichen abgibt. Trotzdem sah der Kommandeur in seinem Bericht an die vorgesetzte Dienststelle keinen Anlaß zur Selbstkritik:

»Die Handlungen der Grenzposten waren richtig, zweckmäßig und zielstrebig. Der Schußwaffengebrauch war gerechtfertigt, wobei die Frage gestellt ist, ob mit gezieltem Einzelfeuer die gleiche Wirkung erzielt hätte werden können ... Die Legung der Nebelwand war richtig, wodurch dem Gegner die Sicht genommen und der verletzte Grenzverletzer geborgen werden konnte ... Auf meinen Befehl wurden der Postenführer Unteroffizier Friedrich und Unteroffizier Schreiber sowie der Oberfeldwebel Wursel und Gefreiter Lindenlaub prämiiert ... Das Vorkommnis wird im Rapport nicht aufgeführt, um die Namen der Genossen geheimzuhalten[235].«

Insgesamt kommen 1962 an den Grenzen zu Westberlin 16 Menschen durch Schußwaffengebrauch ums Leben.
Schußwaffeneinsatz wird an der Grenze der DDR zu Westberlin und innerhalb der Stadt, an der alten Sektorengrenze, vor allem in den 60er Jahren besonders häufig praktiziert. Das hat mehrere Gründe:

1. Ein vergleichbares Grenzgebiet wie an der DL existiert zunächst nicht einmal in Ansätzen; erst ab 1961 gibt es erste Arbeiten systematischer Art, die DDR-Grenze gegenüber den Westsektoren abzusichern und mit Zäunen, Wachtürmen und Kontrollstreifen zu versehen;
2. Rund um Westberlin werden zu keiner Zeit Bodenminen verlegt oder Selbstschußgeräte angebracht; die Schutzzone an der Sektorengrenze – nach

DDR-Lesart die Staatsgrenze der Hauptstadt der Republik gegenüber Westberlin hat eine Breite von etwa 100 m, manchmal sogar weniger als 50 m. Die Annäherung von »Grenzverletzern« an die MAUER ist deshalb erst spät zu erkennen, Schußwaffengebrauch deshalb öfter;

4. die innerberliner Sektorengrenze und manche Teile der DDR-Grenze (Potsdam) zu Westberlin sind nur schwer abzuriegeln. Zudem existieren »Grenzgewässer« und die Grenze verläuft teilweise durch »Laubenpieperkolonien« (Kleingartenanlagen), oder/und durch dicht bebautes Gebiet;
5. Unterirdische Verbindungen (Tunnel der U-Bahn/Kanalisation) sind in Berlin häufig. Manche Gebäude liegen hart an der MAUER; »Abseilungen« von Flüchtlingen kommen vor.

Und es gelingt Flüchtlingen auch, über innerberliner Grenzübergangsstellen (GÜSten) den Westteil der Stadt zu erreichen, da es innerhalb dieses Gebiets den »Grenzern« verboten ist, die Waffe einzusetzen (allenfalls kommt Waffenandrohung vor).

Ferner: Die 1961/62 eingesetzten »Grenzer« haben zumeist keine Erfahrungen in städtischen Wohngebieten, die geplanten »pioniertechnischen« Maßnahmen der GS stecken zunächst in den Anfängen und kommen nur langsam voran.

Erst einmal lassen die Verantwortlichen die gesperrten 60 Straßenübergänge mit »Schwellen« zusätzlich absichern, da es hier mehrmals »Grenzdurchbrüche« mit Pkw/Lkw/Bus gab. Auch Kfz-Sperrgräben entstehen, Sandaufschüttungen werden beobachtet, - wenigstens solange, wie die MAUER der 1. Generation noch nicht steht.

Die schweren »Grenzzwischenfälle«, über die in der DDR selbst nur ansatzweise berichtet wird, bewirken aber doch ein intensives Nachdenken über Möglichkeiten, diese zu verringern. Um das »internationale Ansehen« der DDR nicht zu schädigen, um dem »Klassenfeind« keine Chance zur »Hetze« zu bieten. Das SED-Politbüro befaßt sich im Januar 1962 mit Entwürfen einer »Verordnung über weitere Maßnahmen zum Schutze der Grenze zwischen der DDR und Westberlin« sowie mit zwei weiteren (künftigen) »Grenzordnungen«[236].

Die GS in und um Berlin wird auch immer mehr mit Elementen einer angeblich »militärischen« GS in Zusammenhang gebracht: Man sieht in Ostberlin im Gegner bzw. Feind eine Bedrohung auch der neuen Grenzsperranlagen und -Übergänge, man erwartet angeblich schwere Grenzzwischenfälle vom Territorium Westberlins ausgehend und errichtet »Panzerhöcker« und Sperrmittel an den GÜSten und an erdachten (?) »Hauptrichtungen der gegnerischen Handlungen«. Einige in den Führungsetagen der Einheitssozialisten scheinen tatsächlich mit »Grenzkonflikten« zu rechnen, die vom Westen ausgehen. An »gefährdeten Abschnitten« der Staatsgrenze zwischen der »Hauptstadt der DDR und Westberlin« werden 1961/62 »massive Sperranlagen« gebaut, so z.B. **200 m »Mauersperre« am Brandenburger Tor und 400 m »Igelsperre« am Potsdamer Platz**.

So als ob morgen oder übermorgen militärische Verbände aus Westberlin in den Ostteil der Stadt eindringen würden.

Es bleibt bei »schweren Grenzzwischenfällen«, die vom Osten, vom Einwirken östlicher »Grenzer« auf Flüchtlinge, ausgehen …

7. »Gesicherte Grenze« in und um Berlin (1962 bis 1969)

Mit Wirkung vom 23. August 1962 unterstellte die Partei- und Staatsführung die 1. und 2. Grenzbrigade (B) sowie die 4. Brigade (Ausbildungsbrigade) – bislang im Verantwortungsbereich des MdI – des MfNV. Der (neue) Stadtkommandant der »Hauptstadt der DDR«, ein NVA-General, wurde »nebenbei« auch neuer »Kommandeur der Grenztruppen Berlin«.
Die ihm nachgeordnete Stadtkommandantur erhielt die »Kommandohöhe eines Militärbezirks« und wurde dem DDR-Verteidigungsminister direkt zugeordnet (also **nicht** dem »Kommando Grenze« der NVA).

An »Pioniersperren und Grenzsicherungsanlagen« waren an der Grenze der DDR zu Westberlin Mitte August 1962 in den Abschnitten der 1. und 2. Grenzbrigade vorhanden[237]:

1. Grenzbrigade (Grenzabschnitt: 44,75 km)

– Drahtsperre auf drei Pfählen mit Mauer	1,35 km
– Drahtsperre auf drei Pfählen mit Sperrgraben	14,70 km
– Drahtsperre auf drei Pfählen	4,90 km
– Drahtsperre auf zwei Pfählen mit Mauer	1,10 km
– Drahtsperre auf zwei Pfählen mit Sperrgraben	5,80 km
– Drahtsperre auf zwei Pfählen	3,10 km
– Drahtsperre auf einem Pfahl	2,40 km
– Mauer	11,40 km

2. Grenzbrigade (Grenzabschnitt: 116,4 km)

– Drahtsperre auf drei Pfählen mit Sperrgraben	10,40 km
– Drahtsperre auf drei Pfählen	41,30 km
– Drahlsperre auf zwei Pfählen mit Sperrgraben	23,50 km
– Drahtsperre auf zwei Pfählen	41,20 km

Damit war nach Ansicht der Verantwortlichen die Grenze der DDR zu Westberlin durch Sperren »durchgehend pioniermäßig verstärkt.« Die »Drahtsperren auf drei Pfählen« und die Sperren aus »Spanischen Reitern in den Grenzgewässern« galten als besonders wirksam gegen »Grenzverletzer«.
Als ungenügend eingeschätzt wurden die Drahtsperren auf einem Pfahl und die an den Mauern angebrachten »Abweiser«, die durch »Grenzverletzer« beim Überwinden der Sperren ausgenutzt wurden: »Bei ungenügender Sicherung dieser Sperren können sie von Grenzverletzern in relativ kurzer Zeit überwunden werden[238].«

Das wurde geprobt durch Angehörige der Grenztruppen, die diese Sperren testeten und »Grenzverletzer« spielten!

Die »gedeckte Annäherung« von Flüchtlingen an die Grenzsperren wurde auch durch Bodenbedeckung und -bewachsung (Mauervorsprünge, Bäume, hohes Gras) erleichtert. Und der überall eingerichtete **10-m-Kontrollstreifen** erfüllte 1962 wegen bislang ungenügender Bearbeitung noch nicht voll seinen Zweck.

Die leitenden Kader der Grenztruppen bzw. ihre Vorgesetzten waren also 1962 nicht vollständig zufrieden mit dem Ausbaustand der Grenzanlagen in Berlin.
Und immer noch gelangen täglich »Grenzdurchbrüche«.
Eine der Ursachen dafür war die Tatsache, daß es keine Grenzzone mit einem »besonderen Regime« gab. Das sollte sich ändern: Mit Befehl des Vorsitzenden des NVR der DDR, Walter Ulbricht, vom 20. Juni 1963, wurde dem MfNV vorgeschrieben, ab 22. Juni 1963, 0.01 Uhr

» ... an der Staatsgrenze der DDR zu Westberlin im Bezirk Potsdam und der Hauptstadt der DDR – Berlin – ein Grenzgebiet zu errichten. Das Grenzgebiet ist sichtbar zu kennzeichnen[239].«

Zeitgleich erließ der DDR-Ministerrat am 21. Juni 1963 eine entsprechende Verordnung über »Maßnahmen zum Schutze der Staatsgrenze zwischen der DDR und Westberlin«, die die Grundlage für eine »Anordnung« des MfNV vom gleichen Tage bildete.
§ 1 dieser Anordnung bestimmte, daß ein Grenzgebiet zu schaffen sei, § 2 legte fest, daß DDR-Bürger, die in diesem Gebiet wohnen, besonderer Ausweise bedürfen, nach § 3 war das Betreten und Befahren des Grenzgebiets DDR-Bürgern nur mit »Sonderausweis« gestattet und gemäß § 4 »allen Bürgern anderer Staaten« verboten. Nach der Ministerratsverordnung konnte mit Gefängnis bis zu zwei Jahren und/oder mit Geldstrafe bis zu 2000 DM bestraft werden, wer

a) unbefugt das Grenzgebiet betritt oder sich darin unberechtigt aufhält;
b) Grenzsicherungsanlagen zerstört;
c) unberechtigt über die Staatsgrenze Nachrichten austauscht;
d) im Grenzgebiet Veranstaltungen ohne Genehmigung durchführt;
e) der festgelegten Melde- und Registrierpflicht nicht oder nur unvollständig nachkommt;
f) innerhalb des Grenzgebiets filmt oder fotografiert.

Die neuen Bestimmungen sahen entlang der Grenze im Bezirk Potsdam einen etwa 500 m breiten, innerhalb der »Hauptstadt der DDR« einen cirka 100 m breiten Schutzstreifen vor.
Schon knapp ein Jahr später entwickelten die Verantwortlichen neue Vorstellungen über die GS bzw. faßten alle Bestimmungen in einer neuen Verordnung und einer neuen »Anordnung« (Grenzordnung) zusammen.
Der Abschnitt III dieser **»Grenzordnung« vom 19. März 1964** enthält sieben längere Paragraphen »über die Ordnung im Grenzgebiet zu Westberlin.« Inhaltlich ergeben sich kaum Veränderungen zu den bisherigen Auflagen; die Vorschriften sind denen an der innerdeutschen Grenze zumeist vergleichbar bzw. diesen nachempfunden.
Nachdem es 1963 zu mehreren unfreundlichen Akten der DDR-Behörden gegenüber Reisenden im »Interzonenverkehr« gekommen war und vor allem die Grenzformalitäten schleppend gehandhabt wurden, hat das »Passierscheinabkommen« Ende 1963, das für die nächsten Jahre eine Fortsetzung erfahren sollte, eine gewisse Entspannung zwischen den beiden deutschen Staaten und Westberlin auf der einen sowie Ostberlin auf der anderen Seite eingeleitet. Bürger Westberlins können seit Weihnachten 1963 Angehörige im Ostsektor der Stadt besuchen; erstmals seit August 1961.

Und Ende 1964 gestatten es die DDR-Behörden erstmals – und dann auf Dauer –, daß Rentner aus der DDR und Ostberlin Verwandte in Westdeutschland und Westberlin besuchen dürfen.
Acht Menschen verlieren 1963 an den Grenzen der DDR zu Westberlin oder an der Sektorengrenze durch Schußwaffeneinsatz ihr Leben, die Gewaltdichte nimmt nur langsam ab.
964 werden mindestens vier, 1965 fünf Personen an MAUER und Grenze der DDR zu Westberlin erschossen.
Aber auch bei den »Grenzern« gibt es in Berlin Opfer: Mehrmals werden – vor allem im Zusammenhang mit Fluchthilfeaktionen – Grenzsoldaten der DDR erschossen oder verletzt. Dazu zählten in der ersten Hälfte der 60er Jahre:

Jörgen Schmidtchen (1962)
Peter Göring (1962)
Reinhold Huhn (1962) und
Egon Schultz (1964).

Die genannten Opfer des DDR-Grenzregimes wurden zu Lebzeiten des zweiten deutschen Staates offiziell geehrt und als Vorbilder junger Grenzsoldaten gepriesen.
Jörgen Schmidtchen verlor am 18. April 1962 sein Leben, als er bei einem »gewaltsamen Grenzdurchbruch« von zwei Offiziersschülern der NVA-Flakartillerieschule »bei einer von den Banditen begonnenen Schießerei« erschossen wurde; die beiden NVA-Soldaten hatten sich vor ihrer (versuchten) Fahnenflucht mit zwei Pistolen und 96 Patronen versorgt. Sie kamen am »Gleisdreieck Griebnitzsee« (Bezirk Potsdam) durch Schußwaffeneinsatz des Postenführers und Gefreiten Jörgen Schmidtchen und seines Kameraden zu Tode.
Der Angehörige der 2. Grenzbrigade starb also durch die Hand von NVA-Soldaten, die in den Westen, nach Westberlin, fliehen wollten.
Peter Göring hatte am 23. Mai 1962 auf einen »Grenzverletzer«, der durch den Humboldtkanal schwimmend Westberlin erreichen wollte, geschossen. Der durch die Schüsse verletzte Flüchtling konnte die westliche Kaimauer erreichen und blieb auf einer Treppe (»einem Potest«) liegen. Vier Westberliner Polizisten versuchten, den Flüchtling die Treppe hoch zu holen, aber durch Schüsse der DDR-Grenzer, darunter Peter Göring, wurden sie daran gehindert. Darauf gaben die Westpolizisten dem Flüchtling Feuerschutz und schossen in Richtung Ostberlin, wobei Göring tödlich getroffen wurde.
Reinhold Huhn kam am 18. Juni 1962 ums Leben, als er bei einer Kontrolle von mutmaßlichen »Grenzverletzern« von einer Zivilperson mit der Pistole erschossen wurde. Der Begleiter von Huhn eröffnete aus einer MPi das Feuer auf die Zivilperson, die aber sofort – mit den anderen – im Haus Zimmerstraße 56 verschwanden: »Bei der Durchsuchung der Kellerräume dieses Hauses konnte festgestellt werden, daß sich von dort aus ein Tunnel in Richtung Westberlin befindet[240].«
Die DDR-Grenzer waren auf westberliner Fluchthelfer gestoßen und einer dieser Helfer (Rudolf Müller) entzog sich der Festnahme durch Waffengebrauch und verletzte dabei Reinhold Huhn so schwer, daß er später verstarb.
Egon Schultz wurde ebenfalls bei einer Fluchthilfeaktion erschossen: Eine aus 36 Studenten (unter ihnen der spätere Astronaut **Reinhard Furrer**, der 1995 tödlich verunglückte) und Arbeitern bestehende Gruppe von westberliner Fluchthelfern hatte

1964 in monatelanger Arbeit vom Hause Bernauer Strasse 97 aus einen 140 m langen Fluchttunnel in 11 m Tiefe bis zum Haus Strelitzer Strasse 55 auf Ostberliner Gebiet vorangetrieben. Am 3. und 4. Oktober 1964 konnten durch diesen Tunnel 57 Personen aus Ostberlin und der DDR (23 Männer, 31 Frauen, 3 Kinder) nach Westberlin geschleust werden. Aber das MfS und die DDR-Grenzer entdeckten den Tunneleingang. Als sich mehrere von ihnen – MfS-Leute und Grenzsoldaten – dem Eingang näherten, hielten die Fluchthelfer aus Westberlin sie zunächst für Flüchtlinge. Dann wurde der Irrtum bemerkt und es kam zu einem Schußwechsel, bei dem einer der Fluchthelfer auch Egon Schultz traf. Dieser Schuß war aber **nicht**, das wurde 1994 festgestellt, **tödlich**. Schultz trafen kurz darauf mehrere Schüsse seines Kameraden, der das Feuer erwiderte und dabei versehentlich seinen Gruppenführer tötete. Die östliche Seite verschwieg diese Tatsache und sprach seinerzeit von Mord an einem Grenzsoldaten der DDR, benannte Straßen, Kasernen und Einrichtungen nach Egon Schultz[241].

Die Partei- und Staatsführung der SED/DDR reihte die getöteten Grenzer insgesamt in ihre Ahnenreihe gefallener Sozialisten ein und verdrängte, daß diese Menschen allesamt auch Opfer des Grenzregimes waren.

Im Zusammenhang mit dem »Fall Schultz« kam es auf der DDR-Seite offenbar zu Abstimmungsproblemen zwischen den einzelnen Dienststellen. Jedenfalls deutet darauf ein Dokument der Abteilung für Sicherheitsfragen des ZK der SED an Erich Mielke vom 30. Oktober 1964, das eine Reihe von »Schwächen« feststellt, die in Zukunft möglichst zu vermeiden wären. Das Papier ist nicht ohne kritischen Unterton. Die Schlußfolgerungen, die dem MfS vorgeschlagen werden, lauten: (der ganze Vorgang ist höchst ungewöhnlich und hat sich so nie wiederholt!)

1. Die operative Absicherung der Staatsgrenze nach Westberlin durch die Organe des MfS ist **von einer Stelle aus** zu organisieren und zu führen;
2. Um auf dem Gebiet des Zusammenwirkens zwischen dem MfS, der Stadtkommandantur Berlin und der Volkspolizei an der Staatsgrenze nach Westberlin eine feste Ordnung zu schaffen, ist eine gemeinsame Direktive zu erarbeiten. Diese müßte solche Fragen regeln wie
   - das Zusammenwirken der genannten Organe in normalen und in besonderen Lagen,
   - ihre Verantwortlichkeit,
   - den regelmäßigen Informations- und Erfahrungsaustausch zwischen ihnen.
3. Durch die oben genannten drei Organe sind die Ausbildungspläne »hinsichtlich der spezifischen Besonderheiten der Sicherung der Staatsgrenze in einer Großstadt zu überprüfen und zu präzisieren sowie untereinander abzustimmen.« Und durch das MfNV und das MfS sind gemeinsam Maßnahmen einzuleiten, »um in kurzer Zeit dafür entsprechende« Ausbildungseinrichtungen zu schaffen.
4. Durch das MfNV und das MfS ist zu überprüfen, ob die vorhandene Spezialtechnik zur Aufklärung von Tunnelbauten ausreicht: »Es sind Maßnahmen einzuleiten, die gewährleisten, das Grenzgebiet und die Aktionen des Gegners unter Anwendung der modernsten Technik unter Kontrolle zu bringen.«
5. Dem Minister für Nationale Verteidigung und dem Minister für Staatssicherheit wird »empfohlen«, die Vorkommnisse gemeinsam auszuwerten und für »eine durchgreifende Verbesserung der Arbeit in dieser Richtung an der Staatsgrenze nach Westberlin Sorge zu tragen.«

Oberzella (Thüringen) an der Grenze zu Philippsthal (Hessen), 1984 (mit BT-11).
© Jürgen Ritter

DDR-Grenzaufklärer auf dem Elbdeich am »Dreiländereck« Niedersachsen, Schleswig-Holstein, Mecklenburg, 1987. © Jürgen Ritter

Mondaufgang in der Nähe der GÜSt Bergen-Dumme an der B 71 zwischen Salzwedel (Sachsen-Anhalt) und Uelzen (Niedersachsen), 1983.

Grenze bei Eichholz in der Nähe von Lübeck, 1983.

Beobachtungstürme der 2. und 3. Generation (BT-9/BT-11) und – im Hintergrund – ein Kirchturm an der Bahnlinie Braunschweig-Berlin, 1984. © Jürgen Ritter

Begegnung zweier Welten: DDR-Grenzaufklärer (links) und ein bundesdeutscher Zöllner im Harz bei Ellrich. © Jürgen Ritter

Besucher auf Podest bei Eckertal (Sachsen Anhalt), 1983. © Jürgen Ritter

Berlin, Grenzübergang Heinrich-Heine-Straße, 1985. © Jürgen Ritter

Berlin, Gedenkkreuze links vom Reichstag, 1984. © Jürgen Ritter

Berlin, Bernauer Straße, 1985. © Jürgen Ritter

Nähe Heringen (Hessen), Metallgitterzaun mit SM70, Sperrgraben, K6 und Kolonnenweg, 1982. © Jürgen Ritter

Bei Gartow (Niedersachsen), zwei Metallgitterzäune (Minenfeld), 1981. Im Hintergrund: BT-9. © Jürgen Ritter

Bei Hötensleben
(Sachsen-Anhalt),
Führungspunkt, Lkw,
1984.
© Jürgen Ritter

Nähe der Hanum,
Führungspunkt, BT-11
und Mauer (Sachsen-
Anhalt), 1983.
© Jürgen Ritter

Pkw-Streife hinterm Metallgitterzaun (»Grenztrabi«) 1984. © Jürgen Ritter

Wachboot (GSB 075) auf der Elbe nähe Schnackenburg (Niedersachsen), 1984.
Im Hintergrund: Führungspunkt. © Jürgen Ritter

Und, direkt an Mielke gerichtet, schließt der »Brief«:

»Um die Vorschläge zu realisieren, ist es erforderlich, daß Du Dich mit dem Minister für Nationale Verteidigung und dem Minister des Innern in Verbindung setzt, um gemeinsame Maßnahmen zu treffen[242].«

Daß es überhaupt eines solchen Briefes der ZK-Sicherheitsabteilung an den »Genossen Minister Mielke« bedurfte, zeigt, daß die an der GS beteiligten Personen untereinander kaum zusammenarbeiteten, weist auf Kompetenzstreitigkeiten zwischen den beteiligten Ressorts und auf persönliche Rivalitäten hin.
Sicher hätte das MfS gern allein das Sagen gehabt, konnte sich damit aber bei der Parteiführung der SED nicht durchsetzen.
Um die »Lage im Grenzgebiet noch übersichtlicher zu gestalten«, ordnen Stadtkommandant und Ostberliner Oberbürgermeister im Juli 1965 an, weitere Abriß- und Planierungsarbeiten sowie bauliche Veränderungen an der innerstädtischen Grenze Berlins durchzuführen. Diese Aktivitäten haben in erster Linie ein Ziel: Die Annäherung von »Grenzverletzern« frühzeitig zu erkennen.
Die Zuständigkeit für die Bearbeitung von »Grenzverletzungen« allgemeiner Art liegt Mitte der 60er Jahre beim MdI bzw. deren Untersuchungsorganen. Aber bei besonders gefährlichen »Grenzverletzungen« schalten sich sofort Kräfte des MfS ein; sie haben auch die Möglichkeit, von sich aus von vornherein diesbezügliche Untersuchungsverfahren an sich zu ziehen.
Oberstes Gericht der DDR, Generalstaatsanwalt und Minister des Innern orientieren die Rechtspflegeorgane darauf, bei der »zielgerichteten Zurückdrängung der Grenzverletzungen« die analytische Arbeit auf drei Richtungen zu konzentrieren:

- Herausarbeitung der Hauptrichtungen, der Schwerpunktzeiten und Methoden des Eindringens in das Grenzgebiet (diese Feststellungen sollten besondere Bedeutung für die Koordinierung der Zusammenarbeit von Volkspolizei und Grenztruppen haben);
- Herausarbeitung von Hinweisen auf »Schleuser und Gehilfen«;
- Herausarbeitung von »Grenzverletzerprofilen«[243].

Allmählich gelingt es den in und um Berlin eingesetzten »Grenzern«, die »Grenzverletzerbewegung« in den Hauptrichtungen und Schwerpunktzeiten festzustellen und darauf mit variantenreichen Schutz- und Sicherungsmaßnahmen zu antworten. Und die Kräfte des Zusammenwirkens – Volkspolizei, Helfer der VP, Helfer der Grenztruppen, Transportpolizei – in der GS zu bündeln, so daß »Grenzdurchbrüche« seltener werden. Die Durchführung der GS wird professioneller und – im Sinne der Herrschenden – effektiver.
1966 verlieren an den Berliner Grenzen sieben »Grenzverletzer« ihr Leben, 1967 und 1968 jeweils nur noch ein Flüchtling. Das Zurückgehen der Getöteten in Berlin darf in Zusammenhang mit der verstärkten, technisch verbesserten GS gesehen werden. Den Sicherheitskräften gelingt es jetzt zunehmend, die »Grenzverletzer« vor dem Grenzgebiet, im Grenzgebiet bzw. vor dem Schutzstreifen festzunehmen und dadurch auf Waffeneinsatz verzichten zu können.
In der Anlage 1 zum Befehl Nr. 50/68 des Stadtkommandanten von Ostberlin werden für das Ausbildungsjahr 1968/69 Ende des Jahres 1968 die Maßnahmen zur GS in Berlin aufgelistet[244]:

- ☐ Der Einsatz der Kräfte und Mittel zur GS erfolgt im kombinierten Drittel- und Vierteldienst der Grenz- und Bootskompanien sowie im Dritteldienst der Sicherungseinheiten. Damit ist der 8-Stunden-Vierteldienst und der 8-Stunden-Dritteldienst gemeint; beim »Vierteldienst« zogen im zuständigen Grenzabschnitt jede Kompanie (oder jeder Zug) im Wechsel für acht Stunden zum Grenzdienst auf, beim »Dritteldienst« kamen drei Einheiten (Kompanien/Züge) nach jeweils acht Stunden Grenzdienst innerhalb von 24 Stunden zum Einsatz.
- ☐ Zur Sperrung von Lücken und Gassen in den pioniertechnischen Grenzanlagen sowie zur Erhöhung der Beweglichkeit der GS hatten die Grenzkompanien Reserven an Signalgeräten zu schaffen.
- ☐ Die »Freiwilligen Helfer der Grenztruppen« (FHG) sollten zur Verstärkung der Hinterlandsicherung an Schwerpunkttagen zur Schwerpunktzeit, zur Verstärkung der GS in der Tiefe wichtiger Abschnitte und bei Eintreten »besonderer Lagen« eingesetzt werden.

Die 1. und 2. Grenzbrigade wurde ferner angewiesen, »Aufklärung im eigenen Hinterland bzw. Grenzgebiet« zu betreiben. Schwerpunkte:

- ☐ Räume und günstige Annäherungswege, die Ausgangspunkt für Grenzverletzungen sind,
- ☐ Veränderungen in den Methoden und im Charakter der Grenzverletzerhandlungen,
- ☐ Möglichkeiten der Unterstützung von Grenzverletzungen durch Bewohner des Grenzgebietes und Kontaktversuche.

Die Grenzsperranlagen Ende der 60er Jahre in und um Berlin bestehen aus den folgenden Elementen:

- Hinterlandzaun bzw. -mauer,
- Grenzsignalzaun,
- Flächensperren und Höcker,
- Beobachtungstürme,
- Lichttrassen, (Wachhunde),
- Kolonnenwege,
- 10-Meter-Kontrollstreifen,
- Kfz-Sperren,
- Mauer der 2. Generation als vorderes Sperrelement.

An der Grenze der DDR und Ostberlins zu Westberlin stehen etwa 10.000 Mann (zwei Grenzbrigaden).
Mit der GS sind die Verantwortlichen auch in den ausgehenden 60er Jahren noch nicht voll zufrieden. Insbesondere wird der hohe Munitionsverbrauch kritisiert, wenn »Grenzverletzer« mit Schußwaffeneinsatz gestoppt werden (oder auch nach Westberlin »durchbrechen«). Die Schießleistungen der »Grenzer« finden nicht das Lob der leitenden Offiziere – auch Staatssicherheitsminister Erich Mielke äußert sich dazu später abfällig.
Bemängelt wird immerhin auch, daß die Grenzsoldaten zum Teil die Schußwaffe verfrüht anwenden. Außerdem:

»Eine Tendenz, die in allen Truppenteilen und Einheiten verbreitet ist, zeigt sich darin, daß bei einem großen Teil der Grenzposten und Gruppenführer die Ansicht vorherrscht, den Grenzverletzer durch ›Sperrfeuer‹ zum Stehenbleiben zu zwingen. Daraus ergibt sich auch die hohe Schußzahl und die nicht zielsichere Anwendung der Schußwaffe[245].«

Bei den Grenzposten herrsche, so die Kritik, die Ansicht vor, daß es drei Varianten bei der Anwendung der Schußwaffe gebe:

- Der Grenzverletzer weicht nach Gebrauch der Schußwaffe ins eigene Hinterland zurück. »Ich bin gut. Ich habe, ohne den Täter zu treffen, einen Grenzdurchbruch verhindert.«
- Der Grenzverletzer konnte die Grenze überwinden. »Ich habe durch die Anwendung der Schußwaffe mein Mögliches unternommen, um den Durchbruch zu verhindern. Mir kann kein Vorgesetzter etwas anhaben.«
- Der Grenzverletzer wurde verletzt bzw. tödlich verletzt. »Ich bin gut. Ich habe einen Grenzdurchbruch mit Anwendung der Schußwaffe verhindert. Ich wollte jedoch den Täter nicht treffen, er ist ja selbst in mein ›Sperrfeuer‹ gelaufen.«

Unter dem Strich wurde diesbezüglich festgehalten, daß die Wachsamkeit der Grenzposten »nicht genügend ausgeprägt« sei (immer wieder hätten auch Grenzposten während des Dienstes geschlafen), die Beobachtung des eigenen Hinterlandes vernachlässigt wird und das »Training taktischer Handlungen zur Festnahme von Grenzverletzern **ohne** Anwendung der Schußwaffe ... **oberflächlich** durchgeführt (wird).« Und diejenigen Grenzsoldaten, die die Waffe zur Anwendung brachten, zeigten zwar die Bereitschaft zum Waffengebrauch, doch seien **»bestrebt, den Grenzverletzer nicht zu treffen.«**
Diese als Analyse bezeichnete Einlassung des Stabs der 1. Grenzbrigade vom 17. Juni 1969 wurde den Grenzregimentern 38, 31, 35 und 37 sowie dem Grenzausbildungsregiment 39 »zur Auswertung« übergeben und war dann zu vernichten[246].
Die Ergebnisse der Analyse werfen kein so schlechtes Licht auf das Verhalten der »Grenzer« in und um Berlin. Wenn geschossen wurde, wollten die allermeisten Soldaten den Flüchtling nicht treffen oder gar töten; sie schossen nur »Sperrfeuer«. Andererseits müssen sich die leitenden Grenzoffiziere fragen lassen, warum man die Festnahmetaktik ohne Anwendung von Schußwaffen nicht systematisch einübte. Denn die Folgen des häufigen Schußwaffeneinsatzes in und um Berlin waren bekannt:

»Die unüberlegte und unzweckmäßige Anwendung der Schußwaffe schadet dem Ansehen unserer Republik[247].«

Auf den Zugängen nach Berlin (West) hatten sich die Verantwortlichen der DDR im Jahre 1968 wieder einiges an Behinderungen einfallen lassen: Im März 1968 verhängten die DDR-Behörden ein generelles Durchreiseverbot gegen Mitglieder der NPD, im April 1968 verbot man leitenden Beamten der Bundesregierung und Bundesministern die Durchreise auf den Interzonen-Autobahnen nach Berlin.
Und im Juni 1968 nahm man die Bonner Notstandsgesetzgebung zum Anlaß, den **Paß- und Visazwang** auf den Verbindungswegen nach Berlin (West) einzuführen. Mit einer 5. Durchführungsverordnung zum DDR-Paßgesetz vom 11. Juni 1968

machte man jede Ein- und Ausreise sowie Durchreise von Einreise-Visa und Transit-Visa abhängig. § 5 der DVO bestimmte, daß Westdeutsche, die den Transitverkehr von der Bundesrepublik **»nach der selbständigen politischen Einheit Westberlin** und umgekehrt« benutzten, einen Reisepaß benötigten und ein Transitvisum zu erwerben hatten. Letzteres wurde gegen 5,– DM (einmalig; gegen 10.– DM zweimalig) an den GÜSten der DDR ausgestellt.
Nach § 6 mußten Westberliner dieses auch zu den gleichen Bedingungen erwerben, allerdings wurde nach wie vor nur der westberliner Personalausweis akzeptiert.
Zugleich erhöhte die DDR generell den Mindest- oder Zwangsumtausch, den sie Ende 1964 eingeführt hatte, von 5,– DM auf nunmehr 10,– DM je Person und Tag, wenn man mit Visum in die DDR einreiste; bei Tagesaufenthalten in Ostberlin blieb es – für Bundesbürger – vorerst bei 5,– DM. Westberliner mußten jetzt den gleichen Betrag zahlen (bisher 3,– DM).
Die DM-West-Beträge brachten der amtlichen DDR Hunderte von Millionen an harten Devisen; im Laufe der folgenden Jahrzehnte entwickelten Partei- und Staatsführung immer neue Ideen, Westdeutsche und Westberliner bzw. die Bundesrepublik zur Kasse zu bitten.

Gegen Ende der 60er Jahre existierten an den Grenzen der DDR bzw. Ostberlins zu Westberlin Kontroll- und Absperrungsverhältnisse, die die Verantwortlichen in der SED von »gesicherten Grenzen« reden ließen. Und die seien gleichzusetzen mit einem gesicherten Frieden in Deutschland und Europa.
Aber gerade die 60er Jahre an der Berliner MAUER und Grenze der DDR zu Westberlin zeigten die höchste Gewaltdichte, die je auftrat: Nie zuvor und nie später wurden in diesem Raum mehr Menschen verletzt und getötet, zu keiner anderen Zeit wurde die GS so extrem und kompromißlos gehandhabt, wie in diesem Jahrzehnt.

8. Mittel der Grenzsicherung im Berliner Raum

Von der GS an der innerdeutschen Grenze unterschied sich die in und um Berlin vor allem dadurch, daß hier zu keiner Zeit Selbstschußgeräte installiert oder Bodenminen verlegt waren und das »Vordere Sperrelement« in Berlin die MAUER bildete.
Im Gegensatz zur Situation an der DL existierte an der Grenze des DDR-Bezirks Potsdam zu Westberlin nur eine 500 m breite Grenzsperrzone (Grenzgebiet) und innerhalb der (alten) Vier-Sektoren-Stadt an der »Grenze« Ostberlins zu Westberlin nur ein Schutzstreifen von einer Breite von maximal 100 m (oft weniger als 50 m). »Grenzverletzer« konnten sich deshalb oftmals bis unmittelbar an die MAUER oder den Grenzsperrzaun vorarbeiten, ohne entdeckt zu werden. Wurden sie aber dann unmittelbar im Schutzstreifen, wenige Meter vor MAUER und Zaun, doch gesichtet, schossen die Grenzsoldaten relativ häufig gezielt.
Zu den Mitteln der GS in und um Berlin zählten neben der MAUER und dem Grenzsperrzaun die sogenannte Hinterlandmauer und der -zaun, Signalgeräte, Grenzsignalzaunanlagen, Beobachtungstürme, Erdunterstände, »gedeckte« Beobachtungsstellen in Häusern an der Grenze, Kolonnenwege, Lichttrassen rund

um Westberlin, Kontrollstreifen, Kfz-Sperrgräben sowie die »Grenzsicherungsboote« der (drei) Bootskompanien in Berliner Gewässern.
Seit dem 13. August 1961 hatte die Partei- und Staatsführung der SED/DDR die Räumung von bewohnten Häusern im unmittelbaren Schutzstreifen durchgesetzt, unter anderem in der Bernauer Strasse. Gebäude aller Art, die ein freies Sicht- und Schußfeld im Schutzstreifen verhinderten, wurden nach 1961 abgerissen.
Kompliziert war die GS im Berliner Raum (auch) deshalb, weil es eine Vielzahl von innerstädtischen Verkehrsverbindungen (Strassen, Eisenbahnen, Stadtbahn- und U-Bahn) gab, die zum Teil unterirdisch verliefen, sowie Kanalisationsanlagen und sonstige Tunnel, die nicht sofort hinreichend gegen »Grenzverletzer« abzusperren waren. Auch die Situation auf den »Grenzgewässern« machte den Grenztruppen zu schaffen und erschwerte die GS.
Es sollte Jahre dauern, bis die Truppe in der Lage war, alle entsprechenden Mittel der GS »richtig« einzusetzen.

Grenze zu Westberlin (Grobschema):

- ☐ **Grenzgebiet**, bestehend aus einem **Schutzstreifen** (innerhalb des Bezirks Potsdam cirka 500 m Tiefe; innerhalb von Berlin etwa 100 m Tiefe/manchmal weniger)1)
- ☐ KEINE Bodenminen; KEINE Selbstschußanlagen
- ☐ **Hinterlandmauer** bzw. Sperr- und Warnzaun
- ☐ **Grenzsignalzaun** (auf fast der gesamten Länge der Grenze)
- ☐ Flächensperren (Metallmatten); Höckersperren (später geräumt); evtl. **Hundelaufanlagen** (nicht in Berlin)
- ☐ **Beobachtungstürme** (hohe Dichte)
- ☐ **Lichttrasse** (auf gesamter Länge der Grenze um Westberlin)
- ☐ **Kolonnenweg** (auf gesamter Länge der Grenze)
- ☐ **Kontrollstreifen** (K-6); geeggt
- ☐ **Kfz-Sperre** (später abgebaut)
- ☐ **MAUER** (»Vorderes Sperrelement«); Mauer der 1. bis 4. Generation; zuletzt »Grenzmauer 75« (3,40 m bis 4,20 m/mit Rohrauflage)
- ☐ **Blumenkastensperren** auf den Zufahrtsstraßen zur MAUER/Grenze unmittelbar vor der MAUER/Grenze

1) Innerhalb Berlins, an der alten Sektorengrenze, sowie an den Grenzen zu den westberliner Exklaven auch weniger als 10 m.

Berliner MAUER
In den Tagen und Wochen nach dem 13. August 1961 errichteten Kräfte der Grenzpolizei/Grenztruppen innerhalb des Stadtgebiets von Berlin und im Raum Potsdam (an der Grenze zu Westberlin) eine MAUER aus Preßbausteinen und horizontal aufeinandergeschichteten Betonplatten, – die MAUER der 1. und 2. Generation. Diese Mauer aus Preßbausteinen hatte nur eine Stärke von etwa 30 cm; sie war –

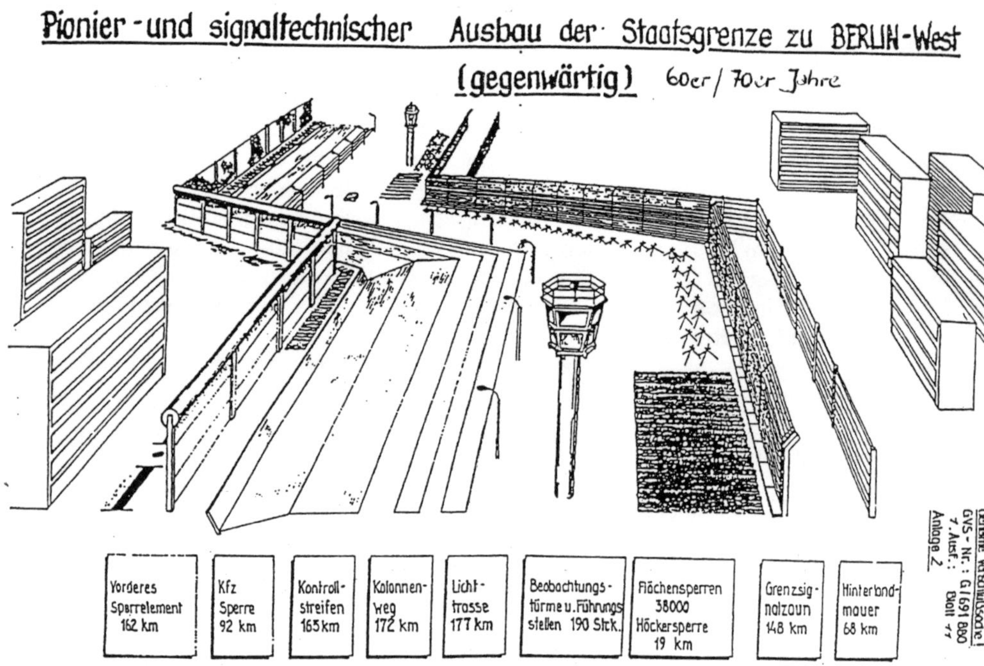

Grenzsicherungssystem mit Grenzmauer der Dritten und Vierten Generation, vgl. insbesondere unterschiedliche Beobachtungstürme (beide Serienherstellung)

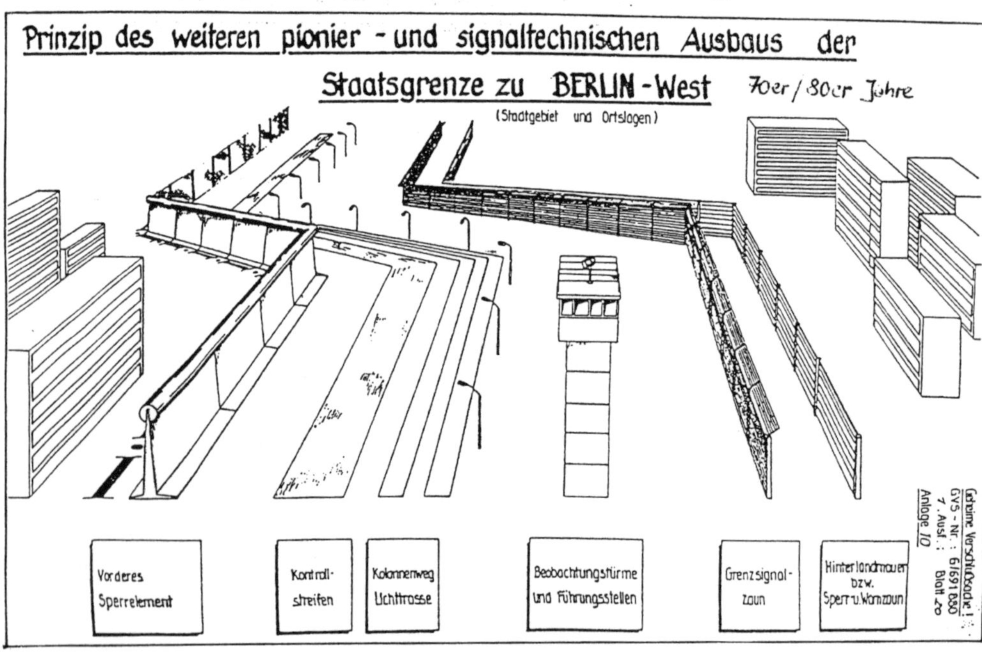

Geheim

Prinzipschema des pionier- und signaltechnischen Ausbaus der Staatsgrenze zu BERLIN (West)

80er Jahre

ebenso wie die Mauer aus Betonplatten – gegen Durchbrüche mit Fahrzeugen nicht ausreichend geschützt.
Auch die Mauer der 3. Generation, ein Bauwerk aus vertikal angebrachten Betonplatten mit Stacheldrahtabweisern oder Rohrauflage bot diesen Schutz nicht: Durchbrüche mit schwerer Technik waren möglich, schon kleinere Sprengstoffanschläge verursachten größere Schäden, ein »Übersteigen« der Mauer der 1., 2. und 3. Generation durch »Grenzverletzer« konnte ohne größere Mühe bewältigt werden.
Die MAUER der ersten Generationen waren außerdem ausgesprochen häßliche Bauwerke, die optisch nichts hergaben und als Begrenzung eines Staates diesem eher schadeten, als nützten, schon vom Erscheinungsbild her. Bereits Ende der 60er/Anfang der 70er Jahre dachten die Verantwortlichen darüber nach, wie man die MAUER (auch) optisch verbessern könne.
Mitte der 70er Jahre vergab man den Auftrag, eine völlig neue MAUER zu konstruieren und zu erproben.
Folgende technische und grenztaktische Forderungen wurden vorgegeben:

- Die neue MAUER sollte aus standardisierten Bauelementen bestehen, die industriell hergestellt werden konnten;
- die einzelnen Elemente der MAUER sollten eine hohe Festigkeit aufweisen und absolute Standsicherheit haben;
- man sollte sie in Montagebauweise aufstellen können;
- Wartung und Instandsetzung sollte ohne größeren Aufwand jederzeit möglich sein;
- die MAUER müsse eine Höhe von 3 m haben (gemessen von der Erdoberfläche an);
- ein Unterkriechen/Untergraben dürfe nicht vorkommen können;
- der obere Abschluß der MAUER müsse so konstruiert werden, daß man selbst bei Verwendung von Hilfmitteln keinen Halt finden könne;
- Vorsprünge oder Vertiefungen dürfe die neue MAUER nicht haben;
- ein Herausbrechen von einzelnen Mauerelementen dürfe auch unter Zuhilfenahme einfacher Werkzeuge nicht möglich sein[248].

Außerdem: »Das äußere Bild der Mauer muß den Ansprüchen zum Ausbau der Staatsgrenze im Abschnitt der Hauptstadt der DDR entsprechen.«
Die Grenztruppen erprobten 1974/75 mehrere Varianten einer neuen MAUER auf Truppenübungs- und Ausbildungsplätzen.
Es sollte ein Nachweis der »Stabilität und Standfestigkeit« der MAUER sowie ihrer »Widerstandsfähigkeit bei Angriffen durch den Gegner« erbracht werden. Deshalb spielte man sieben mögliche Szenarien durch:

1. Versuch von ein bis drei Personen, die als »sportlich trainierte« Bürger umschrieben wurden, die Grenzmauer ohne und unter Verwendung von Hilfsmitteln zu überwinden.
2. Versuch, die »Berohrung« (d.h. den oberen Abschluß der Stützwandelemente) mit vier bis acht Personen unter Zuhilfenahme von Rundhölzern abzubrechen.
3. Versuch, die MAUER mit Hilfe eines Vorschlaghammers und einer Brechstange zu zerstören.
4. Versuch von zwei Personen, die MAUER mit Hilfe von Feld- und Pionierspaten zu untergraben.

5. Versuch, die MAUER mit menschlicher Kraft (fünf bis zwölf Personen) oder durch einen Lkw des Typs Kraz-255 umzuziehen.
6. Versuch, die Grenzmauer durch Auffahren mit einem Lkw des Typs G 5 zu durchbrechen (einmal mit einer Geschwindigkeit von 10 km/h, einmal mit 30 km/h).
7. Versuch, die MAUER mit Sprengstoff zu zerstören (der verwandte Sprengstoff wurde in einer Menge von 0,4 bis 1,0 kg dosiert und am Fuß, unter dem Fuß und in 1 m Höhe der Stützwandelemente deponiert und zur Explosion gebracht)[249].

Die diesbezüglichen Versuche befriedigten offenbar die Grenztruppen und die neue MAUER konnte bald aufgestellt werden.

Ab Mitte der 70er Jahre wurde die neue **»Grenzmauer 75«** mit einer Asbestzement-Rohrauflage (Durchmesser: 40 cm) und einer Gesamthöhe von bis zu 4,20 m überall in Berlin aufgestellt.
Fahrzeuge konnten diese neue MAUER nur durchbrechen, wenn sie eine Masse von 10 t und eine Geschwindigkeit von 30 km/h aufweisen konnten. Die Angst vor derartigen »Grenzdurchbrüchen« gerade in Berlin ließ die Verantwortlichen nicht los. Zum Beispiel konnte man bei einigen Truppenparaden der NVA in Ostberlin aus Anlaß des DDR-Nationalfeiertags (7. Oktober) feststellen, daß die Zufahrten in Richtung Brandenburger Tor auf der Straße »Unter den Linden« durch quergestellte Panzer/Schützenpanzer gesperrt waren, um denkbare Fluchtunternehmen von Paradepanzern zu verhindern.

Die **panzersichere** MAUER am Brandenburger Tor sowie die GS in diesem Abschnitt generell waren immer Ausdruck des Mißtrauens gegenüber den eigenen Bürgern. Zugleich war man bestrebt, diesen Grenzabschnitt besonders attraktiv zu gestalten (wenn diese Formulierung in diesem Zusammenhang überhaupt gestattet ist), – es gab unzählige Konzeptionen zur »Verschönerung« des Gebiets rund um das Brandenburger Tor auf Ostberliner Seite.
Sogar eine besondere Grenzkompanie sollte noch 1989 dafür sorgen, daß die GS an dieser Stelle deutscher Geschichte problemlos abgewickelt werden konnte.
Man stellte hier in größerer Zahl sogenannte **»Blumenkastensperren«** auf, zumal zwischen den Durchfahrten im Tor selbst.

Während die neue MAUER »freundwärts« einen durchgehend weißen Anstrich erhielt – auch um »Grenzverletzer« bei Nacht vor diesem Hintergrund besser zu erkennen – , gab man die Be- und Übermalung auf der »feindwärtigen Seite« bald auf: Westberliner Künstler und solche, die sich dafür hielten, versahen die MAUER immer wieder mit mehr oder weniger gelungenen Malereien und Sprüchen, – sehr zum Ärger der offiziellen DDR. Gelegentlich mußte man sich auch mit »Sachbeschädigungen« der Mauersegmente befassen, ab und an fuhren Westberliner gegen dieses Bauwerk ohne es wirklich zu beschädigen oder gar zum Einsturz bringen zu können. Mit 828,1 Tausend Mark pro km war diese neue MAUER **das mit Abstand teuerste Sperrelement der DDR-GS**, schon deshalb kam die Verwendung außerhalb Berlins kaum infrage.

Schußwaffengebrauch

Zwischen 25 und 30 Prozent aller »versuchten Grenzdurchbrüche« geschahen in den 70er und 80er Jahren im Berliner Raum.

Wegen der ungenügenden weil besonders personalintensiven Hinterlandsicherung kamen viele »Grenzverletzer« bis in den Schutzstreifen. Die Verantwortlichen sahen dann keine andere Möglichkeit, als die Flüchtlinge notfalls mit Waffengewalt »zu stoppen«.

Das war in den grenzsichernden Einheiten der um Westberlin eingesetzten DDR-Grenzregimentern auch allen Soldaten bekannt, man wußte, daß man an dieser »Grauen Grenze« öfter als an der »Grünen Grenze« auf Schußwaffengebrauch nicht verzichten konnte.

Höhere Offiziere der DDR-Grenztruppen räumten das nach der Wende freimütig ein, wie z.B. der ehemalige Kommandeur des Potsdamer Grenzregiments 1993:

»Mehr noch als die Einheiten und Truppenteile an der innerdeutschen ›grünen Grenze‹ waren die Potsdamer Grenzer hautnah mit dem ›Schießbefehl‹, der Anwendung der Schußwaffe, konfrontiert[250].«

Partei- und Staatsführung der SED und DDR hatten immer wieder den Schußwaffeneinsatz gerade im Berliner Raum ausdrücklich angemahnt. In einem Protokoll der 45. Sitzung des Nationalen Verteidigungsrates der DDR vom 3. Mai 1974, das in den Prozessen gegen leitende Funktionäre der SED bzw. der Grenztruppen nach 1992/93 herangezogen wurde, hieß es ausdrücklich:

»In der Aussprache (über die Lage an der Grenze zur BRD und zu Westberlin; PJL) ... legte Genosse Erich Honecker folgende Gesichtspunkte dar:

- die Unverletzlichkeit der Grenzen der DDR bleibt nach wie vor eine wichtige politische Frage ...
- es muß angestrebt werden, daß Grenzdurchbrüche überhaupt nicht zugelassen werden
- jeder Grenzdurchbruch bringt politischen Schaden für die DDR
- die Grenzsicherungsanlagen müssen so angelegt werden, daß sie dem Ansehen der DDR nicht schaden; dies trifft insbesondere für einige Abschnitte der Mauer in BERLIN zu ...
- überall muß ein einwandfreies Schußfeld gewährleistet werden ...
- nach wie vor muß bei Grenzdurchbruchsversuchen von der Schußwaffe rücksichtslos Gebrauch gemacht werden, und es sind die Genossen, die die Schußwaffe erfolgreich angewandt haben, zu belobigen ...[251].«

Deutlicher konnte man kaum den Schußwaffengebrauch formulieren. Und das geschah in Anwesenheit fast der gesamten Partei- und Armeeführung. Zugegen waren seinerzeit unter anderem der erste Mann der SED (Erich Honecker), der erste Mann des Ministerrats (Horst Sindermann), der Vorsitzende des Staatsrats (Willi Stoph), der Minister für Staatssicherheit (Erich Mielke), der Chef des Hauptstabes der NVA (Heinz Keßler) und der Chef der Politischen Hauptverwaltung der NVA (Waldemar Verner).

Zugezogen zum entsprechenden Tagesordnungspunkt im Nationalen Verteidigungsrat war auch der Chef der DDR-Grenztruppen, der damalige Generalleutnant **Erich Peter**.

Die Bestimmungen des 74er Beschlusses des DDR-Verteidigungsrates galten an den Grenzen der DDR bis in die 80er Jahre hinein. Immerhin kam dasselbe Gremium auf seiner 67. Sitzung am 1. Juli 1983, also neun Jahre später, unter anderem zu folgenden »Beauflagungen« staatlicher Stellen:

»Der Vorsitzende des Ministerrates wird beauftragt, die Forschung und Entwicklung zur beschleunigten Beschaffung von modernen Grenzsicherungsanlagen mit physikalischen Wirkprinzipien **ohne Minen** und von Ergänzungseinrichtungen ... zu gewährleisten[252].«

Vom Verzicht auf den Schußwaffengebrauch war keine Rede.
Hinsichtlich der »Hauptmaßnahmen an der Staatsgrenze der DDR zu Berlin (West)« legte der Verteidigungsrat fest, daß der Ausbau der Grenzmauer 75 fortgesetzt werden solle und weitere Beobachtungstürme vom Typ BT-9 anzuschaffen seien. Zur Sicherung unterirdischer Anlagen der U- und S-Bahn im grenzüberschreitenden Verkehr, von Grenzstreckenabschnitten und Wassersperren wollte man in Zukunft »Lichtschrankensignalsysteme« installieren.
Außerdem sei »in besonders gefährdeten Abschnitten« die Errichtung von **»Hundelaufanlagen«** voranzutreiben.
Dabei ging man verhältnismäßig rücksichtsvoll vor: Die Grenztruppenführung machte ausdrücklich darauf aufmerksam, daß man Beeinträchtigungen für die »Bewohner des Grenzgebietes und des grenznahen Raumes« verhindern wolle. Außerdem war man bemüht, »die Beobachtung der Hundelaufanlagen vom Territorium Berlin (West) aus weitgehend« einzuschränken bzw. zu erschweren.
Innerhalb des Stadtgebiets, an der alten Sektorengrenze, verzichteten die Grenztruppen auf diese Anlagen; in den Grenzregimentern 33 und 35 waren lediglich »Schutz- und Fährtenhunde« einzusetzen.

Der Schußwaffeneinsatz in der Berliner GS wurde – wenigstens zeitweise bis Anfang der 80er Jahre – zu besonderen Anlässen von den Verantwortlichen immer wieder gefordert, z.B. an bestimmten Jahrestagen (13. August; 7. Oktober). An solchen Tagen rechnete man auch gerade in Berlin mit **»Grenzprovokationen«** seitens des Westens. Dazu zählten nach amtlicher Ansicht schon Beschimpfungen und Versuche zur »Kontaktaufnahme« mit Grenzsoldaten, – auch »Sichtagitation« gegen die DDR-Grenzsicherung und die MAUER.
An derartigen Jahrestagen aber auch an ganz normalen Feiertagen wie Weihnachten und Ostern gingen die Berliner Grenzregimenter zur verstärkten GS über. Anfang der 80er Jahre waren das beispielsweise die Tage

vom 24.12. bis zum 27.12.1980 (Weihnachten)
vom 31.12. bis zum 2.1.1981 (Silvester/Neujahr)
vom 8.4.1981 bis zum 18.4.1981 (X. SED-Parteitag in Berlin-Ost)
vom 11.8. bis zum 14.8.1981 (20. Jahrestag des Mauerbaus)[253].

In diesen Zeitabschnitten rechneten die Verantwortlichen entweder mit einer erhöhten »Grenzverletzerbewegung« oder/und mit verstärkter »ideologischer Diversion« von westberliner Seite. Konkret erwartet wurden »Grenzprovokationen« wie der »Beschuß« mit Leuchtraketen (Feuerwerk) oder das Bewerfen mit Steinen sowie das »Beschießen« mit selbstgebauten Steinschleudern. Aber auch »Aufforderung zur

Fahnenflucht« durch Kontaktaufnahmeversuch zu Grenzsoldaten und »Hetze und Überwurf von Hetzschriften«.
Grenztruppenoffiziere machten ihre Unterstellten auf westberliner »uniformierte und zivile Gegner« aufmerksam …
In der zweiten Hälfte der 80er Jahre wurden die sogenannten »Sicherungsperioden« ständig erweitert: Schußwaffeneinsatz war in dieser Zeit streng untersagt und allenfalls bei Angriff auf das Leben des Grenzsoldaten gestattet. Im Zusammenhang damit hatten die Grenzregimenter im Berliner Raum zur »verstärkten« GS überzugehen und damit den Kräfte- und Mitteleinsatz zu erhöhen. Das stellte hohe Anforderungen an die Verantwortlichen, da die Personaldecke dafür eigentlich nicht ausreichte. Ausbildungseinheiten wurden hinzugezogen, Ausgang und Urlaub gestrichen, Berufssoldaten leisteten Überstunden. Nicht wenige »Grenzer« fühlten sich ausgenutzt.
Ende der 80er Jahren nahm die Zahl der (versuchten) »Grenzdurchbrüche« dramatisch zu: In Richtung BRD, Berlin (West) und »Offenes Meer« stiegt die Anzahl der Versuche im Jahre 1987 auf 1.688 Personen (gegenüber 1.221 Personen in 1986); das war die höchste Anzahl von Versuchen seit 1974.
94 Prozent der versuchten Grenzdurchbrüche wurden verhindert, nur 98 Personen konnten das System der GS in Richtung BRD, Berlin (West) und »Offenes Meer« durchbrechen[254].
Partei- und Staatsführung der SED/DDR waren bemüht, den Schußwaffeneinsatz vor allem im Berliner Raum gegen Ende der 80er Jahre zu reduzieren; erfolgter Einsatz von Schußwaffen wurde zunehmend geleugnet und zu vertuschen gesucht.
Anfang April 1989 verbot man dann jeden Schußwaffengebrauch gegen »Grenzverletzer«, – nur noch beim Angriff auf den Grenzsoldaten durfte dieser von der Waffe Gebrauch machen.

9. Methoden der Berliner Grenzsicherung

Nach einer längeren Phase der Planung gliederte die Führung des DDR-Verteidigungsministeriums die beiden »Grenzbrigaden« im Berliner Raum um und bildete aus ihnen **eine** neue Führungsebene: Das **»Grenzkommando Mitte«** (GKM). Die Anzahl der Grenzregimenter wurde von elf auf sechs verringert. Offizieller Grund:

»Die Möglichkeit der Reduzierung der Grenzregimenter ergibt sich aus der wachsenden Stabilität des Grenzsicherungssystems und der wirksamen Unterstützung der Grenzsicherungsmaßnahmen durch die anderen bewaffneten Kräfte, die örtlichen Partei- und Staatsorgane sowie durch die im Grenzgebiet wohnenden Bürger der DDR[255].«

Mit der zahlenmäßigen Verringerung der Grenzregimenter wurde zugleich die Stärke der einzelnen Regimenter (und Grenzkompanien) erhöht (die Anzahl der Grenzkompanien sank von 46 auf 36). Die Ebene **»Grenzbataillon«** entfiel im Berliner Raum. Struktur und Dislozierung der Grenzregimenter gewährleisteten einen **»geschlossenen Einsatz der Grenzkompanien«** in der GS, die als **»Regimentssicherung«** be-

zeichnet wurde und die – bis auf Ausnahmen – an den Grenzen zu Westberlin bis 1989 beibehalten werden sollte.
In der **»Regimentssicherung«** wurden die Grenzkompanien in aufeinanderfolgenden oder gleichzeitigen Einsätzen geführt und eine Grenzkompanie war für jeweils acht Stunden innerhalb von 32 Stunden (Vierteldienst) einzusetzen, in den Grenzabschnitten, die den verschiedenen (Berliner) Grenzregimentern zugeordnet waren, leisteten damit etwa 100 Grenzsoldaten – verstärkt durch »Sicherungszüge« an den GÜSten – Grenzdienst.
Von 1971 bis 1985 waren für die GÜSten an der Grenze zu Berlin (West) besondere Sicherungskompanien zuständig, die in diesen Jahren in einem **»Grenzübergangsstellen-Sicherungsregiment«** (GÜSt-SiR) zusammengefaßt worden waren. Dabei handelte es sich um die bisherigen Sicherungskompanien und -züge der in und um Berlin (West) stationierten Grenzregimenter, die nunmehr für Berlin zentral und für Potsdam dezentral in Kasernen bzw. Kompanieobjekten untergebracht wurden.
Die Angehörigen dieses »GÜSt-Regiments« erfüllten ausschließlich Sicherungsaufgaben an den äußeren Begrenzungen der GÜSten[256].
Ende 1985 löste man diesen Truppenteil wieder auf und unterstellte die Sicherungseinheiten (sowie die GÜSt-Kommandanten und die »Diensthabenden Offiziere«) den territorial zuständigen Grenzregimentern.
Abweichend von der in und um Berlin (West) üblichen »Regimentssicherung« führte die Grenztruppenführung mit dem 1. Dezember 1988 in zwei Berliner Grenzregimentern (35/38) die »Kompaniesicherung« ein, die sich an der innerdeutschen Grenze bereits bewährt hatte. In Berlin wurden jeweils die 1. bis 4. Kompanie dieser beiden Regimenter fest auf bestimmte Grenzabschnitte eingeteilt, während die Soldaten der 5. Kompanie als »Reserve« verblieben und flexibel einsetzbar waren.
Die 1971 einsetzende Umstrukturierung im Berliner Raum führte dazu, daß die Grenzregimenter zusätzlich eine Nachrichtenkompanie, eine Pionierkompanie sowie eine Pak- und eine Granatwerfer-Batterie erhielten. Der »Gefechtswert« der Berliner Grenzregimenter erhöhte sich damit angeblich deutlich.
Später kam dazu noch ein Flammenwerferzug (Tornisterflammenwerfer). Von daher hatten die Berliner Grenzregimenter Ähnlichkeit mit den regulären MotSchützenverbänden der NVA.
Das hatte seinen Grund auch in der Tatsache, daß diese Truppenteile im Kriegsfall bei der Eroberung von Berlin (West) eingesetzt worden wären; entsprechende Pläne wurden in Manövern durchgespielt.
Bis 1985 verfügte die Berliner Gruppierung der DDR-Grenztruppen bzw. das GKM auch über ein Artillerieregiment, das seit 1971 aus den bisherigen sechs Artillerieabteilungen und elf schweren Grenzkompanien formiert worden war[257].
Die (sieben) Grenzregimenter des GKM konnten 1988/89 über mehr als 570 Schützenpanzerwagen (SPW), 48 Granatwerfer (Kaliber 120 mm), 48 Geschütze (Kaliber 85 mm), 114 Flammenwerfer, 680 Panzerbüchsen sowie über rund 600 leichte und schwere MG – außer den üblichen Infantriewaffen – verfügen. Die gut 8.000 Mann des GKM waren damit vergleichbar mit einer MotSchützendivision der NVA, – wenn auch die Ausbildung der »Grenzer« nicht so intensiv am MotSchützenniveau orientiert war, wie gelegentlich vermutet.
Auf Grund der jährlichen 101er Befehle des MfNV erließ der Chef der Grenztruppen seine 80er Befehle an die (drei) Grenzkommandos; diese konkretisierten diese in

40er Befehlen an die Regimenter. Das GKM befahl in seinen 40er Befehlen den Berliner Grenzregimentern in erster Linie die »Räume der Hauptanstrengung«, also die Gebiete, in denen »Grenzverletzer« wahrscheinlich auftraten.
Jedes einzelne Grenzregiment erhielt diesbezügliche Auflagen. Im Befehl 40/75 (GVS H 105150) vom 5. November 1975 wurde z.B. das Grenzregiment 35 (Niederschönhausen) aufgefordert, seine »Hauptanstrengung auf den Abschnitt: Brandenburger Tor – GÜSt Osthafen« zu richten und weiterhin seine »Anstrengungen« zu konzentrieren auf die Richtungen

Unter den Linden - Brandenburger Tor
Tiergarten – Brandenburger Tor
Friedrichshain – Fritz-Heckert-Straße
Plänterwald – Dammweg.

Das Grenzregiment 44 (Potsdam-Babelsberg) hatte seine Hauptanstrengungen auf den Abschnitt »Steinstücken – Brücke der Einheit« zu konzentrieren sowie (weitere) »Anstrengungen« auf die »wahrscheinlichen Richtungen der Bewegung der Grenzverletzer«

Autobahn – GÜSt Drewitz
Drewitz – Steinstücken
Babelsberg – Klein Glienicke

zu bündeln sowie die »zuverlässige Sicherung der Flanken GÜSt Bahnhof Griebnitzsee und Drewitz Autobahn« wahrzunehmen.
Das in Groß Glienicke stationierte Grenzregiment 34 sollte sich vor allem auf den Abschnitt »GÜSt Staaken Straße – Siedlung Falkenhöh« und auf die »wahrscheinlichen Richtungen der Bewegung der Grenzverletzer

Dallgow – GÜSt Staaken Strasse
Dallgow - GÜSt Staaken Eisenbahn

konzentrieren.«
Aber nicht nur der »Raum der Hauptanstrengung« bzw. die »Richtung der Bewegung der Grenzverletzer« wurde vorgegeben, auch der genaue Einsatz der einzelnen Grenzposten (Grenzsoldaten) mit den jeweiligen **»Postenpunkten«** ist vorab festgelegt worden.
Das regelte aber nicht mehr das GKM, sondern der zuständige Kommandeur des Grenzregiments.
Diese **»Postenpunkte«** (PoP) erhielten Nummern und die eingesetzten Grenzsoldaten bekamen bestimmte Beobachtungssektoren zugewiesen, die in Postenkarten der Grenzkommandeure eingezeichnet wurden.
Nichts sollte dem Zufall überlassen bleiben. Auch die »Postendichte« regelte man vorab für den jeweiligen Grenzabschnitt. Im Bereich des Grenzregiments 34 (Groß Glienicke) beispielsweise hatte ein Posten 1976/77 an der Potsdamer Chaussee bei Tage 450 m, bei Nacht 370 m, zu kontrollieren/überwachen.
Darüber hinaus legte man **»Schwerpunktzeiten«** (wie an der DL auch) fest, zu denen »Grenzverletzungen« besonders häufig zu erwarten waren. Diese ereigneten sich vor allem zwischen 22.00 und 2.00 Uhr; **»Schwerpunkttage«** waren der Freitag bis Montag.
Zu diesen Schwerpunktzeiten und an diesen Schwerpunkttagen hatten die Regimentskommandeure in und um Berlin (West) zusätzliche Kräfte/Grenzposten einzusetzen bzw. Reserven und Alarmgruppen bereit zu halten[258].

Grenzabschnitte des Grenzkommandos Mitte (GKM) 1989:[259]

a) innerhalb von Berlin
Grenzregiment 35 (Niederschönhausen)
Stadtbezirke Pankow und Prenzlauer Berg
Länge der Sektorengrenze: 12,7 km
Grenzregiment 36 (Rummelsburg)
Stadtbezirke Mitte und Friedrichshain
Länge der Sektorengrenze: 14,0 km
Grenzregiment 33 (Treptow)
Stadtbezirk Treptow
Länge der Sektorengrenze: 17,6 km

b) an der Grenze des DDR-Bezirks Potsdam zu Berlin (West):
Grenzregiment 38 (Henningsdorf)
Kreis Oranienburg
Länge der Grenze: 29,8 km
Grenzregiment 34 (Groß Glienicke)
Kreise Nauen/Potsdam-Land/Potsdam-Stadt
Länge der Grenze: 27,5 km
Grenzregiment 44 (Babelsberg)
Kreise Potsdam-Stadt und Potsdam-Land
Länge der Grenze: 25,6 km
Grenzregiment 42 (Kleinmachnow)
Kreise Potsdam-Land/Zossen/Königs Wusterhausen
Länge der Grenze: 29,8 km

10. Berliner Grenzverletzerbewegung in den 70er und 80er Jahren

Etwa 25 Prozent der »Grenzverletzer« wagten ihren Fluchtversuch aus der DDR bzw. Ostberlin an der MAUER oder an der DDR-Grenze (Bezirk Potsdam) zu Berlin (West).
Die Erfolgsquote lag – wie an der DL – bei rund 5 bis 7 Prozent; alle anderen »Grenzverletzer« wurden festgenommen. Die meisten vor dem Grenzgebiet im Bezirk Potsdam (Breite: 500 m) oder vor dem Schutzstreifen (Breite: 100 m; manchmal aber auch unter 50 m) innerhalb Berlins, also vor der alten Sektorengrenze zwischen dem Ostsektor und den drei Westsektoren.
Wenn allerdings Flüchtlinge in den Schutzstreifen gelangten, wurde bis ins Jahr 1989 öfter sofort auf sie geschossen. Anders meinten die Verantwortlichen »Grenzverletzer« nicht stoppen zu können, die sich dann in der Regel nur noch wenige Meter vor dem letzten Grenzhindernis, der MAUER bzw. dem Grenzzaun I, befanden.

Deshalb kam es an der Grenze zu Berlin (West) vergleichsweise öfter zum Schußwaffeneinsatz, als an der DL.
An der Grenze zu Berlin (West) starben in den 70er und 80er Jahren **mehr als 50 Menschen**, größtenteils durch **Schußwaffengebrauch**. Die Länge der Grenze betrug etwa 160 km.
An der DL (Länge: rund 1.400 km) kamen im gleichen Zeitraum über **75 Menschen ums Leben**, – durch Schußwaffeneinsatz und bis 83/84 durch Bodenminen und Selbstschußgeräte.
Letzteres – Minen und SM-70 – gab es im Berliner Raum, wie erwähnt, nie.
Die Zahl der (versuchten) »Grenzdurchbrüche« war innerhalb der Stadt, an der Sektorengrenze immer um ein vielfaches höher, als an der Grenze des DDR-Bezirks Potsdam zu Berlin (West). Beispielsweise erfolgten in der Zeit vom 1. Januar 1975 bis zum 30. Juni 1976 (= 1 1/2 Jahre) in der »Hauptstadt der DDR« (Ostberlin) insgesamt

- ☐ 253 »Angriffe auf die Staatsgrenze« bzw. »Festnahmen«; in der gleichen Zeit kamen **nur vier Personen nach Westberlin durch**,
  während an der DDR-Grenze des Bezirks Potsdam zu Berlin (West) zusammen
- ☐ 67 Festnahmen erfolgten; immerhin **13 Personen gelang die Flucht nach Westberlin.**

Eine Flucht nach Westberlin innerhalb der (geteilten) Stadt war also wesentlich riskanter, als vom DDR-Bezirk Potsdam aus. Das lag daran, daß die GS an den alten Sektorengrenzen innerhalb der Vier-Mächte-Stadt personalintensiver gehandhabt wurde und zugleich das letzte »DDR-Sperrelement«, die MAUER, doch ein starkes Hindernis gegen ein »Übersteigen« bildete. Dagegen ließen sich die Grenzzäune im Bezirk Potsdam (gegenüber Westberlin) bedeutend leichter überwinden.

Von 1961 bis 1989 wurden insgesamt **40.101 »Sperrbrecher«** an den Grenzen der DDR zum Westen registriert; davon überwanden **5.043 (= 12 Prozent)** die MAUER/Grenzbefestigungen um Berlin (West).
Eine Flucht über die DL (oder die Ostsee) war also aussichtsreicher, als in Berlin. Deshalb versuchten auch nur 25 bis 30 Prozent aller »Grenzverletzer« ihr Glück in und um Berlin (West).

»Grenzverletzer« im Berliner Raum konnten damit rechnen, daß das eigentliche Grenzgebiet verhältnismäßig schmal bemessen war und deshalb die Annäherung an die Sperranlagen relativ schnell gelang. Aber das wußten die Grenztruppen auch. Und deshalb war man, wie bereits mehrmals erwähnt, mit der Schußwaffe schneller bei der Hand, als anderswo.
Auf Grund einer langjährigen Reduzierung der Tiefe des Berliner Grenzgebiets seit August 1961 konnten »Grenzverletzer« (oder solche, die es werden wollten), die Sperranlagen manchmal »aufklären« und sich eine besonders günstige Stelle suchen, um eine Flucht zu wagen. Zwar hatte man ganze Häuserzeilen ab Mitte 1961 abgerissen, viele Einzelgebäude unmittelbar an der innerstädtischen Grenze entfernt und auch Lauben und Unterholz beseitigt, doch gab es immer noch viele Gebäudekomplexe einschließlich Unternehmen, die bis ins Grenzgebiet reichten.
Das war innerhalb Ostberlins kein Geheimnis. Und deshalb kam es auch in den 70er und 80er Jahren immer wieder zu Fluchten nach Westberlin.

Eine Methode erfreute sich dabei bis Anfang der 80er Jahre einer gewissen Beliebtheit: Das Abseilen über Dachböden von Gebäuden, die unmittelbar an der Grenze standen. Die »Grenzverletzer« versteckten sich – getarnt als Handwerker – auf diesen Dachböden und warfen nachts eine Wurfleine über die MAUER; in Westberlin stand ein Helfer bereit, diese Leine festzumachen, z.B. an einem Pkw/Lkw. Dann seilten sich die Flüchtlinge nach Westen ab.
So eine Flucht war nur mit Westunterstützung möglich. Menschen – nicht nur Verwandte –, die zur Fluchthilfe bereit waren, fanden sich immer. Gegen Geld, manchmal auch aus Idealismus oder Haß auf das System.
Im Ergebnis dieser Abseilaktionen kamen die Partei- und Staatsfunktionäre sowie die Grenztruppenkommandeure auf den glorreichen Einfall, nun alle Dachböden von Häusern im Grenzgebiet abzusperren und die Dachfenster mit Gittern zu versehen. Diese aufwendige Aktion dauerte Jahre. Und führte nicht immer zum Erfolg, denn es fanden sich Mittel, Dächer trotzdem zu erreichen.
In grenznahen Häusern wurde die Bestimmung durchgesetzt, die abschließpflichtigen Keller mit Sichtschlitzen zu versehen. Man wollte bei Kontrollen mögliche Flüchtlinge entdecken, die oftmals Kellerräume als Unterschlupf benutzten.
Die Hausverwaltung war verpflichtet, die Häuser im Grenzgebiet nachts verschlossen zu halten, einschließlich Garagen[260].
Flüchtlinge gelangten in den 70er und 80er Jahren zunehmend mit Unterstützung von Diplomaten und deren Hilfspersonal durch die Grenzanlagen. Diese Personen, nach der internationalen Anerkennung der DDR seit Anfang der 70er Jahre in Ostberlin zahlreich vertreten und nicht immer ausreichend mit Devisen ausgestattet, verdienten sich mit Fluchthilfe ein »Zubrot«. Kontrolliert wurden diese Leute kaum, auch wenn die »Organe« bald ahnten, daß manche dieser Diplomaten im »Menschenhandel« tätig waren.
Gefährlicher für Flüchtlinge waren Versuche, im Versteck eines Pkw/Lkw nach Westberlin zu gelangen. »Gammastrahlenkanonen« an den Berliner GÜSten führten seit Anfang der 80er Jahre zur sicheren Entdeckung.
Etwas aussichtsreicher gestalteten sich Versuche, mit der Eisenbahn von Ost- nach West-Berlin zu gelangen: Man versteckte sich entweder in den Waggons oder sprang auf diese auf, wenn der Zug die GÜSt Friedrichstraße verlassen hatte.
Aufspringen auf S-Bahnen, die den Bahnhof Friedrichstraße in Richtung Westen verlassen hatten, kam ebenfalls vor.

In der Regel glückten solche Fluchten nur einmal (oder wenige Male); dann verhinderten neue »Grenzsicherungsmaßnahmen« weitere »Grenzdurchbrüche« dieser Art.
Eine andere Chance, die DDR zu verlassen, boten die »Grenzgewässer« in und um Berlin, – bis 1989 kamen auf diesem Weg Flüchtlinge in den Westteil der Stadt. »Grenzverletzer« mußten allerdings damit rechnen, noch am westlichen Ufer von Angehörigen der (drei) Bootskompanien der DDR-Grenztruppen gefaßt zu werden.
Gegen Tunnelfluchten hatten sich die Grenztruppen inzwischen gewappnet, nachdem einige dieser Unternehmen in den 60er Jahren glückten. In den 70er und 80er Jahren war man in der Lage, unterirdische »Grabungen« zu orten.
Tragisch endete im März 1989 der Versuch von **Winfried Freudenberg**, mit einem **Ballon** von Ost- nach West-Berlin zu flüchten: Der Mann stürzte auf westberliner Gebiet tödlich ab.

Dagegen glückte eine Flucht mit Ultra-Leichtflugzeugen, die von West-Berlin aus einen DDR-Bürger aus Ost-Berlin »abholten« …
Die Grenzregimenter des **Grenzkommandos Mitte** im Berliner Raum hatten Ende der 80er Jahre eine hohe Perfektion in der GS erreicht und vielfältige Methoden entwickelt, die Grenzverletzerbewegung zu bekämpfen[261].
Dabei legten die Verantwortlichen wert auf ein enges Zusammenwirken mit den Kräften der VP und des MfS.
Bezüglich des eigenen Kräfteeinsatzes verpflichtete man die Truppe zu einem variablen Mittel- und Kräftegebrauch »entsprechend der Lage« unter allen Bedingungen:

»Der Einsatz der Kräfte ist so zu planen, daß ihre Aufklärung erschwert wird, sie aus der Tiefe heraus nicht zu umgehen sind und einen günstigen Standort zu den Nachbarposten und den in der Tiefe handelnden Kräften einnehmen. Die Bedingungen, die sich aus der Tages- und Jahreszeit ergeben, bestimmen den Einsatzort der Grenzposten.

Beispiele:

a) SiP,	der Postenführer auf dem B-Turm, der Posten am Fuße des B-Turmes
b) SiP,	Postenführer und Posten auf dem Kolonnenweg bzw. im Sperrgraben oder am vorderen Sperrelement
c) SiP,	Postenführer auf dem B-Turm, zwei Posten auf dem Kolonnenweg, ein Posten freundwärts der Hinterlandsicherungsmauer/-zaun
e) Kombinierter Einsatz:	Eine Kontrollstreife von 3–5 FHG und 1–2 Einzelposten in der Tiefe des Grenzabschnittes
f) GP,	ein Angehöriger der Grenztruppen mit oder ohne Diensthund auf dem Streifenweg (mot.) oder getarnt im Gelände mit PSG-85[262].«

Abkürzungen:
SiP : Sicherungsposten
FHG : Freiwilliger Helfer der Grenztruppen
GP : Grenzposten
PSG : Postensignalgerät

Zur Abwehr von Grenzverletzungen im Berliner Raum hatten die Kommandeure GS und des Grenzsicherungsabschnitts »aktiv und initiativreich zu handeln und die ihnen zur Verfügung stehenden Kräfte und Mittel sowie im Zusammenwirken mit den Volkspolizeirevieren die Kräfte der Deutschen Volkspolizei einzusetzen. Das bezieht sich vor allem auf:

- die Abriegelung der gefährdeten Richtungen auf Höhe des Kolonnenweges,
- den Einsatz der Alarmgruppe zur Erhöhung der Postendichte;
- den Einsatz von Kräften und Mitteln zur Klärung der Ursache bzw. von Auswirkungen der Grenzverletzung;
- …
- den Einsatz in der Tiefe des Grenzgebietes im Zusammenwirken mit dem Leiter/Diensthabenden des Volkspolizeireviers[263].«

Die Verantwortlichen des Grenzkommandos Mitte (Berlin) hatten »Erfahrungswerte zur Bewegung der Grenzverletzer« und »Erfahrungswerte zur Bewegung der Posten« ermittelt und **nach Sekunden** berechnet:

Grenzverletzer:	bis 20 m Tiefe			bis 40 m Tiefe			bis 60 m Tiefe			über 60 m		
	a	b	c	a	b	c	a	b	c	a	b	c
einzeln	32“	22“	13“	40“	30“	20“	45“	35“	27“	50“	45“	35“
doppelt	35“	24“	14“	41“	35“	25“	50“	40“	29“	55“	47“	37“
im Durchschnitt:	40“	25“	15“	45“	35“	25“	50“	40“	30“	60“	50“	40“

a = ab Hinterlandsicherungsmauer/-zaun
b = ab Grenzsignalzaun
c = nach Grenzsignalzaun

Einzelne Sperrelemente/Überwindungsdauer:

Hinterlandsicherungsmauer/-zaun:	10–15“
Grenzsignalzaun:	10–15“
Sperrgraben:	3“
Grenzmauer-75/Grenzzaun I:	8–10“

Grenzpostenbewegung (GP)

Einsatz der GP	100 m	200 m	300 m
	Ø	Ø	Ø
GP auf BT-6	20“	65“	60“[1)]
GP auf dem Kolonnenweg	20“	35“	45“[1)]
GP am vorderen Sperrelement	20“	35“	–

1) mit Fahrrad!

Einzelne Elemente/Dauer:			Ø
Verlassen BT-6	mit kompletter Ausrüstung	14“	15“
	mit Pistole/Koppel	12“	12“
	mit MPi/Koppel	12“	12“

Bewegung auf dem Kolonnenweg: 8“ je 50 m (bis 150 m)
10“–12“ je 50 m über 150 m[264].

11. Grenzübergangsstellen (GÜSt) im Berliner Raum

Zuletzt – im Jahre 1989 – waren rund zwei Dutzend GÜSten im Berliner Raum geöffnet (einschließlich Güterverkehr).
GÜSten waren Bestandteil der DDR-GS und unterstanden formell den Grenztruppen, die auch den »Kommandanten« (Dienstgrad: Oberst bzw. Oberstltn.) stellten. Diesbezüglich ergaben sich keine Unterschiede zu den GÜSten an der innerdeutschen Grenze.

Zwei GÜSten im Berliner Raum erlangten Weltberühmheit. Der Übergang Friedrich-/Zimmerstraße, der **»Checkpoint Charlie«**, vorgesehen für die Passage der Alliierten in Berlin, für Ausländer und diplomatisches Personal.
Am »Checkpoint Charlie« standen sich nach der Absperrung Westberlins im August 1961 zeitweise amerikanische und sowjetische Panzer direkt gegenüber. Die Bilder von dieser Konfrontation, die einen 3. Weltkrieg hätte auslösen können, gingen um die Welt.
Wenn an der MAUER demonstriert wurde, dann hier: Zahllose Menschen protestierten mit Schautafeln am »Checkpoint« gegen die politischen Verhältnisse im Osten. Aufmerksamkeit war ihnen an dieser Stelle fast immer gewiß. Und die amtliche DDR reagierte auf jedwede Demo im Zentrum »ihrer« Hauptstadt empfindlich bis gereizt, sie versuchte, solche Maßnahmen zu verhindern und/oder lächerlich zu machen. Demonstranten auf westberliner Seite durften sich auf Grund der westalliierten Sonderrechte in Berlin nicht immer so verhalten, wie gewünscht, westberliner Polizei hatte sie notfalls von der GÜSt abzudrängen, um Zwischenfälle mit den Grenzsoldaten bzw. dem MfS zu vermeiden.
Zeitweise nicht weniger berühmt war die GÜSt **Glienicker Brücke**, die eigentlich nie als normaler Grenzübergang angesehen werden konnte. Eröffnet 1962 konnten hier vor allem in Potsdam stationierte Angehörige der Militärverbindungsmissionen der USA, Großbritanniens und Frankreichs die Grenze wechseln, – kontrolliert durch sowjetische Offiziere. Deshalb geriet die Brücke aber nicht in die Schlagzeilen. Vielmehr deshalb, weil man auf diesem Bauwerk Spione aus Ost und West austauschte.

GÜSten in und um Berlin (West)

Straßenübergangsstellen:

a) »Sektorenübergänge«

Bornholmer Straße	(Wechselverkehr von DDR-Bürgern, Einwohnern von Berlin (West) und der BRD mit und ohne Pkw)
Chausseestraße	(Wechselverkehr von DDR-Bürgern und Einwohnern von Berlin (West) mit und ohne Pkw)
Invalidenstraße	(Wechselverkehr von DDR-Bürgern und Einwohnern von Berlin (West) mit und ohne Pkw)
Friedrichstraße	(Ausländer, Alliierte und diplomatisches Personal)
Heinrich-Heine-Straße/ Prinzenstraße	(Wechselverkehr von DDR-Bürgern und Bürgern der BRD sowie von diplomatischem Personal)
Oberbaumbrücke	(Wechselverkehr von DDR-Bürgern und Einwohnern von Berlin (West); nur Fußgänger)
Sonnenallee	(Wechselverkehr von DDR-Bürgern und Einwohnern von Berlin (West) mit und ohne Pkw)

b) »Grenzübergänge« (DDR-Bezirk Potsdam zu Berlin-West)

Heiligensee/Stolpe-Dorf	(Wechsel- und Transitverkehr von Einwohnern von Berlin (West) und der BRD sowie von Ausländern)

Heerstraße/Staaken	(Wechsel- und Transitverkehr von Einwohnern von Berlin (West) und der BRD sowie von Ausländern)
Drewitz/Dreilinden	(Wechsel- und Transitverkehr von Einwohnern von Berlin (West) und der BRD sowie von Ausländern, Alliierten und diplomatischem Personal)
Schönefeld/Rudower Chaussee, Waltersdorfer Chaussee	(Wechselverkehr von Einwohnern von Berlin (West) zum DDR-Flughafen Berlin-Schönefeld, Busverkehr; auch Transitverkehr von Personen und Luftfracht zwischen dem Flughafen und Westberlin)

Stadt- und U-Bahngrenzübergangsstelle in Berlin:

Friedrichstraße	(Wechselverkehr von Einwohnern von Berlin/West und der BRD sowie von Ausländern)

Eisenbahngrenzübergangsstellen:

Friedrichstraße	(Wechsel- und Transitverkehr von Personen)
Staaken	(Transitverkehr von Personen; Wechsel- und Transitverkehr von Gütern)
Griebnitzsee	(Transitverkehr von Personen)
Drewitz	(Wechsel- und Transitverkehr von Gütern)

Wassergrenzübergangsstellen:

a) **»Sektorenübergänge«**

Marschallbrücke	(Wechsel- und Transitverkehr von Gütern; nicht von und nach der BRD)
Britzer Zweigkanal	(ebenda)
Osthafen	(ebenda)

b) **»Grenzübergänge«** (DDR-Bezirk Potsdam zu Berlin-West)

Henningsdorf	(Wechsel- und Transitverkehr von Gütern; nicht von und nach der BRD)
Nedlitz	(Wechsel- und Transitverkehr von Gütern)
Babelsberger Enge	(Wechselverkehr von Gütern)
Dreilinden	(Wechsel- und Transitverkehr von Gütern)
Kleinmachnow	(ebenda)[265].

GÜSt der 1. Kategorie war die Anlage in Drewitz (Autobahn) an der Grenze zu Westberlin, – zusammen mit der GÜSt Marienborn die größte derartige Übergangsstelle der DDR.

Zugelassen wurde der Transitverkehr von Bürgern aus Berlin (West) und der Bundesrepublik sowie von Ausländern; für die Westalliierten in Berlin (West) stand ein besonderer Kontrollkorridor der Sowjets zur Verfügung. Außerdem konnte man über Drewitz in die DDR ein- und ausreisen (mit Kfz oder ohne Kfz).

Das Verkehrsaufkommen an dieser GÜSt vor Westberlin war immer hoch und erhöhte sich ständig bis 1988/89:

1964: 1.468.185 PKW/374.901 LKW/51.166 Busse
1988: 5.601.198 PKW/1.046.849 LKW/84.625 Busse[266].

Im Raum der GÜSt Drewitz (Autobahn) kam es im Laufe der Jahre immer wieder zu schweren Grenzzwischenfällen, bei denen es bis in die 80er Jahre Tote und Verletzte gab.
Auch Bundesbürger kamen in dieser Anlage zu Schaden: Beispielsweise verstarb der westdeutsche Kraftfahrer **Rudolf Burkert** im April 1983 während einer Vernehmung in der GÜSt Drewitz, vermutlich aus Aufregung über die üblen Verhörmethoden des MfS. Offiziell wurde von »Herzversagen« gesprochen, **Franz Josef Strauß** sprach dagegen seinerzeit von »Mord«, die Witwe äußerte später Zweifel an der DDR-Version vom Tode ihres Mannes[267].
Die Sicherungseinheiten der Grenztruppen, die an der GÜSt Dienst taten, waren gehalten, das gesamte Gebiet als »Raum der Hauptanstrengung« anzusehen, weil man mit einem erhöhten »Druck auf die Grenze« rechnen mußte. Die GÜSt Drewitz gehörte zu den wahrscheinlichen Ansteuerungspunkten der »Grenzverletzer«, – mehr als andere GÜSten im Berliner Raum. Das hohe Verkehrsaufkommen mag manche Fluchtwillige veranlaßt haben, es an dieser Übergangsstelle zu versuchen. Obwohl im GÜSt-Vorfeld auch hier – wie überall an diesen Einrichtungen – Volkspolizeikräfte verdächtige DDR-PKW mit Kurs Grenze aufzuhalten versuchten, gelang es doch DDR-Bürgern, in das Territorium der Anlage vorzudringen. 1985/86 stellte die amtliche »Chronik« der Grenztruppen fest, daß ein Ansteigen von Versuchen, GÜSten gewaltsam zu durchbrechen, zu verzeichnen sei. Dieses bewiesen unter anderem folgende Beispiele:

»– **10.9.1986**, GÜSt DREWITZ/Autobahn, gewaltsames Eindringen eines mit 2 Personen besetzten PKW's, Typ Moskwitsch, in das Kontrollterritorium der GÜSt. Die Festnahme der Täter erfolgte nach Anwendung der Schußwaffe.
– **14.9.1986**, GÜSt DREWITZ/Autobahn, gewaltsames Eindringen eines mit 1 Person besetzten PKW's, Typ Lada, in das Kontrollterritorium der GÜSt. Die Festnahme des Täters erfolgte nach Anwendung der Schußwaffe[268].«

Zwei Beispiele, beide Male mit Anwendung der Schußwaffe. Und das angesichts der offiziellen Regelung, diese innerhalb der GÜSten (angeblich) **nicht** einzusetzen …
In fast allen Berliner Straßen-GÜSten gab es eine ganze Reihe von versuchten und vollendeten »Grenzdurchbrüchen« mit Kfz, sehr zum Leidwesen der Verantwortlichen. Dennoch: Die meisten dieser Fluchtversuche mit Kfz scheiterten. Teilweise nach Schußwaffengebrauch, buchstäblich im Kugelhagel, öfter nach Auffahren auf die umfänglichen, stabilen »Passagensperren« in den GÜSten.
Diese »Passagensperren« konnten immer dann geschlossen werden, wenn sich »Grenzverletzer« (mit ihren Kfz) den GÜSten näherten oder sich bereits im »Kontrollterritorium« befanden.
Von Herbst 1971 bis Herbst 1985 sorgten Kräfte eines **»Grenzübergangsstellen-Sicherungsregiments«** für den äußeren Schutz der GÜSten und die Verhinderung von Fluchten an diesen Anlagen.
Dieses GÜSt-Regiment handelte im Bestand des Grenzkommandos Mitte (Berlin) und erfüllte seine Aufgaben im Zusammenwirken mit den Grenzregimentern als »taktischer Truppenteil der Grenztruppen zur Gewährleistung der Sicherheit und Ordnung an den Grenzübergangsstellen an der Staatsgrenze zu WESTBERLIN.« Eine derartige Formation gab es also nur im Berliner Gebiet.
Offensichtlich bewährte sich diese spezielle Art der GÜSt-Sicherung durch ein eige-

nes Regiment aber nicht, deshalb wurden die Grenzsoldaten ab Ende 1985 auf die bestehenden Grenzregimenter verteilt. Diese waren nunmehr für die Bewachung von jeweils zwei bis drei GÜSten verantwortlich; Sicherungseinheiten dieser Grenzregimenter garantierten bis zum Ende der DDR-GS im November 1989 den »Schutz« der GÜSten.
Die 40er Befehle des Grenzkommandos Mitte legten im Detail fest, wie und wo von welchen Berliner Grenzregimentern die GÜSten zu sichern seien. Alle Berliner GÜSten galten als gefährdet, man ging davon aus, daß die »wahrscheinliche Richtung der Bewegung der Grenzverletzer« sich immer wieder (auch) auf die GÜsten konzentrieren würde.
Grundsätzlich war, wie erwähnt, der Schußwaffengebrauch in den GÜSten untersagt. An den Zugängen zu den GÜSten wurde allerdings bis ins Jahr 1989 auf Flüchtlinge geschossen, zuletzt im März 1989 auf drei Personen in der Nähe der GÜSt Staaken[269].
Deutschen aus beiden Staaten war die GÜSt Friedrichstraße ein fester Begriff. Bei »Tagesbesuchen« im Ostteil Berlins lernten zahlreiche Bundesbürger die Grenzabfertigung der »Organe« kennen. Viele haben die Praktiken im halbunterirdischen Labyrinth, das immer wieder umgebaut wurde, in unguter Erinnerung.
Ebenso wie die DDR-Bürger, die über den »Tränenpalast« ausreisen konnten oder Besucher aus dem Westen an diesem häßlichen Bauwerk verabschiedeten (bestimmt für die »Ausreise aus der DDR«). Die GÜSt Friedrichstraße hatte einen westberliner und einen streng davon abgetrennten ostberliner Bereich; die GÜSt war aus Westberlin mit der S- und U-Bahn leicht zu erreichen und wurde – wegen der preisgünstigen Intershopangebote im westberliner Kontrollbereich auch genutzt. Die verwinkelte Anlage wurde durch mehr als 140 Monitore und Kameras vom MfS überwacht. An den Ein- und Ausfahrten des Bahnhofs Friedrichstraße befanden sich Blechverkleidungen, Zäune und »Schutzgitter«, um das Aufspringen auf Züge und S-Bahnen zu verhindern[270].

12. Grenzbevölkerung in und Berlin

Den Bürgern im Grenzgebiet zu Westberlin galt immer die besondere Aufmerksamkeit der Verantwortlichen, nie war sich die Partei- und Staatsführung der SED/DDR ihrer Loyalität absolut sicher. Obwohl unsichere »Elemente« nach der Absperrung Westberlins im August 1961 vermehrt aus dem Grenzgebiet ausgesiedelt wurden, blieb das Mißtrauen bestehen.
Wohnhäuser und Betriebe reichten insbesondere im geteilten Berlin auf der östlichen wie westlichen Seite vielfach bis unmittelbar an die MAUER und den Grenzzaun I. Ebenso Wohngebiete und Laubengelände im DDR-Bezirk Potsdam. Zwar veranlaßte die DDR- und Grenztruppenführung immer wieder den Abriß von Gebäuden in der Nähe des **»Handlungsstreifens«** vor dem letzten Sperrelement auf DDR-Seite, doch verblieben viele Wohngebiete direkt an der Grenze.
Nach dem 13. August 1961 setzte verstärkt eine Kontrolle der Grenzbevölkerung ein, »Analysen« über die Zuverlässigkeit dieses Personenkreises entstanden seitens der

SED und des MfS. Derartige Praktiken wurden üblich und dauerten bis zum Ende der DDR-GS an.
Im Grenzgebiet in und um Berlin zu wohnen war an Genehmigungen gebunden, die halbjährlich/jährlich erneuert werden mußten und im Personalausweis vermerkt wurden.

Der Zuzug ins Grenzgebiet war **genehmigungspflichtig** und wurde im allgemeinen ungern erteilt. Es sei denn, der betreffende Bürger hatte sich durch besondere politische Zuverlässigkeit ausgezeichnet und war Angehöriger der bewaffneten Organe (einschließlich der Grenztruppen).
Wohnungen wurden von der KWV, der »Kommunalen Wohnungsverwaltung« der Städte, Stadtkreise und Landkreise, zugeteilt.
Das Grenzgebiet in und um Berlin (West) war anfangs – 1961 – zunächst wesentlich »tiefer« (breiter), als in den 80er Jahren. Die Verantwortlichen nahmen im Laufe der Jahre immer wieder einmal Wohngebiete und Betriebe aus dem Grenzgebiet heraus und reduzierten damit die Überwachungsdichte für Tausende.
Die Bewohner des Grenzgebiets hatten mit vielen Auflagen und Erschwernissen des täglichen Lebens auszukommen.
Zum Beispiel mußten sie Besuche von Verwandten und Bekannten Wochen vorher bei der Volkspolizei beantragen; längst nicht immer erfolgte eine Genehmigung und die Ausstellung von **»Passierscheinen«** zum Betreten des Grenzgebiets.
Bestanden politische Bedenken gegen den Gastgeber im Grenzgebiet, wurde der Antrag abgelehnt. Ebenso dann, wenn es Vorbehalte gegen den Besucher gab. Gründe für die Ablehnung brauchten nicht mitgeteilt zu werden.
Es konnte vorkommen, daß Grenzgebietsbewohner nur Genehmigungen für Verwandte 1. Grades erhielten.
Besuche aus dem Westen waren generell nur in Ausnahmefällen möglich, erst in den letzten Jahren lockerte man die strengen Einreisebeschränkungen ins Grenzgebiet.
Offiziell entschied die Volkspolizei über die Anträge, in Wahrheit die Dienststellen des MfS in Absprache mit den Abteilungen für Innere Angelegenheiten.
Schwierigkeiten und Verbote gab es regelmäßig für »Rückkehrer« in die DDR, Zuziehende aus Westberlin und der Bundesrepublik, Ausländer aus kapitalistischen Staaten, ehemalige »Grenzgänger«, Personen, die aus Sperrgebieten ausgesiedelt worden waren sowie für Vorbestrafte aller Art und (natürlich) für politisch auffällig gewordene Bürger, die nicht die Linie der SED verfolgten. Dieser Personenkreis konnte weder auf Zuzugsgenehmigungen ins Grenzgebiet noch mit »Passierscheinen« zum zeitweiligen Betreten des Grenzgebiets rechnen.
Diejenigen, deren Wohnungen direkt an den »Handlungsstreifen« der Grenztruppen grenzten, hatten nachts oftmals Lärmbelästigungen durch die Grenzsoldaten hinzunehmen: Diese kamen mit Kfz und Motorrädern, liefen Patrouille, lösten sich ab, benutzten Sprechstellen und unterhielten sich untereinander. Das alles war manchmal nur wenige Meter entfernt. Auch bellende Hunde störten an einigen Stellen, obwohl die Hundelaufanlagen im Stadtgebiet in den 80er Jahren abgebaut wurden und nur noch in besonders unübersichtlichen Gebieten verblieben.
Einwohner des Grenzgebiets hatten ständig ihren Ausweis bei sich zu tragen, sie mußten jederzeit mit einer Personenkontrolle rechnen, wenn sie ihre Wohnungen verließen.

Ihr Verhalten in den Wohnungen wurde beobachtet. Beispielsweise konnten sie schon unangenehm auffallen, wenn sie vom Fenster oder Balkon aus den Westen mit einem Fernglas betrachteten oder gar zur Kamera griffen. Das war verboten bzw. galt schon als Versuch, die Grenzsicherungsanlagen auszuforschen oder Verbindung mit Westberlinern aufzunehmen.
Die Häuser im Grenzgebiet waren nachts geschlossen zu halten, vor allem mußte darauf geachtet werden, daß keine Leitern oder Geräte offen herumstanden, die von »Grenzverletzern« möglicherweise genutzt werden könnten. Der Zugang zum Dachboden war nicht jederzeit möglich, es gab nur wenige Schlüssel. Der Keller sollte ebenfalls für Fremde unzugänglich sein, die Türen mußten mit Sehschlitzen versehen werden, um denkbare »Grenzverletzer«, die sich hier versteckten, gleich zu erkennen.
Kauften Grenzbewohner Möbel oder größere Haushaltsgeräte, hatten sie mitzuteilen, daß sie im Sperrgebiet beheimatet waren. Denn die Verkaufsstelle konnte nur die Ware ins Grenzgebiet liefern, wenn der betreffende Fahrer über eine »Grenzgenehmigung« verfügte. Das konnte Wochen dauern, bis einmal eine Tour in diesen Bereich ging. Ansonsten kam es vor, daß die Ware vor den Grenzschild abgestellt wurde und der Käufer dann diese allein ins Haus schaffen mußte.
Der Notarzt durfte sofort ohne Formalitäten ins Grenzgebiet kommen. Aber das war dann immer ein anderer, der oftmals keine Ahnung vom Erkrankten hatte.
Handwerker, zu DDR-Zeiten sowieso schwer zu bekommen, kamen ins Grenzgebiet noch seltener, als anderswo hin. Auch das konnte Wochen dauern.
Die amtliche DDR verkündete zwar, daß man die Grenzbevölkerung bevorzugt mit Waren des täglichen Bedarfs versorgen wolle, doch die Realität sah anders aus: Die Läden/Kaufhallen waren kaum besser sortiert als überall im Lande.
Jedwede Veränderung an Häusern im Grenzgebiet war zuvor zu beantragen, bauliche Maßnahmen aller Art unterlagen der Genehmigungspflicht. Kommandeure der Grenzregimenter konnten Einspruch erheben und bestimmte Tätigkeiten verhindern bzw. erzwingen; im Grenzgebiet hatten sie das Sagen in allen Fragen, die mit Baumaßnahmen zusammenhingen.
Das tägliche Leben im Grenzgebiet war für einen Teil der Bewohner aus heutiger Sicht eher beschaulich, man war vor unangemeldetem Besuch sicher, Einbrüche gab es zu DDR-Zeiten kaum.
Ein Teil der Grenzbevölkerung ließ sich mit der Stasi ein und/oder erklärte ihre Bereitschaft zur Mitarbeit in der GS, vor allem als »Freiwillige Helfer der Grenztruppen« (FHG). Besonders eifrige »Genossen« schrieben Stimmungsberichte über ihre Mitbewohner vor Ort, bespitzelten Nachbarn und waren Zuträger der Grenz-Abschnittsbevollmächtigten (ABV) der Volkspolizei.
Die übergroße Mehrheit der Einwohner im Grenzgebiet verhielt sich aber nicht anders, als im Landesinneren. Im Gegenteil, die Grenzbevölkerung war sogar durchweg regimekritischer, was z.B. in den **»Eingaben«** an die staatlichen Organe zum Ausdruck kam[271].
Nach der Grenzöffnung im November 1989 war man allgemein froh, daß jetzt die Zeit der Dauerüberwachung der Vergangenheit angehörte und man sich jederzeit frei bewegen konnte und jeden Verwandten/Bekannten zu sich nach Hause einladen durfte, ohne vorab Anträge zu stellen.

Grenzsicherung an der Ostsee

1. Grenzüberwachung und GS 1950 bis 1960

Die Grenzpolizei des Landes Mecklenburg übernahm am **7. Januar 1950** auf entsprechende sowjetische Anweisung die Überwachung der Ostseeküste mit einer Länge von 640 km (Gesamtlänge mit allen Buchten-/ Bodden- und Inselküsten) und der 3-Meilen-Zone sowie die Kontrolle der Hafeneinfahrten.
Bisher hatten diese Aufgaben die Russen mit Unterstützung der Wasserschutz- und der Transportpolizei wahrgenommen.
Die neuen leitenden »Kader« und viele Angehörige der »Grenzpolizei Nord« bzw. der »Grenzbereitschaft Küste«, zusammen etwa 700 Mann, kamen auch zunächst aus der Wasserschutz- und Transportpolizei; andere wurden aus jungen Landarbeitern rekrutiert, die einen 14tägigen Einweisungslehrgang absolviert hatten. Für die seemännische Ausbildung stand eine kleine Bootsschule in Ribnitz zur Verfügung. Der Fahrzeugbestand war zunächst sehr bescheiden: »Seeboote« (unter 100 ts) für den Einsatz in der 3-Meilen-Zone, »Streckenboote« für die Seewasserstraßen im Küstengebiet und »Hafenboote«. Wegen der weiträumigen Küstenabschnitte kamen ab 1950/51 auch etwa 150 Pferde zum Einsatz, – diese berittenen »Streifenposten« leisteten teilweise bis gegen Ende der 50er Jahre in manchen entlegenen Gebieten Grenzdienst.
Auch mit sowjetischer Hilfe und Anleitung war dieser Grenzdienst bis weit in die 50er Jahre hinein lediglich »Grenzüberwachung«, keine »Grenzsicherung«. Dazu reichten einfach die Kräfte nicht aus. Eine »Instruktion für die Grenzpolizei Nord zum Schutz der Ostseeküste der DDR« vom 14. September 1950 nannte die Anforderungen, die an die neue Truppe gestellt wurden:

- ☐ Bewachung der Küste und Territorialgewässer gegen das Eindringen »bewaffneter Banden, Spione, Diversanten, Schmuggler und anderer feindlicher Elemente«;
- ☐ Kampf gegen alle Arten des Schmuggels;
- ☐ Schutz der Fischer sowie der Bevölkerung;
- ☐ Überwachung der Verkehrsregelungen in Küstennähe und auf den Flüssen[272].

Die Zuführung von Personal und Gerät an die »Grenzpolizei See« gestaltete sich in der ersten Hälfte der 50er Jahre schwierig, weil die Verantwortlichen den Aufbau der »Seepolizei« bzw. der »Volkspolizei See« favorisierten. Die geringen volkswirtschaftlichen Ressourcen der DDR ließen es nicht zu, Seepolizei **und** Grenzpolizei See zugleich die notwendigen Boote und Schiffe zuzuführen. Man bevorteilte die Seepolizei, zeitweise unterstellte man sogar 1951/52 die »Grenzpolizei See« der im Aufbau befindlichen DDR-Marine.
Ab Juni 1951 gliederte die Partei- und Staatsführung die »Grenzpolizei Nord« um und schuf drei »Grenzpolizeibereitschaften« (GPB) mit Sitz in Greifswald, Stralsund und Bad Doberan. Damit entstanden drei Abschnitte mit jeweils zwei Kommandan-

turen und sechs Kommandos. Im Zuge der Absperrmaßnahmen ab Mai 1952 an der DL sowie – in ersten Ansätzen – in und um Berlin kamen leitende SED-Funktionäre auch auf die Idee, die Ostseeküste abzuriegeln. Eine entsprechende Polizeiverordnung vom **7. Juni 1952** legte auf dem Lande innerhalb einer 5 km breiten Schutzzone und auf dem Wasser innerhalb der 3-Meilen-Zone besondere »Sicherheitsbestimmungen« fest, der Personen- und Fahrzeugverkehr durfte nunmehr nur noch über festgelegte KPP an der Küste erfolgen und innerhalb der Schutzzone bestand Melde- und Registrierpflicht. Die Maßnahmen unterschieden sich kaum von denen an der DL. Aber sie erwiesen sich offenbar weder als praktikabel noch als notwendig.

Denn am **24. Mai 1954** wurde die 52er Polizeiverordnung wieder aufgehoben und die 5-km-Schutzzone an der Ostseeküste **aufgelöst**.

Knapp zwei Jahre – von 1952 bis 1954 – ging die »Grenzpolizei Nord« zur **»Grenzsicherung«** über, dann reduzierte sie den »Schutz der Küste« wieder – bis August 1961 – auf **»Grenzüberwachung«**. Offensichtlich hatte man im Frühsommer 1952 den »Druck auf die nasse Grenze« überschätzt; diejenigen, die der DDR den Rücken kehren wollten, gingen weiter über die Berliner Sektorengrenze in den Westen, kaum jemand wagte die Flucht über die Ostsee in diesen Jahren.

1954 überwachten die Küste der DDR zusammen rund 1.800 Mann (in zwei GPB), die 1955 um eine weitere GPB auf jetzt etwa 2.500 Mann (in drei GPB) verstärkt wurden.

Mit dem 1. Dezember 1955 erhielt die DGP die Aufgabe, die GS der DDR im allgemeinen eigenverantwortlich – ohne Beteiligung sowjetischer Grenzeinheiten – wahrzunehmen. Demzufolge schuf man innerhalb der Abteilung Grenzdienst in der »Hauptverwaltung Deutsche Grenzpolizei« im **April 1956** eine »Unterabteilung Küste«, die die drei GPB im Norden der DDR anleiten sollte. Diese waren jetzt in Greifswald, Rostock und Glowe stationiert.

Im Sommer 1956 wurde dann mit dem Aufbau einer selbständigen Grenzbrigade an der Seegrenze der DDR begonnen, die etwas später die offizielle Bezeichnung **»Grenzbrigade Küste«** (GBK) erhielt. Der Stab der GBK kam nach Rostock.

Die GBK verfügte Mitte der 50er Jahre über rund 15 »Kurierboote«, gebaut bis 1952 auf der Jachtwerft Berlin, außerdem waren acht KS-Boote (= Küstenschutzboote) im Einsatz, die die Seepolizei im Juni 1952 der »Grenzpolizei See« zur Verfügung gestellt hatte. Auf diesen KS-Booten fuhren – bis 1958 – regelmäßig »sowjetische Berater und Begleitkommandos« im Grenzdienst mit.

Um die gleiche Zeit wurden der jungen GBK neue Schulboote (des Typs »Delphin«/40 ts) zugeführt und es wurde mit der Errichtung von »Küstenbeobachtungsstellen« der DGP begonnen.

Die GBK war ab 1956 gehalten, mit den Seestreitkräften der NVA (ab Ende 1960: »Volksmarine«) eng zusammenzuarbeiten. Aus diesen Formationen erhielt die GBK auch in Zukunft Ausbildungshilfe und (abgefahrene) Boote und Schiffe für den Grenzdienst.

Festzuhalten bleibt: Bis auf die Jahre 1952 bis 1954 kann von einer »Grenzsicherung« an der Küste der DDR nicht gesprochen werden, bis zur Absperrung Westberlins im August 1961 handelte es sich lediglich um eine »Grenzüberwachung«. An der »nassen Grenze« der DDR gab es bis 1961 kaum einen »Druck auf die Grenze«, da die Menschen andere, bequemere Wege kannten und benutzten, um in den Westen zu gelangen. »Ablandungen« in Richtung offene See von der Küste aus waren vor 1961 die absolute Ausnahme, die DDR-Seegrenzüberwachung richtete sich bis 1961 in erster Linie gegen Verletzer der 3-Meilen-Territorialgewässer (zumeist Sportboote aus dem Westen)[273].

2. Übergang zur Grenzsicherung: Die 60er Jahre

Mit dem 13. August 1961, der Absperrung Westberlins, verbunden mit einer verstärkten GS auch an der DL, setzte an der Küste der DDR ein höherer »Druck auf die nasse Grenze« ein: »Republikflüchtige« kamen in den folgenden Jahren und Jahrzehnten öfter auf die Idee, über die Ostsee in den Westen zu gelangen. Das war immer mit Lebensgefahr verbunden, zumal dann, wenn sich die Flüchtlinge mit der See nicht auskannten, ihre eigenen Kräfte und Hilfsmittel (Schwimmkörper aller Art) überschätzten und/oder die DDR-landseitige und -seeseitige GS unterschätzten.
Die Partei- und Staatsführung der SED/DDR erkannte von Anfang an, daß mit der Abriegelung von Berlin (West) und der innerdeutschen Grenze zwischen Lübeck und der CSSR der Druck auf die Seegrenze zunehmen würde, der Chef der GBK erklärte 1966 rückblickend:

»Während der Gegner in der Vergangenheit diesem Teil der Staatsgrenze relativ wenig Bedeutung beigemessen hatte, setzte, wie erwartet, ein verstärkter Druck auf die, nach seinen Worten, ›nasse Mauer‹ ein. Damit sah sich die Grenzbrigade vor vollkommen neue Aufgaben gestellt, und es waren sowohl organisatorische als auch operative Veränderungen in der Grenzsicherung notwendig[274].«

Dieses war zunächst umso mehr erforderlich, weil es keine Grenzsperrzone an der Küste gab und Millionen Urlauber an der Ostsee eine effektive GS nicht zuließen. Aber diese »Schutzzone«, schon von 1952 bis 1954 vorhanden, führte man dann doch im Sommer 1964 wieder ein: Die »Grenzordnung« der DDR vom 19. März 1964 bestimmte im Abschnitt IV (»Bestimmungen über die Ordnung in den Gewässern der DDR und im Küstengebiet«), § 34:

»Entlang der Küste der DDR besteht das Grenzgebiet aus einem Schutzstreifen und einer Grenzzone.«

Und § 35 Grenzordnung legte fest:

»Die Grenzzone erstreckt sich von der Westgrenze Dassow-See entlang der Küste bis Altwarp einschließlich der Inseln Poel, Rügen, Hiddensee, Usedom und der Halbinseln Darß und Wustrow und umfaßt ein Gebiet von 5 km Tiefe, gerechnet von der Küste ins Landinnere.«

Der Schutzstreifen erstreckte sich zwischen der Westgrenze Dassow-See und Steinbeck und hatte eine Tiefe von etwa 500 m, gerechnet von der Küste ins Landinnere. In diesem Streifen galten die gleichen Bestimmungen wie beim ständigen oder zeitweisen Aufenthalt an der DL (vgl. § 36 Grenzordnung).

Für den Schutzstreifen war bei Einreise ein »Passierschein« beim VPKA Grevesmühlen zu beantragen.
Im Gegensatz zum Grenzgebiet an der DL konnte man nach wie vor in die küstennahe **Grenzzone** ohne Passierschein einreisen; im eigentlichen Sinne des Wortes war diese 5-km-Zone also **kein** Sperrgebiet!
Aber es gab Auflagen für Eigentümer und Benutzer von Wochenendgrundstücken, bestimmte Meldepflichten (bei einem Aufenthalt von mehr als zwei Tagen), Zimmer und Schlafstellen an Feriengäste durften nur mit Genehmigung überlassen werden, Zelten in der Grenzzone war nur mit Erlaubnis möglich, Fischereifahrzeuge und Segelboote an der »offenen Küste« bedurften allerlei Dokumente, um in See gehen zu können, in den »inneren Seegewässern« zu segeln, Liegeplätze in den Häfen zu benutzen. Und »mit sonstigen Schwimmkörpern« war der Aufenthalt »nur während der Badesaison und in festgelegten Abschnitten« nicht »weiter als 150 m von der Küste entfernt (gestattet).«

Der Boots- und Schiffsverkehr der »Weißen Flotte« mußte auf festgelegten Routen und Kursen nach Auflagen des Kommandeurs der GBK erfolgen.
Um die DDR-Territorialgewässer als Segler befahren zu können, hatte man vorab eine Genehmigung der Volkspolizei (bzw. des MfS) einzuholen (PM 18/19).
Die GBK hatte in den 60er Jahren die Aufgabe,

- die Seegrenze ununterbrochen zu sichern und Grenzdurchbrüche in beiden Richtungen zu verhindern;
- das Eindringen von bewaffneten Grenzverletzern und Provokationen in den Territorialgewässern der DDR entlang der Ostseeküste zu verhindern;
- die festgelegte Ordnung entlang der Seegrenze der DDR aufrechtzuerhalten und durchzusetzen;
- die reibungslose Abfertigung des Personen- und Schiffsverkehrs an den Grenzübergangsstellen und KPP in den Seehäfen der DDR zu sichern;
- den Gegner und seine Handlungen im Seegebiet vor der Küste der DDR zu beobachten und aufzuklären[275].

Hauptaufgabe war die Verhinderung von »Grenzdurchbrüchen«, also »Ablandungen« von der Küste der DDR in Richtung »Offene See«, in Richtung Westen (oder Norden/Dänemark/Schweden). So verhinderte das »Grenzboot Frank« zum Beispiel am 18. August 1961 »eine gewaltsame Entführung des Fahrgastschiffes »BINZ« (der »Weißen »Flotte«) nach Bornholm.«
Die GBK konnte Mitte der 60er Jahre rund 2.500 Angehörige im land- und seeseitigen Grenzdienst einsetzen. Die »landseitige GS« besorgten Postenpaare der GBK am Strand, freiwillige Helfer der Grenztruppen und Volkspolizei sowie reguläre Volks- und Transportpolizei in der Grenzzone (und im grenznahen Hinterland), unterstützt von »Grenzmatrosen« auf Beobachtungstürmen an der Küste und auf mobilen Scheinwerfer-Lkw in den Nachtstunden; die »seeseitige GS« erfolgte durch Vorpostenboote der GBK an der Grenze der 3-Meilen-Zone und durch Grenzsoldaten auf Küstenbeobachtungsstellen, unterstützt gelegentlich durch Boote und Schiffe der Volksmarine.
Dieser Volksmarine war die GBK auch, ohne aus dem Bestand der Grenztruppen auszuscheiden, seit dem **1. November 1961** operativ unterstellt. Mit Hilfe der DDR-

Marine konnte die GBK bis 1967 den »Prozeß der Umprofilierung in einen militärisch organisierten und geführten Verband« abschließen.
Damit im Zusammenhang ist die Eingliederung des »Systems der Küstenbeobachtung« der Volksmarine in die GBK zu sehen, vor allem aber die Abgabe von Booten der Volksmarine an die GBK. Diese erhielt Hafen- und Reedeschutzboote (Typ »Tümmler«/40 ts) ab 1962, Räumboote (Typ »Schwalbe«/75 ts) ab 1964, U-Bootjäger (Typ »201 M«/russisch/215 ts) ab 1965 und Torpedo-Schnellboote (Typ »183«/russisch/75 ts) ab 1968, die die Volksmarine nicht mehr verwenden konnte/wollte, weil es sich größenteils um veraltete, abgefahrene Boote handelte. Die GBK rüstete die Neuzugänge um (und ab) und verwandte sie noch einige Jahre im Grenzdienst ohne mit diesen Typen viel Freude zu haben.
Die GBK war in jenen Jahren – und teilweise auch später – immer so etwas wie der Schiffs- bzw. Bootsfriedhof der Volksmarine: Taugten die Fahrzeuge nicht mehr zum »Gefechtsdienst« der kleinen DDR-Marine, fand man in der GBK einen Abnehmer. Für die Verfolgung von »Grenzverletzern« in See, zumeist auf Schwimmkörpern, in Kajaks und Faltbooten, waren diese Ex-Marine-Boote immer noch zu gebrauchen, für den Wachdienst an der Grenze der 3-Meilen-Zone konnte man diese schwimmenden »Rostlauben« noch einsetzen. Einzig und allein die TS-Boote des Typs »183« (aus Holz) entwickelten hohe Geschwindigkeiten, die auch die »Nacheile« von schnelleren Booten/Schiffen erlaubte.

In den 60er Jahren kamen in der Ostsee bei Fluchtversuchen etwa ein Dutzend Menschen ums Leben, die ertranken und deren Körper tot an der Küste angeschwemmt wurden; die tatsächlichen Todeszahlen könnten auch höher liegen, denn das Meer gab nicht alle Leichen wieder frei.
Durch Schußwaffeneinsatz der »Grenzmatrosen« der DDR ist, soweit erkennbar, keiner dieser Menschen zu Tode gekommen. Überhaupt verhielt sich die GBK bei der seeseitigen GS zurückhaltend beim Gebrauch von Waffen gegen »Grenzverletzer«, es ist kein Fall bekannt, daß man auf Flüchtlinge in See schoß.
Anders an Land: In der »landseitigen GS« an der Küste ist Schußwaffengebrauch vorgekommen, wenn auch nicht annähernd so oft, wie an der DL und in und um Berlin. Menschen sind dabei aber nicht getötet worden.
Minen und Selbstschußanlagen hat es an der »nassen Grenze« nie gegeben, eine MAUER baute man nur an der äußersten Westgrenze im Schutzstreifen, »Grenzsignalzäune« nur an wenigen, besonders von »Grenzverletzern« frequentierten Stellen, sonstige Zäune und Hindernisse zumeist in Häfen. Die Grenzsperranlagen waren bei weitem nicht so perfekt und aufwendig, wie an der DL und im Berliner Raum.
»Grenzverletzungen« in den 60er Jahren konzentrierten sich in den folgenden Räumen:

– Darßer Ort, Stoltera, Gedser Rev;
– Boltenhagen, Barendorf, Ansteuerung Travemünde;
– Ansteuerungen zu den DDR-Seehäfen.

70 Prozent aller versuchten, festgestellten und erfolgten »Grenzdurchbrüche« geschahen in diesen Gebieten/Räumen. Von den »Grenzverletzern« wurden hauptsächlich folgende Methoden angewandt[276]:

- Ausnutzung der Genehmigung zum Befahren der Territorialgewässer der DDR mit Segel- bzw. Sportbooten (mit PM 18/19),
- gegenseitige Sicherung und Unterstützung bei Vorbereitung und Durchführung des Grenzdurchbruchs (also Flucht von mindestens zwei Personen gleichzeitig),
- Diebstahl von Sport-, Ruder- und Rettungsbooten von den (besonders abgeschirmten und gesicherten) Bootsliegeplätzen,
- Benutzung von industriell und selbstgefertigten Schwimmmitteln (wie Schwimmanzüge, Falt-, Schlauch- und Badebooten),
- Versuch der Bestechung von Küstenbewohnern, vor allem von Fischern, mit höheren Summen,
- Ausnutzung der Wochenenden zur Aufklärung des Systems der GS und der geographisch-meteorologischen Bedingungen,
- Mitführen von Orientierungsmitteln, vorbereiteten Karten mit Weg- und Zeitberechnungen und Anreisen mit Leihfahrzeugen oder gestohlenen Kfz,
- Ausnutzung einer Tätigkeit als Saisonpersonal (z.B. als Kellner oder Rettungsschwimmer),
- Verbindungsaufnahme zu Seeleuten ausländischer/westdeutscher Schiffe in den Hafenstädten und Aufklärung des Systems der Sicherung der in den Seehäfen der DDR liegenden »kapitalistischen Schiffe«,
- Ausnutzung des Transitverkehrs über die Fährhäfen Saßnitz und Warnemünde,
- Aufklärung der Taktik des Einsatzes der Kräfte und Mittel zur GS (wie Scheinwerferzüge, Beobachtungsposten und Grenzboote).

»Schwerpunktzeiten« von Fluchtbewegungen über See waren (zunächst) die beiden Sommermonate Juli und August.

3. Land- und seeseitige Grenzsicherung in den 70er und 80er Jahren

Die GBK, operativ der Volksmarine zugeordnet, konnte die land- und seeseitige GS sowie das »Beobachtungssystem« nie allein bewerkstelligen, dazu waren die eigenen Kräfte zu schwach. Der Verband war immer auf die enge Zusammenarbeit mit der regulären Marine und den »Organen des Zusammenwirkens« angewiesen. Das waren die Volkspolizei, die Transportpolizei, der Zoll, die (freiwilligen) Helfer der Grenztruppen und der Volkspolizei und – nicht zuletzt das MfS. Der Kommandeur der GBK, ein Konteradmiral, setzte sich regelmäßig mit den leitenden Kadern der VP und des MfS im Bezirk Rostock an einen Tisch, um die GS zu koordinieren und zu verbessern.

Die GBK verfügte in den 70/80er Jahren über rund 2.500 Mann an Personal. Der Verband gliederte sich in

- das Führungskommando (mit sicherstellenden Einheiten),
- drei Grenzschiffsabteilungen mit insgesamt 18 Grenzschiffen des Typs »Kondor I« (KMSR = Küsten-Minensuch- und Räumschiffe/360 ts), die in der 2. Hälfte der 70er Jahre von der Volksmarine übernommen wurden,
- drei Grenzbataillone mit zusammen zwölf stationären Funkmeßzügen bzw. Radarkompanien und drei schweren Funkmeßzügen,
- sieben Grenzkompanien mit zwei Grenzbootsgruppen, die über insgesamt 16 Grenzboote verfügten (Typ »Seekutter« und Typ »Bremse«/jeweils 60 ts),
- das Grenzausbildungsbataillon,
- die direkt unterstellte Grenzkompanie Usedom mit der GÜSt Ahlbeck, dem Straßenkontrollpunkt Kamminke und dem Stützpunkt Altwarp;
- die direkt unterstellte mobile Funkmeßkompanie[277].

Die GBK unterschied drei Aufgabenfelder:

- das Beobachtungssystem,
- das System der landseitigen GS,
- das System der seeseitigen GS.

Nach Angaben ihres letzten Kommandeurs waren im Beobachtungssystem in der »täglichen Organisation« durchschnittlich eingesetzt:

- maximal vier Schiffe der Grenzschiffsabteilung als Nahvorposten in den Territorialgewässern der DDR,
- Funkmeßmittel der stationären und mobilen Einheiten,
- drei Boote der Grenzbootsgruppe auf den Ansteuerungen zu den Seehäfen Stralsund und Wismar,
- Beobachtungsposten der Grenzkompanien auf etwa einem Drittel der 38 Beobachtungstürme an der DDR-Küste[278].

Die Konzentration in den Hauptrichtungen der Grenzverletzerbewegung zu Schwerpunktzeiten gewährleistete (nur) eine lückenlose GS in den Räumen der Hauptanstrengung, also in der Richtung, die »Grenzverletzer« zumeist benutzten. Man hatte langjährige Erfahrungen in der land- und seeseitigen GS und kannte die Gebiete/Stellen, wo es zu »Ablandungen« kam.
Aber: Nach Untersuchungen einer Arbeitsgruppe der Abteilung Sicherheitsfragen des ZK der SED vom Frühjahr 1977 waren die Möglichkeiten der GS an der Küste »bis zur Belastungsgrenze ausgeschöpft[279].«
Und es wurde festgestellt, daß die eingesetzten Grenzschiffe, -boote und -kutter nur noch bedingt zu einer stabilen seeseitigen GS geeignet seien:

»Sie sind zu langsam und den Booten der BRD unterlegen. Die Grenzschiffe sind in ihren Abmessungen zu groß und zu personalaufwendig.«

Moniert wurde auch, daß keine Funkmeßtechnik zur Verfügung stehen würde, die das Ausmachen von Kleinstzielen – wie sie die »Grenzverletzer« darstellen – unter jeder Seelage möglich machen könnte. Diese könnten bislang nur visuell optisch und bei guten Sichtbedingungen festgestellt werden. Daß es deshalb »Grenzverletzern« bei schlechter Sicht gelang, das »Offene Meer« unerkannt zu erreichen, wurde stillschweigend eingeräumt. Experimente auf diesem Gebiet führten auch in den folgen-

den Jahren nicht zum Erfolg; die Versuche der GBK, Kleinstziele per Radar zu erfassen, blieben in den Anfängen – schon aus Kostengründen – stecken.
Kritisiert wurde von der ZK-Arbeitsgruppe ferner, daß die Zahl der »illegalen Bootsliegeplätze« an der Küste zunehme und die Grenzordnung nicht immer voll durchgesetzt werde.

A. Die landseitige GS der GBK

Gemäß § 22 der Grenzordnung vom 25. März 1982 verlief ein **Schutzstreifen** von der Grenze der DDR zur Bundesrepublik im Westen bis nach Steinbeck im DDR-Kreis Grevesmühlen. Hier galten verschärfte Aufenthaltsbedingungen wie an der DL.
Eine **Grenzzone** (nicht: Grenzgebiet oder Grenzsperrzone) erstreckte sich laut § 23 der Grenzordnung von 1982 von Voigtshagen (Kreis Grevesmühlen) entlang der **gesamten** DDR-Küste bis nach Altwarp (Kreis Ueckermünde) einschließlich der Inseln Poel, Rügen, Hiddensee, Usedom, der Halbinseln Wustrow und Darß sowie der inneren Seegewässer (dazu zählten entsprechend einer »Anlage 4« z.B. die Wismarbucht, die Unterwarnow, der Strelasund, der Jasmunder Bodden, der Greifswalder Bodden bis Höhe Peenemünder Haken-Ruden-Thießow, der Peenestrom und das Oderhaff bis zur Staatsgrenze zu Polen).
In dieser Grenzzone herrschten verschärfte Überwachungspraktiken vor; seinerzeit war dieses Gebiet in etwa identisch mit dem Verlauf der Fernverkehrsstraße F 105 südlich der Küstenlinie.
Im System der landseitigen GS konnten die Kräfte der GBK nur einen dünnen Schleier in unmittelbarer Küstennähe realisieren: Die Grenzkompanien hatten vor allem die Aufgabe, An- und Ablandungen zu verhindern. Bei einer Länge von mehr als 600 km »Außenküste« und einem Personalbestand von nur etwa 40 operativen Kräften pro Grenzkompanie bedeutete das nach Aussagen des GBK-Chefs nach dem Zusammenbruch der DDR, daß man eigentlich nie in der Lage war, die übertragenen GS-Aufgaben voll zu erfüllen. Dazu hatte man einfach zuwenig Personal, zuwenig technische Sperrmittel.
Der Konteradmiral Mitte der 90er Jahre in Rostock vor der »Alternativen Enquetekommission ›Deutsche Zeitgeschichte‹«:

»Unter Beachtung der realen Dienstkräfte, der Besetzung zweier Beobachtungstürme, der Einteilung einer Alarmgruppe und der Dienste in der Kompanie blieben etwa 10 Postenpaare für den Einsatz in 24 Stunden. Für die kommenden Tage standen ... nur die gleichen Kräfte zur Verfügung. Sie hatten Grenzdienst, benötigten Ruhe, Vor- und Nachbereitungszeit für den Dienst, ihnen standen Urlaub und Ausgang zu, und sie waren zusätzlich noch auszubilden. Für die im Durchschnitt **75 km langen** Abschnitte der Grenzkompanien (innerdeutsche Grenze: 17 bis 20 km pro Grenzkompanie), wenn ich von 602 km zu sichernder Außenküste ausgehe, war die Anzahl an Kräften sehr gering: Die formal berechnete Postendichte betrug etwa 20 km im 8-Stundendienst. Daher wurde der Kompanieabschnitt in der Regel **am Tage** nur durch den Einsatz von Beobachtungsposten auf den Beobachtungstürmen, einem bis zwei Grenzaufklärern bzw. einer Grenzstreife gesichert. Der Einsatz der zur Verfügung stehenden Grenzposten insgesamt erfolgte **in der Nacht in Schwerpunktabschnitten zu Schwerpunktzeiten** auf Entschluß des Kompaniechefs[280].«

Mobile Scheinwerferzüge konnten nachts »Grenzverletzer« abschrecken und eventuell in Richtungen abdrängen, die durch Grenzposten gesichert waren. Diese »Flakscheinwerfer« des russischen Typs APM-90 hatten Reichweiten von 18 km und verunsicherten schon diejenigen, die sich mit Fluchtabsichten trugen. Die »Grenzer« ließen die Lichtkegel über See und Küste streichen, so daß sich selbst Personen, die weit entfernt waren, beobachtet fühlten.
Grenzposten und Grenzaufklärer kontrollierten schwerpunktmäßig die »Ordnung im Grenzgebiet«, so z.B. Bootsliegeplätze an der offenen Küste, Zeltplätze und generell Personen, die sich irgendwie verdächtig machten. Dazu zählten junge Leute, die sich – ohne einen Schlafplatz nachweisen zu können – ins Grenzgebiet begaben bzw. sich dort aufhielten, Leute »mit Gepäck«, das auf Fluchtabsichten hinweisen konnte, Bürger ohne die erforderlichen Papiere/Dokumente.
Hauptaufgabe: Rechtzeitiges Erkennen und Verhindern von »Grenzverletzungen« im Zusammenwirken mit den anderen Schutz- und Sicherheitsorganen. Der Einsatz der Grenzkompanien erfolgte in besonders **»ablandegefährdeten Abschnitten in den Richtungen der wahrscheinlichen Bewegung der Grenzverletzer zur Schwerpunktzeit«.**

Diese »ablandegefährdeten Abschnitte« galten in den Grenztruppen bzw. in der GBK als »Richtung der Hauptanstrengung« (RdH). Und diese RdH war in den 70er und 80er Jahren in der GBK immer der Raum Wismar, von wo aus Flüchtlinge in Richtung Lübeck-Travemünde die DDR zu verlassen versuchten. Die GBK stellte sich darauf ein und stationierte hier das Grenzbataillon 4, dem besonders befähigte Grenzoffiziere zugeführt und vermehrt Sperrmittel zugebilligt wurden. Hier baute man – von der Halbinsel Priwall bis zum Dorf Brook (Sitz der 8. Grenzkompanie) – eine 13 km lange Mauer nach Berliner Muster, hier verbaute man Einwohnern der Grenzdörfer und »Grenzverletzern« den Zugang zur Ostsee mit Hindernissen, Zäunen und Wachtürmen. Während es für die GBK insgesamt erst ab Mitte der 70er Jahre verstärkt technisches Sperrgerät bzw. Grenzsicherungsanlagen gab – vorher war die DL und die Grenze in und um Berlin zu sichern –, bekam man wenigstens an der westlichsten Spitze des GBK-Gebiets genügend Material und Personal.
Der »Druck auf die nasse Grenze« nahm in den 70er Jahren ab, die Zahl der »Grenzdurchbrüche« wurde durch die Anstrengungen der land- und seeseitigen GS im Vergleich zu den 60er Jahren halbiert.
Die GBK konnte Erfahrungen in der GS sammeln und zugleich das Zusammenwirken mit den anderen Sicherheitsorganen verstärken. Diese, Volkspolizei, Transportpolizei, freiwillige Helfer der Grenztruppen und der Volkspolizei und Kräfte des MfS, besorgten die Tiefenüberwachung der etwa 5-km-Grenzzone an der DDR-Küste. Rund **50 Prozent** der Festnahmen von »Grenzverletzern« (und solchen, die es werden wollten) gingen auf das Konto dieser «Organe des Zusammenwirkens«, von den Festnahmen der GBK erfolgten etwa **70 Prozent** durch Angehörige, die im landseitigen System der GS eingesetzt waren. Die Mehrzahl der Flüchtlinge, die über See das Land verlassen wollten, hat man also schon vor oder an der Küste abfangen können.

Im landseitigen GS-System der GBK dienten cirka 1.000 Mann. Für diese »Grenzer« galten, wie an der DL und in Berlin, die Schußwaffengebrauchsbestimmungen der NVA bzw. der Grenztruppen. Aber die Waffe wurde in aller Regel nur selten benutzt, seitens der GBK konnte man offensichtlich durchweg aufs Schießen verzichten. Es gelang, die Flüchtlinge ohne Waffeneinwirkung festzunehmen, nur in wenigen Fällen erfolgte eine Anwendung der Schußwaffe. Die »Erfolgsquote« bei der Festnahme von »Grenzverletzern« war aber mit 80 bis 85 Prozent auch etwa zehn Prozent niedriger, als bei den Grenzsoldaten an der innerdeutschen Grenze und in Berlin[281].

B. Die seeseitige GS der GBK

In der »täglichen Organisation« der seeseitigen GS handelten durchschnittlich

- maximal vier Schiffe einer Grenzschiffsabteilung in den Territorialgewässern der DDR (zuletzt: 12-Meilen-Zone),
- drei Boote einer Grenzbootsgruppe der GBK auf den Ansteuerungen zu den Seehäfen.

Die Hauptmethode der seeseitigen GS durch die Schiffe und Boote der GBK war die Beobachtung des zugewiesenen Abschnitts. Entsprechend den Sichtbedingungen erfolgte diese visuell-optisch oder mit Hilfe von Radar. Beobachtet wurde der Seeraum vor den DDR-Territorialgewässern, an seinen Grenzen sowie Bewegungen von Wasserfahrzeugen und Schwimmitteln im Innern der Territorialgewässer. Letzteres dürfte im Mittelpunkt der Aktivitäten gestanden haben.
Schiffe und Boote der GBK lagen auf befohlenen Ankerpositionen. Mit Beginn der Morgendämmerung gingen sie Anker auf und durchliefen befohlene Suchgebiete vor den Territorialgewässern im freien Seeraum und in den eigenen Gewässern; danach gingen die Fahrzeuge wieder vor Anker und setzten die Beobachtung fort.
An »Schwerpunkttagen« und bei »besonderen Lagen« konnten Hubschrauber zur Kontrollsuche in ausgewählten Gebieten vom Chef der Volksmarine angefordert werden. Diese Marinehubschrauber des sowjetischen Typs Mil-Mi 14 lagen bei Stralsund-Parow und gehörten zum Marinehubschraubergeschwader 18. Im Falle von »Grenzverletzungen«, die komplizierter waren und für die schwimmenden Fahrzeuge (zunächst) ohne Erfolg blieben, kamen diese Drehflügler zum Einsatz.
Bei normaler seeseitiger GS lagen die vier eingesetzten Schiffe der Grenzschiffsabteilungen vom Typ »Kondor I« vor

– Klützhöved (etwa in der Mitte zwischen Lübecker und Wismarer Bucht),
– vor Kühlungsborn,
– vor Graal-Müritz, und
– vor Darßer Ort bzw. Kap Arkona.

Zusätzlich waren die Grenzboote vom Typ »Bremse« (GB 23) an solchen Stellen stationiert, wo es Verbindungen zwischen den Boddengewässern und der offenen See gab. vor allem in der Wismar-Bucht, bei Barhöft, im Libben (nördlicher Ausgang der Boddengewässer zwischen Hiddensee und Rügen) und in der Ostansteuerung des Greifswalder Boddens.

Dieses System entsprach den »Grenzverletzerbewegungen« an der Ostsee, Fluchtversuche über See erfolgten an drei Schwerpunkten:

- aus der westlichen Wismar-Bucht direkt in Richtung Schleswig-Holstein,
- ab Fischland/Darß zum internationalen Schiffahrtsweg,
- ab Rügen oder Hiddensee zur dänischen Insel Mön

Schwerpunktzeiten waren die frühen Morgenstunden, häufigste Fluchtzeiten in den 70er und 80er Jahren waren der Spätsommer und der Herbst (mit schon längeren Nächten, aber noch warmen Wasser). An Wochenenden kam es zu besonders vielen »Grenzverletzungen«[282].
Auch »Grenzverletzer«, die schon die Territorialgewässer der DDR verlassen hatten und sich im freien Seeraum befanden, mußten noch mit ihrer Aufbringung durch Fahrzeuge der GBK rechnen: Die DDR und ihre »Sicherheitskräfte« beanspruchten das Recht auf »Nacheile«, das dann völkerrechtlich erlaubt war, wenn »die Tat« aus den eigenen Territorialgewässern heraus erfolgte. Und ein »Grenzdurchbruch« war in den Augen der Verantwortlichen eine solche »Tat«, ja sogar ein »Verbrechen«, das die Nacheile gestattete.
So konnte es vorkommen, daß sich DDR-Bürger, die bereits auf hoher See waren und sich sicher fühlten, durch Hubschrauber entdeckt wurden. Diese forderten dann Fahrzeuge der GBK an, die die »Grenzverletzer« an Bord nahmen; gegebenenfalls kamen auch Schiffe und Boote der regulären Volksmarine zum Einsatz. Das DDR-Grenzgesetz vom 25. März 1982 enthielt das »Recht der Nacheile« in § 31, doch bezogen sich die entsprechenden Bestimmungen ausdrücklich nur (?) auf »ausländische Wasserfahrzeuge«. Das beschränkte aber offenbar nicht die DDR-GS zur See, auch eigene, einheimische Wasserfahrzeuge zu verfolgen; das »Recht der Nacheile« ergab sich ihrer Meinung nach aus der »Grenzverletzung« der DDR-Territorialgewässergrenze:

»Die Nacheile beginnt ja immer aus den eigenen Territorialgewässern, ob man dort von außen eingelaufen ist oder ob es von innen ausgeht[283].«

Wie es ausschaut, hat die DDR hier einmal mehr Völkerrecht sehr großzügig interpretiert; die Bestimmungen über die Nacheile waren (und sind) international vor allem für die Fälle vorgesehen, wo ausländische Wasserfahrzeuge – zum Beispiel Fischerboote und Schmuggelboote – das eigene Territorium verletzen und ihnen dann Polizei-/Grenzpolizeifahrzeuge nacheilen können.
Das seeseitige System der DDR-GS wurde durch Küstenbeobachtungsstationen unterstützt, – auch Schiffe und Boote der Volksmarine leisteten ihren Beitrag zur GS in See. So setzte man gelegentlich besonders schnellaufende TS-Boote der 6. Volksmarine-Flottille ein, wenn die »Grenzlage« das erforderte. Gegen Ende der DDR wurden derartige Unterstützungseinsätze der Volksmarine mehr und mehr zur Regel, weil der »Druck auf die nasse/blaue Grenze« wieder zunahm und die Einsatzkräfte der GBK nicht mehr ausreichten.
Ende 1988 gingen die Verantwortlichen daran, der GBK folgende (neue) Möglichkeiten zur »Erhöhung der Effektivität« der GS zu empfehlen:

1. Veränderung der Länge der Suchgebiete in Abhängigkeit von der Länge der Nachtzeit sowie Präzisierung der Vorpostenpositionen auf der Grundlage der

Analyse der Ablande- und Anlandeorte bzw. Aufnahmepositionen und der wahrscheinlichen Kurse der Grenzverletzer;
2. Festlegung von Radarvorpostenlinien für die Schwerpunktzeit der Ablandung bzw. für Nachtzeiten über neun Stunden an der nördlichen Begrenzung der Suchgebiete;
3. Absuche der Tonnen im Seegebiet durch den koordinierten Einsatz von Schiffen und Booten sowie Verbesserung der Abstimmung zwischen see- und landseitigem Kräfteeinsatz;
4. Einsatz von Motorschlauchbooten in bestimmten Seegebieten zur Erhöhung der Ausmachwahrscheinlichkeit von Grenzverletzern in der Schwerpunktzeit der Ablandung[284].

1987/88 hatten sich die »Angriffe auf die Seegrenze« in Richtung Offenes Meer, so bezeichnete die GBK offiziell die Fluchtbewegung der eigenen Bürger über See, stark erhöht: Im Vergleich zum Vorjahr 1986/87 um rund 170 Prozent.
Konkret waren das 1987/88 143 Fälle mit 221 Personen.
Von diesen versuchten,

- in 125 Fällen 199 Personen über die offene Küste unter Nutzung von Schlauch-, Falt- und anderen Booten, geeigneten Schwimmitteln sowie schwimmend mit und ohne Surf- bzw. Naßanzüge;
- in elf Fällen 18 Personen über die Häfen;
- in vier Fällen sechs Personen zu Fuß entlang der Küste in Richtung BRD;
- und in drei Fällen fünf Personen über die Staatsgrenze zu Polen

den **Grenzdurchbruch** zu vollziehen[285].

Der »Raum der Hauptanstrengung« (RdH), d.h. das Gebiet, wo die Grenzkompanien der GBK vorwiegend diese »Angriffe auf die Seegrenze« abzuwehren hatten, war – wie bisher auch schon – der westlichste Teil des Bezirks Rostock, die Gegend um Wismar mit Zielrichtung (für die »Grenzverletzer«) Lübeck-Travemünde bzw. Schleswig-Holstein.
Die sogenannten »Angriffe« auf die Staatsgrenze erfolgten zu 33 Prozent schwimmend mit und ohne Surf- oder Naßanzug, zu 25 Prozent unter Nutzung von Schlauchbooten und zu zehn Prozent unter Einsatz von Faltbooten.
Von diesen 221 Bürgern gelang es 27 Personen (in 15 Grenzdurchbrüchen), **den Westen zu erreichen** (Vorjahr: 7 Grenzdurchbrüche mit 10 Personen); bei 128 Festnahmen wurden 194 Personen (Vorjahr: 78 Festnahmen mit 114 Personen) gestellt.
Daß die Anzahl der gelungenen »Grenzdurchbrüche« absolut und prozentual Ende der 80er Jahre zunahm, verunsicherte die GBK-Leitung. Insbesondere »störte« die Verantwortlichen die vermehrte Verwendung von Surf- und Naßanzügen, durch die eine »wesentlich erhöhte mögliche Aufenthaltszeit im Wasser« erreicht werde[286].
Man forderte eine ganze Serie von Maßnahmen zur weiteren Stärkung der see- und landseitigen GS, die – falls verwirklicht – erhebliche finanzielle Mittel beansprucht hätten und mit einer Personalerhöhung der GBK verbunden gewesen wären.
Die politische Entwicklung in der DDR verhinderte, daß man ernstlich die GS an der Ostsee weiter ausbaute und vervollkommnete.
Die seeseitige GS der GBK zählte etwa 800 Mann, die »Grenzschiffsabteilungen« 1, 2 und 4 lagen in Saßnitz (1. GSA) und in Warnemünde (2. und 4. GSA).

Angehörige der GBK trugen Marinedienstgrade und -uniform, zwischen der land- und der seeseitigen GS gab es Personalaustausch. In der landseitigen GS dienten auch Wehrpflichtige, in der seeseitigen GS waren vor allem Zeit- und Berufssoldaten tätig.
Nicht jeder, der »zur Grenze« wollte, wurde auch aufgenommen: Wer zu den Grenztruppen der DDR (einschl. GBK) kam, war zuvor auf seine politische Gesinnung geprüft worden und durfte keine Westverwandtschaft oder -kontakte haben.
Junge Offiziere und Absolventen der OHS der Grenztruppen empfanden die Versetzung zur GBK gelegentlich als Auszeichnung:

»Das war meine schönste Zeit, nicht nur, weil ich am FKK-Strand nackte Frauen gesehen habe ... Die Seegrenze der DDR hatte für mich etwas Prickelndes. Urlauber, die am Strand lagern, Burgen bauen, und dazwischen wir, mit Uniform und Maschinenpistole. In Graal-Müritz, einem der schönsten Seebäder, habe ich als Offizier viel erlebt. Es gab natürlich auch Ablandungen und Abholmanöver, besonders gerne zu Feiertagen. Da wurden Leute dann richtig geschleust. Aber manchmal konnten wir das auch verhindern ...[287]«

Dem Offizier der GBK blieb der Dienst auch deshalb in guter Erinnerung, weil er offenbar – wenn »Grenzverletzer« festgenommen wurden – auf den Einsatz von Schußwaffen verzichten konnte. Überhaupt fällt auf, daß – bis auf wenige Ausnahmen – in der land- und seeseitigen GS kaum auf Flüchtlinge geschossen wurde (wie bereits erwähnt); der letzte Kommandeur der GBK sprach sogar davon, daß es »gezieltes Feuer auf Grenzverletzer« nicht gab.
Damit unterschieden sich die GS-Einheiten an der DDR-Küste von denen an der DL und in Berlin erheblich.
Aber Tote kamen dennoch vor: Immer wieder ertranken »Grenzverletzer« auf ihrer Flucht in der Ostsee, die GBK registrierte insgesamt 27 Opfer, die »Arbeitsgemeinschaft ›13. August‹« in Berlin kommt inzwischen auf über 170 Ertrunkene seit 1961.
Die Zahl der Fluchtversuche über See lag in den 60er Jahren, wie überall an DDR-Grenzen, besonders hoch: Zwischen August 1961 und Ende 1970 erfolgten rund 300 »Grenzdurchbrüche« in den Westen, zugleich aber auch etwa 1.400 Festnahmen.
In der Zeit von Anfang 1971 bis Anfang 1980 gelangen nur noch 150 »Grenzdurchbrüche«, – bei mehr als 1.700 Festnahmen.
Und in den 80er Jahren, von 1980/81 bis November 1989, wurden 160 »Grenzdurchbrüche« verzeichnet, davon allein 73 im Jahre 1989; in der gleichen Zeitspanne nahm man mehr als 1.100 Personen fest.
Vergleichsweise ruhige Jahre in der DDR-GS zur See waren die Jahre 1967/68, 1984/85 und 185/86 mit jeweils jährlichen Festnahmezahlen unter 100 Personen.
Besonders »arbeitsintensive« Jahre der GBK waren dagegen 1964, 1965/66, 1971 bis 1973 und 1977 mit jeweils jährlichen Festnahmen von über 200 Menschen.
Die Fluchtzeiten verlagerten sich von den Sommermonaten Juli und August auf die Herbstmonate September/Oktober in den 70er und 80er Jahren.
Insgesamt wurden von 1961 bis 1989 an der Seegrenze der DDR mehr als 4.270 Menschen wegen »Grenzverletzung« festgenommen; knapp 600 Personen kamen im gleichen Zeitraum in den Westen durch. Das entspricht einer »Erfolgsquote« von 14 Prozent[288].

Mit Wirkung vom 17. April 1990 wurde die GBK aus der Volksmarine herausgenommen, der sie bisher (seit 1961) operativ unterstellt war; nunmehr unterstand sie – bis zum Ende – dem »Chef der Grenztruppen« direkt. Die jahrzehntelange »Vermischung« von grenzpolizeilichen und militärischen Aufgaben in der DDR-Marine, von manchen Seeoffizieren schon immer abgelehnt, war damit beendet.

4. Schwere »Grenzzwischenfälle« auf See

Christine und Bodo Müller aus Rostock haben schon im Jahre 1992 ein Buch vorgelegt, das über die dramatischen Fluchtgeschichten von DDR-Bürgern an der Ostseeküste umfassend informiert[289].
Die beiden Autoren listeten rund ein Dutzend besonders spektakulärer Fälle auf, die allerdings **nicht** typisch für die (normale) »Grenzverletzerbewegung« über See sind (und es auch nicht sein wollten). Die zumeist übliche Flcht über die Ostsee in den Westen erfolgte mit kleinen Booten, Segelbooten oder mit Hilfe von Schwimmitteln (Naßanzügen).
Christine und Bodo Müller hatten sich in erster Linie den Fluchtgeschichten zugewandt, die besonders originell, technisch aufwendig und/oder gefährlich waren. Und diese Fluchtunternehmen hatten längst nicht immer ein glückliches Ende ...
Zwei besonders aufsehenerregende Fluchten über See seien an dieser Stelle herausgegriffen: Die des Rostocker Segelmachers **Willi Gaeth** mit seiner Segelyacht »Tornado« im Sommer 1975, und die gescheiterte Flucht des Obermaats **Bodo Strehlow** mit dem im Grenzdienst stehenden Küsten-Minensuch- und Räumschiff »Graal-Müritz« im August 1979.

Gaeth geht im Juli 1975 mit seiner Familie (Ehefrau, zwei Kinder) an Bord seiner Yacht und passiert den Kontrollpunkt Warnemünde, um sein Boot der DDR-Küste entlang nach Greifswald zu überführen, wo er an einem Fahrtenseglertreffen teilnehmen will. So jedenfalls teilt Gaeth es den Behörden mit, um die entsprechende Genehmigung (PM 18) zu erhalten. Er hat innerhalb der 3-Meilen-Zone zu bleiben. Bei Darßner Ort segelt er aus dieser Zone heraus »unter Vollzeug in Richtung Norden« und trifft gegen Abend des 15. Juli 1975 in internationalen Gewässern auf das Wachboot BG-14 des BGS aus Neustadt/Holstein. Gaeth wünscht, vom BGS-Boot in den Westen gebracht zu werden, die Yacht »Tornado« wird in Schlepp genommen. Als ein Fahrzeug der GBK auf das BGS-Boot zuläuft, gehen die Gaeths an Bord des westdeutschen Bootes. Und zwei BGS-Leute gehen auf die »Tornado« und setzen statt der DDR-Flagge die bundesdeutsche. Was dann in den nächsten Stunden folgt, strapaziert die Nerven aller Beteiligten, – am meisten die der Familie Gaeth und die des Kommandanten des BGS-Bootes, Oberstabsbootsmann Klaus Seekamp. Die GBK beordert schließlich drei Grenzschiffe des Typs »Kondor I« an die »Duderstadt« (Kennung: BG-14), die versuchen, das BGS-Boot durch gefährliche Manöver zu stoppen. Die GBK-Schiffe wiederholen diese Stoppversuche mehrmals, dabei entgehen die Fahrzeuge nur knapp einer Kollision. Über Funk hat der BGS-Oberstabsbootsmann Hilfe angefordert, gegen 20.30 Uhr erscheint ein BGS-

Hubschrauber über den Verband, kreist über der »Duderstadt«, blendet mit seinen Landescheinwerfern die »Kondors«, die erneut ansetzen, die »BG-14« zu behindern. Kurz nach 22.00 Uhr kommt die »BG-12« des BGS dem bedrängten Schwesterboot zu Hilfe und setzt sich hinter die »BG-14«. Zehn Minuten später tauchen in dieser sternenklaren Nacht zwei DDR-Schnellboote des sowjetischen Typs »Shershen« (160 ts) auf, die den Verband umkreisen, inzwischen ist auch von westlicher Seite die »BG-17« des BGS hinzugekommen. Der BGS-Hubschrauber muß wegen Treibstoffmangel den Konvoi verlassen.
Die Situation ist nach wie vor kritisch, auf allen Booten und Schiffen ist »Gefechtsalarm« gegeben worden, die Mannschaften stehen an den Geschützen der »Kondors« oder – auf den BGS-Booten – mit Handfeuerwaffen bereit, um Enterversuche abzuwehren.
Der BGS-Oberstabsbootsmann erbittet Hilfe durch die Bundesmarine. Um 23.00 Uhr löst man »NATO-Alarm« aus, wenige Minuten später gehen zwei S-Boote der Bundesmarine in See, außerdem starten zwei Kampfhubschrauber: »Über öffentliche Funkkanäle erhält Seekamp die Nachricht«, daß ihm demnächst geholfen wird. Gegen Mitternacht kommen die beiden S-Boote der Bundesmarine in Sicht, die Kampfhubschrauber sind in wenigen Minuten am Einsatzort:

»Da drehen alle DDR-Schiffe schlagartig ab und verschwinden mit Höchstfahrt.«

Um 6.00 Uhr am 16. Juli 1975 erreicht der Schleppverband den Hafen von Neustadt/Holstein. Die Familie Gaeth ist heil im Westen angekommen.
Einen derartigen schweren Grenzzwischenfall hat es danach nie mehr gegeben; offenbar hatten die Verantwortlichen in der GBK und an höherer Stelle Lehren aus diesem Vorfall, der leicht zu einer bewaffneten Auseinandersetzung hätte führen können, gezogen.

Vermutlich hat auch die anstehende KSZE-Schlußkonferenz von Helsinki Anfang August 1975 die Befehlshaber auf DDR-Seite veranlaßt, einem bewaffneten Konflikt aus dem Wege zu gehen. Auf jeden Fall waren diese sechs Stunden am Abend des 15. Juli 1975 in der westlichen Ostsee die gefährlichsten im deutsch-deutschen Verhältnis[290].

Volks- und Bundesmarine, GBK und BGS-See verhielten sich in jener Zeit sowieso zueinander wie »Hund und Katze«, gingen höchst unfreundlich miteinander um und verzichteten auf alle seemännischen Bräuche. Jegliche Kontaktaufnahme unterblieb, wurde von DDR-Seite abgelehnt. Kontaktversuche des Westens galten als Provokation. Fahrzeuge der Bundesmarine fuhren »Technische Nahaufklärung« (TN) und näherten sich dabei vor Anker liegenden Schiffen und Booten der Volksmarine und der GBK auf Rufweite (soweit sich diese in internationalen Gewässern befanden), Flugzeuge der Bundesluftwaffe und von NATO-Staaten flogen oftmals im Tiefflug Schiffe und Boote der DDR-Streitkräfte an. Das war eine Antwort auf die völkerrechtlich unsinnigen Ansprüche des Warschauer Pakts, die Ostsee zu einem Binnenmeer zu machen und nur den Anrainerstaaten Rechte zuzugestehen. Und eine Antwort darauf, daß sich zum Beispiel sowjetische Kriegsschiffe (und vor allem U-Boote) in der Ostsee nicht so verhielten, wie international üblich: Die Hoheitsrechte Schwedens wurden bis in die 80er Jahre hinein verletzt.

Am Morgen des 5. August 1979 scheitert ein Fluchtversuch, den der **Obermaat der GBK, Bodo Strehlow**, auf dem Grenzsschiff »Graal-Müritz« (Kennung: G 424) begann und der für ihn tragische Folgen haben sollte. Strehlow, Zeitsoldat auf vier Jahre, Abiturient, Mitglied der SED, seit November 1975 Uniformträger, bemächtigte sich in der Nacht zum 5. August 1979 einer Waffe und schließt während seiner Wache die schlafende Mannschaft ein; dann erzwingt er mit Waffengewalt diensthabende Kameraden unter Deck und schließt diese ebenfalls ein.

Die »Graal-Müritz« liegt um diese Zeit etwa acht Seemeilen vor den bundesdeutschen Territorialgewässern in der Mecklenburger Bucht vor Anker.

Bodo Strehlow hat sich zur Flucht in den Westen entschlossen und geht allein in den Fahrstand des Grenzschiffes (nachdem er den Anker eingeholt hatte) und startet die Motoren. Kurs: Richtung West, Richtung Leuchtfeuer Dahmeshöved.

Über Bordfunk wird Strehlow vom inzwischen aufgewachten Kommandanten, einem Oberleutnant zur See, aufgefordert, die Maschinen sofort zu stoppen. Der Obermaat verweigert die Ausführung, das Grenzsschiff nähert sich der westdeutschen Küste. 35 Minuten hält das Schiff Kurs West, dann erfolgen Explosionen. Mit einer Handgranate hat sich der Kommandant das verschlossene Luk aufgesprengt, um an Deck zu kommen. Andere Soldaten folgen ihm, sie feuern mit Handfeuerwaffen auf den Flüchtling. Dieser schießt zurück, will aber – nach eigenen Angaben – niemanden treffen. Eine zweite Handgranate setzt Strehlow außer Gefecht, verletzt ihn schwer, er bricht zusammen. Später stellt sich heraus, daß er fast taub ist, sein linkes Augenlicht eingebüßt hat und sein Körper mit Splittern übersät ist.

Bodo Strehlow wird im April 1980 vom Militärobergericht Neubrandenburg wegen »Terror und Spionage im besonders schweren Fall« und wegen »mehrfach versuchten Mordes und Fahnenflucht im schweren Fall« zu einer lebenslangen Haft verurteilt, die er bis zum 19. Dezember 1989 in der Strafanstalt Bautzen II unter verschärften Haftbedingungen gottlob nur teilweise absitzen muß (in Isolierhaft)[291].

Die Partei- und Staatsführung der SED/DDR vollzieht an Strehlow ein Exempel: Sie will Nachfolgehandlungen möglichst ausschließen, will abschrecken von ähnlichen Vorhaben, die es auch in der GBK immer wieder einmal gibt (die aber in Ansätzen erstickt werden).

In Auswertung des Fluchtversuchs des GBK-Obermaats veranlaßt die Kommandoleitung unter anderem, die »einseitige Verriegelung« von Luken/Türen abzustellen und in Zukunft die unbemerkte Entnahme von Waffen/Munition an Bord zu verhindern. Der Einsatz von Handgranaten an Bord (in solchen Fällen) wird ausdrücklich gebilligt, das »kühne Handeln« des Kommandanten hervorgehoben und belobigt.

»Grenzdruchbrüche« an der Ostsse gelangen bis ins Jahr 1989. Die Grenzverantwortlichen vermochten es nicht, die Küste so abzusperren, wie gewünscht. Immer wieder entkamen per »Schwimmittel« aller Art – mit selbstgebauten und selbstkontruierten Geräten zur Fortbewegung auf dem Wasser und unter dem Wasser – Menschen über See in den Westen. Aus einer »Information« des MfS »über Erkenntnisse zur Verhinderung von Angriffen gegen die Staatsgrenze über See- und Grenzgewässer der DDR mittels Wasserfahrzeugen und anderen Schwimm- und Hilfsmitteln« aus dem Jahre 1984 wird deutlich, welchen Reichtum an Phantasie die Flüchtlinge entwickelten. Das Dokument listete eine Reihe von Geräten – Klein-

Ubooten, Schwimmitteln, »Scootern« und Kleinfahrzeugen – auf, die heute nur noch Bewunderung hervorrufen können. Der Erfindungsreichtum kannte buchstäblich keine Grenzen.
Die meisten derartigen Fluchtunternehmen wurden jedoch schon im Binnenland erkannt: durch Unvorsichtigkeit, auch durch Verrat.
An der Küste und auf See konnte die GBK nie die GS so betreiben, wie gefordert und verlangt. Dafür waren die personellen und materiellen Möglichkeiten zu gering. Die Praxis der GS an der Küste unterschied sich nicht grundsätzlich von der an Land, war jedoch technisch aufwendiger und damit kostspieliger.

Grenzsicherung, MfS und Parteierziehung

Die DDR-Grenzsicherung (GS) stand seit Gründung des Ministeriums für Staatssicherheit (MfS) im Februar 1950 im Mittelpunkt seines Interesses. Zeitweise konnte das MfS sogar die »Deutsche Grenzpolizei« in den 50er Jahren direkt anleiten.
Mit der Etablierung eines »Grenzbeauftragten« in allen DDR-Grenzkreisen zum Westen im Jahre 1986 gelang es dann dem MfS endgültig, seinen Einfluß auf die GS auch institutionell festzuschreiben. Das alles geschah auf Veranlassung oder Duldung der herrschenden Partei, deren leitende Sicherheitspolitiker es zuließen, daß offen und verdeckt tätige MfS-Mitarbeiter alle Bereiche der DDR-GS durchsetzten. Im Ergebnis gab es schon in den 70er und 80er Jahren, bis zur Schaffung des »Grenzbeauftragten«, kaum noch einen MfS-freien Raum in der GS.
Die (anderen) »Kräfte des Zusammenwirkens« in der GS – Grenztruppen, Volkspolizei und Zoll – waren über den Einfluß des MfS längst nicht immer glücklich, konnten sich diesem aber nicht entziehen. Überall war es MfS-Offizieren erlaubt, Vorgänge für sich zu reklamieren, selbständig zu entscheiden oder aber Richtlinien dafür zu geben, wie entschieden werden sollte. Letztlich bestimmte immer das MfS Art und Weise des »Zusammenwirkens« in der DDR-GS.
Die politisch-ideologische »Absicherung« der DDR-GS garantierte maßgeblich die führende Partei, die SED. Mit Hilfe der »Parteikontrollkommissionen« (PKK), so etwas wie eine Parteipolizei, überwachte sie die in der GS tätigen Grenztruppenangehörigen sowie die Volkspolizei und den Zoll, außerdem natürlich auch die MfS-Bediensteten. Bei Verdacht auf politische Unzuverlässigkeit mußten die betreffenden Genossen mit peinlichen Befragungen, eventuell mit Parteistrafen und (weiteren) Folgen, rechnen, die die Privatsphäre einschlossen. Die berufliche Karriere konnte dann abrupt zuende sein, zum Beispiel dann, wenn »Westkontakte« – auch im ferneren Familienkreis – **nicht** gemeldet wurden oder Westmedienempfang nachgewiesen werden konnte.

1. Grenzaufklärung »feindwärts« der DDR-Grenzsicherungsanlagen

Das MfS hatte mit seiner Hauptabteilung I (HA I) die »Sicherung« der NVA und der Grenztruppen zu besorgen, unterteilt in die Ressorts »Abwehr« und »Aufklärung«.
Die Grenzaufklärung (feindwärts) wurde mit Wirkung vom 10. Dezember 1961 als selbständiges Aufklärungsorgan in die HA I integriert; unter Nutzung der Zusammenarbeit mit der »Abwehr« (der Verwaltung 2000) wollte man »das westliche Territorium an der Staatsgrenze … im Vorfeld und in der Tiefe planvoll, systematisch und zielgerichtet« aufklären[292]. Gut zehn Jahre später konkretisierte das MfS diesen Aufklärungs- bzw. Spionageauftrag und befahl,

»die Truppen, Stäbe und Einrichtungen der Bundeswehr und wichtige Objekte anderer NATO-Armeen bis zu einer Tiefe von 50 km feindwärts der Staatsgrenze West der DDR, den gesamten Bundesgrenzschutz, die hier diensttuenden Organe des westdeutschen Zollgrenzdienstes und der Bayerischen Grenzpolizei, die an der Ostseeküste tätigen westdeutschen Grenzüberwachungsdienststellen sowie die in der Grenzüberwachung tätigen Kräfte Westberlins und der westalliierten Besatzungsgarnisonen aufzuklären[293]«.

Die Aufgabenstellung, die dieser MfS-Befehl aus dem Jahre 1972 festschrieb, bleibt im wesentlichen bis zum Ende der DDR bestehen.
Die »Grenzaufklärung« in Richtung Bundesrepublik Deutschland betraf deren einsehbares Gebiet und wurde durchgeführt von

- normalen Beobachtungsposten der Grenzkompanien auf den Türmen,
- Grenzaufklärungsposten des Aufklärungszuges in Schwerpunktabschnitten von Beobachtungstürmen,
- durch Einsatz von Beobachtungs-, Horch- und Hinterhaltsposten vor dem vorderen Sperrelement,
- durch Grenzstreifen vor dem vorderen Sperrelement,
- durch Aufklärungsflüge der Hubschrauberstaffel der Grenztruppen,
- durch eingesetzte Beobachtungsposten vor und hinter den Sperren durch die Aufklärungsgruppe der Unterabteilung (Aufklärung) des MfS,
- durch »Agenturaufklärung«[294].

Einsätze vor dem vorderen Sperrelement waren bis zu zehnmal im Monat durchzuführen, davon zwei- bis dreimal durch Grenzstreifen entlang des gesamten Grenzkompanieabschnittes. 30 Prozent der Einsätze wurden nachts absolviert, alle Grenzsoldaten mußten den Bestätigungsvermerk »A« (nach der Personalanalyse) tragen, also als besonders zuverlässig eingestuft worden sein.

Die Aufklärungsflüge der Hubschrauber wurden in der Regel einmal pro Woche im Regimentsabschnitt durchgeführt; dabei machte man Fotos auch der (einsehbaren) westlichen Grenzabfertigungsanlagen.

Die **MfS-Aufklärungsgruppe** kam an ausgewählten Grenzabschnitten ein- bis zweimal pro Monat zum Einsatz; sie bestand nur aus Offizieren des MfS (in Grenzeruniformen). Die strukturmäßig eingesetzten normalen Grenzposten der Grenzkompanien waren für den Zeitpunkt ihres Einsatzes zurückzuziehen. Die MfS-Leute waren mit Fotoapparaten, Ferngläsern, Funkgeräten, Teleobjektiven und Richtmikrophonen ausgestattet, ihre handelsüblichen Pkw/Kfz waren bei der Einfahrt ins Grenzgebiet nicht zu kontrollieren, ihr Einsatz dauerte vier bis acht Stunden. Neben den üblichen Durchlassen im Grenzzaun I benutzten sie auch »Aufklärungstunnel«, zum Beispiel solche in Bächen/Gewässern. Die Sperrgitter in diesen Objekten konnten von diesen Personen geöffnet werden.

Die **»Agenturaufklärung«** des MfS war **kein** Teil der »Aufklärung« der HA I bzw. der Verwaltung/Organisation 2000 der NVA/Grenztruppen.
Unmittelbar im Grenzgebiet waren Funkaufklärungseinheiten des MfS im Einsatz, die den Funk- und Sprechfunkverkehr des BGS und des westdeutschen Zolls abhörten.

Von den Offizieren für Grenzaufklärung in den Unterabteilungen der Grenzregimenter waren sogenannte »Aufklärungs- und Sammelberichte» (ASB) einmal im Monat zu erstellen. In Bezug auf das einsehbare Gebiet der Bundesrepublik enthielten sie Angaben über

- die Streifentätigkeit des BGS und des Zolls bzw. der Bayerischen Grenzpolizei,
- Aufklärungsflüge des BGS mit Hubschraubern,
- die Veränderungen im Grenzstreifen (Baumaßnahmen; personelle Veränderungen),
- das Auftreten von NATO-Einheiten (Westalliierte),
- das Auftreten von Personen in Zivil (z.B. »Einweisungen« von Besuchern an der DL),
- das Auftreten von Bundeswehrangehörigen in Zivil oder Uniform (als Besuchergruppen),
- Verletzungen des DDR-Hoheitsgebietes[295].

Zur Verstärkung der Grenzaufklärung (feindwärts) kamen vor dem vorderen Sperrelement **»Sicherungskompanien«** der (drei) Grenzkommandos zum Einsatz; sie wurden zügeweise auf die Grenzregimenter zum Dienst aufgeteilt. Ihre Aufgaben entsprachen denen der Bundeswehr-Fernspähkompanien, ihre Angehörigen wurden speziell geschult und ausgewählt.
Erwähnenswert in diesem Zusammenhang sind ferner die sogenannten »Grenz-IM« (auch »Schleuser-IM«), die aber mit der HA I nichts zu tun hatten und von der HVA des MfS geführt wurden.
Diese Leute arbeiteten auf Bundesgebiet und in Westberlin und hatten »Schleusungen« von Personen über die innerdeutsche Grenze zu organisieren; Schleusungsmöglichkeiten waren in Abstimmung mit der HA I beim Kommando der Grenztruppen durch sieben der fünfzehn Bezirksverwaltungen des MfS in der DDR zu schaffen[296].
Die Grenzaufklärung »feindwärts« diente höchstens mittelbar der eigenen GS der DDR, muß jedoch auch als Teil des DDR-Grenzregimes begriffen werden.

2. Die »Verwaltung 2000« in den Grenztruppen

Im Kommando der Grenztruppen in Pätz bei Königs Wusterhausen existierte eine »Nebenstelle« der HA I des MfS mit den Bereichen »Abwehr« und »Aufklärung«. Diese war für die abwehrmäßige Sicherung der Grenztruppen, des Handlungsraumes der Truppe sowie für die Aufklärung des grenznahen Raumes einschließlich der feindwärtigen Grenzaufklärung zuständig.
In den nachgeordneten Dienststellen firmierte die HA I als »Verwaltung 2000« (auch: »Organisation 2000«).
Den beiden **Bereichen** »Abwehr« und »Aufklärung« waren **Abteilungen** bei den (drei) Grenzkommandos NORD, MITTE und SÜD unterstellt. Diese wiederum unterhielten **Unterabteilungen** (UA) in den Grenzregimentern.
Ferner war eine »Abteilung Grenzsicherheit« beim Kommando der Grenztruppen in

Pätz tätig, der Unterabteilungen in Schwerin, Erfurt, Suhl, Gera und Karl-Marx-Stadt (Chemnitz) nachgeordnet waren. Aufgabe der »Abteilung Grenzsicherheit«:

Erhöhung der Wirksamkeit des MfS bei der Sicherung der Grenze zur Bundesrepublik durch Einflußnahme auf das einheitlich geführte, tief gestaffelte System der Grenzsicherung auf der Grundlage des Befehls 2/86 – unter anderem durch Einsatz von Grenzbeauftragten (und) Koordinierung der an der Sicherung der Grenze beteiligten Kräfte[297]. Diese Gremien gab es also erst ab 1986.

Der Bereich und die Abteilungen für »Aufklärung« hatten, wie erwähnt, die politisch-operative Aufklärung und Bearbeitung des Grenzvorfeldes wahrzunehmen, »subversive Angriffe« auf die Staatsgrenze zu untersuchen und »feindliche Schleusungstätigkeit über die Grenze der DDR« aufzuklären.
Die Hauptaufgaben des Bereichs und der Abteilungen »Abwehr« bestanden in der vorbeugenden Verhinderung von Fahnenfluchten und anderer schwerer Militärstraftaten, in der Bekämpfung von Militärspionage gegen die Grenztruppen sowie in der Gewährleistung der personellen und funktionellen Stabilität der Grenztruppen und der Sicherung ihrer Anlagen[298].
Die MfS-Dienststellen waren personell bzw. planstellenmäßig außerordentlich gut ausgestattet. Beispielsweise verfügte die Abteilung »Abwehr« des Grenzkommandos Mitte (Berlin) über insgesamt 122 Planstellen für Berufsunteroffiziere, Fähnriche und Offiziere. Die einzelnen Unterabteilungen in den Grenzregimentern hatten zwischen acht und achtzehn Planstellen. Die übergroße Mehrheit der Planstellen war für Offiziersdienstgrade vorgesehen. Leitende Dienstgrade: Major oder Oberstleutnant, Leiter der Abteilung: ein Oberst[299].
Allein die drei territorialen Grenzkommandos zählten mehr als 600 MfS-Mitarbeiter in Grenzeruniform in den Abteilungen »Abwehr« und »Aufklärung«.
Die MfS-Leute in den Dienststellen arbeiteten in der 80er Jahren überall – sofern sie sich mit der DDR-GS befaßten – mit der Dienstanweisung 10/81 (VVS-Nr. o008 – 38/81) vom 4. Juli 1981, zu der fünf Durchführungsbestimmungen erlassen wurden. **Frank Petzold** hat diese MfS-Vorschriften vorgestellt und kommentiert[300].

Die Aufgabenschwerpunkte des MfS in der GS lassen sich danach wie folgt auflisten:

- Spionageabwehr zum Schutz der Grenztruppen und der Bürger im Grenzgebiet,
- Vorbeugung, Verhinderung, Aufklärung und Bekämpfung von Fluchten,
- Feststellung von Mängeln, Schwächen und Lücken im System der GS und Meldung an die mit der GS befaßten Dienststellen,
- Auswahl, Aufklärung und Bestätigung geeigneter Kader für die Grenztruppen,
- Einflußnahme und (letztlich) Entscheid über »Einreisen aus persönlichen Gründen« ins DDR-Grenzgebiet,
- Verhinderung von Fahnenfluchten der Grenzsoldaten,
- Festlegung der Hauptaufgaben für die Grenzaufklärungseinheiten,
- Befragung und Bearbeitung von Personen, die wegen ungesetzlichen Grenzübertritts aus Richtung Westen festgenommen wurden,
- Überwachung der »Kräfte des Zusammenwirkens« in der GS, unter anderem der Volkspolizei, sowie der Grenzbevölkerung einschließlich der Behörden und Betriebe im Grenzgebiet.

Obwohl damit noch längst nicht alle Aufgabenfelder des MfS in der GS genannt sind, ist unschwer zu erkennen, welchen Einfluß das Mielke-Imperium hatte: **Alles**, was auch nur irgendwie mit der GS zu tun hatte, traf auf die Organisations- und Regulierungswut des Ministeriums und seiner nachgeordneten Dienststellen.
Ohne Zweifel bildeten die Aktivitäten zur Unterbindung (und Aufklärung) von »Republikflucht« immer einen Schwerpunkt.
Frank Petzold weist nach, daß sich das MfS und die »Organe des Zusammenwirkens« – also hier in erster Linie die Volkspolizei – mehr auf die innere GS konzentrierten. Fluchtwillige sollten schon im Landesinneren dingfest gemacht werden, Fluchtvorhaben sollten möglichst schon im Ansatz entdeckt werden, Fluchtverdächtige waren **an ihrem Heimatort** zu überwachen. Und sogenannte »Rückverbindungen« von Republikflüchtigen zu Einheimischen wurden »aufgeklärt«, um Folge-Fluchten zu verhindern und Informationen über die Fluchtwege zu erhalten. Aus diesem Bestreben entstand so etwas wie eine ständige **innere Grenzsicherung** im DDR-Landesumfang. In jeder Stadt, in jedem Kreis, in jeden Bezirk, waren MfS-Mitarbeiter und Kräfte der Volkspolizei vorbeugend tätig, um Fluchten zu verhindern.
Das Kontrollsystem dafür wurde personell und technisch vervollkommnet und bis Ende der 80er Jahre zu perfektionieren versucht. Aber die Verantwortlichen täuschten sich über den Ausreisedruck, der immer mehr zunahm und zu immer mehr Ausreiseanträgen führte. Wurden diese abgelehnt (oder sogar mehrmals), galt der betreffende Bürger als möglicher »Grenzverletzer« bzw. Flüchtling.
Um Westfluchten und steigende Ausreiseanträge besser bekämpfen zu können, bildeten das MfS 1976 eine

»Zentrale Koordinierungsgruppe« (ZKG)

mit entsprechenden Bezirkskoordinierungsgruppen (BKG) überall im Lande. Das besondere Augenmerk der ZKG richtete sich auf die rechtzeitige Unterbindung besonders spektakulärer »Grenzübertritte«. Als ab Mitte der 80er Jahre die Zahl der »Grenzverletzer« wieder zunahm und in der Folge sogar kräftig anstieg, weitete man das Personal aus und schuf z.B. eine besondere ZKG-Abteilung **»Grenzsicherung«**.
Die Fluchtversuche mit (selbstgebauten) Fluggeräten und Wasserfahrzeugen stiegen zwischen 1987 und 1988 auf mehr als das Doppelte, bei jenen mit Kfz auf mehr als 160 Prozent:

»Dementsprechend stellte die ›Schließung von Lücken‹ im Grenzsicherungssystem nunmehr einen besonderen Arbeitsschwerpunkt der ZKG/BKG dar. Weitere Schwerpunkte bildeten in der Planorientierung für 1989 die verstärkte Überwachung von ›anfälligen‹ Personengruppen (unter anderem 18 bis 35jährige ledige und/oder geschiedene Männer, Vorbestrafte, langzeitig abgelehnte Antragsteller und Berufslose) ...[301]«

Alle diese Bemühungen sollten den »Druck auf die Grenze« mindern und die GS-Organe entlasten. Alle diese Versuche wurden vom MfS initiiert und immer wieder erneuert und »verbessert«. Alle aber scheiterten schließlich.
Ein weiterer Schwerpunkt des MfS-Interesses betraf die DDR-Grenztruppen direkt: Das Ministerium verschaffte sich maßgeblichen Einfluß auf die Rekrutierung der »Grenzer«. Hauptgrund: Die Zahl der Fahnenfluchten sollte möglichst gering gehalten werden. Deshalb wurde das MfS spätestens beim Auswahlprozeß in den Wehr-

kreiskommandos bzw. in den Musterungskommissionen tätig. Die Zielsetzung:

»Die sicherheitspolitische Bedeutung der Grenztruppen der DDR erfordert die Gewährleistung der personellen Sicherheit durch Zuführung von Wehrpflichtigen für den Grundwehrdienst, Wehrdienst auf Zeit und in militärischen Berufen, deren politische Zuverlässigkeit weitgehend nachgewiesen ist[302].«

Den Nachweis führten verschiedene Dienststellen des MfS und die vom ihm bestellten »Zuträgerorganisationen« wie z.B. die Volkspolizei. Beteiligt waren auch »Inoffizielle Mitarbeiter« (IM) im Umfeld des Kandidaten. Grundlage für diese Maßnahmen war eine MfS-Dienstanweisung 7/84 zur politisch-operativen Sicherung der Wehrkommandos der NVA vom 9. Oktober 1984 (VVS-Nr. o008 – 96/84) und eine »1. Durchführungsbestimmung zur Dienstanweisung 7/84: Die politisch-operative Sicherung der personellen Auffüllung der NVA, der Grenztruppen der DDR und der kasernierten Einheiten des MdI« vom 9. Oktober 1984 (VVS-Nr. o008 – 97/84)[303].
Die »Abwehroffiziere Wehrkreiskommando« des MfS setzten in den Musterungskommissionen ihre Vorstellungen zur Rekrutierung der Grenzsoldaten durch, sie veranlaßten die Sicherheitsüberprüfungen gemäß der (bereits erwähnten) MfS-Richtlinie 1/82.
Besonders streng verliefen die Überprüfungen bei »Selbstbewerbern« unter den Wehrpflichtigen – weil hier Fluchtabsichten unterstellt wurden –, Berufsoffiziers- und Berufsunteroffiziersbewerbern. Für alle Bewerbergruppen entwickelte das MfS ein Überprüfungssystem ihrer Kreisdienststellen, das vor allem folgende Nachforschungsschwerpunkte beinhaltete:

- Bindungen des Kandidaten an Staat, Familie und Arbeitsplatz;
- verwandtschaftliche Verhältnisse;
- Kontakte des Kandidaten zu Personen im Verwandten- und Bekanntenkreis, die über Westverbindungen verfügten;
- Personenkreise, die Einfluß auf den Kandidaten ausübten (z.B. Verlobte, Freunde);
- berufliche und private Interessen des Kandidaten.

Wer letztlich zu den Grenztruppen eingezogen/einberufen wurde, war immer an die Zustimmung des MfS gebunden. Das bedeutete:

»Indem das MfS den zur militärischen Sicherung der Grenze eingesetzten Personenkreis mehr oder minder allein bestimmte, übte es einen bedeutsamen Einfluß auf die Belange des Grenzgebietes aus[304].«

Mit der Auswahl der Grenzsoldaten durch das MfS wollte man, wie bereits gesagt, vor allem die Zahl der Fahnenflüchtigen gering halten. Aber das gelang in der Praxis nur zum Teil. Deshalb legte das MfS großen Wert auf Informationen, ob (und wie) möglicherweise Grenzsoldaten »von der Fahne gehen wollten«. Das heißt, man durchsetzte die grenzsichernden Kompanien mit Zuträgern (= IM), die in erster Linie die Aufgabe hatten, Fluchtabsichten ihrer Kameraden zu melden. Daneben hatten sie ihre Führungsoffiziere über politisch negative Äußerungen zu informieren, da diese Hinweise auf denkbare Fluchten gaben. Auch die »Lockerung« von Bindungen zur Ehefrau und Freundin waren beobachtungspflichtig, ebenso finanzielle Probleme der Grenzsoldaten. Ärger mit den Vorgesetzten konnte ebenfalls ein Fluchtmotiv sein[305].

Die Durchsetzung mit IM wurde schon in den Ausbildungsregimentern der Grenztruppen begonnen; je »Diensteinheit« (= Kompanie) war dann – in den grenzsichernden Einheiten – ein »Absicherungsverhältnis« von acht bis zehn IM/GMS (= Geheime Mitarbeiter Sicherheit) anzustreben[306]. Man mußte also als Grenzsoldat davon ausgehen, daß rund zehn Prozent der Kompanie für das MfS arbeitete.
Von den IM/GMS wurde bespitzelt,

- wer staatsfeindliche Äußerungen von sich gab und eine »ungefestigte politische Grundeinstellung« hatte,
- wer Kontakte und Verbindungen in den Westen während seiner Dienstzeit pflegte oder diese indirekt über Verwandte unterhielt,
- wer eine unklare Einstellung zum Wehrdienst besaß, pazifistische Einstellungen verriet und eine »ungefestigte Haltung ... zur Anwendung der Schußwaffe« hatte,
- wer ungeordnete familiäre Verhältnisse aufwies und »Verbindungen zu asozialen, kriminell aufgefallenen Personen« entwickelte,
- wer »ausgeprägte charakterliche Schwächen«, Widersprüche im Verhalten bei der Dienstbewältigung sowie »Störungen der sozialistischen Kollektivbeziehungen« zeigte[307].

Grenzer, die (politisch) auffällig wurden, konnten von den Vorgesetzten jederzeit aus dem direkten Grenzdienst abgezogen werden. Gründe dafür brauchten nicht genannt zu werden, der betreffende Soldat fand sich in rückwärtigen Einheiten wieder.
Das MfS in den Grenztruppen – die HA I – war bemüht, keine Fluchten der Grenzer zuzulassen. Ferner lag ihr daren, überhaupt »Besondere Vorkommnisse« bzw. »Grenzzwischenfälle« (Fluchten) an der Grenze auszuschließen. Wenn diese dennoch eintraten, veranlaßte die HA I in der Truppe eine umfängliche Untersuchung der Vorgänge und nahm maßgeblichen Anteil auf die Zusammensetzung der Untersuchungsgruppen. Alle schwerwiegenden »Vorgänge« meldete die HA I auf einer speziellen »Meldestrecke« der Stasi; die Grenztruppen ihrerseits unterhielten ebenfalls eine »Meldestrecke« ihrer Kommandostellen.
Der führenden Partei in der DDR, der SED, gingen also immer mindestens zwei Meldungen über »Grenzzwischenfälle« zu.

Nach Ansicht der Autoren einer längeren Dissertation zum Thema der Hauptabteilung I beim Kommando der Grenztruppen (HA I/KGT) aus dem Jahre 1978 war diese integraler Bestandteil des MfS und ließ sich in ihrer Arbeit von den vom Minister für Staatssicherheit (und seinen Stellvertretern) gegebenen Schwerpunkten der politisch-operativen Arbeit leiten und verwirklichte ihre Aufgaben aus der Sicht der Gesamtverantwortung des MfS.
Die MfS-Offiziere, die ihren Doktorgrad im Kollektiv erwarben, sahen in der HA I/KGT eine Diensteinheit des MfS, die im Prozeß der DDR-GS (künftig) eine zentrale Stellung einnehmen müsse. Entsprechend ihrem »Sicherungsgegenstand« habe die HA I/KGT vor allem Verantwortung für die

- ☐ Gewährleistung der inneren Sicherheit der Grenztruppen,
- ☐ politisch-operative Sicherung der Arbeitsprozesse dieser Grenztruppen,
- ☐ Verhinderung von Angriffen gegen die Staatsgrenze aus dem Innern der DDR, insbesondere ungesetzlicher Grenzübertritte im Handlungsraum der Grenztruppen,

Melde- und Informationsschema der Grenztruppen (GT) der DDR und der Hauptabteilung I (MfS) beim Kommando der Grenztruppen in Pätz

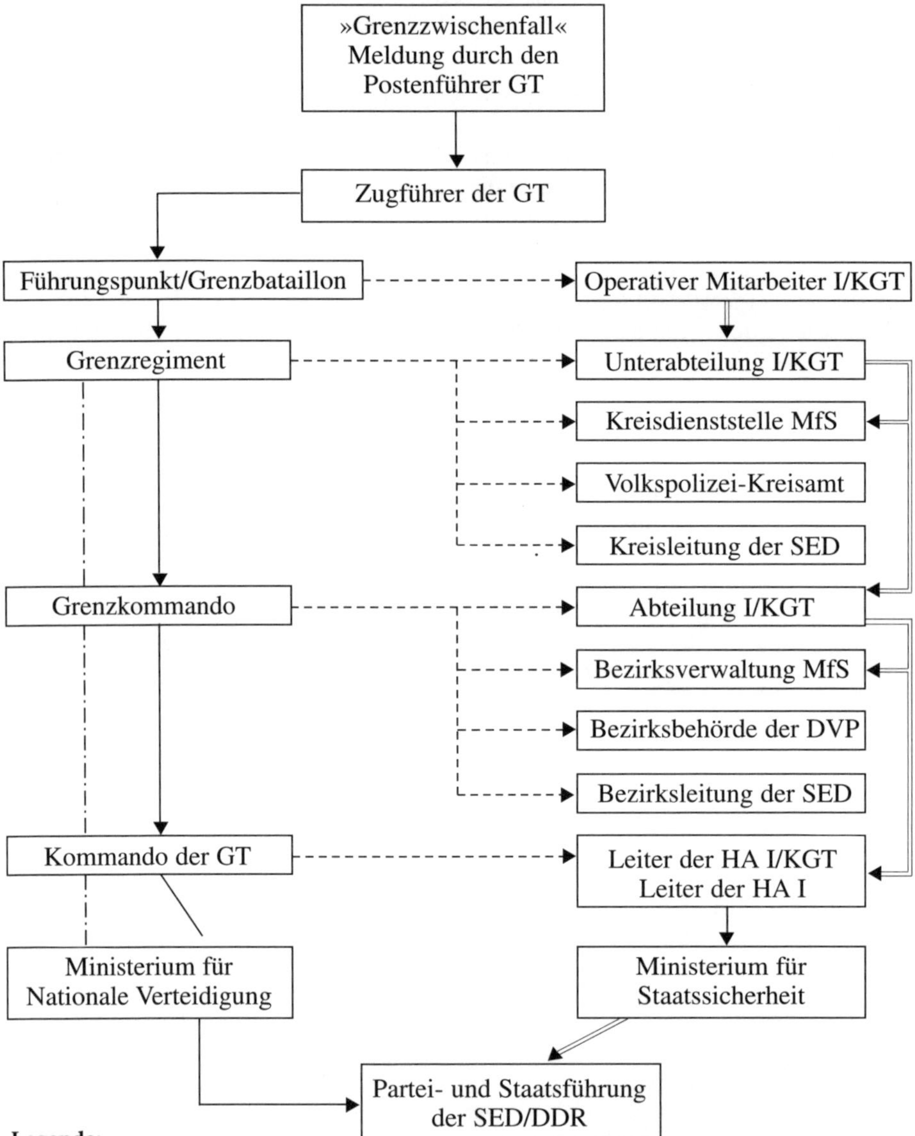

Legende:
Meldeweg der GT: ————
Informationsweg der GT: - - - - - - - -
FS-Verbindung der GT: —·—·—
Meldeweg I/KGT: ════

Quelle: JHS-Dissertation von R. Härtel/J. Föhr, aaO VVS JHS 001-256/78, 740 Seiten, JHS 21878, 29. Januar 1979, S. 463

- ☐ politisch-operative Aufklärung und Kontrolle der Grenzüberwachungsorgane der BRD und Westberlins, die Aufgaben an der Grenze zur DDR erfüllen,
- ☐ vorbeugende Verhinderung, Aufdeckung und Bekämpfung der aus dem Grenzvorfeld der BRD bzw. Westberlins gegen die Staatsgrenze und die Grenztruppen gerichteten Angriffe sowie ungesetzlichen Grenzübertritte.

Seinerzeit wurden die beiden Bereiche »Abwehr« und »Aufklärung« aufgefordert, ihre Verantwortung zur Sicherung der Staatsgrenze koordiniert wahrzunehmen und ihre Arbeit (weiter) zu qualifizieren. Dazu gehörte es, die GS in Zusammenarbeit mit den anderen Organen des Staates auszubauen. Dabei gab es offensichtlich erhebliche Probleme, die in der Überregulierungssucht der Verantwortlichen zu suchen sind und an der Vielzahl der beteiligten Diensteinheiten des MfS selbst.
Es gehörte zum amtlichen Selbstverständnis des MfS bzw. der HA I/KGT, einen entscheidenden Beitrag dafür zu leisten, daß der Bereich »Abwehr« folgende Aufgaben beim Schutz der Staatsgrenze erfüllen solle:

- Gewährleistung der inneren Sicherheit der DDR-Grenztruppen, vor allem durch vorbeugende Verhinderung, Aufdeckung und Bekämpfung jeglicher Feindtätigkeit zur politisch-operativen Sicherung des Personalbestandes, der Objekte und Einrichtungen sowie der Einsatzmittel und Kampftechnik;
- Sicherung der Organisation und Führung der Grenzsicherung sowie der Einsatz- und Gefechtsbereitschaft der Truppe;
- Einflußnahme, Hilfe und Unterstützung der Grenztruppen zur Gewährleistung der GS sowie deren weitere Erschließung und Nutzung von Potenzen der Truppe zur Verhinderung feindlicher Angriffe gegen die Formationen und die Grenze der DDR.

Die Sicherstellung der inneren Stabilität der Grenztruppen sollte Vorrang haben, galt als Hauptaufgabe aller Diensteinheiten des Bereichs »Abwehr«. Die Gewährleistung der inneren Sicherheit der Grenztruppen war unter anderem verbunden mit der planmäßigen und zielstrebigen Verhinderung, Aufdeckung und Bekämpfung von

- Erscheinungen und Auswirkungen der politisch-ideologischen Diversion in den Grenztruppen sowie Gefahren, Störungen und feindlichen Aktivitäten durch die gegnerische Kontaktpolitik und -tätigkeit;
- Fahnenfluchten und anderen Militärstraftaten;
- Landesverratsdelikten;
- Terror- und Diversionsverbrechen.

Deshalb war man bemüht, die Realisierung folgender Aufgaben- und Zielstellungen sicherzustellen:

- Zuführung zuverlässiger Kader zu den Grenztruppen sowie Filtrierungsarbeit in den Grenzausbildungseinheiten;
- Absicherung und Kontrolle der Angehörigen der Grenztruppen in bedeutsamen Funktionen;
- Überprüfung und Bestätigung von Kadern des Grenzdienstes.

Ferner war der Bereich »Abwehr« der HA I/KGT angehalten, die Sicherung der

»Arbeitsprozesse« der Grenztruppen wahrzunehmen. Die Verfasser der Grenz- bzw. HA I/KGT-Dissertation aus dem Jahre 1978 verstanden darunter die

- Erarbeitung der Vorhaben und Richtungen zur Entwicklung der Grenztruppen und des Systems der GS;
- Erarbeitung von Befehlen, Weisungen und Dienstvorschriften zur Planung, Organisation und Führung der Handlungen der Grenztruppen;
- Planung, Organisation und Durchsetzung der Maßnahmen der Grenztruppen zur Gewährleistung der Sicherheit und Ordnung in den Grenzgebieten;
- Planung, Organisation und Führung der politisch-ideologischen Arbeit und der Ausbildung in den Verbänden, Truppenteilen und Einheiten sowie Lehreinrichtungen;
- Planung und Organisation der Kaderarbeit und der personellen und materiellen Auffüllung der Grenztruppen;
- Planung, Organisation und Führung des Ausbaues der pionier-, signal- und nachrichtentechnischen Anlagen an der Grenze;
- Organisation, Führung und Durchsetzung der Maßnahmen zur Untersuchung von Vorkommnissen im System der GS;
- Gewährleistung des Zusammenwirkens mit den anderen Schutz- und Sicherheitsorganen und der Zusammenarbeit mit det örtlichen Partei- und Staatsorganen sowie mit der Bevölkerung des Grenzgebietes.

3. »Kräfte des Zusammenwirkens« unter dem MfS

In der GS nahm das MfS schon vor der Schaffung des »Grenzbeauftragten« im Jahre 1986 bestimmenden Einfluß auf das Zusammenwirken aller »Organe« im Grenzgebiet, im grenznahen Raum und im Landesinneren der DDR.
Der Aufgabenkomplex »Vorbeugung, Verhinderung, Aufklärung und Bekämpfung von feindlich-negativen Angriffen« gegen die Grenze, »insbesondere des widerrechtlichen Passierens der Staatsgrenze der DDR«, stand **im Zentrum der Stasiaktivitäten**.
Maßgeblich dafür war die bereits erwähnte MfS-Dienstanweisung 10/81 vom 4. Juli 1981 bzw. die (3.) Durchführungsbestimmung dazu mit dem üblich umständlichen Titel

»Das politisch-operative Zusammenwirken mit den Kräften der Grenztruppen der DDR bzw. den Grenzsicherungskräften der Volksmarine, der Zollverwaltung der DDR und des MdI bei der Sicherung der Staatsgrenze und der Gewährleistung des grenzüberschreitenden Verkehrs an den Grenzübergangsstellen der DDR« vom 4. Juli 1981 (VVS-Nr. o008 – 40/81)[308].

Die »**Verhinderung von Grenzdurchbrüchen«** stand einwandfrei im Mittelpunkt dieses »Zusammenwirkens«.

Dienstanweisung und Durchführungsbestimmung enthielten im wesentlichen eine Aufgabenzuweisung der

Hauptabteilung VI des MfS,

die die Paßkontrolle an den GÜSten und die Sicherung des Reiseverkehrs besorgte. Während die Durchführungsbestimmung vor allem Zuständigkeiten der HA VI gegenüber den anderen Staatsorganen regelte, war die MfS-interne Zusammenarbeit innerhalb des Grenzregimes in groben Zügen durch die Dienstanweisung festgelegt worden:

»Insbesondere mit den jeweils zuständigen Diensteinheiten der HA I, den Bezirksverwaltungen sowie den Grenzkreisdienststellen hatten die Mitarbeiter der HA VI ihre Tätigkeit so zu koordinieren, daß die operative ›Sicherung der Zufahrtswege zu den Grenzübergangsstellen, der Flanken der Grenzübergangsstellen, der Grenzstreckenabschnitte, der Grenzgewässer sowie der Baumaßnahmen an den Grenzübergangsstellen‹ stets gewährleistet blieb[309].«

Ein weiterer Arbeitsbereich des MfS im Grenzgebiet wurde von der

Hauptabteilung VII

verantwortet; gemäß der zentralen Dienstanweisung 10/81 hatte diese HA Aufgaben zur Sicherung der »Organe und Angehörigen« des MdI wahrzunehmen. Durch ihre Tätigkeit sollte zugleich die Zusammenarbeit von MfS und MdI verbessert werden. Konkret bedeutete dieses, daß die Effektivität fluchtverhindernder Maßnahmen mit Hilfe der VP gesteigert werden sollte, – unter Aufsicht und Anleitung des MfS[310].

Die »Deutsche Volkspolizei« ihrerseits hatte für ihr »Arbeitsgebiet I der Kriminalpolizei« (auch »K I«) eigene Rechtsnormen zur Bekämpfung des »ungesetzlichen Grenzübertritts« entwickelt.

In einer »Richtlinie 00201/87 des MdI wurden die Ziele des AG I festgeschrieben; für die GS wurde folgendes festgehalten:

- Vorbeugung und Bekämpfung von Straftaten des ungesetzlichen Grenzübertritts, insbesondere von Angriffen auf die Staatsgrenze mit spektakulären und terroristischen Mitteln/Methoden,
- Vorbeugung, Aufdeckung und Aufklärung von Straftaten des ungesetzlichen Grenzübertritts über sozialistische Staaten durch die Ausnutzung des paß- und visafreien Reiseverkehrs,
- Gewährleistung einer hohen öffentlichen Ordnung und Sicherheit in den Grenzgebieten und im grenznahen Raum durch die inoffizielle Absicherung gefährdeter personeller und territorialer Schwerpunkte,
- Personenkontrollen von Verdächtigen, die eventuell »Grenzdurchbrüche« planen könnten,
- Feststellung und Aufklärung von Rückverbindungen von Personen, die die DDR ungesetzlich oder mit staatlicher Genehmigung verlassen haben, sowie von Kontaktaufnahmen durch Personen aus nichtsozialistischen Staaten und Westberlin, die die Zielstellung haben, Bürger der DDR zum ungesetzlichen Grenzübertritt oder zu Versuchen zur Erreichung der Übersiedlung zu veranlassen,
- Kontrolle und Überwachung von territorialen Schwerpunkten im Grenzgebiet oder grenznahen Raum bzw. **in Transitkreisen**, insbesondere Annäherungswege, Anlaufpunkte, Objekte mit größeren Personenkonzentrationen bzw. -bewegungen, natürliche oder künstliche Orientierungspunkte sowie Reisezüge und Personen-

bahnhöfe mit Eisenbahnstrecken, wo Täter zu ungesetzlichen Grenzübertritten mit der Eisenbahn zum Grenzgebiet bzw. grenznahen Raum anreisen,
- aktive Mitwirkung zur Aufklärung von Straftaten des ungesetzlichen Grenzübertritts mit unbekannten Tätern,
- aktive Mitwirkung bei Überprüfungen im Antrags-, Prüfungs- und Entscheidungsverfahren für die Einreise in das Grenzgebiet und von Reisen in dringenden Familienangelegenheiten in die BRD, nach Westberlin und andere kapitalistische Staaten sowie Befahren und Verlassen der Territorialgewässer der DDR. Dazu hat das AG I zu sichern, daß in Abstimmung mit den zuständigen Dienststellen des MfS zu allen Antragstellern, die für das AG I erfaßt sind, eine verantwortungsbewußte Prüfung und Entscheidung erfolgt. Bei Ablehnung eines Reiseantrags sind dem **Grenzoffizier der Kriminalpolizei** die wesentlichsten Gründe, die zur Entscheidungsfindung des Paß- und Meldewesens beitragen können, zu übermitteln. Gleichzeitig sind vorhandene Fakten zur Unterstützung des Ablehnungsgesprächs dem Paß- und Meldewesen mitzuteilen. Liegen Ablehnungsgründe vor, die die Konspiration und Geheimhaltung gefährden, sind die Überprüfungsergebnisse der zuständigen Dienststelle des MfS zu übergeben.

Das AG I (K I) der VP stand immer in enger Verbindung zum MfS und bezog auch von dort »Hinweise«, wie z.B. der illegale Grenzübertritt am besten zu bekämpfen sei. Mit einer eigenen »Arbeitsgruppe Grenze« war dieses VP-Organ bemüht, von sich aus Grenzdelikte zu verhindern bzw. aufzuklären[311].
Wie bereits geschildert, stellte die VP generell im Grenzgebiet und im grenznahen Raum Kräfte zur Verfügung, die in der praktischen GS aktiv waren und das Gros der »Grenzverletzer« (bzw. solcher, die es werden wollten) festnahm; auch in diesen Angelegenheiten immer unter Anleitung und Aufsicht des MfS.
Im Bereich der staatlich-territorialen Verwaltung der DDR, in den Bezirken, Kreisen, Städten und Gemeinden **mit Grenze**, existierten ebenfalls **»Arbeitsgruppen Grenze«**, die im weitesten Sinne den »Kräften des Zusammenwirkens« zugeordnet werden konnten und die unter Einfluß des MfS standen. Diese »Organe« kümmerten sich in erster Linie um die »Erhöhung der Ordnung und Sicherheit« in den Grenzgebieten und im grenznahen Hinterland. Ein Arbeitsfeld war der **Tourismus**, der in Bahnen zu lenken war, die nicht mit den Sicherheitsauflagen der Grenztruppen kollidierten. Auch Verkehrsbauten und bauliche Maßnahmen aller Art waren Themen dieser Gremien, denen immer ein (leitender) Mitarbeiter für Grenzsicherheit beim Rat des Bezirks oder des Kreises, Grenzoffiziere und Offiziere des MfS angehörten[312].
Erwähnenswert sind in diesem Zusammenhang ferner die **»Grenzsicherheitsaktive«** im Grenzgebiet, in denen rund 5.000 Bürger der DDR mitwirkten, um die »Ordnung und Sicherheit« (zusätzlich) zu gewährleisten. Auch diese »Aktive« standen unter verdeckter Anleitung und Überwachung des MfS in den Grenzkreisen.
Überall in den wichtigeren DDR-Dienststellen, auch im Innern der Republik, sorgten »Grenzoffiziere der VP«, Mitarbeiter für Grenzsicherheit bei den Räten der Bezirke und Kreise mit Grenze zum Westen sowie Bedienstete des AG I (K I) und des MfS für eine möglichst lückenlose Überwachung von Teilen der Bevölkerung, vor allem von Bürgern, die im Verdacht der politischen Unzuverlässigkeit standen und/oder Fluchtabsichten erkennen ließen.

Dazu setzten die VP (auch) **»Inoffizielle Kriminalpolizeiliche Mitarbeiter«** (IKM) und das MfS IM ein, die sich gezielt diesen Verdächtigen zu nähern hatten.

Bestandteil der **inneren GS** war – gerade nach Abschluß der innerdeutschen Verträge ab 1971 – die »Sicherung« der Transitstrecken durch die DDR (Straße/Schiene/Wasserwege), die das MfS nicht allein bewältigen konnte/wollte. Unter Federführung des Mielke-Ministeriums wurden in diesem Bereich »Kräfte des Zusammenwirkens« verstärkt eingesetzt.
Die Gesamtheit der politisch-operativen Maßnahmen vor allem zur Unterbindung des tatsächlichen und angeblichen Mißbrauchs des **Transitverkehrs** waren außerordentlich arbeitsaufwendig und betrafen MfS-Diensteinheiten ebenso wie »Kräfte des Zusammenwirkens«.

Verantwortung für die Überwachung des Transitverkehrs hatten

- die HA VI bzw. die Abteilungen VI der Bezirksverwaltungen des MfS,
- die HA VIII bzw. die Abteilungen VIII der MfS-Bezirksverwaltungen,
- die HA XIX bzw. die Abteilungen XIX der MfS-Bezirksverwaltungen,
- die MfS-Kreisdienststellen »mit Transitwegen«.

Die HA VI und die Abt. VI der MfS-Bezirksverwaltungen besorgten

☐ die Kontrolle, Abfertigung und Sicherung des Transitverkehrs während der Grenzpassage sowie in den durchgehenden Reisezügen,
☐ die politisch-operative Sicherung der GÜSten sowie der an den GÜSten eingesetzten Kräften **anderer Organe** und Institutionen, insbesondere die Kräfte der **Zollverwaltung** (unter Beachtung der Verantwortung der HA I und XIX),
☐ die **operative Kontrolle und Überwachung der Transitreisenden**, die unter Inanspruchnahme touristischer Leistungen ihre Transitreise unterbrechen, insbesondere in Hotels sowie auf internationalen Campingplätzen;

die HA VIII bzw. die Abt. VIII der Bezirksverwaltungen des MfS waren zuständig für

☐ **die schwerpunktmäßige Sicherung, Kontrolle und Beobachtung des Transitverkehrs auf dem gesamten für den Transitverkehr zugelassenen Straßennetz** einschließlich der Tiefensicherung,
☐ die politisch-operative Abwehrarbeit in den festgelegten bedeutsamen Objekten und Einrichtungen auf und an den Transitwegen **sowie in den Verkehrsgruppen Transit der Deutschen Volkspolizei** und den Abteilungen Transitüberwachung der Zollverwaltung der DDR;

die HA XIX bzw. die Abt. XIX der MfS-Bezirksverwaltungen wurden tätig für

☐ die schwerpunktmäßige politisch-operative Sicherung des Transitverkehrs auf dem gesamten für den Transitverkehr zugelassenen Streckennetz der Deutschen Reichsbahn und den gesamten für den Transitverkehr zugelassenen Binnenwasserstraßen einschließlich der Tiefensicherung, die abwehrmäßige Sicherung der im Transitverkehr eingesetzten Kräfte der Transportpolizei und Kommandos/Gruppenposten des Wasserschutzes der DVP;

und schließlich waren die Kreisdienststellen des MfS »mit Transitwegen« zuständig für

- ☐ die Organisierung einer wirksamen Tiefensicherung[313].

Unter »Tiefensicherung« wurde die Organisation und Durchführung ständiger oder zeitweiliger politisch-operativer Maßnahmen verstanden, die der vorbeugenden Sicherung räumlich begrenzter Territorien galten.
Sie erfolgte – unter anderem entlang und in der Tiefe der Sperr- und Grenzzonen an den Staatsgrenzen der DDR sowie **an den Transitstrecken**[314].
Überall verfügte das MfS über den entscheidenden Einfluß und nahm, offen und verdeckt, mit eigenen Dienststellen und IM sowie »Offizieren im besonderen Einsatz« (OibE) die Anleitung und Kontrolle der »Kräfte des Zusammenwirkens« wahr.
Die Vielzahl der beteiligten Diensteinheiten des MfS und der »Kräfte des Zusammenwirkens« sowie die Fülle der vorhandenen Rechtsnormen für die GS machten aber Abstimmungsprobleme und Kompetenzgerangel fast zwangsläufig, die typisch deutsche Sucht, alles und jedes zu regulieren, führte zu Überschneidungen und Unsicherheiten im täglichen Dienst.
Auch achteten Volkspolizei-Offiziere sehr wohl darauf, eine gewisse Selbständigkeit (auch) in der DDR-GS zu behalten. Man nahm die Abgesandten des MfS hin, da man gegen sie nicht offen auftreten konnte, man versuchte aber vielfach, deren Einfluß zurückzudrängen. Eine gewisse Arroganz der MfS-Offiziere gegenüber den »Kräften des Zusammenwirkens« beförderte das Streben nach Eigenständigkeit der Polizei und des Zolls.

4. Grenzsicherung durch das MfS: Der Grenzbeauftragte

In der Endphase der DDR gelang es dem MfS endlich, seinen Einfluß auf die GS und Grenztruppe auch institutionell festzuschreiben: Durch die Schaffung eines

»Grenzbeauftragten«

an der Grenze zur Bundesrepublik Deutschland[315].
Mit dem Befehl Nr. 2/86 zum »Einsatz von Grenzbeauftragten des MfS und zur Bildung der Abteilung Grenzsicherheit und von Unterabteilungen Grenzsicherheit in der Hauptabteilung I« vom 20. Januar 1986 konnte sich MIELKE so etwas wie einen **Generalbevollmächtigten** für Angelegenheiten der GS zuordnen, der in Zukunft in erster Linie die MfS-Koordinierung in Grenzfragen besorgen sollte.
Zwar hatte das MfS seinen Einfluß seit Jahrzehnten ausgebaut und erhöht, der Zugriff auf GS und Grenztruppen selbst aber blieb dem Haus versagt. Auch jetzt noch konnte das MfS **nicht** direkt die DDR-Grenztruppe anleiten und führen, doch erlaubte die neue Funktion des Grenzbeauftragten, nunmehr die DDR-GS maßgeblich bis entscheidend zu beeinflußen.
Der MIELKE-Befehl vom Januar 1986 beinhaltete unter anderem, daß in allen Grenzkreisen an der Staatsgrenze der DDR zur BRD »Grenzbeauftragte« (GBA) zu etablieren seien, denen auch »operative Mitarbeiter« beigegeben werden konnten.

Eine am gleichen Tage erlassene Rechtsnorm mit dem Titel

> **»Vorläufige Grundsätze für die Arbeit der Grenzbeauftragten des Ministeriums für Staatssicherheit in den Grenzkreisen an der Staatsgrenze der DDR zur BRD«**

enthielt alle wichtigen Aufgabenzuweisungen für den neuen GBA sowie Festlegungen zur Arbeitsweise.
Das Dokument des Hauses MIELKE behauptete zunächst, daß sich aus der Verschärfung der internationalen Klassenkampfsituation, der komplizierter gewordenen militärpolitischen Lage und den weiter anwachsenden Sicherheitserfordernissen, **»besonders auch durch den Abbau und die Beräumung der Minensperren**, höhere Anforderungen an den Schutz der Grenze und einer hohen Sicherheit und Ordnung in den Grenzgebieten ableiten ließen.
Bezugnehmend auf einen Beschluß des NVR vom 25. Januar 1985 legten die »Vorläufigen Grundsätze« fest, daß ein (Grenz-)Sicherungssystem zu schaffen sei, das[316]

- »einheitlich geführt wird,
- am Verlauf der Staatsgrenze beginnt und bis zu den Zugängen zum Grenzgebiet zweckmäßig gestaffelt ist,
- durch offene Präsenz sowie Deckung und Tarnung der Kräfte und Mittel gekennzeichnet ist,
- flexibel und beweglich gestaltet wird,
- und in welches alle für grenzsichernde Aufgaben einsetzbaren strukturellen und freiwilligen Kräfte sowie die Grenzbevölkerung insgesamt einbezogen werden.«

Interessanterweise enthält das Papier des ERICH MIELKE bzw. seines Hauses sodann die (abermalige) Hervorhebung der neuen Bedeutung der **Grenzkompanie** in der praktischen GS der DDR, die Rückkehr zur alten Wertschätzung dieser Einheit in der GS, die zu Zeiten der sogenannten **Bataillonssicherung** an Bedeutung verloren hatte.
Zitiert wird der damalige Minister für Nationale Verteidigung (Heinz Hoffmann):

»... das Hauptkettenglied, auf das sich in aller erster Linie unsere Anstrengungen zu richten haben, ist die Grenzkompanie! Erfolge in der Grenzsicherung sind ihre Erfolge. Niederlagen in der Grenzsicherung treffen die Kompanie. Schwächen und Lücken können nur hier beseitigt werden ... Schlußfolgerung: Alles, was wir in den Grenztruppen tun, müssen wir für die Kompanien tun; alles, was wir neu beginnen, muß in der Kompanie seinen Ausgangspunkt haben; alles, was wir zur Ausgestaltung des Grenzsicherungssystems für erforderlich halten, muß für die Grenzkompanie tauglich sein ... Die Grenzkompanie darf nicht das Sprungbrett sein für das schnelle Erreichen höherer Dienststellungen, sondern die grundsätzliche taktische Einheit der Grenzsicherung, – vergleichbar etwa der Bataillons- und Regimentsebene bei den Landstreitkräften! ...[317]«

Offenbar hatte das MfS die zeitweilige Abkehr von den Prinzipien der »Kompaniesicherung« in den Grenztruppen nicht mitgetragen; anders kann die Hervorhebung an dieser Stelle nicht verstanden werden. Die Wiedergabe des Verteidigungsminister-

zitats belegt auch das herausgehobene Interesse des MfS an Fragen der GS erneut. Immer war dieses Ministerium bestrebt, zumindest Einfluß auf diese GS zu nehmen. Mit dem MIELKE-Befehl vom Januar 1986 waren nun die Voraussetzungen geschaffen, diesen Einfluß uneingeschränkt auszuüben.
Das Funktionieren des »einheitlich geführten Grenzsicherungssystems« war von nun an unstrittig Aufgabe des MfS; »zur noch wirksameren Wahrnehmung« dieser Verantwortung wurde das Amt des GBA geschaffen. Zur funktionellen Stellung des GBA enthalten die »Vorläufigen Grundsätze« wichtige Aussagen:

»Der Grenzbeauftragte ist im Grenzkreis offizieller Vertreter des Ministeriums für Staatssicherheit in allen die Verwirklichung der Hauptaufgaben zur Sicherung der Staatsgrenze betreffenden Fragen.
Er nimmt im System der politisch-operativen Einflußnahme des MfS auf die Grenzsicherung eine Schlüsselstellung ein.
Durch seine von der politisch-operativen Lage im Grenzgebiet ausgehende und auf die konkreten Bedingungen im Grenzabschnitt der Grenzkompanie und des VP/Gruppenposten/Grenze (VPGP/G) orientierte enge Zusammenarbeit mit der zuständigen Kreisdienststelle und den zuständigen Unterabteilungen Abwehr und Aufklärung der HA I/KGT sowie seine bestimmende politisch-operative Einflußnahme auf die Durchsetzung der Aufgabenstellung aller an der Grenzsicherung beteiligten Organe hat er einen entscheidenden Beitrag zur Verwirklichung der vom Minister für Staatssicherheit gestellten Ziele und Aufgaben zum zuverlässigen Schutz der Staatsgrenze auf örtlicher Ebene zu leisten[318].«

Bereits diese Passagen machen deutlich, wie sehr der neue GBA im Zentrum der DDR-GS stehen sollte.
Im einzelnen hatte der GBA folgende Aufgabenkomplexe zu realisieren:

- Einflußnahme auf grenzsicherungsorientierte Führungsprozesse der DDR-Grenztruppen, der Volkspolizei und anderer Organe des MdI sowie auf entsprechende Leitungsprozesse der örtlichen Staatsorgane, gesellschaftlichen Organisationen und Kräfte,
- Mitwirkung an der Erarbeitung und Verwirklichung der Entschlüsse der Kommandeure der Grenzregimenter und Grenzbataillone, insbesondere aber der Kompaniechefs, zur GS,
- Einflußnahme auf die Weiterentwicklung und Vervollkommnung des Zusammenwirkens und der Zusammenarbeit der an der GS beteiligten Kräfte,
- Mitwirkung im und Unterstützung der Qualifizierung und Vervollkommnung des grenzbezogenen Zusammenwirkens der Schutz- und Sicherheitsorgane mit den örtlichen Partei- und Staatsorganen, den gesellschaftlichen Organisationen, Betrieben und Einrichtungen im Grenzgebiet, vorrangig durch
  - ☐ politisch-operative Einflußnahme auf die gesellschaftlichen Organe und Einrichtungen,
  - ☐ Teilnahme an Sitzungen der Kreiseinsatzleitung (KEL) auf Einladung ihres Vorsitzenden und sachkundige Mitarbeit an der Vorbereitung von Berichten und Beschlüssen der KEL zu Fragen der GS und
  - ☐ die Tätigkeit als Mitglied der Ständigen Kommission Ordnung und Sicherheit des Kreistages

in Zusammenarbeit bzw. Abstimmung mit dem Leiter der Kreisdienststelle des MfS und den Leitern der Unterabteilungen Abwehr und Aufklärung,

- □ Gewährleistung einer ständigen politisch-operativen Lageeinschätzung auf der Grundlage von eigenen Feststellungen, der von der HA I und der zuständigen Grenzkreisdienststelle sowie den anderen operativen Diensteinheiten bereitgestellten Informationen und der operativen Bewertung der von den Grenztruppen, der Volkspolizei und den anderen Partnern des Zusammenwirkens erhaltenen Informationen.

Im Mittelpunkt der GBA-Lageeinschätzung hatten zu stehen:

- Wirksamkeit des Grenzsicherungssystems und die darin eingeordneten Beiträge der Schutz- und Sicherheitsorgane,
- Stand der Gewährleistung einer hohen vorbeugenden Sicherheit und Ordnung im Grenzgebiet,
- Erkenntnisse über Mängel, Schwächen und Lücken im Grenzsicherungssystem und andere die Sicherheit und Ordnung im Grenzgebiet beeinträchtigende Bedingungen,
- Schlußfolgerungen, Vorschläge und einzuleitende Maßnahmen zur weiteren Vervollkommnung des Grenzsicherungssystems[319].

Der Überblick über diese Aufgabenzuweisung mag an dieser Stelle genügen, die »Vorläufigen Grundsätze« gehen bis ins Detail und lassen kaum eine Handlungsvariante unberücksichtigt.
In Bezug auf das politisch-operative Zusammenwirken mit den DDR-Grenztruppen enthielt das Dokument des weiteren Festlegungen über die konkreten Einflußmöglichkeiten des GBA auf den Willensbildungs- und Entscheidungsprozeß aller Ebenen, also auf Grenzregimenter, -bataillone und -kompanien.
Auch hier standen wieder die »Grenzverletzer« im Mittelpunkt des Interesses. Vom GBA waren »differenziert entsprechend der Führungsebene“ Erkenntnisse und Einschätzungen zu erarbeiten über

- □ wahrscheinliche Richtungen der Bewegung der Grenzverletzer,
- □ Schwerpunkttage und -zeiten.

Und der GBA hatte seine Vorschläge auszuarbeiten und zu unterbreiten für die Bestimmung der

- □ Hauptanstrengungen, Handlungsräume und Zeiten für den Einsatz der strukturellen und freiwilligen Kräfte der Grenztruppen sowie von Schutzhunden und anderen Unterstützungsmitteln für die GS in der Tiefe des Grenzgebietes,
- □ Erfordernisse für den abgestimmten Einsatz von Kräften der Schutz- und Sicherheitsorgane einschließlich ihrer freiwilligen Helfersysteme im Grenzgebiet und im grenznahen Raum,
- □ Einsatzvarianten und Maßnahmen des Zusammenwirkens zur Festnahme von in das Grenzgebiet eingedrungenen Grenzverletzern im Rahmen der festgelegten gemeinsamen Handlungen,
- □ Aufgaben bei Lageveränderungen und besonderen Vorkommnissen, z.B. gewaltsames Durchfahren von Kontrollpunkten und -stellen, Durchführung von Terror- und Diversionshandlungen im Grenzgebiet und grenznahen Raum.

In Bezug auf die Volkspolizei war der GBA gehalten, ebenfalls Einfluß auszuüben; er sollte in das politisch-operative Zusammenwirken der MfS-Kreisdienststellen mit dem Leiter des VPKA, den Leitern der VPGP/G, dem Leiter des Trapo-Amtes/der Trapo-Reviere und den Leitern von Dienststellen der Wasserschutzpolizei und des Betriebsschutzes (immer) einbezogen werden. Mit der Forderung: »Abgestimmt mit dem Leiter der KD (MfS-Kreisdienststelle) hat er sich auf die Einflußnahme zur effektiven Erfüllung der der DVP und den anderen Organen des MdI gestellten Aufgaben zum Schutz der Staatsgrenze zu konzentrieren[320].«
Die an der DDR-GS beteiligten Organe waren verpflichtet, den GBA **umfassend** über alle Vorgänge im Grenzgebiet zu informieren.
Ferner hatte der GBA den maßgeblichen Einfluß in Sachen GS auf die staatlichen und ökonomischen Organe im Grenzgebiet. Er war verpflichtet, mit den »Stellvertretern des Vorsitzenden für Inneres der Räte der Kreise« mit Staatsgrenze zur BRD eng zusammenzuarbeiten sowie mit deren strukturellen Mitarbeitern für Grenzfragen zusammenzuwirken.
Aus allem ergab sich, daß der GBA generell Zugriffsrechte in allen Fragen erhielt, die mit der DDR-GS zusammenhingen. Er konnte jederzeit verlangen, ihn bei der Arbeit zu unterstützen, er konnte auch IM/GMS – in Abstimmung mit der MfS-KD – einsetzen, er war in der Lage, sich Informationen zu beschaffen, er hatte überall die DDR-GS im weitesten Sinne zu koordinieren. Ministerbefehl und die »Vorläufigen Grundsätze« räumten ihm Kompetenzen ein, die schlicht allumfassend waren (was die GS betraf). Auf dem Papier! Denn in der Praxis gab es seit 1986 bis zum Ende der DDR-GS offensichtlich Probleme vor allem mit den MfS-Grenzkreisdienststellen bzw. mit deren Leitern und Mitarbeitern der Referate Grenzsicherung.
Zwar hatte man den GBA ausdrücklich – im Hinblick auf die KD des MfS – zur »Feinfühligkeit« in der täglichen Zusammenarbeit ermahnt, doch betrachteten die Grenzkreisdienststellen des MfS den neuen GBA nicht zu Unrecht als Konkurrenten, denn bisher hatten sie dessen Aufgaben größtenteils selbst wahrgenommen.
Das umso mehr, weil man die GBA nicht der Anleitungs- bzw. Befehlsgewalt der Kreisdienststellen unterstellte, sondern diese den (neuen) Leitern der »Unterabteilungen Grenzsicherheit« bei den MfS-Bezirksverwaltungen zuordnete.
Zusammen mit dem Befehl 2/86 des Ministers war eine »Abteilung Grenzsicherheit« in der HA I/KGT entstanden, die in den Bezirken mit Staatsgrenze zur BRD als Struktureinheiten der HA I/KGT »Unterabteilungen Grenzsicherheit« unterhielten. Die GBA in den Grenzkreisen wurden offiziell Angehörige dieser »Unterabteilungen« in ihrem Bezirk und wurden dem Leiter dieser Unterabteilung direkt und disziplinarisch unterstellt[321].

Wer in Hierarchien zu denken gewohnt ist, wurde von dieser Entwicklung unangenehm überrascht. Denn die Leiter der MfS-Grenzkreisdienststellen bekamen nunmehr ein neues Strukturelement und einen weitgehend selbständigen GBA zugeteilt. Mit der Verpflichtung, den GBA in Sachen GS allseitig zu unterstützen, mit der gleichzeitigen Auflage, sich seinen Wünschen in GS-Fragen zu beugen.
Dabei kam es zu Spannungen zwischen den MfS-KD und den GBA, mehrere Diplomarbeiten zu diesem Thema, geschrieben durch MfS-Offiziere an der Juristischen Hochschule Potsdam-Eiche, belegen dieses. Auch Frank Petzold[322] weist ausdrücklich auf Reibungsverluste hin.

Vor allem gab es Abstimmungsprobleme zwischen den Leitern der KD und den GBA im Vorfeld von Kontakten z.B. zur Kreiseinsatzleitung: die MfS-Offiziere traten hier nicht immer mit einer Stimme auf, sondern widersprachen sich teilweise in ihren Aussagen und Forderungen. Grund: Die Zusammenarbeit von KD und GBA war vielfach mangelhaft und wurde gelegentlich von beiden Seiten sabotiert.
Ein Hauptmann des MfS, beschäftigt in der KD Ludwigslust, im Jahre 1987 dazu eher vorsichtig mahnend:

»Die Zusammenarbeit zwischen dem Leiter der KD und dem GBA des MfS setzt hohes politisches Verantwortungsbewußtsein voraus und verlangt klare politisch-ideologische Grundhaltungen. Teilweise subjektiv gefärbte Vorbehalte zwischen oder zu den Partnern schaden dem Gesamtinteresse des MfS bei der Sicherung der Staatsgrenze[323].«

Natürlich schmälerte die Etablierung des GBA die Position der MfS-Grenzkreisdienststellen bzw. die ihrer Leiter. Denn die neuen GBA verstanden sich als Generalbevollmächtigte der GS und unterstanden nicht der KD, sondern den (neuen) Unterabteilungen Grenzsicherheit bei den MfS-Bezirksverwaltungen. Rivalitäten waren vorprogrammiert, Spannungen ergaben sich fast zwangsläufig, denn die Kompetenzverteilung war nicht so klar zu regeln, wie vielleicht beabsichtigt.
Und der neue GBA kochte auch nur mit Wasser und konnte die GS nicht noch einmal erfinden. Seine Aufgaben entsprachen denen, die die MfS-Grenzkreisdienststelle bisher über ihre Mitarbeiter der Referate »Grenzsicherung« wahrgenommen hatten. Ob die (zusätzliche) Beratungsdichte, die durch die neue Funktion des GBA notwendig wurde, der DDR-GS wirklich zugute kam, kann mit Recht bezweifelt werden. Die bereits erreichte Zusammenarbeit bzw. die Dichte des Zusammenwirkens der Kräfte in der GS war schon vor 1986 an die Grenze der Belastbarkeit gestoßen, ein Mehr an Abstimmungsbedarf war eigentlich nicht ersichtlich, die Koordinierung der eingesetzten Organe war hinlänglich geregelt.

MfS-Befehl 2/86 und die »Vorläufigen Grundsätze« waren ein erneutes Kennzeichen dafür, daß man im MIELKE-Imperium auf Regulierung auch der letzten Freiräume setzte. Und es war der deutlichste Versuch, nunmehr die Gesamtgewalt über die DDR-GS zu erhalten, es war möglicherweise der letzte Schritt in Richtung auf eine Gesamtübernahme der GS und der DDR-Grenztruppen durch das MfS, der dann wegen der politischen Wende und dem Ende der DDR 1989/90 nicht mehr realisiert werden konnte.

5. Paßkontrolleinheiten (PKE) des MfS

Bis in die 60er Jahre hinein war die Paßkontrolle Teil der Aufgaben der Deutschen Grenzpolizei bzw. der Grenztruppen.
Im Jahre 1964 wurde dann die Paßkontrolle aus dem damaligen Kommando Grenze der NVA herausgelöst und dem MfS zugeordnet. Darüber gab es Vereinbarungen zwischen dem DDR-Verteidigungsministerium und dem MfS.

Die bisherigen Mitarbeiter der Paßkontrolle der Grenztruppen wurden größtenteils vom MfS übernommen; für die Mehrzahl der eingesetzten Kräfte änderte sich wenig[324].

Allerdings erhielten die MfS-Bediensteten alsbald höhere Gehälter und wurden schneller befördert, als in den Grenztruppen. Und sie bekamen auch Vorzugsrechte gegenüber den normalen »Grenzern« in bzw. an den GÜSten der DDR, die (nachmaligen) Paßkontrolleinheiten (PKE) des MfS und ihre Offiziere bestimmten schließlich den täglichen Dienst in den GÜSten, – auch gegenüber den Grenztruppenangehörigen und den Kräften des DDR-Zolls.

Der **Paßkontrolle** unterlagen alle Personen, die die GÜSten der DDR passieren wollten.

Das MfS faßte diese als politisch-operative Kontroll-, Abfertigungs- und Sicherungshandlung auf, die zur vorbeugenden Verhinderung, Aufdeckung und Bekämpfung des Mißbrauchs des grenzüberschreitenden Verkehrs durch feindlich-negative Kräfte an den DDR-GÜSten dienen sollte. Die Paßkontrolle umfaßte

- die Prüfung der Voraussetzungen für einen Grenzübertritt (Vollständigkeit und Gültigkeit der Dokumente),
- die Echtheitsbeurteilung der Pässe einschließlich der darin angebrachten Sicht-, Kontroll- und Registriervermerke,
- die kriminalistische Personenidentifizierung,
- die Realisierung politisch-operativer Grenzfahndungen,
- die Filtrierung des grenzüberschreitenden Verkehrs zur Gewinnung politisch-operativ bedeutsamer Informationen,
- die Erteilung von Visa und Erhebung von Gebühren[325].

Das Kontroll- und Abfertigungsverfahren an den GÜSten war bis in die Einzelheiten in einer **Paßkontrollordnung** (PKO) festgelegt worden, das WIE der Anwendung beschrieb im Detail eine (weitere) Ordnung zur Technologie, der Kontrolle und Abfertigung sowie zur Arbeitsorganisation (OTA), die für alle PKE verbindlich war[326].

Die Pässe lichtete man bei Ein- und Ausreise ab und gab die Daten in einen Computer ein, der mit der Berliner MfS-Zentrale gekoppelt war. In Sekundenschnelle konnten die Paßkontrolleure Informationen über die Paßinhaber erlangen.

Auch hier war eine der Hauptaufgaben die Fluchtverhinderung: Bis zu drei Prozent der Flüchtlinge sollen durch PKE festgenommen worden sein[327], – das galt für das eigentliche Kontrollterritorium der GÜSt. Mehrheitlich wurden »Grenzverletzer« bereits im Vorfeld der GÜSten erkannt und verhaftet[328].

Innerhalb des MfS wurden die PKE offenbar nicht sehr geachtet, sie galten als fünftes Rad am Wagen[329].

Dennoch stellte man an die Zuverlässigkeit der PKE-Angehörigen erhöhte Anforderungen, um Fahnenfluchten weitgehend zu vermeiden. Diese kamen jedoch vor, ebenso wie bei Grenztruppen und Zoll.

Kräfte der PKE, die im Ausreisebereich von GÜSten eingesetzt wurden, mußten bezüglich ihrer politischen Zuverlässigkeit besser beurteilt sein, als solche im Einreisebereich. Einziger Grund: Im Ausreisebereich war eine spontane Flucht leichter möglich.

Eine (bereits erwähnte) »Betretungsordnung« in jeder GÜSt regelte, wer, wann und

wo das Kontrollterritorium betreten konnte/durfte. Die PKE bzw. ihre MfS-Angehörigen bestimmten weitgehend, was in den GÜSten möglich war und was nicht. Der Leiter der PKE einer GÜSt hatte gegenüber dem Kommandanten der GÜST – immer ein höherer Offizier der Grenztruppen (Dienstgrad: Oberst/Oberstleutnant) Weisungsbefugnisse in allen Fragen, die den »Innenbereich« der GÜSt betrafen. Festlegungen des PKE-Leiters diesbezüglich waren dem GüSt-Kommandanten zwar zur Kenntnis zu geben, jedoch nicht mit ihm abzustimmen.
Der GÜSt-Kommandant hatte sich im wesentlichen auf die logistische Unterstützung des Dienstbetriebs zu beschränken, also auf bauliche, verkehrs- und sicherheitstechnische Anlagen sowie auf Dienstleistungen (z.B. Verpflegung, Heizung, Reinigung). Entschlüsse/Entscheidungen des GÜSt-Kommandanten, der formal das Sagen auch über die PKE hatte, durften die »operative Aufgabenstellung der Paßkontrollkräfte nicht beeinträchtigen«[330].
Zwischen PKE-Angehörigen und Grenztruppen bestand allgemein ein gespanntes Verhältnis, ebenso zwischen PKE und Zoll.
Auf Grund ihrer Vorzugsrechte stießen PKE-Angehörige oftmals auf versteckte Ablehnung bei den anderen an der GS beteiligten »Organe« in den GÜSten.
De facto konnte ein Major der PKE mehr Rechte in Anspruch nehmen, als beispielsweise ein Oberst der Grenztruppen. Auch wurde er schneller befördert, bekam das gleiche Gehalt wie dieser Grenztruppenoberst, konnte sich in besonders aufwendigen MfS-Urlaubsquartieren erholen, besaß innerhalb der Parteihierarchie zumeist das höhere Ansehen.
Die PKE unterstanden der MfS-HA VI bzw. den Abteilungen VI der jeweiligen regional zuständigen MfS-Bezirksverwaltungen. In Berlin erfolgte die Zuordnung direkt bei der (zentralen) HA VI.
Diese HA VI des MfS besorgte die Paßkontrolle sowie die »Sicherung, Kontrolle und Überwachung des Ein- und Ausreiseverkehrs« und des »Transitverkehrs« und verfügte in der Zentrale in Berlin-Treptow über mehr als 2.000 Mitarbeiter unter Leitung eines MfS-Generals[331].

An den rund 100 GÜSten der DDR waren 1989 knapp 8.000 Mitarbeiter der PKE tätig; zeitweise wuchs der Personalbestand durch Übernahme von »freigesetzten« MfS-Angehörigen nach der politischen Wende in der DDR 1989/90 auf etwa 11.100 PKE-Leute an[332].

6. Parteierziehung und -überwachung in den Grenztruppen

Die SED sorgte über ihre Parteiorganisationen in den bewaffneten Organen der DDR für den bestimmenden Einfluß in der Truppe. An der Spitze der NVA und der Grenztruppen stand als leitendes Politorgan die »Politische Hauptverwaltung« (PHV). Der Chef der PHV hatte die Rechte eines Leiters einer Abteilung des ZK und war dem SED-Generalsekretär **unmittelbar** unterstellt.

Bei den Teilstreitkräften und damit auch bei den Grenztruppen existierten »Politische Verwaltungen« (PV), die die Rechte von SED-Kreisleitungen hatten.
Der PV der Grenztruppen nachgeordnet waren Politabteilungen in den Verbänden und Truppenteilen, also in den (drei) territorialen Grenzkommandos und in den Grenzregimentern. Die Leiter dieser Organe waren als leitende Parteifunktionäre dem Chef des übergeordneten Organs unmittelbar unterstellt, – zugleich war der Leiter der Politabteilung (einer der) Stellvertreter des Kommandeurs und diesem gegenüber für die politische Arbeit verantwortlich. Den Chefs der Politabteilungen in den Truppenteilen (= Regimentern) unterstanden Politoffiziere in den Einheiten der Grenztruppen, also in den Grenzbataillonen und -kompanien.
Diese »Stellvertreter für politische Arbeit« (Politstellvertreter) in den Bataillonen und Kompanien garantierten in der Truppe die Parteierziehung.

Alle SED-Politorgane, Parteiorganisationen und Politoffiziere waren verpflichtet, nach einer[333]

»Instruktion für die leitenden Parteiorgane (Politorgane) und für die Parteiorganisationen der SED in der Nationalen Volksarmee und in den Grenztruppen der DDR – Parteiinstruktion –«

zu arbeiten und eine »wirksame politische« Tätigkeit im Sinne der Einheitssozialisten zu leisten. In dieser Parteiinstruktion, bestätigt vom Politbüro des ZK der SED im Dezember 1976, hieß es unter anderem bis in die 80er Jahre:

»1. Die wichtigste Quelle für die Kraft und Stärke der Nationalen Volksarmee und der Grenztruppen ist die Führung durch die SED …«

Als »Basis« der Partei galten die »Grundorganisationen« (GO) in den Bataillonen, Kompanien und vergleichbaren Einheiten. Mindestens einmal im Monat war eine Mitgliederversammlung dieser GO durchzuführen.
Die (praktische) politische Arbeit war in den Grenztruppen auf die Sicherung einer hohen Gefechtsbereitschaft und auf die Erfüllung der Aufgaben zur zuverlässigen Sicherung der Staatsgrenze zu richten. Sie hatte zum Ziel,

- die »Grenzer« zu sozialistischen Soldatenpersönlichkeiten zu erziehen, die in der Lage waren, »in unerschütterlicher Treue zur SED«, zum Staat sowie in fester Waffenbrüderschaft mit der Sowjetarmee die wachsenden Anforderungen an die zuverlässige Sicherung der Staatsgrenze »unter allen Lagebedingungen vorbildlich zu erfüllen«,
- die Beziehungen der »Grenzer« untereinander zu entwickeln und
  diese zu »stabilen militärischen Kampfkollektiven« zu entwickeln,
- die »Grenzer« zur revolutionären Klassenwachsamkeit, »zur bedingungslosen und exakten Erfüllung der Befehle und Dienstvorschriften und zur militärischen Disziplin und Ordnung zu erziehen«,
- das Vertrauen der »Grenzer« in die Bewaffnung und die technischen Mittel der GS »zu festigen«,
- die Zusammenarbeit mit den staatlichen Organen sowie den Partei- und gesellschaftlichen Organisationen zu sichern[334].

Für die politische Arbeit in der Grenzkompanie war generell der Kompaniechef ver-

antwortlich; zu organisieren und durchzuführen war sie aber vom »Stellvertreter des Kompaniechefs für politische Arbeit«, dem Politoffizier.
Die politisch Verantwortlichen entwickelten eine Palette an Einwirkungsmöglichkeiten auf die Grenzsoldaten und versuchten die jungen Männer moralisch-ideologisch **zu stählen**. Auf ihren Dienst wurden sie differenziert vorbereitet. Neu eingezogene »Grenzer« bekamen einen »würdigen Empfang« in den Grenzkompanien, man vermittelte »Patenschaften« von »Postenführern« (schon erfahrenen Grenzsoldaten) mit jungen Soldaten, man veranlaßte die praktische Einweisung »in den konkreten Grenzabschnitt«.
Die Politorgane und Parteiorganisationen in den Grenztruppen waren bestrebt, die GS der DDR bzw. den praktischen Grenzdienst als »Auszeichnung« anzubieten: Es sollte eine besondere Ehre sein, auf Wacht für »Frieden und Sozialismus« zu stehen. Auch Warnungen ergingen an die jungen »Grenzer«:

»Der Grenzsoldat spürt im täglichen Dienst die Nähe des Feindes. Er erlebt dessen raffinierte, hinterhältige und brutale Anschläge gegen die Staatsgrenze ...[335]«

Die (jährlichen) Chroniken des Kommandos der Grenztruppen listeten in diesem Zusammenhang detailliert alle tatsächlichen und angeblichen »Grenzprovokationen« des Feindes/Gegners auf; dazu gehörten selbst »Kontaktversuche« von Bundesbürgern/Westberlinern zu Grenzsoldaten der DDR, die oftmals nur aus ein paar mehr oder minder freundlichen Sätzen bestanden. Diese durften von DDR-Seite aus nicht beantwortet werden.

Die führende Partei war in ständiger Sorge um den politisch-moralischen Zustand der Grenztruppen, sie suchte immer nach Möglichkeiten, diesen zu stabilisieren und zu kontrollieren.
Dazu diente unter anderem eine **»Anordnung 05/83«** des Chefs der Politischen Verwaltung der Grenztruppen, die folgende Zielsetzung hatte:

- ☐ Verbesserung des politisch-moralischen Gesamtzustands der Grenztruppen einschließlich der Offiziere (Vorgesetzten);
- ☐ Erhöhung des SED-Einflusses, verbunden mit einer Kontrolle der »Grenzer« auch in der Freizeit;
- ☐ Feststellung bzw. Unterdrückung oppositioneller Ansätze.

Auf der Ebene der Grenzkompanie hatte der »Politstellvertreter« gemäß dieser Anordnung einmal im Monat den politisch-moralischen Zustand seiner Einheit einzuschätzen. Zur Teilnahme waren verpflichtet

- der Politstellvertreter der jeweiligen Grenzkompanie,
- der Politstellvertreter des Bataillons,
- der MfS-Offizier der »Abwehr«,
- der Bataillonskommandeur oder sein Stellvertreter.

Behandelt wurden die folgenden Themen:

- ☐ »Kampfkraft« der Parteiorganisation, Anteil der »Genossen« am gesellschaftlichen Leben, Selbstkritik und Kritik in der Parteierziehung, Anteil der SED-Mitglieder am sozialistischen Wettbewerb, Nachwuchsgewinnung;

- □ »Kampfkraft« der FDJ-Organisation in der Einheit;
- □ Disziplinarische Praxis in der Einheit, Vorkommnisse, Anteil der SED-Mitglieder an Belobigungen/Bestrafungen;
- □ Wirkungsweise der politisch-ideologischen Diversion (wer sieht Westfernsehen, wer hat Verbindungen zum Westen, wer vertritt Argumente des Gegners, wer äußert Kritik an der SED/DDR);
- □ Erziehungsschwerpunkte in der Kompanie, aufgeteilt nach Dienstgradgruppen;
- □ Sicherheitsschwerpunkte der Einheit;
- □ Planung von »Verbesserungen«; evtl. Auftreten einzelner »Genossen« der Kompanie, die kritisiert wurden.

Auf der Ebene »Grenzregiment« existierte seit Mitte der 70er Jahre eine sogenannte »Kommission 1« (K 1),) die sich mit Kaderfragen befaßte und auf Grund einer 1. Durchführungsanordnung des Ministers für Nationale Verteidigung (aus dem Jahre 1976) entstand. Diese Bestimmung war in Verbindung mit dem Befehl 44/83 zu sehen.

Einmal im Monat kamen nachfolgende Funktionsträger zusammen:

- Leiter der Unterabteilung »Abwehr« des MfS (Regiment),
- Stabschef des Grenzregiments,
- Oberoffizier »Kader« des Grenzregiments,
- Oberoffizier »Organisationswesen« des Grenzregiments,
- Stellvertreter des Leiters der Politabteilung,
- Regimentsarzt,
- die Stabschefs der I. bis III. Grenzbataillone.

Zur Tagesordnung dieser »K 1« gehörten:

- □ Sicherheitsschwerpunkte in allen Dienstgradgruppen, Dienstvergehen, Untersuchungen von »Problemfällen«;
- □ Abweichungen von der amtlichen Politik, Verbindungen in das nichtsozialistische Ausland, Sehen und Hören von Westmedien;
- □ Erziehungsschwerpunkte (welche? wie zu bekämpfen?).

Die »K 1« konnte Maßnahmen gegen bestimmte »Kader« in die Wege leiten, die unangenehm aufgefallen waren. Das konnten sein:

- Aussprachen mit der betreffenden Person, – auch zusammen mit seiner Ehefrau;
- Einleitung von disziplinarischen Maßnahmen;
- Einleitung von Erziehungsmaßnahmen der SED (Parteistrafen);
- Abgabe des Falles/Vorgangs an den Militärstaatsanwalt oder den Untersuchungsführer des MfS;
- Ablehnung für eine bestimmte Dienststellung;
- Herabsetzung im Dienstgrad;
- Antrag auf Entlassung der betreffenden Person[336].

War der Soldat/Unteroffizier/Offizier bei der »K 1« auffällig geworden, mußte er zugleich auch mit Nachforschungen des MfS und/mit der **»Parteipolizei«** der SED, der »Parteikontrollkommission«, (PKK), rechnen. MfS und PKK arbeiteten eng zusammen und informierten sich gegenseitig. Die PKK hatte die Hauptaufgabe, die

»Einheit und Reinheit« der SED zu wahren. Das schloß den Kampf gegen (jede) Abweichung, Aufweichung, »Fraktionstätigkeit« und Verrat ein.
Waren bestimmte Lebensbereiche eines Soldaten und »Genossen« nicht hinlänglich aufgeklärt, konnte der Betreffende mit der Neugier dieser Gremien rechnen und mußte aufpassen, daß er Entlastendes rechtzeitig zur Verfügung hatte.
Interessant für die PKK waren

- Briefverbindungen ins westliche Ausland,
- verwandtschaftliche Beziehungen in die BRD/nach Westberlin,
- Einreisen von Westverwandtschaft in die DDR zu Besuchszwecken,
- Besitz von Devisen bzw. Devisenquellen,
- überdurchschnittlicher Lebensstandard,
- Besitz von Gebrauchsartikeln westlicher Herkunft,
- das Sehen und Hören von Westmedien[337].

In den Grenztruppen traute keiner dem anderen, jederzeit konnte ein »Grenzer« durch eine Denunziation eines »Kameraden« in eine schwierige Lage gelangen; der Beschuldigte hatte dann zu beweisen, daß er unschuldig war.

Parteizugehörigkeit 1988/89 (in Prozent):

	Offiziere	Fähnriche	Berufsunteroffiziere
SED	96,6	96,2	65,1
andere Parteien*)	0,1	0,1	–
parteilos (Berufsoffiziere)	0,2		
parteilos (Offiziere auf Zeit)	3,1		

*) Erst in der Endphase der DDR 1989/90 nahm der Anteil der Offiziere, die Mitglieder der vier Blockparteien CDU, LDPD, NDPD und DBD waren, zu: »Zuletzt waren es etwa 900 Offiziere. Das ergab sich u.a. aus der Unterstützung der Militärpolitik der SED durch diese Parteien … Eine bestimmende Rolle konnten sie … jedoch nicht spielen, ganz zu schweigen von der Einnahme leitender Positionen.« Vgl. dazu: Eberhard Haueis: Die führende Rolle der SED in der Nationalen Volksarmee. Eine kritische Nachbetrachtung, Heft 33 der Dresdner Studiengemeinschaft SICHERHEITSPOLITIK (DSS), Dresden 1997 (Rückblicke/6), S. 17 (Zahlen betreffen die NVA; bei den GT waren nur wenige Offiziere Mitglieder der vier DDR-Blockparteien).

Quelle: Chronik – Kommando der Grenztruppen (1988/89)
GKdos-Nr.: G/739980 (Dezember 1988 – November 1989), Blatt 90

Grenzüberwachung an der Ost- und der Südgrenze der SBZ/DDR

Von Anfang an orientierten die Sowjets die neuen deutschen Grenzpolizeiformationen darauf, ihr Hauptaugenmerk auf die Grenz**sicherung** der Westgrenze (DL) und des Rings um Berlin zu legen.
Demgegenüber hatten die Grenzen der SBZ/DDR zu Polen und zur CSR/CSSR nur nachrangige Bedeutung. Hier organisierten die Russen lediglich eine Grenz**überwachung**, die sich quantitativ und qualitativ von der Grenzsicherung unterschied: Die Überwachung verlangte nur schwache Grenzpolizeikräfte, die höchstens einen dünnen Schleier bilden sollten, um Grenzübertritte größerer Gruppen zu verhindern. An der Oder-Neiße-Grenze zu Polen und an der Grenze im Erzgebirge zur CSR/CSSR gab es nie – bis auf einige Ausnahmen in den Jahren 1968 und 1988/89 – einen »Druck von Grenzverletzern« auf die Grenze, die ins Nachbarland strebten. Hier war es in aller Regel ruhig und beschaulich, – erst in den 80er Jahren erhöhte sich die Zahl der versuchten illegalen Grenzübertritte von Polen in die DDR (von polnischen Bürgern, die zumeist nach Westberlin fliehen wollten).
Über Jahrzehnte hinweg entsprach amtlicher Lesart zufolge die Grenzüberwachung im Osten und Süden der zwischen miteinander befreundeter Staaten, man arbeitete zusammen, man hatte zwischenstaatliche Abmachungen über die Grenze, man traf sich regelmäßig zu beiden Seiten der Grenze, um »Grenzverletzungen« schon im Ansatz zu vermeiden. Und: **Grenzsicherungsanlagen** wie an der Westgrenze der SBZ/DDR und in Berlin wurden im Osten und Süden nie gebaut.

Der Dienst bei der DGP bzw. den Grenztruppen der DDR an diesen Grenzen zu Polen und der CSR/CSSR war bei Lichte besehen ein recht bequemer Job, frei von Aufregungen. An diesen Grenzen dachte man nicht an Minen, Selbstschußanlagen, komplizierte Grenzsignalzäune, Mauern, Sperrgebiete und an Schußwaffeneinsatz gegen »Grenzverletzer«, die Grenzsicherungskräfte beider Seiten begegneten sich freundlich, irgendwelche Probleme über den Grenzverlauf gab es allenfalls in der Endphase der DDR an der Ostseeküste bei der Insel Usedom, wo polnische Segler schon mal gegen die Grenzordnung der DDR verstießen.
Der (zeitweise) paß- und visafreie Reise- und Besucherverkehr ermöglichte es DDR-Einwohnern, ihr Land über die Drittstaaten CSSR und Polen (oder andere »sozialistische« Länder) zu verlassen. Leichter, als aus der DDR. Wenigstens zu bestimmten Zeiten. Zwar waren DDR-Bürger, die in der CSSR und in Polen sowie in den anderen Staaten des Warschauer Pakts (und auch in Jugoslawien) beim illegalen Grenzübertritt gefaßt wurden, an Ostberlin auszuliefern, doch verhielten sich die Grenzsicherungsorgane der betreffenden Länder längst nicht immer vertragsgemäß: In der CSSR und in Polen betrieb man die Grenzsicherung laxer, man versuchte nicht immer, aller »Grenzverletzer« habhaft zu werden. Insbesondere im »Prager Frühling« 1968 schaute die CSSR-Führung nicht so genau hin, was an ihren Westgrenzen zur BRD und zu Österreich geschah. Und ertappte »Grenzverletzer« mit DDR-Ausweis wurden nicht immer den Behörden bzw. dem MfS gemeldet.

Aus Polen war es zeitweise leichter möglich, über Transitstrecken per Bahn, Flugzeug, Schiff oder Kfz das »sozialistische Lager« in Richtung Westen zu verlassen, zum Teil unter Mithilfe westdeutscher/westberliner Fluchthilfeunternehmen.
Auf jeden Fall führte der paß- und visafreie Reise- und Besucherverkehr zu einem Verlust an Kontrollmöglichkeiten für die »Organe«, der auch durch zusätzliche Anstrengungen und vertragliche Regelungen zwischen Prag, Warschau und Ostberlin nicht ungeschehen gemacht werden konnte.
Solche vertraglichen Regelungen gab es durchaus: Zwischen der DDR und Polen galt seit dem 1. Februar 1957 ein »Rechtshilfeabkommen«, zwischen der DDR und der CSSR (damals noch: CSR) existierte ein solches Abkommen seit dem 11. September 1956. Basierend auf diesen Vereinbarungen kamen in den folgenden Jahren und Jahrzehnten eine ganze Reihe weiterer Abkommen hinzu, die wenigstens zum Teil auch die Frage von »Grenzverletzungen«, »Grenzverletzern« und der Rücküberstellung von in Polen und der CSSR gefaßten DDR-Bürgern, die in den Westen fliehen wollten, klärten[338].
Ziel all dieser Übereinkünfte: Die »Verlängerung der Mauer« (Monika Tantzscher) nach Polen und der CSSR sowie in andere »sozialistische Staaten«.

1. Grenzüberwachung an der Oder-Neiße-Grenze zu Polen

Zusammen mit den Russen besorgten ab 1946/47 Grenzpolizisten des Landes Brandenburg und Sachsens die Überwachung der Ostgrenze der SBZ. »Stützpunkte« der Grenzpolizei von Brandenburg befanden sich in Schwedt an der Oder, in Kienitz, in Frankfurt an der Oder und in Guben. Im Süden der (ost-)deutsch-polnischen Grenze standen Grenzpolizisten Sachsens.
Die Grenze erstreckte sich auf einer Länge von 430 km von Swinemünde (Usedom) bis zur Grenze der CSR (ab 1960: CSSR).
Auf Befehl der Sowjets hatten die neuen deutschen »Grenzer« zuerst darauf zu achten, daß der Schmuggel zwischen Polen und der SBZ sowie der illegale Grenzübertritt von Polen nach Westen (und umgekehrt) unterbunden wurde; damals existierte in Polen noch eine »bürgerliche« Widerstandsbewegung gegen die herrschenden Kommunisten in Warschau, die Verbindungen nach Westen unterhielt. Am 6. Juli 1950 schlossen DDR und die Volksrepublik Polen entsprechend sowjetischen Wünschen ein »Abkommen zwischen der DDR und der Republik Polen über die Markierung der festgelegten und bestehenden deutsch-polnischen Staatsgrenze«, das unter anderem die Installierung von Grenzsteinen/-Säulen an der »Friedensgrenze« an Oder und Neiße beinhaltete[339].
Seither wurde behauptet, daß die neue Grenze im Osten der DDR endgültig sei.
In den 50er und 60er Jahren fanden zwischen den deutschen und polnischen Grenzsicherungskräften regelmäßig »Grenzbesprechungen« statt, die im Wechsel auf deutscher und polnischer Seite geführt wurden. Man tauschte gegenseitig Erfahrungen aus, um einen reibungslosen grenzüberschreitenden Personen-, Eisenbahn- und Kfz-

Verkehr zu gewährleisten; danach kam es zu kameradschaftlichen Zusammenkünften mit reichlich Wodka.
Der Grenzverkehr ist in den 50er/60er Jahren eher bescheiden, jedenfalls der Personenverkehr. Das ändert sich mit dem 1. Januar 1972: An diesem Tag wird der paß- und visafreie Reiseverkehr zwischen der DDR und Polen ermöglicht, der Ende Oktober 1980 auf Grund administrativer Maßnahmen der DDR-Behörden – wegen der »Vorgänge in Polen« – wieder verebbt bzw. praktisch zum Erliegen kommt.
In den 70er Jahren besuchen Millionen DDR-Bürger – nur mit einem Personausweis versehen – die Volksrepublik Polen.
Und Millionen Polen kommen in die DDR, unter anderem, um vom besseren Warenangebot Gebrauch zu machen und sich mit Gütern des täglichen Bedarfs einzudecken. Nicht immer zur Freude der einheimischen Bevölkerung.
Nach Einstellung des paß- und visafreien Verkehrs Ende Oktober 1980 weichen die DDR-Bürger verstärkt in die südlichen Nachbarländer CSSR, Rumänien und Ungarn aus.

Gegen Ende der 80er Jahre nimmt die Zahl der »Grenzverletzer« an der Oder-Neiße-Grenze zu: DDR-Einwohner versuchen jetzt, über die Ostgrenze die bundesdeutsche Botschaft in Warschau zu erreichen oder beabsichtigen, über die polnische Ostseeküste in den Westen zu fliehen, Bürger Polens kommen illegal über ihre Westgrenze in die DDR, um Westberlin zu erreichen.
Die Folge: Die DDR-Behörden gehen zu einer **»verstärkten Grenzüberwachung«** über und verlegen einige Hundert Leute an die Oder. Die Personaldecke der Grenztruppen ist allerdings zu schmal, als daß damit größere Erfolge erzielt werden konnten; das Gros der eingesetzten Verstärkungen geht nach wie vor an die »Staatsgrenze West« und nach Berlin.
Bei Einführung der 12-Meilen-Zone an der Küste durch die DDR kommt es zunächst zu Reibereien mit polnischen Seglern und Fischern, die sich mit den neuen Sperrgebieten nicht abfinden wollen.
Unter dem Strich war die Grenzüberwachung zu Polen für die DDR nie ein Problem, insgesamt gestalteten sich die Beziehungen auch zu den polnischen Grenzsicherungskräften befriedigend bis freundlich.
Nur in der Endphase der DDR vor Öffnung der Mauer und Grenze im November 1989 kam es an Oder und Neiße zu einigen schweren Zwischenfällen, da es DDR-Bürger gab, die die Grenzflüsse schwimmend überwanden, um nach Warschau zu gelangen. DDR-Grenzen und polnische Behörden versuchten, das zu unterbinden.
Die Zusammenarbeit von DDR- und polnischen Behörden in Fragen der Unterbindung von Fluchten begann – wie erwähnt – bereits mit dem Rechtshilfevertrag von 1957, der 1975 aktualisiert wurde. Ferner regelte eine »Vereinbarung über die Zusammenarbeit« des MfS der DDR und des polnischen Innenministeriums vom 14. Mai 1974 die gegenseitige Unterstützung bei Strafsachen, die in die Zuständigkeit der Staatssicherheitsdienste fielen.
Darüber hinaus vereinbarte man weitere Abkommen, Abmachungen, Zusatzprotokolle zu Verträgen (z.T. geheim) und einen Informationsaustausch.
1971 schlossen beide Seiten ein »Abkommen über die Zusammenarbeit auf dem Gebiet der gemeinsamen Kontrolle des grenzüberschreitenden Verkehrs«, dem erst 1978 eine »Vereinbarung« zwischen dem MfS und dem polnischen Innenmini-

sterium über »die detaillierten Prinzipien der gemeinsamen Kontrolle des grenzüberschreitenden Verkehrs« folgte. Eine »Anlage« zur Vereinbarung legte den Aufgabenbereich der Leiter beider Kontrollorgane in der DDR und Polen fest. In diesen Bereich fielen

- Erstinformationen zu Personen, die durch mitgeführte Gegenstände oder aus anderen Gründen ein operatives Interesse während der Grenzpassagen und während ihres Aufenthalts auf dem Territorium des anderen Staates erfordern;
- gegenseitige Unterstützung bei Festnahmen und Durchsuchungen bestimmter Personen oder Transportmittel durch die Organe der Paß- und Zollkontrolle;
- Informationen über aufgetretene Fälschungen von Grenzübertrittsdokumenten und festgestellte Beanstandungen an Dokumenten, die zum Grenzübertritt berechtigen;
- Informationen über festgestellte Versteckmöglichkeiten für Personen und Gegenstände in Transportmitteln;
- Einleitung und Realisierung gemeinsamer operativer Maßnahmen gegenüber Personen, die beabsichtigen, die Methoden und eingesetzten Mittel der Paß- und Zollkontrolle zu erkunden;
- gegenseitige Information über die Anzahl der Passagiere in Luftfahrzeugen mit dem Ziel der Verhinderung ungesetzlicher Grenzübertritte bzw. der Fluchthilfe sowie terroristischer Handlungen.

Der Arbeitsbereich Paßkontrolle beider Seiten war gehalten, sich gegenseitig zu informieren über:

- ☐ Verdächtige Kontakte von Bürgern beider Staaten sowie deren Absicht des ungesetzlichen Grenzübertritts nach nichtsozialistischen Staaten;
- ☐ festgestellte Kontakte von Bürgern des anderen Staates zu Bürgern westlicher Staaten;
- ☐ neue Mittel und Methoden der Fluchthilfeorganisationen;
- ☐ neu erkannte Versteckmöglichkeiten für Personen und Gegenstände in Transportmittel
- ☐ Methoden zur Fälschung von Dokumenten;
- ☐ erkannte Mittel und Methoden anderer subversiver Tätigkeit[340].

Die Überstellung von in Polen festgesetzten »Grenzverletzern« an die Organe der DDR (MfS) verlief selten ohne Probleme, da die polnische Seite regelmäßig die Staatsanwaltschaften und damit die Justiz bemühte; die polnische Staatssicherheit schaltete sich in das Verfahren nicht ein. Das komplizierte – aus DDR-Sicht – das Verfahren, – letztlich wurden aber doch die betroffenen DDR-Bürger über die Grenze abgeschoben.

2. Grenzüberwachung der SBZ/DDR zur CSR/CSSR

Ab Ende 1946 war die Grenzpolizei Sachsens, zusammen mit den Sowjets, für die Grenzüberwachung der rund 440 km langen Grenze der SBZ zur CSR zuständig:

Etwa 770 Leute besorgten diese Überwachung aus 66 »Grenzstationen« (mit jeweils zehn Mann), um vor allem Schmuggler zu fassen[341].
Eine »Deklaration« vom 23. Juni 1950 zwischen der DDR und der CSR regelte die Zusammenarbeit der beiden Grenzsicherungsorgane, im allgemeinen herrschte Einvernehmen über die Aufgabenstellung der DDR- und CSR-Grenzer. Größere Probleme gab es nicht.
Das änderte sich 1967/68 mit dem Reformkurs der tschechoslowakischen KP unter Alexander Dubcek: 1968 errichtete die DDR »Sperrbezirke« an ihrer Südgrenze zur CSSR, um die steigenden Grenzübertritte in den Nachbarstaat zu unterbinden.
Die Russen entschlossen sich in der Folge zur Invasion der CSSR, um das Experiment des »Sozialismus mit menschlichem Antlitz« zu beenden, in der Nacht zum 21. August 1968 rückten Warschauer-Pakt-Truppen in die CSSR ein.

Teile von zwei NVA-Divisionen bleiben an der Grenze stehen. Das DDR-Verteidigungsministerium hatte bereits Wochen zuvor das »Kommando Grenze« und die Berliner Stadtkommandantur angewiesen, Vorbereitungen für den Fall zu treffen, daß man im Süden, im Erzgebirge, von der üblichen Grenzüberwachung zu einer Grenzsicherung übergehen müsse. Mitte August 1968 werden diese Planungen konkret und am 20. August 1968 erläßt der Minister für Nationale Verteidigung einen Befehl Nr. 86/68, der die Bildung einer

12. Grenzbrigade

zur Grenzsicherung der DDR-Grenze zur CSSR zeitweise vorsieht. Zur Schaffung dieses Verbandes wurden herangezogen:

- Vom »Kommando der Grenztruppen« ein »verkürzter Brigadestab« und Kräfte für ein neues Grenzregiment 52 (im Bestand von fünf Grenzkompanien),
- von der »Stadtkommandantur Berlin« das Grenzregiment 37 mit fünf Grenzkompanien[342].

Die Unterbringung der maximal 2.000 »Grenzer« (und Unterstützungskräfte) erfolgte »feldmäßig«, d.h. primitiv und provisorisch in Zelten und Behelfsunterkünften.
Die beteiligten »Grenzer« erfahren bei Abkommandierung nichts über den Einsatzort, die Familien werden erst später benachrichtigt. Offiziell waren Großübungen angesetzt.
Die neue 12. Grenzbrigade erreichte in den Abendstunden des 20. August ihre Einsatzräume.
Die Absperrmaßnahmen zur Grenze besorgte im Hinterland Volkspolizei und MfS, insbesondere die Unterbrechung der Straßenverbindungen zur Grenze der CSSR. An dieser Grenze gab es, genausowenig wie an Oder und Neiße, **kein** Grenzgebiet mit Aufenthaltsbeschränkungen. Dieses wird nunmehr von den Grenztruppen mit einer Tiefe von ungefähr 1,5 km errichtet. Aufgabe der 12. Grenzbrigade:
»Die Hauptanstrengungen sind auf die Sicherung der Zufahrtsstraßen zur Staatsgrenze zu legen ... Das Grenzregiment 52 hat den Abschnitt ausschließlich Bad Elster, einschließlich Deutsch Einsiedel; das Grenzregiment 37 den Abschnitt ausschließlich Deutsch Einsiedel, Dreiländereck, ausschließlich Zittau zu sichern[343].«

Der zivile Personenverkehr an den GÜSten zur CSSR wird in der Nacht zum 21. August 1968 unterbrochen und zeitweise völlig eingestellt, – CSSR-Bürger in der DDR haben sich zunächst in Sammelstellen einzufinden und werden nach dem 21. August in ihr Heimatland abgeschoben.
Die Grenztruppen – die 12. Grenzbrigade – hatten in erster Linie die Nachschubwege der Sowjets abzusichern sowie einen Schleier über das neue, verhältnismäßig schmale Grenzgebiet zu legen, um Ein- und Ausreisen unmöglich zu machen. Und »Grenzer« wurden auch dazu eingesetzt, um DDR-Einwohner aus der CSSR »herauszuholen«:

»Ende August, als die Ferien zu Ende waren, wurden dann die Kinder, die in der CSSR in Ferienlagern waren, mit Bussen zurückgeholt, Leute von uns sind mitgefahren, es ist ... kein Fahrzeug unbeschädigt zurückgekommen, die Scheiben eingeschlagen usw. ... Solche Wut auf die DDR. Wir haben unsere Leute dann rübergelotst, Maschinenpistole vor der Brust, die Tschechen standen mit Eisenstangen an der Grenze, die haben gezittert vor Wut. Und wenn die Freunde dann zurückkamen, also die sowjetischen Einheiten, mußte immer Begleitschutz sein, denn die haben sie auch überfallen. Die haben dann immer ein paar Tote mitgebracht. Wenn die auf der Wache eingeschlafen sind, weil sie ja schließlich müde wurden, Kehle durchgeschnitten oder in die Nieren gestochen, die haben sie dann zurückgebracht, das hat natürlich bei uns die Soldaten mächtig beeindruckt[344].«

An der Westgrenze der DDR und in Berlin befahl die Partei- und Staatsführung am 21. August 1968 eine »**verstärkte** Grenzsicherung«, da man offensichtlich mit westlichen Reaktionen auf die Invasion in der CSSR rechnete. Hubschrauber kamen zum Einsatz, um Aufklärung zu fliegen.
Aber der Westen verhielt sich still. Und die Intervention blieb zwar nicht ohne Folgen für die Politik, doch in West und Ost fand man sich schließlich mit der »Breshnew-Doktrin«, der beschränkten Souveränität von Staaten im Warschauer Pakt, ab. Es gab Proteste, auch in der DDR, auch in NVA und Grenztruppe, aber die Herrschenden erstickten diese mit drakonischen Strafen.
Wenige Tage nach dem Einmarsch wurden die meisten Verkehrseinschränkungen im DDR-Grenzgebiet zur CSSR wieder aufgehoben.

Mit einem Befehl 44/68 des Chefs der Grenztruppen der NVA vom 17. September 1968 beendete die 12. Grenzbrigade ihren Auftrag; die Truppenteile wurden aufgelöst bzw. in die Stammobjekte zurückgeführt. Und man ging wieder von der Grenzsicherung zur – zunächst noch – verstärkten Grenzüberwachung über.
Der Einsatz der 12. Grenzbrigade wurde in der Folge ausgewertet und amtlich immer wieder gelobt; die vier Wochen an der Grenze zur CSSR in jenem Sommer 1968 verklärte die Kommandoleitung der Grenztruppe, man sprach von »hervorragenden Leistungen« des Verbandes Leonhardt (Leonhardt selbst wurde später Generalleutnant und Stabschef der Grenztruppen).

Mit der Einführung des paß- und visafreien Reiseverkehrs Anfang 1972 wechselten bis zum Ende der DDR Millionen Einwohner beider Staaten die Grenzen und besuchten das Nachbarland. Zehntausende DDR-Bürger trafen sich in Prag mit Verwandten/Bekannten aus Westdeutschland.

Erst im Oktober 1989 setzte die angeschlagene SED-Führung unter Erich Honecker den paß- und visafreien Verkehr mit der CSSR außer Kraft; Tausende DDR-Einwohner hatten die bundesdeutsche Botschaft in Prag gestürmt und dort um Aufnahme gebeten, um in den Westen ausreisen zu können. Darüber einigten sich dann DDR und Bonn auch, aber der Druck auf die westdeutsche Mission blieb bestehen.
Die DDR hatte, wie an der Grenze zu Polen, im Verlaufe des Jahres 1989 mit einer »verstärkten Grenzüberwachung« auf die steigenden auch illegalen Übertritte von DDR-Bürgern reagiert, konnte aber die Grenze nicht absperren.
Und das gelang auch nicht nach Aufhebung des paß- und visafreie Reiseverkehrs Anfang Oktober 1989 – die Menschen wechselten jetzt eben trotz Verbot die Grenze zur CSSR, um nach Prag zu kommen. Tschechoslowakische Grenzsicherungskräfte und Polizei waren nicht in der Lage, den Zustrom aufzuhalten. Man beschwerte sich in Ostberlin, was dann zur Überreaktion der amtlichen DDR führte. Offiziell erzielte man eine Vereinbarung zwischen der CSSR und der DDR (3. Oktober 1989),
»... zeitweilig den visafreien Reiseverkehr zwischen beiden Ländern für die Bürger der DDR mit sofortiger Wirkung auszusetzen.«
Und das wenige Tage vor dem 40. Geburtstag der DDR am 7. Oktober. Die Wirkung auf die Bevölkerung war verheerend. Und der Druck auf die Südgrenze ließ auch nach der Bahnausreise von mehreren Tausend Menschen (über DDR-Gebiet) von Prag in den Westen nicht nach, Anfang Novomber 1989 konnten die Flüchtlinge dann aus Prag/CSSR sogar direkt in die Bundesrepublik ausreisen.
Die Grenzüberwachung, auch die »verstärkte«, vermochte es nicht, die Flucht von DDR-Bürgern über die CSSR in den Westen zu stoppen. Das Problem erledigte sich dann mit der Öffnung von MAUER und DDR-Grenzen am 9. November 1989.

Gegen DDR-Bürger, die wegen strafbarer Handlungen gemäß § 109 des Strafgesetzbuches der CSSR (ungesetzliches Verlassen der Republik) festgenommen wurden, wurde eine »administrative Ausweisung« verhängt. Die Verfahrensweise diesbezüglich regelte ein Zusatzprotokoll zu einer Vereinbarung zwischen dem MfS der DDR und dem Minister des Innern der CSSR »über das beiderseitige Zusammenwirken und die Zusammenarbeit der Untersuchungsorgane der Staatssicherheit« vom 30. Juni 1967.
Bereits seit September 1956 gab es, wie erwähnt, ein Rechtshilfeabkommen zwischen der DDR und der damaligen CSR.
Bürger der DDR, die in der CSR/CSSR als »Grenzverletzer« gefaßt wurden, lieferte die Prager Staatssicherheit an die Ostberliner Staatssicherheit aus. MfS-eigene Flugzeuge holten diese Menschen von den CSSR-Flughäfen Prag und Bratislava ab; andere DDR-Bürger übergab man an den Grenzübergangsstellen Vojta – Schönberg und Hrensko – Schmilka.
Eine Besonderheit bestand: Auf Grund der »Dichte« des Touristenverkehrs DDR – CSSR hielten sich immer besonders viele DDR-Bürger im Nachbarstaat auf, der als (visafreies) Reiseziel besonders beliebt war. Darunter befanden sich auch immer besonders viele Menschen, die sich mit Fluchtabsichten trugen.

Die Grenzen der CSSR zur BRD im Westen des Landes hatten eine Länge von rund 365 km, die Grenze der CSSR zu Österreich betrug etwa 580 km. Zwar bewachten diese Grenzen in drei »Staffeln« CSSR-Grenzwachen und Grenzhelfer, doch war ein

»Grenzdurchbruch« hier leichter möglich, als in der DDR. Auch hier wurde notfalls auf Flüchtlinge geschossen, – längst aber nicht in der Intensität, wie z.B. an der MAUER in Berlin. Das war mehr oder weniger ein offenes Geheimnis.
Die amtliche DDR-Seite konnte es deshalb durchsetzen, in der CSSR besondere **»Operativgruppen«** des MfS einzusetzen, deren Ziel es war, DDR-Urlauber zu überwachen. Offiziell in Zusammenarbeit mit der Staatssicherheit der CSSR.
Diese war gemäß eines Protokolls zwischen dem MfS der DDR und dem Ministerium des Innern der CSSR vom 3. Juli 1971 verpflichtet, den MfS-Offizieren Amtshilfe bei der Bespitzelung von DDR-Bürgern in der CSSR sowie von Westdeutschen/Westberlinern, die als Touristen eingereist waren, zu leisten. Die Tätigkeit der MfS-Leute konzentrierte sich auf das »Bäderdreieck« um Karlsbad und auf Prag.
Die CSSR-Staatssicherheit hatte auf Ersuchen der Operativgruppe des MfS folgende Aufgaben zu lösen:

- Durchführung von Ermittlungen und Kontrollen von Personen, die infolge von Kontaktaufnahmen und Zusammenkünften mit Bürgern der DDR festgestellt und durch andere verdächtige Verhaltensweisen gegenüber Bürgern der DDR bekannt wurden;
- Durchführung von Fahndungs- und operativen Maßnahmen an GÜSten bei ein- und ausreisenden Personen in die CSSR/BRD.

Zur Verhinderung »ungesetzlicher Grenzübertritte« tauschten die beiden Paßkontrollorgane gegenseitig Informationen aus, – unter anderem über die zahlenmäßige Besetzung der grenzüberschreitenden Verkehrsmittel (bei allen GÜSten). Die Übergabe von Informationen wurde bei den folgenden Kategorien von Bürgern durchgeführt:

– Bürger der BRD, – Bürger Westberlins – und Bürger anderer nichtsozialistischer Staaten bei den Verkehrsmitteln – Eisenbahn, – Kfz und – Flugzeuge; die notwendigen Angaben bezogen sich auf:
a) Typ und Nummer des Verkehrsmittels, Zusammensetzung der Reisenden, Staatsangehörigkeit, Anzahl der Passagiere (davon im Transitverkehr/Flugverkehr),
b) BRD
c) Westberlin,
d) andere Reisende aus nichtsozialistischen Staaten[345].

Besonderes Augenmerk richteten beide Seiten auf die Flugpassagierabfertigung. Zur »Erhöhung der operativen Wirksamkeit auf den internationalen Flughäfen der DDR und der CSSR« schufen die Behörden Bedingungen, »die es unmöglich« machten, »daß Personen unkontrolliert das Gebiet des Flugplatzes betreten können. Sie führen solche Maßnahmen durch, daß die zum Abflug bereiten Flugzeuge, insbesondere solche in Richtung des nichtsozialistischen Auslandes, nicht zum illegalen Verlassen der DDR und der CSSR mißbraucht werden können.«
Darüber hinaus gab es weitere Absprachen beider Staatssicherheitsdienste. Hauptziele: Verhinderung von Fluchten der eigenen Bürger.

Das letzte Jahr der »Grenzüberwachung« an der Ost- und Südgrenze

1988/89 brach die Grenzüberwachung der DDR zur Volksrepublik Polen und zur CSSR praktisch zusammen. Auch in der »Verstärkten Grenzüberwachung« gab es kein Halten mehr, die Zahl der »Grenzverletzer« stieg dramatisch an. Zuführungen an Personal konnten den illegalen Grenzübertritt von DDR-Bürgern nach Polen und die CSSR nicht stoppen. Die »Chronik« der Grenztruppen aus dem Jahre 1988/89 (Zeitraum: Dezember 1988 bis November 1989), die letzte des Kommandos in Pätz bei Königs Wusterhausen, nüchtern:

»Im Ergebnis der Grenzüberwachung an der Staatsgrenze der DDR zur CSSR und zur Volksrepublik Polen wurden 5.216 Personen (Vorjahr: 693) festgenommen. Im Vergleich zum Vorjahr ist das ein Anstieg um 4.523 Personen = 652,7 Prozent.
Davon entfielen auf die Bewegungsrichtungen

DDR – CSSR	3.018 Personen (Vorjahr: 590)
DDR – VRP	2.198 Personen (Vorjahr: 103).

Von den 5.216 Personen wurden 997 Personen an GÜSten im Bereich der Grenzbrigade zur CSSR und zwei Personen im Bereich der Grenzbrigade zur VRP festgenommen. ...
Die Festnahmen im Ergebnis der Grenzüberwachung gliedern sich wie folgt:

– durch Grenztruppen	1.598 Personen (Vorjahr: 159)
– durch andere Schutz- und Sicherheitsorgane	1.881 Personen (Vorjahr: 355)
– durch die GS-Organe der Nachbarstaaten	1.737 Personen (Vorjahr: 179)[346].«

Eine Steigerung der »Grenzverletzerbewegung«, um mehr als 650 Prozent innerhalb eines Jahres konnte keine Truppe der Welt aufhalten, die Personalzuführungen 1988/89 vermochten es nicht ansatzweise, die Entwicklung in den Griff zu bekommen. Nirgendwo kam die Hilflosigkeit der offiziellen DDR mehr zum Ausdruck, als an ihrer Ost- und Südgrenze; das Versagen der DDR-GS bzw. Grenzüberwachung war Ergebnis der verfehlten Reise- und Ausreisepolitik der Partei- und Staatsführung der SED/DDR unter Erich Honecker.

Grenzsicherungspraktiken der DDR vor Gericht

Die Verfolgung von in der DDR begangenen Unrechts nach dem Untergang des zweiten deutschen Staates richtete sich nach Artikel 8 des Einigungsvertrags vom 31. August 1990 und nach den neu erlassenen Artikel 315 ff. des Einführungsgesetzes zum StGB.
Nach dem deutsch-deutschen Einigungsvertrag waren Straftaten, die in der DDR begangen wurden, nach der staatlichen Vereinigung nunmehr nach dem Recht der Bundesrepublik Deutschland zu verfolgen. Gemäß Art. 315 Absatz 1 StGB-Einführungsgesetz galt das aber nur, wenn das Recht der BRD das mildere war (und ist). War (und ist) die Tat in der DDR nicht strafbar oder wurde milder bestraft, als in der alten Bundesrepublik, galt (und gilt) das Recht der DDR fort. Artikel 315 a des Einführungsgesetzes zum StGB regelte auch das Problem der Verjährung. Danach wird eine Straftat, die nach dem Recht der DDR verjährt ist, nicht mehr verfolgt.
Aber von diesem Grundsatz hat der Gesetzgeber zwei Jahre nach der Wiedervereinigung eine wichtige Ausnahme gemacht: Das sogenannte »Verjährungsgesetz« sieht vor, daß die Verjährung von Unrechtstaten in der Zeit zwischen Gründung der DDR im Jahre 1949 und ihrem Untergang im Jahre 1990 geruht hat. Damit war es der Justiz im vereinten Deutschland möglich, Straftaten, die der SED zum Machterhalt dienten und die zu DDR-Zeiten (natürlich) nicht verfolgt wurden, zu ermitteln bzw. zu verfolgen[347].
Über eine »Generalamnestie« im Vollzugs der Herstellung der staatlichen Einheit Deutschlands haben sich die politisch Verantwortlichen nicht verständigen können.
Deshalb war es nicht weiter verwunderlich, daß alsbald nach der Einheit die Ermittlungsbehörden vor allem in Berlin Straftaten im Zusammenhang mit der DDR-GS aufgriffen und gegen die beteiligten Grenzsoldaten und ihre Vorgesetzten Verfahren wegen der Tötung von »Grenzverletzern« einleiteten.
Nicht vergessen werden sollte dabei die Tatsache, daß wegen der Schüsse an MAUER und innerdeutscher Grenze schon zu DDR-Zeiten nach der Wende im Jahre 1990 erste Ermittlungen aufgenommen wurden.
Seit 1991/92 beschäftigen sich Gerichte in Berlin und den neuen Bundesländern mit der juristischen Aufarbeitung von Totschlagshandlungen an der Grenze der ehemaligen DDR.
Zunächst kamen nur Prozesse gegen die »Mauerschützen« zustande, die ab Ende 1992 zu ersten Verurteilungen führten. Solche Prozesse dauern bis heute an.
Die Berliner Justiz bereitete darüber hinaus ab 1990/91 Verfahren gegen leitende Partei- und Staatsfunktionäre der SED/DDR vor, die wegen Beteiligung an Tötungsverbrechen an MAUER und DL belangt werden konnten/mußten.
Weltweite Aufmerksamkeit fand dabei der »Jahrhundertprozeß« gegen Erich Honecker und (zunächst) fünf weitere »Genossen«, die allesamt im »Nationalen Verteidigungsrat« (NVR) der DDR über die Grenzsicherungspraktiken entschieden hatten (was die staatliche Seite betraf). Darüber gab es schriftliche Unterlagen, Dokumente und Protokolle. Das Verfahren endete mit der Verurteilung von noch drei

Angeklagten; ihre Revision vor dem BGH hatte keinen Erfolg, eine Verfassungsbeschwerde wies der 2. Senat des Bundesverfassungsgerichts im Herbst 1996 ab. Die Urteile gegen Heinz Keßler, Fritz Streletz und Hans Albrecht waren damit rechtskräftig, die verhängten Strafen betrugen zwischen 5 und 7 1/2 Jahren Haft.
Schon weniger internationale Beachtung erfuhr der Prozeß gegen Mitglieder des SED-Politbüros, den die 27. Strafkammer des LG Berlin am 13. November 1995 gegen anfangs sechs ehemalige Politbüro-Mitglieder eröffnete: Angeklagt wurden wegen der DDR-Grenzsicherungspraktiken bzw. wegen der Tötungen von Menschen an der Grenze
Egon Krenz, Erich Mückenberger, Kurt Hager, Horst Dohlus, Günther Kleiber und Günter Schabowski.
Damit saßen Verantwortliche des wichtigsten politischen Machtorgans der DDR vor Gericht.
Vor allem der letzte SED-Generalsekretär und Honecker-Nachfolger Egon Krenz stand im Mittelpunkt des Verfahrens, das wiederholt durch prozeßtechnische Überraschungen Aufmerksamkeit erhielt (unter anderem durch das Ausscheiden des »Vorsitzenden Richters« Bräutigam, der schon im »Honeckerprozeß« sein Amt verlor).
Krenz und seine Anwälte nutzten alle Möglichkeiten der Strafprozeßordnung und verzögerten das Verfahren; immer wieder gab Krenz »Erklärungen« ab und versuchte durch Sachverständige, sein Tun und Unterlassen (!) zu verdeutlichen.
Schließlich wurden am 25. August 1997 drei der ursprünglich sechs Angeklagten zu Freiheitsstrafen zwischen drei und sechseinhalb Jahren verurteilt: Krenz erhielt wegen Totschlags in vier Fällen 6 1/2 Jahre Haft, Günther Kleiber und Günter Schabowski bekamen je 3 Jahre wegen dreifachen Totschlags (»in minderschwerem Fall«). Dohlus, Mückenberger und Hager konnten wegen Verhandlungsunfähigkeit (Alter/Krankheit) aus dem Prozeß ausscheiden.

Auch gegen die Führung der DDR-Grenztruppen führten die Ermittlungen im Herbst 1995 zur Anklage: Die 36. Strafkammer des LG Berlin eröffnete gegen den Ex-Chef der Grenztruppen, **Klaus-Dieter Baumgarten**, und gegen fünf weitere Grenztruppen-Generale ein Verfahren wegen Totschlags und versuchten Totschlags (bzw. Beihilfe) in 19 Fällen. Ein knappes Jahr später, im September 1996, verurteilten die Richter die sechs Angeklagten zu Haftstrafen zwischen 3 1/4 und 6 1/2 Jahren (Baumgarten: 6 1/2 Jahre). Eine Revision hatte keinen Erfolg, der 5. Senat des BGH verwarf im Mai 1997 alle diesbezüglichen Anträge, die Urteile wurden rechtskräftig.
Darüber hinaus kam es zu weiteren Prozessen gegen leitende Partei- und Staatsfunktionäre: Im August 1995 eröffnete die 35. Strafkammer des LG Berlin ein Totschlagsverfahren gegen acht Ex-Generale, die dem »Kollegium« des MfNV angehört hatten. Ende Mai 1997 erhielten vier Ex-Generale – die anderen vier waren wegen Krankheit aus dem Verfahren ausgeschieden – Haftstrafen zwischen einem Jahr und zehn Monaten (zur Bewährung ausgesetzt) und drei Jahren und drei Monaten.
Vergleichbare Verfahren i.S. DDR-Grenzregime wurden (oder werden) vorbereitet und durchgeführt gegen leitende Offiziere der Grenzkommandos Mitte, Nord und Süd sowie gegen Regimentskommandeure. Anklagepunkte: Verdacht auf Tötung von »Grenzverletzern« durch Schußwaffeneinsatz oder Minendetonationen bzw. Beihilfe zum Totschlag.

Anfang Mai 1998 ließ die 32. Strafkammer des LG Berlin eine weitere Anklage gegen Mitglieder des SED-Politbüros zu: **Hans-Joachim Böhme, Herbert Häber** und **Siegfried Lorenz** haben sich wegen des Verdachts auf Totschlag zu verantworten.

1. »Mauerschützenprozesse«

Gegen die am unteren Ende der Befehlsskala stehenden »Grenzer« führten die Ermittlungsverfahren wegen der relativ übersichtlichen Rechtslage im Jahre 1991 zu ersten Anklagen wegen Totschlags.
Hunderte von DDR-Bürgern sind an den Grenzen zu Tode gekommen, wurden zum Teil an MAUER und DL von Grenzsoldaten erschossen. Andere kamen – bis 1983 – durch Bodenminen und Selbstschußanlagen ums Leben. Weitere erlitten durch Waffeneinsatz Verletzungen, die oft lebenslange Behinderungen zur Folge hatten.
Es war ganz offensichtlich Unrecht, im Frieden auf Menschen zu schießen, – nur weil diese das Land verlassen wollten. Aber eben das bestritt die offizielle DDR immer. Und dieses wird auch noch heute bestritten, – wenigstens von Teilen der PDS und vielen »Ehemaligen« aus der Führung der Grenztruppen und des MfNV.
Der letzte Tote an der Berliner MAUER war am 5./6. Februar 1989 der 20jährige Ostberliner Chris Gueffroy. Das Ermittlungsverfahren gegen die »Grenzer«, die gegen ihn (und seinen Freund) die Schußwaffe einsetzten, führte 1991 zur Anklage vor dem Landgericht (LG) Berlin. Mit Urteil vom 20. Januar 1992 wurde der Hauptangeklagte Ingo Heinrich zu einer Haftstrafe von 3 1/2 Jahren verurteilt. In der Revision vor dem »Bundesgerichtshof« (BGH) hatte dieses Urteil jedoch keinen Bestand; der 5. Strafsenat hob mit Urteil vom 25. März 1993 die erstinstanzliche Entscheidung teilweise auf und verwies die Sache zur Neuverhandlung an eine andere Strafkammer des LG Berlin. Aus den Gründen:

»Der BGH hat den Schuldspruch gegen den Angeklagten H. wegen Totschlags bestätigt und hinsichtlich der grundsätzlichen Rechtsprobleme der Strafbarkeit des Schußwaffengebrauchs an der Grenze auf seine Ausführungen im ersten ›Mauerschützen-Urteil‹ ... verwiesen. Den Strafausspruch hat der Senat allerdings aufgehoben, weil der Tatrichter nicht erkennbar berücksichtigt hatte, daß der Angekl. auf Befehl gehandelt hat, in der militärischen Hierarchie ganz unten stand und Funktionsträger, die über einen größeren Überblick und über eine differenzierte Ausbildung verfügten, bisher nicht zur Verantwortung gezogen worden sind[348].«

In letzter Instanz wurde der Angeklagte Ingo Heinrich von der 27. Strafkammer des LG Berlin im März 1994 zu zwei Jahren Haft auf Bewährung verurteilt; das Gericht hielt generalpräventive Erwägungen für bedeutungslos »angesichts des Untergangs des Grenzregimes der DDR«. ...
Diesen BGH-Leitgedanken folgten praktisch alle Urteile gegen »Mauerschützen« wegen versuchten oder vollendeten Totschlags bis heute.
Der BGH entwickelte in seinem Grundsatzurteil eine Reihe von Vorstellungen, die bei der Verurteilung von »Mauerschützen« seither eine Rolle spielen. Dazu zählen Überlegungen zur

- **»rechtsstaatlichen Handhabung«** des DDR-Grenzgesetzes von 1982,
- zu **»naturrechtlichen« Maßstäben** im Zusammenhang mit Ideen des Rechtsphilosophen **Gustav Radbruch**,
- zu **völkerrechtlichen** Vorstellungen im Zusammenhang mit dem internationalen Pakt über bürgerliche und politische Rechte (1966), insbesondere dem **Recht auf Leben und auf Ausreise**,
- zu Fragen des **Rückwirkungsverbots** nach dem Grundgesetz,
- zu Problemen in Verbindung mit der allgemeinen **Erklärung der Menschenrechte von 1948**,
- zu Gedanken im Zusammenhang mit der **KSZE-Schlußakte von Helsinki** (1975),
- zu Fragen des **Rechts der DDR** einschließlich der Bedeutung der »sozialistischen Rechtsordnung«,
- und zur Frage des »Handelns auf Befehl«[349].

Nahezu bei allen erwähnten Punkten entwickelten Rechtsprechung, juristische Forschung und Lehre unterschiedliche Argumentationsketten; es gab und gibt keine einheitliche Meinung, in manchen Fragen noch nicht einmal eine herrschende.
Die Zusammenhänge sind im Detail äußerst kompliziert und erschließen sich vielfach nur Juristen. Deshalb wird an dieser Stelle nicht näher darauf eingegangen.
Wichtig scheint in diesem Zusammenhang nur, die Meinung des BGH i.S. »Mauerschützen« breiter vorzustellen.
Denn die BGH-Entscheidungen wurden – wie erwähnt – Grundlagen der »nachgeordneten« Rechtsprechung der Gerichte.
Der BGH hat in seinen Leitentscheidungen 1993 zunächst die Frage zu klären versucht, ob § 27 des DDR-Grenzgesetzes von 1982 die tödlichen Schüsse auf Flüchtlinge rechtfertige.
Diese Norm, was den reinen Text betrifft den polizeirechtlichen Bestimmungen altbundesdeutschen Rechts über den Schußwaffengebrauch nachempfunden, deckte nach Ansicht des BGH bei »rechtsstaatlicher« Handhabung bedingt vorsätzliche Tötungen (dabei ging es in den Prozessen gegen »Mauerschützen«) **nicht**, – sofern diese nur den Zweck verfolgten, einen Menschen am Überschreiten der Grenze zu hindern.
Die Frage ist nur: Wie kann es gelingen, ein DDR-Grenzgesetz »rechtsstaatlich« im Nachhinein zu »handhaben«?
Des weiteren neigt das BGH zu der Ansicht, naturrechtliche Maßstäbe in die Verfahren einzuführen bzw. zu berücksichtigen. So scheint man der Auffassung zu sein, daß Gesetzesnormen wie das Grenzgesetz wegen eines »unerträglichen Verstoßes« gegen naturrechtliche Gerechtigkeitsmaßstäbe **nichtig** sein können.
Außerdem geht das BGH davon aus, daß das nach kommunistischen Grundsätzen interpretierte DDR-Grenzrecht gegen das Völkerrecht verstieß. Herangezogen werden in diesem Zusammenhang der internationale Pakt über bürgerliche und politische Rechte von 1966, den (auch) die DDR Mitte der 70er Jahre unterschrieb, freilich aber **nicht** in innerstaatliches Recht »transformierte« (was aber vom BGH nicht weiter erwähnt wird).

Der »Menschenrechtspakt« beinhaltete unter anderem das **»Recht auf Leben«** sowie das **»Recht auf Ausreise«**.
Unschwer ist zu erkennen, daß die amtliche DDR und ihre »Organe« dagegen jahr-

zehntelang verstießen und dazu Rechtsnormen erließen, die den »Kern« der Bestimmungen unterliefen.
Selbst sehr vorsichtige und abwägende Rechtsgelehrte sind der Ansicht, daß das **»Ausreiseverhinderungsregime der DDR«** nicht den Auflagen des »Menschenrechtspakts« entsprach und deshalb **»völkerrechtswidrig«** handelte. Fazit des Juristen **Henning Rosenau** 1996:

»Die Völkerrechtswidrigkeit greift aber nicht allein auf die Verhinderung der Ausreise über, sondern zugleich auf das Grenzregime mit dem vorgesehenen Schußwaffengebrauch. Denn das Grenzsicherungssystem ist ohne das generelle Ausreiseverbot nicht denkbar, der Einsatz der Schußwaffe baut nach dem Verständnis der DDR gerade auf den Ausreisebestimmungen auf. Er setzt nach § 27 II Grenzgesetz bzw. zuvor nach den entsprechenden Dienstvorschriften die Ausführung eines Verbrechens voraus, das es zu verhindern gelte. Zu einem Verbrechen wird die Flucht qua § 213 StGB-DDR als ungesetzlicher Grenzübertritt, was als Verlassen des Hoheitsgebietes der DDR ohne die dazu nach dem Paßgesetz erforderliche staatliche Genehmigung zu verstehen ist. Da eine solche staatliche Genehmigung in aller Regel entgegen den Anforderungen des Art. 12 IPBPR (Internationaler Pakt für bürgerliche und politische Rechte) nicht erteilt wurde, schließt sich der Kreis. Grenzregime und externe Freizügigkeit waren in der DDR gerade nicht getrennt, so daß die bewaffnete Durchsetzung eines völkerrechtswidrigen Verfahrens ihrerseits als völkerrechtswidrig und als Verstoß gegen Art. 12 II, III IPBPR angesehen werden muß[350].«

Bei der Bestrafung der »Mauerschützen« werteten BGH und Gerichte **strafmildernd** die Tatsache, daß sich die Grenzsoldaten an MAUER und DL auf ein **»Handeln auf Befehl«** berufen konnten.
Über Jahrzehnte wurden den »Grenzern« von ihren Vorgesetzten politische und menschliche Verhaltensweisen anerzogen, die – zumindest nach heutigen Maßstäben – schlicht inhuman waren. »Grenzverletzer« galten als unsichere Kantonisten, wenn nicht als Gegner/Feinde der DDR bzw. als Kriminelle. Notfalls waren diese Leute zu »vernichten«, was auch den Todesschuß einschließen konnte.
Auf jeden Fall waren Fluchten in den Westen unter allen Umständen zu verhindern. In den grenzsichernden Einheiten wiesen die Offiziere die Posten an, »Grenzdurchbrüche« niemals zuzulassen. Und sie ließen deutlich durchblicken, daß diejenigen »Grenzer« mit Bestrafung zu rechnen hätten, die den Auflagen nicht nachkamen.
Tatsächlich hat es Verurteilungen von Grenzsoldaten gegeben, die ihren »Grenzdienst« unvollständig, nachlässig oder entgegen den Bestimmungen versahen und beispielsweise »Grenzverletzer« ohne Schußwaffeneinsatz entkommen ließen.
Die Angst vor harten Disziplinarmaßnahmen und Strafen war Bestandteil des Binnenklimas in allen grenzsichernden Einheiten.
Viele Grenzsoldaten konnten sich dem Druck nicht entziehen, verhielten sich systemkonform, um sich ihre berufliche Zukunft nicht zu verbauen. Andere »gingen von der Fahne«, flüchteten in den Westen. Manche griffen zum Alkohol, einige wählten sogar den Selbstmord als letzten Ausweg.
Nahezu alle Grenzsoldaten fürchteten sich vor dem Tag, an dem ein »Grenzdurchbruch« mit Schußwaffeneinsatz verhindert werden mußte.
Das alles rechneten die Gerichte des vereinten Deutschlands den angeklagten

»Mauerschützen« an, die in den Verfahren meistens Reue zeigten und schon auf Grund ihres jugendlichen Alters zur Tatzeit mildernde Umstände zugebilligt bekamen.
BGH und Gerichte berücksichtigten dieses »Handeln auf Befehl« und die besonderen Verhältnisse des Grenzdienstes im Herrschaftssystem der DDR, die Juristen (Richter) unterstellten in der Regel minder schwere Fälle von Totschlag und gelangten deshalb zu eher »moderaten« Urteilen.
Dutzende »Mauerschützenprozesse« hat es seit 1991/92 gegeben, allein in Berlin über fünfzig. Nach wie vor stehen ehemalige »Grenzer« vor Gericht. Zumeist erhalten sie Bewährungsstrafen bis zu zwei Jahren, selten mehr.
Härtere Urteile haben nur diejenigen zu erwarten, die zum Beispiel festgenommene »Grenzverletzer« aus nichtigem Anlaß erschossen. So etwas kam vor, war jedoch keinesfalls üblich.
Diese Leute haben **Mordanklagen** zu erwarten, in solchen Fällen hat es schon (Revisions-)Urteile von bis zu zehn Jahren Haft gegeben.

DDR-Grenzsoldaten waren in letzter Konsequenz nur Erfüllungsgehilfen einer kleinen Clique des SED-Politbüros, die letzten »Rädchen« im Getriebe eines Grenzsicherungssystems, das sie nicht erfunden hatten. Grundwehrdienstleistenden sind keinerlei Vorwürfe zu machen, die meisten Zeit- und Berufssoldaten haben sich nichts zu Schulden kommen lassen, was strafrechtlich relevant wäre. Sie alle dienten einem Regime, das objektiv völkerrechtswidrige Praktiken an seinen Grenzen einführte und sich jahrzehntelang taub gegen Kritik (auch aus den eigenen Reihen!) stellte.

2. Prozesse gegen ehemalige Partei- und Staatsfunktionäre

Ermittlungsverfahren gegen leitende SED-Funktionäre, auch wegen der Schußwaffengebrauchsbestimmungen an der Grenze, setzten bereits nach der Wende in der DDR ein.
Anfang August 1990, also kurz vor dem Untergang der DDR, erweiterte der amtierende Generalstaatsanwalt das Ermittlungsverfahren gegen **Erich Honecker**, bis Oktober 1989 Partei- und Staatschef der SED/DDR, wegen Verdacht des mehrfachen Mordes und mehrfacher Körperverletzung. Der schwerkranke Honecker – im Januar 1990 kurzzeitig in Untersuchungshaft – sollte die genannten Delikte in seiner Eigenschaft als Vorsitzender des NVR (ab 1971) und des Staatsrats (ab 1976) begangen haben. Der DDR-Generalstaatsanwalt:

»Durch die Anwendung von Schußwaffen, durch Explosion von Minen und die Auslösung von Selbstschußanlagen wurde eine erhebliche Anzahl von Personen getötet oder verletzt. Der Beschuldigte steht daher im Verdacht, sich der Anstiftung zum mehrfachen Mord und zur vorsätzlichen Körperverletzung schuldig gemacht zu haben[351].«

Als der ermittelnde Staatsanwalt am 10. August 1990 Erich Honecker im sowjetischen Militärhospital in Beelitz mit dem Mordvorwurf konfrontierte, soll sich der Mann betroffen gezeigt haben.
Er war nicht mehr bereit, »zur Sache« auszusagen.
Nach seinem Ausschluß aus der SED Ende 1989 und seit Aufnahme der Ermittlungen gegen ihn mußte Honecker davon ausgehen, daß ihm die Toten an MAUER und DL »zugerechnet« wurden. Er versuchte deshalb, »vorzubauen« und die Vorwürfe zu entkräften, – unter anderem in einer persönlichen Erklärung »über seine Haltung zu humanitären Fragen« von »Anfang 1990«. Der gestürzte erste Mann der alten SED und DDR zu Beginn des letzten Jahres der Republik:

»Auf meinen Vorschlag hin wurden z.T. gegen Einwände folgende Beschlüsse herbeigeführt:

a) die Beseitigung der Selbstschußanlagen und Minenfelder an der Grenze zur BRD
b) die Aufhebung des sogenannten ›Schießbefehls‹ für die Grenztruppen der DDR im Jahre 1987
e) das Verbot, außerhalb der Grenzziehung durch Stacheldraht und Mauer Operationen gegen Menschen durchzuführen. Der Streifen zwischen der Grenze zur BRD und der DDR sowie zu Westberlin sollte als Niemandsland behandelt werden[352].«

Wahrheit und Dichtung liegen hier eng beieinander: Die Beseitigung der Selbstschußgeräte und der Bodenminen kam in erster Linie wegen internationaler Proteste und wegen »Absprachen« mit Franz-Josef Strauß in Verbindung mit einem Milliardenkreditgeschäft zustande; eine **dauerhafte** (!) Aufhebung des »Schießbefehls« gab es nicht schon 1987, sondern erst Anfang April 1989.
Auf Grund der Ermittlungen erging im Dezember 1990 gegen Erich Honecker Haftbefehl, der aber nicht vollstreckt werden konnte, da er sich hinter den Mauern eines sowjetischen Militärhospitals befand.
Im März 1991 setzte sich Honecker mit Hilfe seiner russischen Freunde in die UdSSR ab, im Dezember 1991 begab er sich in die chilenische Botschaft in Moskau. Nach längeren Verhandlungen zwischen Bonn, Moskau und Santiago de Chile entschloß sich Erich Honecker im Juli 1992, sich den Strafverfolgungsbehörden des vereinten Deutschlands zu stellen. In Berlin-Moabit kam er in Untersuchungshaft.
Die deutsche und internationale Öffentlichkeit verfolgte die Vorbereitung eines Prozesses gegen Honecker (und Genossen) mit Interesse, man sah in diesem anstehenden Verfahren ein Stück Gerechtigkeit, denn nunmehr sollten die **Hauptverantwortlichen** für das DDR-Grenzregime vor Gericht gestellt werden. Honecker selbst und seine mitangeklagten »Genossen« sahen dagegen im künftigen Prozeß nur »Racheengel« wirken, sie hielten die Angelegenheit für eine inszinierte Sache zum Nachteil der untergegangenen DDR, für einen Bestandteil von **»Siegerjustiz«**.

a) Nationaler Verteidigungsrat (Honecker & Genossen vor Gericht)

Am 12. November 1992 begann die 27. Große Strafkammer des LG Berlin mit der Verhandlung gegen Honecker sowie fünf weitere leitende Partei- und Staatsfunktionäre der SED/DDR.
Willi Stoph, Ex-Chef des DDR-Ministerrats, erschien jedoch nicht zum Prozeßbeginn, das Verfahren gegen ihn wurde am 13. November 1992 vorläufig eingestellt, da er nicht verhandlungsfähig war (dabei sollte es bleiben).
Die anderen vier Angeklagten waren: **Erich Mielke**, SED-Politbüromitglied und Minister für Staatssicherheit, **Heinz Keßler**, ebenfalls Politbüromitglied und DDR-Verteidigungsminister, **Fritz Streletz**, Chef des Hauptstabes der NVA, Sekretär des NVR, zugleich einer der stellvertretenden DDR-Verteidigungsminister, Ex-Generaloberst, und **Hans Albrecht**, ehemaliger SED-Bezirkschef des Grenzbezirks Suhl.
Allen Angeklagten wurde (gemeinschaftlicher) vollendeter Totschlag von Flüchtlingen vorgeworfen, alle waren Mitglieder (Honecker: Vorsitzender) des NVR, des höchsten **staatlichen** Gremiums für Militär- bzw. Sicherheitsfragen.
Die Anklageschrift umfaßte 800 Seiten, »Vorsitzender Richter« war zunächst Hansgeorg Bräutigam, der später wegen einer Lappalie stolperte und wegen »Befangenheit« ausgewechselt werden mußte.
Der Prozeß, als **»Jahrhundertprozeß«** bezeichnet, kam nur sehr langsam voran. Vor allem Erich Honecker erlitt mehrere Schwächeanfälle, die zur Unterbrechung und Vertagung der Termine führten.
Von Anfang an war sichtbar, daß der schwer an Krebs erkrankte Mann dem Verfahren nur mühsam folgen konnte, der 80jährige Ex-Parteichef zeigte deutliche Zeichen des körperlichen Verfalls.
Seine drei Verteidiger, hervorragende Rechtsanwälte aus West- und aus Ost-Berlin, ließen nichts unversucht, um das Gericht von der Verhandlungsunfähigkeit ihres Mandanten zu überzeugen.
Am 30. November 1992 konnte die Anklageschrift von der Staatsanwaltschaft verlesen werden.
Der »Hauptangeklagte« Honecker beantwortete die Auslassungen der Anklagebehörde mit einer längeren »Persönlichen Erklärung«, die er am 3. Dezember 1992 verlas (Dauer: 1 Stunde und 15 Minuten). Erich Honecker ging mit seinen Anklägern hart »ins Gericht« und begann mit der folgenden Feststellung:

»Ich werde dieser Anklage und diesem Gerichtsverfahren nicht dadurch den Anschein des Rechts verleihen, daß ich mich gegen den offensichtlich unbegründeten Vorwurf des Totschlags verteidige. Verteidigung erübrigt sich auch, weil ich Ihr Urteil nicht mehr erleben werde … Ein Prozeß gegen mich ist schon aus diesem Grunde eine Farce. Er ist ein politisches Schauspiel[353].«

Der ehemalige SED-Generalsekretär und DDR-Staatsratsvorsitzende verteidigte auf seine Art das, was er unter »Sozialismus« verstand und versuchte die angeblichen und/oder tatsächlichen Zwänge der SED-Führung in Sachen Grenzsicherung und Mauerbau herauszustellen. Honecker gab zu, daß man die MAUER gebraucht habe,

weil man sonst schon 1961 die DDR aufgegeben hätte. Er bedauerte zugleich, daß es Tote an MAUER und Grenze gegeben habe.
Und gegen Ende seiner Erklärung meinte der gebürtige Saarländer:

»Der Prozeß gegen uns Mitglieder des Nationalen Verteidigungsrates der DDR soll ein Nürnberger Prozeß gegen Kommunisten werden. Dieses Unternehmen ist zum Scheitern verurteilt. In der DDR gab es keine Konzentrationslager, keine Gaskammern, keine politischen Todesurteile, keinen Volksgerichtshof, keine Gestapo, keine SS. Die DDR hat keinen Krieg geführt und keine Kriegs- und Menschenrechtsverbrechen begangen. Die DDR war ein konsequent antifaschistischer Staat ...[354]«

Zum Schluß konnte es sich Honecker nicht versagen, seinen früheren Gastgeber Michail S. Gorbatschow anzugreifen:

»Gorbatschow und ich gehörten beide der kommunistischen Weltbewegung an. Es ist bekannt, daß wir in einigen wesentlichen Punkten verschiedener Meinung waren ... Mich hat der Bundeskanzler nicht mit Goebbels verglichen, und ich hätte ihm das auch nicht verziehen. Weder für den Bundeskanzler noch für Gorbatschow ist dieses Strafverfahren ein Hindernis für ihre Duzfreundschaft. Auch das ist kennzeichnend. Ich bin am Ende meiner Erklärung. Tun Sie, was Sie nicht lassen können[355].«

Der Pessimismus Honeckers war unbegründet: Das LG Berlin sowie das Verfassungsgericht des Landes Berlin kamen Ende 1992/Anfang 1993 zu der Überzeugung, den Mann wegen seiner Krebserkrankung aus dem Verfahren zu entlassen. Honecker konnte noch im Januar 1993 nach Chile ausreisen, wo er am 29. Mai 1994 verstarb.
Der humane Umgang mit Erich Honecker ist vielfach auf Kritik gestoßen. Rechtsstaatliche Grundsätze gelten in unserer Ordnung aber auch für jene, die sie ablehnen. Todkranke zu verurteilen, ist mit dem herrschenden Rechtsempfinden nicht zu vereinbaren. Und das ist gut so.
Der »Honeckerprozeß« wurde ohne den Hauptangeklagten fortgesetzt; die Anzahl der Angeklagten schrumpfte weiter, da das Verfahren gegen Erich Mielke abgetrennt wurde. Der Minister für Staatssicherheit erhielt 1993 wegen Mordbeteiligung an zwei Polizeioffizieren des preußischen Staates im Jahre 1931 eine 6jährige Freiheitsstrafe. Eine Wiederaufnahme des Verfahrens gegen Mielke wegen des Verdachts auf Totschlag an Flüchtlingen an MAUER und DL scheiterte endgültig an der dauernden Verhandlungsunfähigkeit des 90jährigen Mannes.
Die »restlichen« Angeklagten äußerten sich mehrmals zur DDR-GS, in erster Linie Heinz Keßler und Fritz Streletz.
Dabei wurde deutlich, daß es auch innerhalb des engeren Führungszirkels unterschiedliche Auffassungen gab, – beispielsweise lehnte Keßler den Einsatz von Selbstschußanlagen an der Grenze ab, konnte sich aber damit seinerzeit nicht durchsetzen.
In einer Erklärung am 7. Dezember 1992 gab der ehemalige DDR-Verteidigungsminister im wesentlichen den Sowjets die Schuld für die Zustände an den Grenzen der DDR und machte dabei auch die überraschende Feststellung:

»Die Minenfelder, **die am Anfang von den sowjetischen Besatzungstruppen angelegt wurden**, wurden während meiner Amtszeit als Minister zum Teil abgebaut und wurden vollständig liquidiert, übrigens auf Beschluß des Verteidigungsrates und Weisung seines Vorsitzenden[356].«

Dieser Hinweis beinhaltet, daß die Sowjets bereits vor 1961, zumindest in bestimmten Grenzabschnitten, Bodenminen verlegten. Auch Fritz Streletz, Ex-Stabschef der NVA und Sekretär des NVR, stellte den Einfluß der Sowjets auf die DDR-GS heraus; zugleich versuchte er seine NVR-Tätigkeit zu relativieren.
Schon am 15. November 1992 verbreiteten seine Anwälte unter anderem diese Ansicht des Angeklagten:

»Offen und in der Anklage völlig unberücksichtigt ist die Einflußnahme der früheren Sowjetunion bzw. des Warschauer Paktes auf die Ausgestaltung sämtlicher Entscheidungen der früheren DDR. Deswegen war die DDR bezüglich dieser Grenze in ihren Entscheidungen nicht autonom. Die Grenze war **kein** ›innerdeutsches‹ Problem[357].«

Wenn die Abhängigkeit der DDR i.S. DDR-Grenzen wirklich so groß war, wie behauptet, warum konnte dann die amtliche DDR unter Erich Honecker 1983/84 – offenbar ohne jede Rücksprache mit Moskau – die Selbstschußanlagen und Bodenminen an ihrer Grenze nach der »Vereinbarung« Honecker-Strauß abbauen? Warum erschien ein erzürnter Chef der sowjetischen Grenztruppen in Ostberlin, um dagegen zu protestieren? Und noch dazu ohne Erfolg! Allein dieses Beispiel macht deutlich, daß die offizielle DDR zumindest seit dem Ableben von **Leonid I. Breshnew** im Jahre 1982 größere Handlungsspielräume hatte, als zuvor. Die beiden alten KPdSU-Oberen und der jüngere neue KPdSU-Generalsekretär Michail S. Gorbatschow ließen offensichtlich Ostberlin in der Art und Weise seiner GS freie Hand, jedenfalls ab 1982/83.
Vermutlich war das aber in den 50er bis frühen 80er Jahren nicht der Fall, insoweit könnten die Einlassungen der Angeklagten den Tatsachen entsprechen.
Ex-Generaloberst Fritz Streletz wiederholt und erläutert seine Ansichten zur DDR-GS in einer (weiteren) Erklärung, die er am 14. Dezember 1992 vor Gericht abgibt. Er polemisiert gegen den Begriff der »innerdeutschen Grenze«, betont deren »internationale Dimension« und deren Charakter als Grenze zwischen zwei Weltsystemen. Und führt dann aus:

»Im Zusammenhang mit dem Kalten Krieg, der zwischen den beiden Weltsystemen herrschte, sowie der Verpflichtung der DDR gegenüber den Mitgliedern des Warschauer Vertrages wurden die Aufgaben und Maßnahmen für die Grenzsicherung festgelegt.
Deshalb waren auch an der Staatsgrenze zur BRD mit einer Länge von 1378 km annähernd 30.000 Grenzsoldaten eingesetzt und an der Grenze zum damaligen Berlin-West mit einer Länge von 161 km 8.000 Mann im Grenzdienst tätig. Im Gegensatz dazu waren an der Grenze zu Polen und zur Tschechoslowakei mit einer Länge von rund 900 km nur 600 Grenzer im Einsatz.«

Streletz schildert in den folgenden Passagen seiner Erklärung dann den Schußwaffeneinsatz der Grenztruppen und kommt zu dem Urteil – wen wundert es –, daß man mit der Waffe nur sehr zurückhaltend umgegangen sei. Sätze wie dieser tauchen auf:

»Das Ziel der Schußwaffenanwendung war ausnahmslos die Festnahme von Grenzverletzern und niemals ihre Tötung[358].«

Eine mehr als »blauäugige« Argumentation! Schließlich hat man bis Mitte der 80er Jahre die Grenzsoldaten dazu »vergattert«, »Grenzverletzer« notfalls zu vernichten. Auch wenn das, wie von »Ehemaligen« immer wieder behauptet, »militärisch gemeint gewesen sei« und deshalb nicht die Tötung beinhalten mußte sondern nur die gewaltsame Verhinderung von »Aktivitäten«, so bleibt es doch unstrittig, daß Menschen an den Grenzen der DDR **erschossen** wurden. Wenn, wie behauptet, »niemals ihre Tötung« beabsichtigt war, hätte man die Grenzsoldaten mit **Gummigeschossen** ausrüsten müssen. Oder man hätte die grandiosen »Erfindungen« eines Manfred von **Ardenne** aus Dresden zur Serienreife führen müssen, die vorsahen, Flüchtlinge mit **Betäubungsgewehren** zu stoppen.
Fritz Streletz versucht seine Aussagen mit Zahlen zu stützen:

»In den letzten 10 Jahren von 1979 bis 1988 wurden 3.600 Grenzverletzer festgenommen; 187mal wurde dabei die Schußwaffe angewendet, davon 30- bis 40mal mit gezieltem Feuer. Auch diese Zahlen beweisen, daß – der Einsatz der Schußwaffe die Ausnahme bildete und – nie direkt befohlen wurde, Grenzverletzer zu töten, – es niemals einen sogenannten ›Schießbefehl‹ gegeben hat[359].«

Daß dabei 17 Personen getötet und 24 Menschen verwundet wurden, erwähnt Streletz an dieser Stelle nicht. …
Im Verfahren gegen die Mitglieder des NVR hat sich das LG Berlin eingehend mit dem DDR-Grenzregime befaßt. Keßler und Streletz haben Angaben zur Sache machen können; sie versuchten vor allem den Schußwaffengebrauch an der Grenze zu verharmlosen.
Das Gericht folgte ihren Ansichten nicht. Oder nur zum Teil. Die Richter kamen zu der Auffassung, daß die Angeklagten zwar ein bereits bestehendes Grenzregime vorgefunden hätten (es also nicht initiiert haben), in der Folgezeit aber **nichts dafür taten, um es zu ändern**. Sie seien **»Schreibtischtäter«** gewesen, da sie die Opfer, die ihnen als konkrete Personen nicht bekannt waren, nicht eigenhändig getötet hätten. Alle hätten an den Befehlen Nr. 101 mitgewirkt (oder sie wenigstens nicht verändert), die das Grenzregime jährlich »festschrieben« und Aussagen zur Grenzsicherungspraxis einschließlich des Schußwaffeneinsatzes und der Selbstschußanlagen und Minen (bis 1983) enthielten. Nach Ansicht der Richter konnten sich die Angeklagten nicht darauf berufen, »daß sich an den Beschlüssen des NVR nichts geändert hätte, wenn (sie) allein dagegen gestimmt (hätten).«
Insgesamt sei das Verhalten der Angeklagten nicht zu rechtfertigen, sie handelten nach Auffassung der Richter schuldhaft. Und:

»Die Angeklagten wußten, … daß die Tötung von Flüchtlingen an der Grenze Unrecht war. Dieses Unrecht haben sie jedoch aus politischen Erwägungen in Kauf genommen. Sie haben das (vermeintliche) Staatsinteresse in eigenmächtiger Entscheidung über das Rechtsgut des Lebens des einzelnen Bürgers gestellt. Einen solchen Vorrang kennt das StGB der DDR trotz der Betonung der staatlichen und gesellschaftlichen Interessen **nicht …**[360]**«**

Eine »mittelbare Täterschaft« der Angeklagten verneinte das Gericht.
Die Staatsanwaltschaft beantragte gegen Heinz Keßler **12 Jahre Haft**, gegen Fritz Streletz **10 Jahre** (beide wegen Anstiftung zum Totschlag) und gegen Hans Albrecht 4 1/2 Jahre wegen »Beihilfe«.

Die 27. Strafkammer des LG Berlin blieb bei der Urteilsverkündung am 16. September 1993 (nach 63 Prozeßtagen!) deutlich unter den Anträgen der Anklage:

- Heinz Keßler erhielt 7 1/2 Jahre Haft,
- Fritz Streletz 5 1/2 Jahre, und
- Hans Albrecht bekam die (beantragten) 4 1/2 Jahre Haft.

Der 5. (Berliner) Senat des BGH bestätigte im Juli 1994 die Urteile mit Ausnahme des Urteils gegen Albrecht: Gegen den ehemaligen Grenzbezirkschef erhöhte der BGH die Strafe auf 5 Jahre 1 Monat.
Das BGH vertrat jedoch den Standpunkt, daß die Angeklagten nicht nur wegen Anstiftung bzw. Beihilfe zur Tötung von Flüchtlingen hätten verurteilt werden dürfen, sondern sie seien **»Täter in der Rechtsform der mittelbaren Täterschaft«**.
Im übrigen hielt das BGH die Strafen **für milde**, jedoch für vertretbar.
Verfassungsbeschwerden der verurteilten NVR-Mitglieder wies das höchste deutsche Gericht am 12. November 1996 zurück; die Angeklagten hatten in erster Linie ein »Rückwirkungsverbot«, das sich aus Art. 103 Absatz 2 Grundgesetz ergibt, für sich in Anspruch zu nehmen versucht. Das ist auch im »Normalfall« gegeben, denn der Gesetzgeber garantiert im allgemeinen einen absoluten und strikten Vertrauensschutz hinsichtlich des Artikels 103 Absatz 2 GG. Aber dieser wird hier vom Bundesverfassungsgericht verworfen:

»Die besondere Vertrauensgrundlage entfällt, wenn der andere Staat (die ehemalige DDR; PJL) für den Bereich **schwersten kriminellen Unrechts** die Strafbarkeit durch Rechtfertigungsgründe ausschließt, indem er über geschriebene Normen hinaus zu solchem Unrecht auffordert, es begünstigt und so die in der Völkerrechtsgemeinschaft allgemein anerkannten Menschenrechte in schwerwiegender Weise mißachtet. Der strikte Schutz von Vertrauen durch Artikel 103 Abs. 2 GG muß dann zurücktreten[361].«

Mit der Abweisung der Verfassungsbeschwerden war das letzte Rechtsmittel der Angeklagten im vereinten Deutschland erschöpft; die Verurteilten hatten ihre Strafe anzutreten (im November/Dezember 1996 geschehen).

b) SED-Politbüro (Krenz & Genossen vor Gericht)

Erst im Jahre 1995 konnte die ermittelnde Berliner Staatsanwaltschaft (II) gegen sechs frühere Mitglieder des SED-Polibüros eine fast 1.600 Seiten umfassende Anklageschrift vorlegen: Egon Krenz, Günther Kleiber, Günter Schabowski, Horst Dohlus, Kurt Hager und Erich Mückenberger sollten wegen der Toten und Verletzten an der Berliner MAUER und DL strafrechtlich zur Verantwortung gezogen werden. Die Anklage sah im Politbüro des ZK der SED zu recht das höchste und wichtigste Machtorgan der DDR, das auch für alle Grundsatzfragen in Sicherheitsbelangen einschließlich der Grenzsicherung zuständig war. Die Staatsanwaltschaft II vertrat die Auffassung, daß dieses Gremium maßgeblich für das DDR-Grenzregime in all' seinen Ausprägungen verantwortlich gewesen sei. Und daß das Politbüro für alle anderen Organe der Partei **und** des Staates Beschlüsse faßte, die für diese verbindlich waren. Die vom Politbüro 1953 geschaffene Sicherheitskommission und der 1960 an ihre Stelle getretene (staatliche) »Nationale Verteidigungsrat der DDR« seien in ihrer Entscheidungskompetenz dem Politbüro nachgeordnet und an dessen Vorgaben gebunden gewesen. Eine Einschätzung, die nahezu alle Politologen, Zeithistoriker und »DDR-Forscher« teilten und teilen …

Im Mittelpunkt des Interesses der Öffentlichkeit stand bei der Eröffnung der Hauptverhandlung gegen die sechs Politbüromitglieder am 13. November 1995 vor der 27. Großen Strafkammer des LG Berlin natürlich der letzte SED-Generalsekretär **Egon Krenz**.

Dieser machte eine hervorragende Pressearbeit und deckte die Medien mit immer neuen »Erklärungen« ein, die vor allem eines zum Inhalt hatten: Die vorgebliche und/oder tatsächliche Abhängigkeit jedes Handelns der offiziellen DDR von der UdSSR, insbesondere was die **Grenzsicherung** betraf[362].

Die Behauptung, diese Abhängigkeit von der alten Sowjetunion hätte praktisch keine andere DDR-Grenzsicherung erlaubt, als die durchgeführte, zog sich wie ein roter Faden durch alle Stellungnahmen von Krenz & Genossen.

Als »Unterstützer« waren ehemalige leitende KPdSU-Leute gefragt: Michail S. Gorbatschow und der frühere langjährige »Regierende Botschafter« der Russen in Ostberlin, Pjotr A. Abrassimow, äußerten sich »auf Bestellung« in mehreren Briefen an Egon Krenz zur Verantwortlichkeit der UdSSR i.S. DDR-GS.

Heraus kam dabei immerhin, daß es wohl unstrittig ist, davon auszugehen, daß die DDR **zu keiner Zeit frei** war, über ihre GS selbständig zu entscheiden. Handlungsspielräume gab es nicht über die Pflicht zur GS generell, allenfalls über das WIE der Grenzsicherung. Mit anderen Worten: Die DDR war immer gehalten, eine effektive GS vorzunehmen. Wie das geschehen sollte, überließ man seitens der UdSSR ab Mitte der 80er Jahre aber im wesentlichen der DDR!

Der Abbau der Selbstschußanlagen und Bodenminenfelder ab 1983/84 wurde aber anscheinend **nicht oder nur unvollständig** mit der UdSSR abgesprochen; dafür spricht der Ärger sowjetischer Verantwortlicher und eine (angebliche?) schwere Krise im Verhältnis SU – DDR 1984.

Angeklagte wie Günther Kleiber räumten im Verfahren ein, daß man auf seiten der DDR sehr wohl seit Mitte der 80er Jahre die Chance hatte, die GS zu ändern und eventuell zu »humanisieren«.

Immerhin war ab 1983 in Führungsgremien (Politbüro/NVR) öfter davon die Rede, die künftige DDR-GS alsbald ohne Minen durchzuführen; von einer Abschaffung der Schußwaffengebrauchsbestimmungen wurde dagegen (noch) nicht gesprochen.

Die Anklageschrift der Berliner Staatsanwaltschaft II im »Politbüroprozeß« enthielt eine Auflistung darüber, wie oft sich Politbüro und NVR in der DDR mit dem Grenzregime befaßten. Man kommt in diesem Dokument auf insgesamt 79 Sitzungen des Politbüros und des NVR zum Thema »Grenze«. **Alle** Entscheidungen »zur Grenze« gingen danach auf Beschlüsse des Politbüros zurück, wie bereits mehrfach erwähnt, jedes Handeln nahm hier seinen Ausgangspunkt. Ein paar Beispiele mögen an dieser Stelle genügen:

- am 3. März 1981 nahm das Politbüro den vom NVR bestätigten Entwurf des Grenzgesetzes der DDR zustimmend zur Kenntnis und beschloß, diesen Entwurf der Volkskammer zuzuleiten;
- in mehreren Sitzungen des Jahres 1983 befaßte sich das Politbüro mit der Frage der Veränderung von Grenzsperranlagen im Sinne einer Humanisierung (im Zusammenhang mit den Kontakten Honecker – Strauß). Dem Vorschlag Honeckers, eine solche Veränderung der Sperranlagen (Abbau der Selbstschußgeräte; Räumung der Bodenminen) in der »bayerischen Ecke« zu beginnen, wurde zugestimmt;
- in der 67. Sitzung des NVR am 1. Juli 1983 wurde der Vorsitzende des DDR-Ministerrats beauftragt, »die Forschung und Entwicklung zur beschleunigten Schaffung von modernen Grenzsicherungsanlagen mit physikalischen Wirkprinzipien ohne Minen … zu gewährleisten …«
- am 11. Juli 1989 billigte des Politbüro einen Bericht über die Gespräche Honecker – Seiters (damals Kanzleramtsminister) und damit zugleich Honeckers Äußerungen diesem gegenüber, es könne »auf BRD-Seite nicht unbemerkt geblieben sein, daß das Grenzregime der DDR geändert wurde und **daß es keinen sogenannten Schießbefehl mehr gebe**. Die DDR habe das Grenzregime humanisiert …«[363].

Das entsprach den Realitäten: Die DDR-Grenztruppenführung hatte Anfang April 1989 daß Schießen auf Flüchtlinge verboten.
Interessant an der Einlassung ist die Formulierung, wonach es den »sogenannten Schießbefehl« nicht **mehr** gebe; damit wurde anerkannt, daß es einen solchen einmal gegeben hatte …
Eben das bestritten im »Politbüroprozeß« die Angeklagten, in erster Linie Egon Krenz. Inhaltlich wurde jedoch eingeräumt, daß Grenzsoldaten auf Flüchtlinge schossen (was aber nach DDR-Recht für zulässig gehalten wurde).
Nach einer gefährlichen Erkrankung des Angeklagten Günther Kleiber und der Auswechslung des »Vorsitzenden Richters« mußte der Prozeß unterbrochen werden bzw. galt als »geplatzt«. Das neue Verfahren begann am 15. Januar 1996 unter dem Vorsitz des Richters **Josef Hoch**. Im Verlaufe der nächsten Monate schieden drei Angeklagte wegen Altersgründen/Krankheit aus (Dohlus, Hager und Mückenberger). Während Egon Krenz im Sinne der Anklage »uneinsichtig« blieb, beteiligten sich Kleiber und Schabowski durch Sachaussagen an der »Wahrheitsfindung« i.S. DDR-Grenzsicherung.
Krenz stellte die Westgrenze der DDR als System-, Block-, Währungs- und Wirtschaftsgrenze heraus, betonte immer wieder, daß die DDR in Grenzfragen gegenüber der Sowjetunion völkerrechtlich gebunden gewesen sei, und meinte z.B. am 9. Verhandlungstag im Februar 1996 unter anderem:

»Während seines BRD-Besuches hatte Honecker (1987) im Saarland angekündigt, daß unter bestimmten Bedingungen die Grenze zwischen der DDR und der BRD den gleichen verbindenden Charakter haben könne wie die zwischen Polen und der DDR … Honecker war noch nicht einmal zu Hause, da forderte die sowjetische Führung Aufklärung über die ›unverständlichen Äußerungen des Genossen Honecker zu Grenzfragen‹ … Die DDR-Entscheidung von 1983 zum Abbau von Minen sieht die Staatsanwaltschaft als Beweis dafür an, daß die DDR in Grenzfragen souverän war.

Wiederum eine schlimme Fehleinschätzung! Diese Entscheidung hat 1984 eine der tiefsten Krisen in den Beziehungen zwischen der KPdSU und der SED ausgelöst. Tschernenko (damals kurzzeitig KPdSU-Generalsekretär; PJL) warf damals Honecker faktisch Verrat an den gemeinsamen Interessen des Bündnisses vor. Zusammen mit anderen SED-Politbüromitgliedern, darunter auch Kurt Hager, wurde Honecker nach Moskau bestellt. Ihm wurde eine Reise in die BRD untersagt ...[364]«

Krenz sah sich nicht vor Gericht wegen des DDR-Grenzregimes, sondern weil er sich »an einer antikapitalistischen Alternative auf deutschem Boden beteiligt habe ...« Er hielt das Verfahren für einen politischen Prozeß zur Delegitimierung der DDR, unterstellte dem Gericht »unbedingten Verurteilungswillen« und sprach von »Siegerjustiz«. Und er kündigte an, seine Richter eines Tages – wenn es einmal »anders komme« – wegen Rechtsbeugung zu belangen.

Demgegenüber verhielt sich der Mitangeklagte von Krenz, Günter Schabowski, völlig anders und grenzte sich von den anderen Angeklagten von Anfang an deutlich ab. Seine radikale Distanzierung vom realen DDR-Sozialismus konnte und wollte seine ehemalige Partei bzw. die Nachfolgeorganisation nicht mittragen: leitende Funktionäre der PDS ließen ihren Widerwillen erkennen, wenn es um die (neuen) Ansichten von Günter Schabowski ging. Man verunglimpfte den Mann als »Wendehals«.
Aber auch Schabowski stellte die Verantwortlichkeit der UdSSR für die DDR-GS heraus:

»Wie groß immer der Anteil Ulbrichts oder Honeckers an Mauer und Grenzregime gewesen sein mag, – daß sie 1961 auf Geheiß und mit Billigung Moskaus handelten, steht außer Frage. Sie einerseits als Satrapen der KPdSU zu klassifizieren, doch andererseits in der Frage der Westgrenze des Blocks, die in der Ära des kalten Krieges für das Sowjetimperium von existentieller Bedeutung war, zu ostdeutschen Privatiers zu erklären, ist politisch schizophren. Daß man die sowjetische Zuständigkeit und ihre Verantwortung aus dem Blickfeld gleiten läßt, ist ein Tatbestand, der die Anklage nicht überzeugender macht[365].«

Der Widerspruch ist in der Tat offensichtlich: Haben nicht gerade gestandene Antikomnunisten vor der Wende in der DDR immer wieder die totale Fremdbestimmheit dieses Systems betont? Warum sollte es bei Militär- und Sicherheitsfragen anders gewesen sein? Warum hätte die UdSSR hier der DDR Spielräume geben sollen?
Dennoch: Offenbar hat es Spielräume gegeben! Zumindest ab Mitte der 80er Jahre. Denn ansonsten wäre der einseitig verfügte Abbau der SM-70 und die Räumung der Bodenminen von der UdSSR nicht hingenommen worden.
Die Einlassung von Günter Schabowski (und den anderen Angeklagten), sie hätten das Grenzregime nicht von sich aus ändern können, selbst wenn sie es gewollt hätten, ist zur Kenntnis zu nehmen. Heute wissen wir, daß nur die unmittelbar »mit der Sache« befaßten Politbüromitglieder über Einfluß verfügten; die anderen Mitglieder des Politbüros erhielten »Vorlagen«, die nur abzunicken waren. Das Gremium war kein Diskussionsorgan und auch kein innerdemokratisches Entscheidungszentrum: Der Generalsekretär hatte immer eine herausgehobene Position, unterstützt von seinen Vertrauten, er allein konnte die Handlungsabläufe weitgehend bestimmen.

Über Sicherheitsfragen entschieden primär Erich Honecker, Egon Krenz, ZK-Sekretär für Sicherheitsfragen, Erich Mielke, Minister für Staatssicherheit, und Heinz Keßler, Minister für Nationale Verteidigung.
Wollten andere im Politbüro inhaltlich über diesen Problembereich diskutieren, wäre das als Abweichung verstanden worden. Das betreffende Politbüromitglied hätte einen »Verweis«, eine »Rüge« oder sogar seine Ablösung riskiert.
Wer in diesem höchsten Parteigremium angekommen war, hatte sich in jahrzehntelanger Parteidisziplin geübt und damit oppositionelles Verhalten jeder Art verlernt.
Zwar kannten alle Politbüromitglieder die Zustände an den Grenzen und auch die Tatsache, daß da Menschen zu Tode kamen. Gefragt wurde danach aber in Politbürositzungen offenbar nicht.
Günter Schabowski beteuerte gegenüber dem Gericht, daß er vom DDR-Grenzregime konkret wenig gewußt habe und über die Toten an der Grenze nicht gesprochen worden sei. Schabowski dann:

»Dennoch wußte ich, daß Menschen an der Grenze getötet wurden. Aber das beruhte nicht auf Meldungen, die mir regelmäßig von den Grenztruppen erstattet worden wären. Ich habe davon gewöhnlich aus Nachrichten des Deutschlandfunks oder aus Tageszeitungen der Bundesrepublik erfahren, die mir morgens auf den Tisch kamen … Ich konnte mir immer einreden, daß der Soldat vielleicht aus Notwehr gehandelt hat … Stets war ich davon ausgegangen, daß die Bestimmung des Grenzgesetzes, die auf Festnahme und schlimmstenfalls auf einen gezielten Schuß in die Beine orientierten, bindend waren …[366]«

Abgesehen davon, daß Schabowski hier die Aussagen des DDR-Grenzgesetzes »überinterpretiert« (um es vorsichtig zu sagen), hätte er aber vielleicht seine »Genossen« im Sicherheitsbereich mal fragen können, warum, weshalb, wo, wie usw. …
Im Sommer 1997 endete der »Politbüroprozeß« nach über 100 Verhandlungstagen. Die Staatsanwaltschaft forderte gegen Egon Krenz elf, gegen Schabowski neun und gegen Kleiber siebeneinhalb Jahre Haft. Außerdem beantragte man die sofortige Inhaftierung aller drei Ex-Politbüro-Mitglieder.
Das LG Berlin blieb unter diesen Anträgen und verhängte gegen Egon Krenz 6 1/2 Jahre, gegen Günter Schabowski und Günther Kleiber jeweils 3 Jahre Haft. Alle Angeklagten legten Revision beim BGH ein. Ebenso die Staatsanwaltschaft.
Das Berliner Gericht sah es als erwiesen an, daß durch die Mitwirkung von Krenz an zwei Beschlüssen des NVR und die aller Angeklagten an zwei Politbürobeschlüssen sie nach DDR-Recht der Anstiftung zum Mord, nach milderem BRD-Recht des Totschlags in »mittelbarer Täterschaft« schuldig seien. Sie hätten damit eine »Befehlskette in Gang gesetzt, an deren Ende die Inkaufnahme und Verursachung von Todesschüssen stand«, sagte der Vorsitzende Richter **Josef Hoch** in seiner mündlichen Urteilsbegründung unter anderem.

Aus der (schriftlichen) Urteilsbegründung ist in Sachen Grenzsicherung die folgende Passage festzuhalten:

»Nach dem Grenzgesetz (von 1982) war die Anwendung der Schußwaffe gerechtfertigt, um die unmittelbar bevorstehende Ausführung oder Fortsetzung einer Straftat, die sich als ein Verbrechen darstellt, zu verhindern. Das Leben sei nach Möglichkeit zu schonen. Die Republikflucht war nach § 213 StGB/DDR aber nur in schweren Fällen ein Verbrechen. Gleichwohl wurde jeder erfolgreiche Schußwaffeneinsatz – auch wenn er bei enger Interpretation nicht vom Grenzgesetz gedeckt war – belobigt. Die Rechtslage blieb für die Soldaten mit dem Grenzgesetz (bewußt) unklar und mehrdeutig – die Rechtspraxis und Befehlsgebung war vor und nach dem Erlaß des Grenzgesetzes eindeutig: Die Unantastbarkeit der Grenze hatte Vorrang vor dem Leben. In den mit der Grenzsicherung betrauten staatlichen Organen herrschte ebenso wie bei den Angehörigen des Politbüros die Auffassung, daß § 27 Grenzgesetz die bisherige Praxis des Schußwaffeneinsatzes gesetzlich festschreiben und rechtfertigen sollte. Die Zweideutigkeit des Grenzgesetzes lag offen zutage: Obwohl es seinem Wortlaut nach umfassend die Grenzfragen regeln sollte, verhielt es sich nicht zu den Splitterminen und Selbstschußanlagen. Dadurch war offensichtlich, daß es auch verschleiernde Zwecke verfolgte. Es sollte die menschenrechtswidrige Praxis mit dem Mantel des Rechts verhüllen[367].«

Und in bezug auf die Grenzsoldaten sagte diese Urteilsbegründung, daß man beim »Grenzer« den falschen Eindruck erwecken wollte, daß

»jeder Schußwaffeneinsatz gegen Grenzverletzer rechtmäßig und durch § 27 Grenzgesetz gedeckt sei, wenn es kein anderes Mittel gab, den ›Grenzdurchbruch‹ zu verhindern.«

Die politische Führung der SED wurde über jeden »Grenzzwischenfall« im Detail informiert, stellte das Gericht fest. Das waren: Der Generalsekretär der SED, der Verteidigungsminister und Egon Krenz als ZK-Sekretär für Sicherheitsfragen. Und:

»Die Mitglieder des Politbüros waren jedenfalls über den Umstand informiert, daß an der Grenze zur Fluchtverhinderung Schußwaffen mit tödlichem Risiko für die Grenzverletzer eingesetzt wurden[368].«

Denn das Büro des Generalsekretärs legte in die »Umlaufmappen« bzw. die »Vorlagemappen« des Politbüros Kopien von den Ministermeldungen über die »Besonderen Vorkommnisse« an der Grenze. Günter Schabowski und andere (?) haben offensichtlich diese Papiere nicht gelesen.
Die noch nicht rechtskräftige Verurteilung der drei Ex-Politbüro-Mitglieder nahm der PDS-Parteivorstand zum Anlaß, die »nachträgliche Delegitimierung« der DDR heftig zu beklagen. Den leitenden »Demokratischen Sozialisten« fiel dabei unter anderem folgendes ein:

»Der Versuch, den politischen Gegner von einst über die politische Entmachtung, moralische Ächtung und soziale Isolierung hinaus durch den Strafprozeß zum kriminellen Totschläger zu erniedrigen, erniedrigt in Wirklichkeit das Recht.
Zweieinhalb Millionen ehemalige SED-Mitglieder und ungezählte weitere früher staatsloyale DDR-Bürgerinnen und -Bürger sitzen bei dieser Gerichtsfarce unsichtbar mit auf der Anklagebank – als Dummköpfe, die nichts gemerkt haben, als hemmungslose Opportunisten, als bewußtlose Werkzeuge, wenn nicht Spießgesellen einer hochkriminellen Staatsführung ... Das ist eine Demütigung von Millionen Staatsbürgerinnen und Staatsbürgern ... Der ›Kanzler der Einheit‹ und die das Urteil bejubelnden Parteien CDU, CSU, FDP, SPD und Bündnis 90/Die Grünen erziehen geschworene Feinde der Einheit. Die PDS läßt sich dafür von niemandem in Mithaftung nehmen[369].«

Mit diesen Äußerungen ging der PDS-Vorstand dann wohl doch auch nach Ansicht mancher »Genossen« zu weit: Es meldeten sich eine ganze Reihe von Mitgliedern und Funktionären, die eine solche Beurteilung nicht mittragen wollten. Sie wandten sich gegen den Slogan von der »Siegerjustiz« und stellten heraus:

»Nicht die Sieger haben über Krenz gerichtet – denn besiegt wurden er und seine politbürokratischen Kollegen ja wohl nicht von bundesdeutschen Politbürokraten und Meinungsdiktatoren und deren Sprachrohren in Gerichtsroben, sondern von den Bürgerinnen und Bürgern der DDR, auch von den Genossinnen und Genossen der SED. Und deren Spruch war am 4. November 1989 fünfhunderttausendfach gewesen: ›Nicht Rache, sondern Rente!‹[370].«

Man hätte also, wie schon erwähnt, eine Amnestie verabschieden müssen. Aber selbst ein Beendigungsgesetz wäre heute nicht mehrheitsfähig im Bundestag; es ist auch fraglich, ob ein solches für die Totschlagsverbrechen an der Grenze in Betracht käme.
Denn es waren schließlich DDR-Behörden, die 1990 die Ermittlungen wegen des Verdachts **auf Mord** an Flüchtlingen gegen Erich Honecker (und andere) eröffneten; die gesamtdeutsche Justiz hat diese nur fortgesetzt, sie war dazu nach dem Legalitätsprinzip verpflichtet.
Wenn nun der PDS-Vorstand so tut, als säßen neben den Angeklagten in Sachen Totschlag an Flüchtlingen Millionen von DDR-Bürgern mit vor Gericht, so geht das völlig an der Realität vorbei. Mehrheitlich sind die Bürger der DDR nicht für die verfehlte und kriminelle Sicherheitspolitik (einschließlich Grenzsicherung) verantwortlich und damit auch nicht politisch-moralisch in Haftung zu nehmen.
Die PDS sollte sich vielmehr fragen, ob es ihrer »neuen Qualität« als sozialistischer Reformpartei entspricht und glaubwürdig sein kann, wenn sie sich mit den Hauptverantwortungsträgern des alten (Grenz-)Regimes solidarisiert.

c) Grenztruppenführung vor Gericht

Ende Oktober 1995 (27.10.) eröffnete die 36. Strafkammer des LG Berlin die Hauptverhandlung gegen die ehemalige Grenztruppenführung. Angeklagt wurden wegen der Toten und Verletzten an den DDR-Grenzen die folgenden Generale:

- Generaloberst **Klaus-Dieter Baumgarten**, stellvertretender Verteidigungsminister und Chef der Grenztruppen der DDR, 1981–1989 Kandidat des ZK der SED,
- Generalleutnant **Karl Leonhardt**, bis November 1986 Chef des Stabes der Grenztruppen, Stellvertreter des Chefs der GT,
- Generalleutnant **Gerhard Lorenz**, Chef der Politischen Verwaltung der Grenztruppen, Stellvertreter des Chefs der GT,
- Generalmajor **Dieter Teichmann**, seit Ende November 1986 Chef des Stabes der Grenztruppen, Stellvertreter des Chefs der GT,
- Generalmajor **Heinz-Ottomar Thieme**, Chef Ausbildung der Grenztruppen, Stellvertreter des Chefs der GT,

- Generalmajor **Günter Gabriel**, Chef Grenzsicherungsanlagen der Grenztruppen, Stellvertreter des Chefs der GT.

Die früheren »Grenzergenerale« hatten sich mit einer »Gemeinsamen Erklärung« am 3. November 1995 an die Öffentlichkeit und das Gericht gewandt, die inhaltlich auf die Anklage eingeht und versucht, wesentliche Vorhalte zu entkräften.
Die »Erklärung« leugnet zunächst generell die Rechtmäßigkeit des anstehenden Verfahrens, – alle Ex-Generale vertreten in diesem Dokument die Ansicht, daß sie nicht vor Gericht gehören. Ihr Handeln zu DDR-Zeiten sei legal, nach Recht und Gesetz gewesen.
Für die Toten und Verletzten – nach ihrer Auffassung »Opfer des Kalten Krieges« – haben sie zwar eine pauschale Entschuldigung parat, lassen jedoch durchblicken, daß »Grenzverletzer« letztlich selbst schuld waren, wenn sie getötet/verletzt wurden. Schließlich habe es überall Warnschilder gegeben, die Minen seien durch Zäune eingegrenzt gewesen, der § 213 des DDR-StGB drohte jedem Bürger, der das Land illegal verlassen wollte, Haftstrafen an.
Die »Erklärung« der ehemaligen Grenztruppenführung ist trotzdem interessant, da sie Hinweise auf die Denkstrukturen dieser Generale gibt.
Insgesamt überrascht die Militanz der Äußerungen. Man sieht sich offenbar in der Situation, kriminalisiert zu werden.
Der langjährige Chef der Grenztruppen, Baumgarten, verlas die »Erklärung« am 3. November 1996 vor der Strafkammer und sagte eingangs:
»Seitdem die Gebiete der DDR, der BRD und ganz Berlins zum vereinten Deutschland zusammengeschlossen worden sind, findet in der BRD ... eine in der jüngeren Geschichte Deutschlands beispiellose Abrechnung der gegenwärtigen Sieger mit den Besiegten, mit der DDR, ihren Organen und Amtsträgern sowie vielen verfassungs- und gesetzestreuen Bürgern statt ... Der Delegitimierung von Handlungen zur Sicherung der Staatsgrenze der DDR wurde dabei von Anfang an ein besonderer Stellenwert eingeräumt[371].«
Die »Genossen Generale« liegen damit gar nicht so falsch, sie selbst halten sich für gesetzestreue Bürger bzw. Amtsträger. Aus den folgenden Passagen der »Erklärung« geht hervor, daß sie der Ansicht waren und sind, daß das Grenzregime rechtens gewesen sei und mit dem Völkerrecht übereingestimmt habe. Und in bezug auf den Schußwaffeneinsatz suchen sie zu beweisen, daß z.B. der »Bundesgrenzschutz« und die (west-)deutsche Polizei auch zur Waffe greife und Menschen dadurch zu Tode kommen würden. Im übrigen sei die DDR ein international anerkannter Staat gewesen, der das Recht gehabt habe, sein Grenzregime souverän zu regeln.
Letztere Aussage wird dann aber gleich wieder relativiert, denn da gab es ja den sowjetischen Einfluß auf die GS der DDR. Die »Grenzergenerale« teilen mit, daß die (erste) »Grenzordnung« und die GS allgemein nach sowjetischem Muster gestaltet worden sei und grundsätzlich bis zuletzt so beibehalten wurde:
»Das 1952 eingeführte sowjetische Grenzsicherungsmodell blieb im wesentlichen bis 1990 erhalten und wurde in den anderen Staaten des Warschauer Vertrages ebenso gehandhabt[372].«
In diesem Zusammenhang wird dann die militärische Absicherung der Grenze entsprechend sowjetischen Auflagen besonders herausgestellt. Für die Ex-Generale waren die Grenztruppen so etwas wie MotSchützenverbände 2. Wahl, man vermeidet

den Eindruck, als hätten diese in der GS bzw. Fluchtverhinderung ihre Hauptaufgabe gesehen. Baumgarten & Genossen:

»Der Einsatz der Kräfte und Mittel zur Grenzsicherung wurde zunehmend auf der Grundlage militärischer Grundsätze organisiert und geführt[373].«

Daß man dieses nach Abschluß der innerdeutschen Verträge ab 1971 hätte ändern können und müssen, findet keine Erwähnung.
Stattdessen werden angebliche oder tatsächliche »Anschläge« auf die Grenzanlagen vom Westen aus aufgelistet; man machte sich sogar die Mühe, die genaue Anzahl der entwendeten Hoheitszeichen an den Grenzsäulen (Blechschild mit dem DDR-Staatsemblem) festzustellen. Darüber hinaus spricht man von »Sprengungen« und »Luftraumverletzungen« sowie von Schußwaffengebrauch gegen Grenzsoldaten.
Alles das ist vorgekommen, vor allem in Berlin. Aber im Verhältnis zum Schußwaffengebrauch auf seiten der DDR-Grenztruppen bis ins Jahr 1989 hinein erscheinen solche Einlassungen albern.
Wenn man dann noch ausdrücklich von »Feuerüberfällen, Brandstiftungen und Morden« redet, um die Gefährlichkeit des Grenzdienstes für DDR-Grenzsoldaten zu belegen, wird man völlig unglaubwürdig. Da wird übertrieben, um von den Toten und Verletzten an MAUER und DL abzulenken. Geradezu als Heuchelei muß es gelten, wenn die Ex-Generale wenig später anmerken:

»Jeder Verletzte, jeder Tote, jedes Opfer ist zu beklagen und zu bedauern. Das gilt für die im Grenzdienst ermordeten Angehörigen der GT ebenso wie für Menschen, die – wissend um die Gefahren, die mit dem illegalen Grenzübertritt verbunden waren und eine mögliche Schußwaffenanwendung oder Minenverletzung billigend in Kauf nahmen, verletzt oder getötet wurden. Wir bekunden nach wie vor unsere Betroffenheit und unser Mitgefühl zu jedem Verletzten und Toten an dieser Grenze … Es ist ein Irrtum zu glauben, das Leid um die Opfer des Kalten Krieges könnte mit willkürlichen Strafverfolgungsmaßnahmen gemindert werden …[374]«

Unfreiwillig belastend dürften Äußerungen zum Schußwaffeneinsatz gewesen sein, den die ehemaligen Generale zu verteidigen suchen:

»Regelungen zu zulässigen Schußentfernungen und zur Art der Feuerführung schrieb die Volkskammer den Grenzsoldaten ebenso nicht vor, wie sie für sie kein Erfolgsstrafrecht einführte … Wegen der objektiv bestehenden Risiken, die bei jeder Schußwaffenanwendung gegeben sind, wurden die Angehörigen der Grenztruppen gemäß der Rechtsordnung auch nicht strafrechtlich verfolgt, wenn die Schußwaffenanwendung im Grenzdienst, die in allen Fällen unter komplizierten Bedingungen erfolgte, statt zur Festnahme zum Tode des Grenzverletzers führte und sie damit den Befehl zur Festnahme nicht erfüllt hatten[375].«

An anderer Stelle bringen die Angeklagten vor, daß der Generalstaatsanwalt der DDR Anfang 1964 die »Weisung« erlassen habe,

»Angehörige der Grenztruppen, die zum Zwecke der Festnahme gegen Grenzverletzer von der Schußwaffe Gebrauch gemacht haben, weder als Zeugen noch

als Beschuldigte zu vernehmen. Das erfolgte unter der Voraussetzung, daß sie pflichtgemäß gehandelt hatten[376].«

Wenn das kein Freibrief für das Töten von Flüchtlingen an MAUER und innerdeutscher Grenze war, was dann?
Grenzsoldaten, die einen Flüchtling getötet hatten – und dabei »pflichtgemäß« handelten – konnten mit Belobigung, Beförderung, Auszeichnung, Geldprämien und Zusatzurlaub rechnen. Das war zwar **nicht** die Regel, kam aber immer wieder vor. Und sie konnten sogar ihren Namen ändern lassen; das schlechte Gewissen der Verantwortlichen war durchaus vorhanden. Im allgemeinen wurden die Grenzsoldaten, die Menschen getötet hatten, **nicht** mehr im direkten Grenzdienst verwendet, da die Vorgesetzten zu recht von einer gewissen Schockwirkung ausgingen.
Gegen Schluß der »Erklärung« der Ex-Generale betonen sie ihre eigene Verantwortlichkeit deutlich; einige von ihnen hatten sich bereits zuvor – bei der Einleitung der »Mauerschützenprozesse« im Jahre 1991 – vor ihre früheren Unterstellten gestellt und sich zu ihrem Handeln bekannt (in einem Brief gegenüber der damaligen Bundestagspräsidentin).
Jetzt meinten Baumgarten & Genossen zu diesem Themenkomplex:

»Indem nun die Generale der Grenztruppen vor Gericht gestellt werden, soll der Eindruck erweckt werden, daß man nicht nur die Kleinen sondern auch die Großen hängt[377].«

Im Strafverfahren bzw. in der Verhandlung selbst gaben sich die Angeklagten durchweg uneinsichtig, insbesondere Baumgarten. Ihre »Schlußworte« wirkten zum Teil wie Kampfansagen an die »Sieger«, verbunden mit der unausgesprochenen Drohung, eines Tages die beteiligten Richter/Staatsanwälte zu belangen.

Am 30. August 1996 hielt Klaus-Dieter Baumgarten sein Schlußwort, das der PDS-Pressedienst abdruckte. Dieses wimmelte von politischen Unterstellungen gegen die Justiz, enthielt völlig sachfremde Einlassungen zur Zeitgeschichte und »Vergleiche« zum Schußwaffeneinsatz der GT mit anderen Grenzschutzorganen, beklagte, daß (angeblich) Dokumente der GT ignoriert worden waren, und verwahrte sich schließlich gegen die Kennzeichnung »Totschläger«[378]:

»Ich war Soldat und meinem Staat verpflichtet, Gesetzestreue war Bestandteil meines Lebens. Deshalb weise ich den Vorwurf der Anklage, ich wäre ein Totschläger, nochmals mit aller Entschiedenheit zurück. Dieser ungeheuerliche Vorwurf wird auch nicht gemildert durch die Abwiegelung, wir wären keine ›gewöhnlichen Kriminellen‹«.

Das LG Berlin rechnete es den Anklagten an, daß sie persönlich das Grenzregime nicht geschaffen hatten. Und die Kammer sah sich in der Pflicht, die Angeklagten nicht härter zu bestrafen als die Personen, die ihnen politisch-militärisch übergeordnet waren.
Im August 1996 forderte die Staatsanwaltschaft Freiheitsstrafen zwischen fünf und siebeneinhalb Jahren für die sechs Ex-Generale.
Am 10. September 1996 verurteilte die 36. Große Strafkammer des LG Berlin die Angeklagten zu den folgenden Strafen:

Klaus-Dieter Baumgarten:	6 1/2 Jahre
Karl Leonhardt:	3 Jahre und 9 Monate
Günther Gabriel:	3 Jahre und 6 Monate
Gerhard Lorenz: Dieter Teichmann: Heinz-O. Thieme	} jeweils 3 Jahre

Eine Revision vor dem BGH hatte keinen Erfolg, der 5. Senat verwarf im Mai 1997 dieses Anliegen.

Der »Hauptangeklagte« Baumgarten war schon im November 1996 in Haft genommen worden, als das Bundesverfassungsgericht mit Datum »12. November« sein grundsätzliches Urteil zum Verfahren gegen den NVR und gegen die »Mauerschützen« gesprochen hatte.

Der Gerichtsvorsitzende **Friedrich-Karl Föhrig** stellte bei seiner mündlichen Urteilsbegründung gegen Baumgarten & Genossen fest, daß es nicht um eine »Delegitimierung« oder »Kriminalisierung« der DDR gegangen sei, sondern um die Prüfung von individueller Schuld der sechs Angeklagten. Der Jurist wandte sich nach 41 Verhandlungstagen dagegen, daß niemand Schuld trage an den bedauerlichen Todesfällen an der DDR-Grenze, weil diese der Kalte Krieg verursacht habe. Geschichte mache sich aber nicht selbst, Menschen machen sie.

Und dann:

»Zu glauben, die Angeklagten hätten ihr Tatunrecht nicht erkannt, fällt schwer. Ihnen dies mit Sicherheit zu widerlegen auch. Sich hinter Honecker, Mielke, Keßler, Streletz zu verstecken, ist menschlich. Die Kammer akzeptiert den Verbotsirrtum … Die Angeklagten hätten sich verteidigen können, das Unrecht des Grenzregimes erkannt und innerlich mißbilligt, jedoch nicht den Mut aufgebracht zu haben, ihre bürgerliche Existenz aufs Spiel zu setzen …[379]«

Der Ehrenvorsitzende der PDS, Hans Modrow, bezeichnete die Verurteilung der Angeklagten als »Rachejustiz«.

Siegerjustiz, Rachejustiz, beide Begriffe tauchten immer wieder auf. Vorher. Nachher. Bezogen auf das genannte Verfahren meinte dazu der »Vorsitzende Richter« Föhrig:

»Träfe das auf dieses Verfahren zu, wäre heute sechsmal lebenslange Haft verhängt worden, und einige Verteidiger hätten – jedenfalls in dieser Robe – einen gesamtdeutschen Gerichtssaal nie von innen gesehen[380].«

Letzteres war auf die Rechtsanwälte gemünzt, die ihr Examen einst an der »Juristischen Hochschule« des MfS in Potsdam machten …

Zusammenfassung

Die Verantwortlichen der SED und DDR hatten immer eine Art Front- oder Gefechtsverständnis von ihrer Grenzsicherung. Entsprechend gestalteten sie diese nach militärischen Kriterien. Diese Grenzsicherung (GS) war gegen die eigene Bevölkerung gerichtet – wenigstens primär – und bestand aus zwei Komponenten: Der **inneren und der äußeren GS**.

Die **innere GS** existierte überall in der DDR in der Form von Kontrollaktivitäten (-kapazitäten) gegen Bürger, die sich möglicherweise mit Fluchtabsichten trugen. Vorbeugend wachten verschiedene »Organe«, angeleitet durch das MfS, über bestimmte Personenkreise, die als republikmüde galten.

Teil dieser inneren GS war auch die Überwachung der Transitstrecken durch die DDR, in erster Linie die von und nach Berlin (West).

Die **äußere GS** bestand aus dem eigentlichen Grenzregime, einem Bündel von Maßnahmen und Anlagen im Grenzgebiet und im grenznahen Raum, gerichtet gegen »Grenzdurchbrüche« und dazu ausersehen, Flüchtlinge festzunehmen oder zu **vernichten**.

Unter keinen Umständen wollte man, daß die eigenen Bürger ins Lager des angeblichen Klassenfeindes überliefen. Ein toter oder verletzter, fluchtunfähiger Mensch (»Grenzverletzer«) war allemal besser als ein geglückter »Grenzdurchbruch«. Die gewaltsame Unterbindung von Fluchten stand im Mittelpunkt der »Grenzerausbildung«. Bis 1983/84 hatte ein Flüchtling an der Demarkationslinie mit Selbstschußanlagen und Bodenminen zu rechnen, bis ins Frühjahr 1989 hinein mit Schußwaffengebrauch. Das Sicherheitsverständnis der Verantwortlichen basierte auf kriegsähnlichem Denken, DDR-Grenzsoldaten erhielten eine **»Lizenz zum Töten«**. Öffentlich mochte man sich dazu nicht bekennen. Im Gegenteil: Vorgänge an der Grenze (MAUER), zumal solche mit Toten und/oder Verletzten, wurden geleugnet, verschleiert, verfälscht oder aber verharmlost. Über derartige »Vorkommnisse« berichteten MfS und Grenztruppen intern korrekt, nach außen gab man – wenn überhaupt – nichtssagende Schilderungen ab, die einer Märchenstunde mehr ähnelten, als der Realität. Da war dann – nach Schußwaffengebrauch gegen Flüchtlinge – in den 80er Jahren von »Jagden auf Wildschweine« im Grenzgebiet und von »Hitzschlägen« von Grenzsoldaten die Rede, die die Schüsse erklären sollten.

Im eigenen Staat war die SED bemüht, das Thema »Grenzgebiet« weitgehend auszublenden. Aufnahmen (Fotos/Filme) über das Grenzgebiet gab es kaum, das Fotographieren von GS-Anlagen war sowieso verboten, der Aufenthalt und die Einreise ins Grenzgebiet nur unter Auflagen möglich. Und Besucher (Kurgäste), die für ein paar Wochen dort wohnten, erhielten strenge Verhaltensvorschriften seitens der Polizei. Für den Fall, daß man die Bestimmungen nicht beachtete, wurde mit sofortiger Ausweisung aus dem Grenzgebiet gedroht. Und mit »anderen Folgen« am Wohn- und Arbeitsort.

Karten und Stadtpläne über Gebiete und Orte in der Sperrzone waren oftmals unvollständig oder fehlerhaft. Wer solche Karten vom Grenzgebiet im Landesinneren der DDR kaufen wollte, mußte sich auf unangenehme Fragen gefaßt machen.

Wenn man die Verantwortlichen vom Westen aus auf die Situation an der DDR-Grenze ansprach, reagierten diese in der Regel verärgert bis beleidigt, pochten auf ihre Souveränität (auch) in Grenzangelegenheiten, verglichen ihre GS mit der der BRD und der USA. Und entdeckten Übereinstimmungen, die alle von einem Denkfehler ausgingen: Die BRD und vor allem die USA schützten sich gegen illegale **Einwanderer**, nicht gegen den Grenzübertritt der eigenen Bürger ins Ausland bzw. den Nachbarstaat.

Die Geschichte der DDR-GS ist spätestens seit 1952 gekennzeichnet durch unmenschliches Verhalten der »Organe« gegen »Grenzverletzer« und Einwohner der Grenzgebiete; mehrere »Umsiedlungsaktionen« in den Jahren 1952 und 1961 führten dazu, daß Tausende zwangsweise ihre Heimat verlassen mußten und ins Innere der DDR umquartiert wurden. Die Begleitumstände dieser Maßnahmen entsprachen nicht einmal den Mindestanforderungen vom Umgang eines Staates mit seinen Bürgern unter Ausnahmebedingungen. Hier wurden Willkürhandlungen vollzogen, gegen die jede Art von Gegenwehr unmöglich war.

Nach dem Bau der Berliner MAUER im August 1961 führten die SED-Oberen an der »Grünen Grenze« ein Regime ein, das die seit 1952 praktizierte Abschottung perfektionierte. Unter anderem durch das Verlegen von Bodenminen.

Anfang der 70er Jahre brachte man mit der Einführung der Selbstschußgeräte SM-70 eine Waffe an die Grenze, die bald von den Generalen/Offizieren als »wirksamstes Sperrelement« bezeichnet wurde. Diese Automaten baute man bis ins Jahr 1983 aus und verbesserte ihre technische Qualität (gegen Fehlalarme).

Die innerdeutschen Verträge ab 1971 – genannt seien nur das Transitabkommen von 1971 und der Grundlagenvertrag von 1972 – vermochten es nicht, die SED-/DDR-Führung zur Reduzierung der Gewaltdichte zu veranlassen.

Auch die KSZE-Vereinbarungen von Helsinki 1975 blieben zunächst ohne Wirkung auf die GS der DDR.

Erst als die DDR in erhebliche finanzielle und wirtschaftliche Schwierigkeiten geriet – ab Anfang 1980 – bequemten sich die Verantwortlichen zu Änderungen in der GS gegenüber der BRD. Im Ergebnis eines von Franz Josef Strauß vermittelten Milliardenkredits westlicher Banken an die DDR entfernte man die Bodenminen und Selbstschußanlagen (bis Ende 1985).

Zugleich versprach die DDR, die (Transit-)Reisenden an/in den GÜSten humaner zu behandeln.

Die Schußwaffengebrauchsvorschriften blieben aber in Kraft, auch wenn nach Möglichkeiten gesucht wurde, »Grenzverletzer« ohne Einsatz der Waffe festzunehmen. Es sollte aber bis in den April 1989 dauern, bis die Führung den Gebrauch der Schußwaffe gegen Flüchtlinge verbot.

Die SED-Sicherheitspolitiker haben es versäumt, die in den 70er Jahren eingeleitete Entspannungsphase angemessen in ihre Überlegungen und Handlungen einzustellen. Nach der internationalen Anerkennung der DDR und den deutsch-deutschen Abmachungen wäre es zwingend notwendig gewesen, für DDR-Bürger klare Reise- und Ausreisebestimmungen zu erlassen.

Dazu fand man sich nicht bereit. Ergebnis: Die Zahl der »Grenzverletzer« stieg ab Mitte der 80er Jahre wieder an, die Flucht über das »sozialistische« Ausland, über die innerdeutsche Grenze und die Ostsee nahm immer mehr zu.

Zwar wurden rund 90 Prozent der »Grenzverletzer« festgenommen, doch entkamen verstärkt DDR-Bürger über Drittstaaten in den Westen. Es war abzusehen, daß die DDR-GS-Anlagen dem »Druck auf die Grenze« nicht würden standhalten können, wenn die Flüchtlingszahlen auch in der Republik weiter stiegen (wie seit Mitte der 80er Jahre). Man suchte nach neuen, technischen Möglichkeiten der GS. Die waren allerdings extrem teuer und mußten z.T. aus der UdSSR eingeführt werden. DDR-eigene Entwicklungen blieben hinter den Erwartungen zurück, auch »Betäubungsgewehre« des Manfred von Ardenne (Dresden) wollte/konnte man nicht einführen.
International und national war die DDR Ende der 80er Jahre wegen ihrer GS so unter Druck geraten, daß sie eine Intensivierung des Schußwaffeneinsatzes politisch nicht verkraftet hätte.
Jeder Tote und Verletzte an MAUER und Grenze brachte den Staat zu recht auf die Anklagebank.
Dort landeten nach der Vereinigung Deutschlands die Verantwortlichen und Mittäter für die Todesschüsse: Angehörige des SED-Politbüros, des DDR-Verteidigungsrates und der DDR-Grenztruppenführung, ferner die »Mauerschützen« selbst.
Die Prozesse in Berlin und anderswo führten zu einer Reihe von inzwischen rechtskräftigen Verurteilungen wegen Totschlags. In den »Mauerschützenprozessen« kamen die einfachen Soldaten der ehemaligen DDR-Grenztruppen zumeist mit Bewährungsstrafen bis zu zwei Jahren davon.
Die Prozesse gegen leitende SED-/DDR-Politiker und Generale brachten den Angeklagten Haftstrafen bis zu 7 1/2 Jahren (Keßler). Nach herrschender Meinung ergingen die Urteile zu recht, vor allem hinsichtlich der Hauptverantwortlichen des SED-Politbüros. Die Betroffenen sehen das anders und halten die Verfahren für »Siegerjustiz«.
Wer mitten im Frieden ein Front- und Gefechtsverständnis der Grenzsicherung vermittelt und durchsetzt, mußte allerdings damit rechnen, eines Tages dafür zur Rechenschaft gezogen zu werden ...

Anhang

ZERV:
I. Tote/Verletzte an der Berliner MAUER, der DL/innerdeutschen Grenze und bei Fluchtversuchen an der Küste der DDR

	DL/iGr		Berlin		Ostsee[1]		Summe:
	Erw.	Kinder[2]	Erw.	Kinder[2]	Erw.	Kinder[2]	
Todesopfer:							
durch Schußwaffen	178	10	128	10	7	2	335
durch Minen/SM-70	42	1	–	–	–	–	43
auf sonstige Weise[3]	49	2	37	–	8	–	96
insgesamt:	269	13	165	10	15	2	474
Verletzte:							
durch Schußwaffen	344	14	237	18	8	–	621
durch Minen/SM-70	241	22	–	–	–	–	263
auf sonstige Weise[3]	9	4	17	–	3	–	33
unbekannt[4]	–	–	5	–	–	–	5
insgesamt	594	40	259	18	11	–	922

1) Nicht eingerechnet sind Personen, die vermutlich bei Fluchtversuchen über die Ostsee ertrunken sind
2) Einschließlich Jugendliche bis zur Vollendung des 18. Lebensjahres
3) Tod oder Verletzung nicht unmittelbar auf Schuß- oder Mineneinwirkung zurückzuführen, sondern – z.B. – bei Unfall eines Fluchtfahrzeugs mit anderen Kfz
4) Derzeitiger Ermittlungsstand läßt (noch) keine Zuordnung zu

Quelle: Zentrale Ermittlungsstelle Regierungs- und Vereinigungskriminalität (ZERV), Berlin August 1996

Arbeitsgemeinschaft »13. August« (Berlin):
II. Tote an der Berliner MAUER, der DL/innerdeutschen Grenze, an der DDR-Küste sowie an Grenzen von Drittländern

Die Grenztoten werden folgenden Gruppen zugeordnet:

	bis 13.8.61	ab 13.8.61	gesamt
Berliner Grenze/MAUER	16	239	255
DL/innerdeutsche Grenze	100	272	372
Ostsee	15	174	189
Grenzen von Bulgarien, Polen CSSR und Ungarn (nur DDR-Bürger)	4	42	46
Sonstige Fluchtwege (Flugzeugentführung; Warenexport; Transitwege)	0	7	7
Angehörige des DDR-Grenzdienstes bei der Fluchtabwehr	11	16	27
Sowjetische Fahnenflüchtige	11	10	21
Flugzeugabschüsse im Grenzgebiet	18	3	21
gesamt	175	763	938

Quelle: 119. PK der AG ›13. August‹ am 11. August 1998 (Skript), S. 3

Anmerkung der AG: Unter den 938 Opfern befinden sich mehr als 40 Kinder und Jugendliche sowie über 30 Frauen. Das Alter der Grenztoten liegt zwischen 1 und 86 Jahren. Das letzte Todesopfer war am 30. Oktober 1989 zu beklagen (der Leichnam von Dietmar Pommer wurde durch polnische Behörden aus der Oder geborgen). Nach Abschluß der Untersuchung aller Todesfälle im Bereich der Ostsee (...) kann man davon ausgehen, die Gesamtzahl der Grenzopfer annähernd erreicht zu haben.

Verfahren der ZERV zu Grenzzwischenfällen wegen[1)]

	Berlin	DL/iGR	Ostsee	Summe
Mord/Totschlag	180	288	22	490
versuchter Mord/Totschlag	1136	1579	31	2746
Todesermittlungen[2)]	–	–	81	81
Vermißtenermittlungen[3)]	–	–	14	14
insgesamt:	1316	1867	148	3331

1) Die Anzahl der (Ermittlungs-)Verfahren entspricht der Anzahl der bislang festgestellten Grenzzwischenfälle; sie entspricht nicht der Zahl der dabei zu Tode gekommenen oder verletzten Personen, weil häufig bei einem Vorfall mehrere Menschen betroffen waren
2) Bei der Flucht in der Ostsee zu Tode gekommene oder aufgefundene Personen, bei denen ein Fremdverschulden nicht erkennbar ist
3) In diese Zahl eingerechnet sind Personen, von denen bekannt ist, daß sie versucht haben, über die Ostsee zu fliehen und die seitdem verschollen sind

Quelle: ZERV, Berlin, August 1996

DDR-Rechtsnormen im Zusammenhang mit der GS:

1) Verordnung über Maßnahmen an der Demarkationslinie zwischen der DDR und den westlichen Besatzungszonen Deutschlands vom 26. Mai 1952 (GBl., S. 405)
2) Polizeiverordnung (des MfS) über die Einführung einer besonderen Ordnung an der Demarkationslinie vom 26. Mai 1952 (Bekanntmachung)
3) Verordnung über weitere Maßnahmen zum Schutz der DDR vom 9. Juni 1952 (GBl., S. 451)
4) Anordnung über die Regelung des Interzonenverkehrs vom 21. November 1953 (GBl., S. 1157)
5) Anordnung über die Neuregelung der Maßnahmen an der Demarkationslinie zwischen der DDR und Westdeutschland vom 18. Juni 1954 (Zentralblatt des MdI der DDR vom 26. Juni 1954, S. 266 f.)
6) Verordnung zur Erleichterung und Regelung von Maßnahmen an der Grenze zwischen der DDR und der Deutschen Bundesrepublik vom 3. Mai 1956 (GBl. I, S. 385)
7) Ordnung zur Gewährleistung der Sicherheit an der Westgrenze der DDR vom 21. September 1961 (Bekanntmachung)
8) Verordnung über die Sicherung und den Schutz des Küstengebietes der DDR vom 21. Juni 1962 (GBl. II, S. 409)
9) Anordnung über Maßnahmen zur Sicherung und zum Schutze des Küstengebietes der DDR vom 10. Juli 1962 (GBl. II, S. 410)

10) Verordnung über Maßnahmen zum Schutze der Staatsgrenze zwischen der DDR und Westberlin vom 21. Juni 1963 (GBl. II, S. 381)
11) Anordnung über die Errichtung eines Grenzgebietes an der Staatsgrenze der DDR zu Westberlin vom 21. Juni 1963 (GBl. III, S. 382)
12) Anordnung über die Ordnung im Grenzgebiet an der Staatsgrenze zwischen der DDR und Westberlin vom 21. Juni 1963 (GBl. II, S. 382)
13) Verordnung zum Schutze der Staatsgrenze der DDR vom 19. März 1964 (GBl. II, S. 255)
14) Anordnung über die Ordnung in den Grenzgebieten und den Territorialgewässern der DDR (Grenzordnung) vom 19. März 1964 (GBl. II, S. 257)
15) Anordnung über die Ordnung in den Grenzgebieten und den Territorialgewässern der DDR – Grenzordnung – vom 15. Juni 1972 (GBl. II, S. 483)
16) Gesetz über die Staatsgrenze der DDR vom 25. März 1982 (GBl. I, S. 197)
17) Durchführungsverordnung zum Gesetz über die Staatsgrenze der DDR (Grenzverordnung) vom 25. März 1982 (GBl. I, S. 203)[*)]
18) Anordnung über die Ordnung in den Grenzgebieten und den Seegewässern der DDR – Grenzordnung – vom 25. März 1982 (GBl. I, S. 208)[*)]

[*)] Zu diesen Rechtsnormen ergingen im Laufe der 80er Jahre mehrere Ergänzungen

Geschichte der Grenzpolizei/Grenztruppen (Zeittafel):

Gliederung und Dislozierung der Grenzpolizei/Grenztruppen

A. Grenzpolizei der SBZ/SBZ-Länder (1946/47)

Land Mecklenburg: 4 Stabsgruppen mit 41 Gruppen und Stützpunkten. Die Stabsgruppen I bis III standen an der 176 km langen DL zur Britischen Zone, die Stabsgruppe IV überwachte die 110 km lange Grenze des Landes zu Polen (Kreis Randow)
Stärke: 375 Mann

Land Brandenburg: Man verfügte über 4 Grenzschutzstützpunkte mit jeweils 7 bis 10 »Grenzschutzposten«, die die Überwachung der 210 km langen Grenze zu Polen besorgten (30 km der DL im Westen zur Britischen Zone bewachte die Grenzpolizei des Landes Mecklenburg)
Stärke: 205 Mann

Sachsen-Anhalt: 3 »Grenzüberwachungskommandos« mit je einem Stützpunkt, der jeweils aus 9 Posten zu 10 Grenzpolizisten bestand, die die 268 km lange DL des Landes zur Britischen Zone überwachten
Stärke: 300 Mann

Thüringen: 2 Grenzpolizeigruppen zu je 3 Abschnitten (je Abschnitt 11 bis 12 Gruppenposten zu je 9 Mann), die die 124 km lange DL zur Britischen Zone (Niedersachsen) und die 546 km lange DL zur Amerikanischen Zone (Hessen/Bayern) zu überwachen hatten
Stärke: 874 Mann

Sachsen: 4 »Inspektionen», von denen 3 die 443 km lange Grenze zur CSR und einen kürzeren Grenzabschnitt zu Polen (die 4. Inspektionsgruppe) überwachten (29 km DL Sachsens zur Amerikanischen Zone hatte Thüringen mit übernommen)
Stärke: 771 Mann

Zusammen kamen die SBZ-Grenzpolizeiformationen auf 2.543 Mann.

Im Jahre 1947/48 begann die Zentralisierung der Grenzpolizei unter der DVdI. Es wurden – **Abteilungen**, – **Kommandanturen** und – **Kommandos** der Grenzpolizei gebildet. Eine Grenzpolizeiabteilung verfügte seinerzeit über 4 bis 5 Kommandanturen, eine Kommandantur über 10 bis 15 Kommandos. Ein Kommando zählte damals zunächst nur 8 bis 10 Grenzpolizisten.

B. Grenzpolizei unter Kommando der DVdI (1947 bis 1949)

Im September 1947 zählte die Grenzpolizei 3.800 Mann, ein halbes Jahr später – im April 1948 – bereits 9.000 Mann. Im April 1949, sechs Monate vor Gründung der DDR, verfügten die Grenzformationen schon über mehr als 10.000 Mann.
Eine (verstärkte) **»Grenzbereitschaft«** (früher: Abteilung) mit 4 Kommandanturen und 48 Kommandos kontrollierte den **»Ring um Berlin«**, die rund 300 km lange Stadtgrenze um die Vier-Sektoren-Stadt. Der **»innere Ring«** mit zusammen 71 Straßenkontrollpunkten wurde seinerzeit von mehr als 1.000 Grenzpolizisten überwacht, der **»äußere Ring«** mit 17 Bahnhofs- und Wasserkontrollpunkten mit 500 Grenzpolizisten gesichert. Diese Kräfte hatten im Auftrag der Sowjets unter Befehl der DVdI den Personen- und Güterverkehr an der Stadtgrenze von »Groß-Berlin« zu kontrollieren.

C. Grenzpolizei der DDR (1949/50 bis 1961/62)

Drei Monate nach DDR-Gründung erfolgte am **1. Januar 1950** eine Neugliederung der Grenzpolizei, die abermals in der Zwischenzeit personell aufgestockt wurde. Seit Anfang 1950 hatte sie auch den »Schutz« der DDR-Küste übernommen.
Die (neuen) **»Grenzpolizeibereitschaften«** (GPB) bestanden jeweils aus einem Lehr- und einem Bereitschaftskommando, 3 Kommandanturen mit je 5 Kommandos mit je 4 Gruppen zu 9 Mann.
Sie teilten sich wie folgt auf die Länder der DDR auf:

Mecklenburg:
4 GPB mit zusammen **5.214 Grenzpolizisten** (darunter die GPB »Küste« mit 700 Mann und einer Bootsschule in Ribnitz);

Brandenburg:
2 GPB mit zusammen **1.577 Grenzpolizisten**;

Sachsen-Anhalt:
4 GPB mit zusammen **3.270 Grenzpolizisten**;

Thüringen:
7 GPB mit zusammen **5.495 Grenzpolizisten**;

Sachsen:
3 GPB mit zusammen **2.297 Grenzpolizisten**;

»Ring um Berlin«:
3 GPB mit zusammen **2.256 Grenzpolizisten**.

Gesamtbestand 1950/51: Mehr als 20.000 Angehörige der Grenzpolizei.

September 1953:
Stärke: 25.500 Angehörige; davon 13.131 an der DL zur Bundesrepublik und 5.269 Mann am »Ring um Berlin«.

1954: 30.745 Angehörige bei der »Deutschen Grenzpolizei« (DGP).

1955: Die DGP gliedert sich in 22 »Grenzpolizeibereitschaften» (GPB). Davon stehen 10 GPB an der DL, 4 GPB am »Ring um Berlin«, 3 GPB an der Küste der DDR und insgesamt 5 GPB an den Grenzen zur CSR und zu Polen.

Oktober 1956:
Die »Grenzkommandanturen« werden aufgelöst. Die GPB leiten nun die »Grenzkommandos« (später: Grenzkompanien) direkt an. Deren Personalstärke wird an der DL und am »Ring um Berlin« auf 70 Mann erhöht.

1958: Umgliederung der DGP, deren Personalbestand jetzt bei 35.000 Angehörigen liegt.
Acht **»Grenzbrigaden«** werden gebildet, – mit insgesamt 25 GPB und 101 **»Grenzabteilungen«** (diese werden als Bindeglied zwischen GPB und den Grenzkommandos geschaffen und ersetzen die 1956 aufgelösten »Grenzkommandanturen"«).
Die neuen Grenzbrigaden übernehmen die Aufgaben der bisherigen »Abschnittsverwaltungen« (AV) der DGP, die in Perleberg und Erfurt ihren Stabssitz hatten.
Diese Grenzbrigaden der DGP sind wie folgt disloziert:

1. Grenzbrigade, Stabssitz: Schwerin/Perleberg (mit 3 GPB)
2. Grenzbrigade, Stabssitz: Magdeburg (mit 4 GPB),
3. Grenzbrigade, Stabssitz: Erfurt (mit 5 GPB),
4. Grenzbrigade, Stabssitz: Rudolstadt (mit 3 GPB),
5. Grenzbrigade, Stabssitz: Groß Glienicke/bei Berlin (mit 3 GPB),

6. Grenzbrigade, Stabssitz: Rostock (mit 3 GPB),
7. Grenzbrigade, Stabssitz: Frankfurt (Oder); Grenze zu Polen (mit 2 GPB),
8. Grenzbrigade, Stabssitz: Karl-Marx-Stadt (Chemnitz), Grenze zur CSR (mit 2 GPB)

1960: DGP zählt mehr als 38.000 Angehörige.

Eine Grenzbrigade, die an der DL und in Berlin über jeweils drei bis fünf GPB verfügt, erhält »schwere Grenzabteilungen« mit drei Selbstfahrlafetten- und einer Schützenpanzer-Kompanie. Die GPB gliedern sich in drei (operative) Abteilungen und in eine Ausbildungsabteilung (in Bataillonsstärke). Jede Abteilung führt vier Schützenkompanien.

D. Grenztruppen der NVA (1961/62 bis 1973/74)

15. September 1961:
Auf Beschluß des NVR der DDR werden – bis auf zwei Grenzbrigaden, die an den Berliner Grenzen stehen – alle Grenzpolizeikräfte dem MfNV unterstellt und dort als »Kommando Grenze der Nationalen Volksarmee« geführt.
Die bisherigen »Grenzpolizeibereitschaften« werden in der Folge in **»Grenzregimenter«** (der NVA) umbenannt, ebenso werden aus »Grenzabteilungen« jetzt **»Grenzbataillone«** (der NVA). Zuvor waren aus »Grenzkommandos« schon **»Grenzkompanien«** geworden.
An der DL stehen nun Grenzbrigaden, Grenzregimenter, Grenzbataillone und Grenzkompanien; an der Grenze zu Westberlin verzichtet man auf die Führungsebene »Grenzbataillon«, die Grenzkompanien werden hier direkt von den Grenzregimentern geführt.

November 1961:
Die (6.) Grenzbrigade »Küste« (GBK) wird aus den NVA-Grenztruppen ausgegliedert und operativ dem Kommando der Volksmarine in Rostock unterstellt.

August 1962:
Dem neuen »Stadtkommandanten der Hauptstadt der DDR« werden die zwei Grenzbrigaden (und die Ausbildungsbrigade) unterstellt, die 1961 im Verantwortungsbereich des MdI verblieben.

Frühjahr 1971:
Erneute Umgliederung der NVA-Grenztruppen: Die »Grenzbrigaden« werden abgeschafft (nur die GBK bleibt bestehen).

Bei dieser größten Umgliederungsmaßnahme, die bis gegen Ende der DDR Bestand haben wird, entstehen drei neue Führungsebenen unterhalb des »Kommandos der Grenztruppen der NVA« in Pätz:

- ☐ **Grenzkommando Nord** mit Stabssitz in Kalbe (später: Stendal) und das
- ☐ **Grenzkommando Süd** mit Stabssitz in Erfurt.

Aus den bisherigen zwei Grenzausbildungsregimentern (GAR) und 14 Grenzausbildungsbataillonen (GAB) werden bei beiden neuen Grenzkommandos je zwei GAR gebildet.
Zugleich wird die Anzahl der Grenzregimenter an der DL von 18 auf 12 reduziert, die Anzahl der Grenzbataillone von 38 auf 34 gesenkt, und schließlich die Anzahl der Grenzkompanien von 171 auf 135 verringert.

Personaleinsparungen bewirkt diese Maßnahme kaum, da die Stäbe der Grenzregimenter und -bataillone verstärkt und die Kompanien personell aufgefüllt werden.
Zeitgleich entsteht aus den beiden Berliner Grenzbrigaden das neue

- ☐ **Grenzkommando Mitte** mit Stabssitz in Berlin-Karlshorst.

Die Verbände waren bereits zuvor dem Kommando der NVA-Grenztruppen unterstellt worden.
Die Anzahl der Grenzregimenter wird in Berlin (bzw. um Berlin) von bisher elf auf sechs reduziert, die Zahl der Grenzkompanien – **Grenzbataillone** gibt es hier nicht – von 46 auf 36 vermindert. Die Umstrukturierung bringt es mit sich, daß die neuen Grenzregimenter zusätzlich nunmehr eine Nachrichten- und eine Pionierkompanie erhalten sowie eine Pak- und eine Granatwerferbatterie bekommen. Die personelle Stärke der Grenzkompanien wird erhöht.
Außerdem werden die (alten) sechs Artillerieabteilungen zu einem Artillerie-Regiment zusammengefaßt und die bisherigen elf schweren Grenzkompanien zu acht Pak- und acht Granatwerferbatterien umformiert.
Jedem der drei Grenzkommandos gehören mit der Umstrukturierung jeweils sechs Grenzregimenter und zwei Ausbildungsregimenter an.
Ein Grenzregiment an der innerdeutschen Grenze besteht aus drei Grenzbataillonen (mit je 400 Mann); jedes Grenzbataillon verfügt über vier Grenzkompanien, die jeweils aus drei Zügen bestehen (zu je 18 Mann).

Die **Berliner** Grenzregimenter haben jeweils (nur) sechs Grenzkompanien.

E. Grenztruppen der DDR (1973/74 bis 1989/90)

Frühjahr 1974:
Das »Kommando Grenze der Nationalen Volksarmee«, die Grenztruppen der NVA, werden umgetauft in

- ☐ **Grenztruppen der DDR.**

Sie verbleiben allerdings im Verantwortungsbereich des MfNV in Strausberg bei Berlin.

1985:
Übergabe von Artillerie und Geschoß- und Granatwerfern der DDR-Grenztruppen an das Kommando der Landstreitkräfte der NVA.
Auflösung des »Grenzübergangsstellen-Sicherungsregiments« (GÜSt-SiR), das 1971 beim Grenzkommando Mitte (Berlin) entstanden war.

1989:
Neustrukturierung der DDR-Grenztruppen. An der Grenze zur BRD sollen die zwei Grenzkommandos Nord und Süd, elf Grenzregimenter, vier GAR und 33 Grenzbataillone aufgelöst werden und dafür

- ☐ 6 **Grenzbezirkskommandos**, (GBK)
- ☐ 16 **Grenzkreiskommandos**, (GKK) sowie
- ☐ 2 **Grenzausbildungszentren** (GAZ)

gebildet werden. Vorgesehen sind:

- ☐ Grenzbezirkskommando 1 (Schwerin) mit 3 Grenzkreiskommandos (Länge der zugeordneten Staatsgrenze: 236,5 km);
- ☐ Grenzbezirkskommando 2 (Magdeburg) mit 5 Grenzkreiskommandos (Länge der Staatsgrenze: 343,1 km);
- ☐ Grenzbezirkskommando 3 (Erfurt) mit 4 Grenzkreiskommandos (Länge der Staatsgrenze: 282,1 km);
- ☐ Grenzbezirkskommando 4 (Suhl) mit 4 Grenzkreiskommandos (Länge der Staatsgrenze: 395,2 km);
- ☐ Grenzbezirkskommando 5 (Gera) **ohne** Grenzkreiskommandos (Länge der Staatsgrenze: 85 km);
- ☐ Grenzbezirkskommando 7 (Karl-Marx-Stadt/Chemnitz) ohne Grenzkreiskommandos (Länge der Grenze: 44,9 km).

Die Neugliederung bleibt wegen der Revolution in der DDR im Herbst 1989 in Ansätzen stecken.

9. November 1989:
Öffnung der Berliner Mauer und der innerdeutschen Grenze.

Januar 1990:
Die Übergangsregierung von Hans Modrow (SED/PDS) beschließt die Umbildung der Grenz**truppen** zu einem **Grenzschutzorgan**; die Unterstellung erfolgt unter das MdI.

Anfang April 1990:
Bildung eines »Grenzschutzes der DDR« im MdI; Verbleib von Grenztruppeneinheiten im Verantwortungsbereich des MfNV bzw. ab Mai 1990 des neuen »Ministeriums für Abrüstung und Verteidigung«. In der Folge mehrere Versuche, eine Neuformierung des »Grenzschutzes der DDR« einzuleiten.

Anfang Juli 1990:
Einstellung aller Kontrollen der Grenztruppen/des »Grenzschutzes der DDR« an den

innerdeutschen Grenzen wegen des Inkrafttretens der Währungs-, Wirtschafts- und Sozialunion zwischen der BRD und der DDR.

21. September 1990:
Mit Befehl Nr. 49/90 des Ministers für Abrüstung und Verteidigung (Rainer Eppelmann) sind die Grenztruppen der DDR aufgelöst.

Ende 1995:
Die Rest-Minennachsuche an der ehemaligen innerdeutschen Grenze durch ehemalige Angehörige der DDR-Grenztruppen endet.

Verzeichnis der Standorte der DDR-Grenztruppen nach der neuen Struktur 1989 (Stand: 30.11.1989)

GBK 1 Standort: Schwerin
GKK 101 Standort: Schönberg
GKK 102 Standort: Wittenburg
GKK 103 Standort: Grabow

GBK 2 Standort: Stendal
GKK 201 Standort: Salzwedel
GKK 202 Standort: Kalbe/Milde
GKK 203 Standort: Weferlingen
GKK 204 Standort: Halberstadt
GKK 205 Standort: Ilsenburg

GKK 3 Standort: Erfurt
GBK 301 Standort: Nordhausen
GKK 302 Standort: Mühlhausen
GKK 303 Standort: Heiligenstadt
GKK 304 Standort: Eisenach

GBK 4 Standort: Sonneberg
GKK 401 Standort: Dermbach
GKK 402 Standort: Meiningen
GKK 403 Standort: Eishausen
GKK 404 Standort: Sonneberg

GBK 5 Standort: Gera
mit 8 Grenzkompanien und 2 Reserve-Grenzkompanien im Bezirk Gera
GBK 7 Standort: Plauen
mit 3 Grenzkompanien und 1 Reserve-Grenzkompanie im Bezirk Karl-Marx-Stadt (Chemnitz)
GAZ 16 Standort: Halberstadt
GAZ 36 Standort: Plauen

Führungsgliederung der Grenztruppen der DDR 2. Hälfte der 80er Jahre

Dem **»Kommando der Grenztruppen«** in Pätz bei Königs Wusterhausen unterstehen:

Stabs- und Versorgungsbataillon	Pätz
Nachrichtenbataillon	Motzen
Wachkompanie	Motzen
Stabsmusikkorps	Pätz
Hubschrauberstaffel	Nordhausen[1)]
Nachrichteninstandsetzungskompanie	Magdeburg
Diensthundeschule	Potsdam-Sago
Offiziershochschule »Rosa Luxemburg«	Suhl
Unteroffiziersschule	Perleberg
GRENZKOMMANDO NORD	Stendal
GRENZKOMMANDO SÜD	Erfurt
GRENZKOMMANDO MITTE	Berlin-Karlshorst
Grenzabschnittskommando (Grenze zu Polen)	Frankfurt (Oder)
Grenzabschnittskommando (Grenze zur CSSR)	Pirna
GRENZBRIGADE »KÜSTE« (»Fiete Schulze«)[2)]	Rostock

Grenztruppengliederung:

GRENZKOMMANDO NORD	Stendal
Stabs- und Versorgungsbataillon[3)] (»Sicherstellungsbataillon«)	Stendal
Sicherungskompanie	Stendal
Grenzregiment 6 (»Heinz Kollwitz«)	Schönberg
Grenzregiment 8 (»Robert Abshagen«)[4)]	Grabow
Grenzregiment 23 (»Wilhelm Bahnick«)	Kalbe
Grenzregiment 24 (»Fritz Heckert«)	Salzwedel
Grenzregiment 20 (»Martin Schwantes«)	Halberstadt
Grenzausbildungsregiment 5 (»Gustav Sobottka«)	Glöwen
Grenzausbildungsregiment 7 (»Martin Hoop«)	Halberstadt

1) Mit Landeplätzen in Meiningen und Stendal
2) Operativ der Volksmarine unterstellt
3) Bestehend aus: Stabskompanie/Transportkompanie/Nachrichtenkompanie/Küche/Kfz-Werkstatt
4) Mit »Bootskompanie der Grenztruppen« in Dömitz/Elbe

GRENZKOMMANDO SÜD	Erfurt
Stabs- und Versorgungsbataillon (Sicherstellungsbataillon)	Erfurt
Sicherungskompanie	Erfurt
Grenzregiment 1 (»Eugen Lewin«)	Mühlhausen
Grenzregiment 3 (»Florian Geyer«)	Dermbach
Grenzregiment 4 (»Willy Gebhardt«)	Heiligenstadt
Grenzregiment 9 (»Konrad Blenkle«)	Meiningen
Grenzregiment 10 (»Ernst Grube«)	Plauen
Grenzregiment 15 (»Herbert Warnke«)	Sonneberg
Grenzausbildungsregiment 11 (»Theodor Neubauer«)	Eisenach
Grenzausbildungsregiment 12 (»Rudi Arnstadt«)	Plauen

GRENZKOMMANDO MITTE	Berlin-Karlshorst
Stabskompanie	Berlin-Karlshorst
Nachrichtenbataillon	Berlin-Rummelsburg
ABC-Abwehrkompanie	Groß Glienicke
Transport- und Instandsetzungskompanie	Groß Glienicke
Amphibische Pionierkompanie	Groß Glienicke
Sicherungskompanie	Berlin-Karlshorst
Grenzregiment 33 (»Heinrich Dorrenbach«)	Berlin-Treptow
Grenzregiment 34 (»Hanno Günther«)	Groß Glienicke
Grenzregiment 35 (»Nikolai Bersarin«)	Berlin-Niederschönhausen
Grenzregiment 36 (»Walter Husemann«)*)	Berlin-Rummelsburg
Grenzregiment 38 (»Clara Zetkin«)*)	Henningsdorf
Grenzregiment 42 (»Fritz Perlitz«)	Klein Machnow
Grenzregiment 44 (»Walter Junker«)*)	Potsdam-Babelsberg
Grenzausbildungsregiment 39 (»Ho Chi Minh«)	Berlin-Wilhelmshagen
Grenzausbildungsregiment 40 (»Hans Coppi«)	Oranienburg

*) Mit jeweils einer **Bootskompanie** der Grenztruppen

GRENZBRIGADE ›KÜSTE‹	Rostock
Stabskompanie	Rostock
Nachrichtenkompanie	Rostock
Grenzkompanie 1	Bansin
Grenzbataillon 2	Stubbenkammer
Grenzbataillon 3	Graal-Müritz
Grenzbataillon 4	Tarnewitz
Grenzausbildungsbataillon 5	Kühlungsborn
1. Grenzschiffsabteilung	Saßnitz
2. Grenzschiffsabteilung	Warnemünde
4. Grenzschiffsabteilung	Warnemünde
Grenzsschiffsausbildungsabteilung	Barhöft/Barendorf

Dislozierung:

Grenzkompanie 1 (Bansin)	
2 Züge	Ahlbeck
Kontrollpunkt	Kamminke
Kontrollpunkt und Bootsgruppe	Altwarp
Grenzbataillon 2 (Stubbenkammer)	
2. Grenzkompanie	Sellin
3. Grenzkompanie	Lohme
1. Technische Beobachtungskompanie	Insel Greifswalder Oie
2. Technische Beobachtungskompanie	Sellin
3. Technische Beobachtungskompanie	Stubbenkammer
4. Technische Beobachtungskompanie	Arkona
5. Technische Beobachtungskompanie	Dornbusch
1. Technischer Beobachtungszug	Insel Ruden
2. Technischer Beobachtungszug	Saßnitz
3. Technischer Beobachtungszug	Barhöft
Kontrollpunkt-Kompanie	Saßnitz
Kontrollpunkt-Kompanie	Barhöft
Grenzbataillon 3 (Graal-Müritz)	
4. Grenzkompanie	Ahrenshoop
5. Grenzkompanie	Graal-Müritz
6. Grenzkompanie	Kühlungsborn
6. Technische Beobachtungskompanie	Darßer Ort
7. Technische Beobachtungskompanie	Wustrow
7. Technische Beobachtungskompanie	Warnemünde
8. Technische Beobachtungskompanie	Bukspitze
Kontrollpunkt-Kompanie	Warnemünde
Grenzbataillon 4 (Tarnewitz)	
7. Grenzkompanie	Kirchdorf (Poel)
8. Grenzkompanie	Brook
10. Technische Beobachtungskompanie	Poel
11. Technische Beobachtungskompanie	Boltenhagen
12. Technische Beobachtungskompanie	Barendorf
Kontrollpunkt-Gruppe	Tarnewitz

Stärke einer Grenzkompanie: etwa 80 Mann

Stärke einer Technischen Beobachtungskompanie: cirka 25 Mann

Sperrelemente an der Grenze der DDR zur BRD (Stand: 1989/90)

<u>**Vorderes Sperrelement** (Grenzzäune):</u>
Bestand: 1.248 km

Grenzzaun I/83 – Streckmetall verzinkt*)
Sperrzaun
Nutzungsdauer: 20 Jahre
Einführung: 1971–1990 (833 km)
Kosten: 155,7 TM/km

Grenzzaun I – Streckmetall schwarz*)
Sperrzaun
Nutzungsdauer: 15 Jahre
Einführung: 1966–1973 (270 km)
Kosten: 86,7 TM/km

Minensperrenbegrenzungszaun (ein- und zweireihig Streckmetall schwarz)
Sperr- und Warnzaun**)
Nutzungsdauer: 15 Jahre
Einführung: 1966–1982 (145 km)
Kosten: 50,2 TM/km

*) An diesem Zaun befanden sich bis 1983/84 die SM-70-Geräte
**) Dazwischen lagen bis 1984/85 die Bodenminen

Grenzmauer/Platten (Mauer der 3. Generation)
Sperrmauer
Nutzungsdauer: 35 Jahre
Einführung: 1968–1975 (30 km)
Kosten: 259 TM/km

Beobachtungs- und Führungsanlagen:
Bestand: 361 Beobachtungstürme
132 Führungsstellen

Beobachtungsturm 11 bzw. 6 m (BT-11/BT-6)
Zweck: Beobachtung/Aufklärung
Nutzungsdauer: 20–25 Jahre
Einführung: 1966–1976 (115 Stück)
Kosten: 30,0 TM/Stück

Beobachtungsturm 9 m (BT-9)
Zweck: Beobachtung/Aufklärung
Nutzungsdauer: 35–40 Jahre
Einführung: 1975–1990 (246 Stück)
Kosten: 47,2 TM/Stück

Führungsstelle
Zweck: Führung der Grenzsicherung durch den Kommandeur GS; Standort der Nachrichten- und Grenzsignalzaunanlagetechnik, Unterbringungsort der Alarmgruppe ›Gelände‹
Nutzungsdauer: 35–40 Jahre
Einführung: 1976–1983 (132 Stück)
Kosten: 75,9 TM/Stück

Hinteres Sperrelement:
Bestand: 1.248 km

Grenzsignal- und Sperrzaun I
Zweck: Signalisieren und Sperren
Nutzungsdauer: 20 Jahre
Einführung: 1983–1990 (43 km)
Kosten: 275,9 TM/km

Grenzsignal- und Sperrzaun II
Zweck: Signalisieren und Sperren
Nutzungsdauer: 20 Jahre
Einführung: 1983–1990 (1.174 km)
Kosten: 208,9 TM/km

Grenzzaun I (mit Signalteil)
Zweck: Sperren und Signalisieren von »Übersteigen«
Nutzungsdauer: 20 Jahre
Einführung: 1976–1988 (31 km)
Kosten: 150,0 TM/km

Grenzsignalzaunanlage 80
Zweck: Signaltechnische Sicherung der Grenzsignal- und Sperrzäune nach dem Wirkprinzip der »Ruhestromschleife«
Nutzungsdauer: 10 Jahre
Einführung: 1983–1988 (1.470 km)
Kosten: 48,0 TM/km

Kfz-Sperren
Bestand: 773 km

Kfz-Sperrgraben (befestigt)
Zweck: Sperrung gegen Kfz
Nutzungsdauer: 15–18 Jahre
Einführung: 1966–1981 (623 km)
Kosten: 54,3 TM/km

Kfz-Sperrgraben (unbefestigt)
Zweck: Sperrung gegen Kfz
Nutzungsdauer: keine Angabe
Einführung: 1966–1981 (150 km)

Sperrelemente an der Grenze der DDR und Ostberlins zu Westberlin (Stand: 1989/90)

Vorderes Sperrelement (Mauer/Grenzzäune):
Bestand: 169 km

Grenzmauer 75 (Mauer der 4. Generation)
Zweck: Sperren
Nutzungsdauer: 40 Jahre
Einführung: 1975–1990 (46 km)
Kosten: 828,1 TM/km

Grenzmauer/Plattenbauweise (Mauer der 3. Generation)
Zweck: Sperren
Nutzungsdauer: 35 Jahre
Einführung: 1961–1975 (26 km)
Kosten: 259,0 TM/km

Grenzzaun I und I/83
Zweck: Sperren
Nutzungsdauer: 15–20 Jahre
Einführung: 1971–1990 (97 km)
Kosten: 135,9 TM/km

Beobachtungs- und Führungsanlagen
Bestand: 186 Beobachtungstürme
32 Führungsstellen

Beobachtungsturm 11 bzw. 6 m (BT-11/BT-6)
Zweck: Beobachtung/Aufklärung
Nutzungsdauer: 20–25 Jahre
Einführung: 1966–1976 (66 Stück)
Kosten: 30,0 TM/Stück

Beobachtungsturm 9 m (BT-9)
Zweck: Beobachtung/Aufklärung
Nutzungsdauer: 35–40 Jahre
Einführung: 1975-1990 (120 Stück)
Kosten: 47,2 TM/Stück

Führungsstelle
Zweck: Führung der Grenzsicherung durch den Kommandeur GS; Standort der Nachrichten- und Grenzsignalanlagetechnik; Unterbringungsort der Alarmgruppe
Nutzungsdauer: 35–40 Jahre
Einführung: 1976–1983 (32 Stück)
Kosten: 75,9 TM/Stück

Hinteres Sperrelement:
Bestand: 141 km

Grenzsignalzaun 74 mit Hinterlandmauer/-zaun
Zweck: Signalisieren
Nutzungsdauer: 20 Jahre
Einführung: 1974–1982 (58 km)
Kosten: 120,0 TM/km

Grenzsignalzaun 83 mit Hinterlandmauer
Zweck: Signalisieren
Nutzungsdauer: 20 Jahre
Einführung: 1983–1990 (50 km)
Kosten: 400,7 TM/km

Grenzsignal- und Sperrzaun
Zweck: Signalisieren und Sperren
Nutzungsdauer: 20 Jahre
Einführung: 1984–1990 (33 km)
Kosten: 208,9 TM/km

Kfz-Sperrgraben (befestigt)
Zweck: Sperrung gegen Kfz
Nutzungsdauer: 15–18 Jahre
Einführung: 1965–1970 (100 km)
Kosten: 54,3 TM/km

Blumenkastensperren
Zweck: Sperren gegen Kfz
Nutzungsdauer: 10–15 Jahre
Einführung: 1975–1990 (keine weiteren Angaben)
Diese Sperrelemente standen besonders am »Brandenburger Tor«.

Sperrelemente an den Grenzen zur BRD und zu Westberlin (Stand: 1989/90)

Sperren im Schutzstreifen
Bestand: 131 km

S-Rollensperren (Stacheldraht)
Zweck: Sperre gegen Personen
Nutzungsdauer: 5 Jahre
Einführung: 1987–1990 (21 km)
Kosten: 94,0 TM/km

Stolperdrahtsperren
Zweck: Sperre gegen Personen
Nutzungsdauer: 5 Jahre
Einführung: 1987–1990 (20 km)
Kosten: 12,0 TM/km

Netzsperren
Zweck: Sperre gegen Personen
Nutzungsdauer: 5 Jahre
Einführung: 1989 (90 km)
Kosten: 5,0 TM/km

Gesperrte Straßen
Bestand: 1.235

Automatischer Sperrschlagbaum
Zweck: Sperre gegen Räderfahrzeuge
Nutzungsdauer: 20 Jahre
Einführung: 1988–1990 (100 Stück)
Kosten: 6,0 TM/Stück

Seilsperren
Zweck: Sperre gegen Räderfahrzeuge
Nutzungsdauer: 20 Jahre
Einführung: 1988–1990 (1.000 Stück)
Kosten: 1,0 TM/Stück

Plattenstapel/Höckersperre
Zweck: Sperre gegen Räderfahrzeuge
Nutzungsdauer: 30 Jahre
Einführung: 1980–1990 (135 Stück)
Kosten: 1,0 TM/Stück

Wassersperren
Bestand: 802 Stück

Sperrgitter
Zweck: Mechanische und signaltechnische Sicherung von Wasserdurchlässen bis 1,2 m
Nutzungsdauer: 30 Jahre
Einführung: 1988–1990 (655 Stück)
Kosten: 1,2 TM/Stück

Sperrbauwerk
Zweck: Mechanische Sperrung von Wasserläufen von 1,2 m bis 10 m Breite
Nutzungsdauer: 30 Jahre
Einführung: 1975–1990 (147 Stück)
Kosten: 200,0 TM/Stück

Lichttrassen und Scheinwerferanlagen
Bestand: 537 km

Lichttrassen
Zweck: Beleuchtung von Grenzabschnitten und Grenzsicherungsanlagen
Nutzungsdauer: 30 Jahre
Einführung: 1970–1990 (377 km)
Kosten: 350,0 TM/km

Scheinwerferanlagen
Zweck: Blendung der Grenzverletzer und Beleuchtung von Grenzsicherungsanlagen bei deren Auslösung
Nutzungsdauer: 20 Jahre
Einführung: 1987–1990 (160 km)
Kosten: 55,0 TM/km

Bewegliche Signalmittel
Signalgerät R-67
zweck: Optische/akustische Signalisation
Nutzungsdauer: 10 Jahre
Einführung: ab 1970 (25.000 Stück)
Kosten: 191 Mark/Stück

Signalmittel (Farbe/rot/grün)
Zweck: Optische/akustische Signalisation
Nutzungsdauer: 1 Jahr
Einführung: ab 1984 (8.000 Stück im Jahr)
Kosten: 64,75 Mark/Stück

Postensignalgerät 85 (PSG-85)
Zweck: Überwachung von Geländeabschnitten; optische/akustische Signalisation
Nutzungsdauer: 8 Jahre
Einführung: ab 1987 (5.000 Stück)
Kosten: 342 Mark/Stück

Staatsausgaben/Staatshaushalt der DDR im Jahre 1988

Staatsausgaben 1988 (zusammen):	269.465,7 Mill. Mark*)
davon: Ausgewählte Staatsausgaben 1988 (Einzelposten)*)	
Volksbildung:	10.417,5 Mill. Mark
Hoch- und Fachschulen:	3.736,0 Mill. Mark
Krankenhäuser:	4.489,0 Mill. Mark
Feierabend- und Pflegeheime:	1.068,3 Mill. Mark
Kultur:	2.993,7 Mill. Mark
Sport:	1.060,5 Mill. Mark
»Schutz der Staatsgrenze«:	**2.221,0 Mill. Mark****)

Quellen:

*) Statistisches Jahrbuch der DDR 1990, 35. Jg., 1. Aufl., Berlin 1990, S. 299 ff.

) Grenztruppen der DDR/Kommando der Grenztruppen/Leiter (der) Abteilung perspektivische Entwicklung der Grenzsicherungsanlagen, VVS-Nr. G 857 790 (30 Blatt), 31.5.1989 (»Thesen zum Thema ›Tendenzen der Entwicklung neuer Grenzsicherungsanlagen für die 90er-Jahre und neue Technik im Einsatz zum Schutz der Staatsgrenze der DDR‹«), Bl. 13. (Abgedruckt in: **Wolfgang Rathje: Der Ausbau der Berliner Mauer 1975–1989 und die Perspektivplanung bis zum Jahre 2000 im Spiegel der Grenztruppen-Akten, Hausarbeit zur Erlangung des Grades eines Magister Artium an der Christian-Albrechts-Universität zu Kiel, Kiel 1996, Anlagenband, S. 349 ff.)

Anmerkungen

1 Londoner Protokoll vom 12.9.1944, abgedruckt in: Dokumente des geteilten Deutschland. Quellentexte zur Rechtslage des Deutschen Reiches, der Bundesrepublik Deutschland und der Deutschen Demokratischen Republik, hrsg. von *Ingo von Münch*, 2. Aufl., Stuttgart 1976, S. 25 ff.
2 Vgl. dazu: *Gunther Mai*: Der Alliierte Kontrollrat in Deutschland 1945–1948. Alliierte Einheit – deutsche Teilung?, München 1995
3 Mitten in Deutschland – Mitten im 20. Jahrhundert. Die Zonengrenze, hrsg. vom Bundesministerium für gesamtdeutsche Fragen, 9. Aufl., Berlin-Bonn 1965, S. 5
4 *Kurt Berghoff*: Zur Entstehung der Grenzpolizei im Osten Deutschlands im Jahre 1946, in: Militärgeschichte, 8. Jg. (1969), Heft 1, S. 32 ff. (S. 34)
5 *Ernst Schubert*: Von der Interzonengrenze zur Zonengrenze. Die Erfahrung der entstehenden Teilung Deutschlands im Raum Duderstadt 1945–1949, in: Bernd Weisbrod (Hrsg.): Grenzland. Beiträge zur Geschichte der deutsch-deutschen Grenze, Hannover 1993, S. 70 ff. (S. 76)
6 Berghoff, aaO, S. 37
7 *Wilfried Hanisch*: Die Grenzpolizei bei der revolutionären Umgestaltung bis zur Gründung der DDR, in: Militärgeschichte, 13. Jg. (1974), Heft 4, S. 481 ff. (S. 488)
8 *Wilfried Hanisch*: Vom schweren Anfang. Beiträge zur Geschichte der Grenztruppen der DDR, Heft 1, o.O., o. J. (1986), S. 6 (Abdruck der Direktive Nr. 16)
9 *Norman M. Naimark*: Die Russen in Deutschland. Die sowjetische Besatzungszone 1945 bis 1949, Berlin 1997, S. 465 f.
10 Errichtung des Arbeiter- und Bauern-Staates der DDR 1945–1949, hrsg. von *Karl-Heinz Schöneburg* (Ltg. des AK), Berlin (Ost) 1983, S. 237
11 Wilfried Hanisch: Vom schweren Anfang, aaO, S. 27
12 Zum Beispiel: Postengang. Verfaßt von Angehörigen des Zirkels schreibender Soldaten des Kommandos der Grenztruppen, hrsg. von *Helmut Preißler*, Berlin (Ost) 1967
13 Berghoff, aaO, S. 34 (Fn. 12)
14 Ebenda, S. 34 f.
15 Ebenda, S. 34
16 Ebenda, S. 34
17 Ernst Schubert: Von der Interzonengrenze zur Zonengrenze, aa0, S. 81 ff.
18 Ebenda, S. 85
19 Berghoff, aaO, S. 39
20 Ebenda, S. 40
21 Ebenda, S. 38
22 *Detlef Nakath*: Zur Geschichte der deutsch-deutschen Handelsbeziehungen. Die besondere Bedeutung der Krisenjahre 1960/61 für die Entwicklung des innerdeutschen Handels, Berlin 1993, S. 13
23 Wilfried Hanisch: Die Grenzpolizei bei der revolutionären Umgestaltung bis zur Gründung der DDR, aaO, S. 489/S. 492
24 *Günther Glaser* (Hrsg.): »Reorganisation der Polizei« oder getarnte Bewaffnung der SBZ im Kalten Krieg? Dokumente und Materialien zur sicherheits- und militärpolitischen Weichenstellung in Ostdeutschland 1948/49, Frankfurt/Main 1995, S. 88 ff. (Abdruck der Richtlinien). Auf Grund dieser erging dann mit Datum vom 30. Januar 1948 eine »Instruktion« für die Grenzpolizei der DVdI, die inhaltlich die Sowjet-Richtlinien wiederholt (S. 99 ff.)

25 Vgl. dazu: *Hans Fricke*: Davor-Dabei-Danach. Ein ehemaliger Kommandeur der Grenztruppen der DDR berichtet, Köln o.J. (1993), S. 72 f.
26 Wilfried Hanisch: Vom schweren Anfang, aaO, S. 55 ff.
27 Ebenda, S. 42
28 *Torsten Diedrich*: Die Grenzpolizei der SBZ/DDR 1946–1961, in: Im Dienste der Partei. Handbuch der bewaffneten Organe der DDR, im Auftrag des MGFA, hrsg. von Torsten Diedrich, Hans Ehlert und Rüdiger Wenzke, Berlin 1998, S. 201 ff. (S. 203)
29 Wilfried Hanisch: Vom schweren Anfang, aaO, S. 49 f.
30 Ebenda, S. 53
31 Ebenda, S. 53
32 Ernst Schubert: Von der Interzonengrenze zur Zonengrenze, aaO, S. 86 f.
33 *Wilfried Hanisch*: Für den Schutz der Staatsgrenze der jungen Republik, Beiträge zur Geschichte der Grenztruppen der DDR, Heft 2, o.O., o.J. (1988), S. 6
34 Ebenda, S. 16
35 Vgl. dazu genauer: Kap. »Grenzsicherung an der Ostseeküste der DDR«, S. 154 ff.
36 Wilfried Hanisch: Für den Schutz der Staatsgrenze der jungen Republik, aaO, S. 14 f.
37 Ebenda, S. 13
38 Torsten Diedrich: Die Grenzpolizei der SBZ/DDR 1946–1961, aaO, S. 207
39 National-Zeitung vom 1. Oktober 1950, S. 3
40 Torsten Diedrich: Die Grenzpolizei der SBZ/DDR 1946-1961, aaO, S. 207
41 Zahlen aus: *Jürgen Rühle/Gunter Holzweißig*: 13. August 1961. Die Mauer von Berlin, 2. Aufl., Köln 1986, S. 18 (Edition Deutschland Archiv)
42 Wilfried Hanisch: Für den Schutz der Staatsgrenze der jungen Republik, aaO, S. 25
43 Vgl. Weisungen der SKK an die Deutsche Grenzpolizei über ein neues Grenzregime (am 5.5.1952), abgedruckt in: *Inge Bennewitz/Rainer Potratz*: Zwangsaussiedlungen an der innerdeutschen Grenze. Analysen und Dokumente, Berlin 1994, S. 221 ff.
44 Vgl. Weisungen der SKK an das ZK der SED über ein neues Regime an der Demarkationslinie, abgedruckt in: Ebenda, S. 224 ff. (S. 224)
45 *Rolf Badstübner/Wilfried Loth* (Hrsg.): Wilhelm Pieck – Aufzeichnungen zur Deutschlandpolitik 1945–1953, Berlin 1994, S. 400/S. 402
46 Vgl. Protokoll der Sitzung des Politbüros des ZK der SED vom 13. Mai 1952 (Ausschnitte), abgedruckt in: Inge Bennewitz/Rainer Potratz, aaO, S. 226 ff.
47 Abgedruckt u.a. in: Die Sperrmaßnahmen der DDR vom Mai 1952. Die Sperrmaßnahmen der Sowjetzonenregierung an der Zonengrenze und um Westberlin. Faksimilierter Nachdruck des Weißbuches von 1953, Bonn 1987, S. 88/89
48 Inge Bennewitz/Rainer Potratz, aaO, S. 36
49 Absperrung der Demarkationslinie zur Bundesrepublik: Bericht der Grenzpolizeibereitschaft Halberstadt, 29.5.1952, abgedruckt in: Die DDR vor dem Mauerbau. Dokumente zur Geschichte des anderen deutschen Staates 1949–1961, hrsg. von *Dierk Hoffmann, Karl-Heinz Schmidt und Peter Skyba*, München 1993, S. 106 ff. (S. 108)
50 Ebenda, S. 109
51 Mitten in Deutschland, aaO, S. 8
52 Torsten Diedrich: Die Grenzpolizei der SBZ/DDR 1946–1961, aaO, S. 208
53 Ebenda, S. 209
54 Wilfried Hanisch: Für den Schutz der Staatsgrenze der jungen Republik, aaO, S. 30
55 Ebenda, S. 27
56 *Volker Koop:* »Den Gegner vernichten«. Die Grenzsicherung der DDR, Bonn 1996, S. 55
57 *Volker Koop*: Ausgegrenzt. Der Fall der DDR-Grenztruppen, Berlin 1993, S. 46
58 Wilfried Hanisch: Für den Schutz der Staatsgrenze der jungen Republik, aaO, S. 79
59 Mängel bei der Grenzüberwachung: Bericht der HVDGP über die Flucht eines Bauern, 21.1.1953, in: Die DDR vor dem Mauerbau, aaO, S. 136 ff. (S. 137 f.)

60 Wilfried Hanisch: Für den Schutz der Staatsgrenze der jungen Republik, aaO, S. 48
61 Die Flucht aus der Sowjetzone und die Sperrmaßnahmen des kommunistischen Regimes vom 13. August 1961 in Berlin, hrsg. vom Bundesministerium für gesamtdeutsche Fragen, 2. Aufl., Bonn und Berlin 1961, S. 25
62 Torsten Diedrich: Die Grenzpolizei der SBZ/DDR 1946–1961, aaO, S. 211
63 Befehl des Ministers des Innern der Regierung der DDR Nr. 53/54 vom 8. Juli 1954, abgedruckt in: *Volker Koop*: Armee oder Freizeitclub? Die Kampfgruppen der Arbeiterklasse in der DDR, Bonn 1997, S. 262 ff.
64 Vgl. dazu u.a.: *Diethard Mager*: Wismut – die letzten Jahre des ostdeutschen Uranbergbaus, in: Die wirtschaftliche und ökologische Situation der DDR in den achtziger Jahren, hrsg. von Eberhard Kuhrt im Auftrag des BMI. Opladen 1996, S. 267 ff.
65 Torsten Diedrich: Die Grenzpolizei der SBZ/DDR 1946–1961, aaO, S. 210
66 Sitzung des Politbüros, 21. November 1953, Abschrift, abgedruckt in: Volker Koop: Armee oder Freizeitclub?, aaO, S. 251 ff. (S. 254)
67 Torsten Diedrich: Die Grenzpolizei der SBZ/DDR 1946–1961, aaO, S. 211
68 Schreiben Ulbricht – G. M. Puschkin zur Aufstellung der Inneren Truppen vom 11. Juli 1955, abgedruckt in: Volker Koop: Armee oder Freizeitclub?, aaO, S. 266 f. (S. 267)
69 Wilfried Hanisch: Für den Schutz der Staatsgrenze der jungen Republik, aaO, S. 62
70 Schreiben des Ministers für Auswärtige Angelegenheiten der DDR, Dr. Lothar Bolz, an den Stellvertreter des Ministers für Auswärtige Angelegenheiten der UdSSR, W.A. Sorin (20.9.1955), abgedruckt in: Jahrbuch der DDR, Berlin (Ost) 1956, S. 52 f.
71 Mitteilung des Presseamtes beim Ministerpräsidenten der DDR über die Bewachung und Kontrolle der Grenzen der DDR (9.12.1955), abgedruckt in: Dokumente zur Deutschlandpolitik, III. Reihe/Band 1 (5. Mai bis 31. Dezember 1955), hrsg. vom Bundesministerium für gesamtdeutsche Fragen, Bonn/Berlin 1961, S. 778
72 Zeittafel zur Militärgeschichte der DDR 1949 bis 1988, 2. Aufl., Berlin (Ost) 1989, S. 55
73 *Lothar Krasselt*: Zur Entwicklung der Deutschen Grenzpolizei in der DDR in den Jahren 1955 bis 1957, in: Militärgeschichte, 3. Jg. (1964), Heft 2, S. 212 ff. (S. 213)
74 Wilfried Hanisch: Für den Schutz der Staatsgrenze der jungen Republik, aaO, S. 62
75 DDR-GBl. 1956 I, S. 385 ff. Vollständig abgedruckt (auch) in: Dokumente zur Deutschlandpolitik, III. Reihe/Band 2 (1. Januar bis 31. Dezember 1956), erster Halbband, hrsg. vom Bundesministerium für gesamtdeutsche Fragen, Bonn/Berlin 1963, S. 310 ff.
76 Torsten Diedrich: Die Grenzpolizei der SBZ/DDR 1946–1961 aaO, S. 213
77 Vgl. dazu z.B.: *Jan v. Flocken/Michael F. Scholz*: Ernst Wollweber. Saboteur-Minister-Unperson, 1. Aufl., Berlin 1994, S. 142 ff.
78 Wilfried Hanisch: Für den Schutz der Staatsgrenze der jungen Republik, aaO, S. 67 ff. (S. 70)
79 Lothar Krasselt, aaO, S. 216
80 Torsten Diedrich, Die Grenzpolizei der SBZ/DDR 1946–1961, aaO, S. 215
81 Abgedruckt in: Die Flucht aus der Sowjetzone, aaO, S. 112 (Dokument Nr. 123)
82 Die Flucht aus der Sowjetzone, aaO, S. 15
83 Ebenda, S. 15
84 Im Zeitraum von 1952 bis Mitte 1961 kamen 20.000 Flüchtlinge aus der DDR in den Westen, die zum Zeitpunkt ihres Grenzübertritts oder unmittelbar vorher (maximal 6 Monate) Angehörige von bewaffneten Organen waren; siehe: Die Flucht aus der Sowjetzone, aaO, S. 18
85 Diese DV III/2 vom 12.9.1958 ist vollständig abgedruckt in: Volker Koop: »Den Gegner vernichten«. Die Grenzsicherung der DDR, aaO, S. 434 ff.
86 *Jürgen Nehrenberg*: Truppengeschichte des Grenzregiments »Robert Abshagen« (GR 8/ Grabow), o.O., o.J. (1989), S. 54

87 Geschichte (des) Grenzregiments »Fritz Heckert« 1946–1983 (GR 24/Salzwedel), o.O., o.J. (1984), hrsg. von einem Autorenkollektiv von *Norbert Schefter*, S. 57
88 Torsten Diedrich: Die Grenzpolizei der SBZ/DDR 1946–1961, aaO, S. 214
89 Wilfried Hanisch: Für den Schutz der Staatgrenze der jungen Republik, aaO, S. 71
90 Ebenda, S. 83
91 Vgl. dazu: *Jürgen Petschull*: Die Mauer. Vom Anfang und vom Ende eines deutschen Bauwerks, 2. Aufl., Hamburg 1989
92 *Lorenz Eyck*: Die Grenzpolizei/Grenztruppen, in: Rührt euch! Zur Geschichte der NVA, hrsg. von *Wolfgang Wünsche*, Berlin 1998, S. 271 ff. (S. 302)
93 Ebenda, S. 300 f.
94 Der Befehl 002/61, abgedruckt in: Volker Koop: »Den Gegner vernichten«. Die Grenzsicherung der DDR, aaO, S. 97 f.
95 Jürgen Nehrenberg, aaO, S. 64
96 In der ersten Sicherungsstaffel. Beiträge zur Geschichte der Grenztruppen der DDR, hrsg. von einem Autorenkollektiv unter *Werner Ebertz* (u.a.), o.O., o.J. (1986), S. 33
97 Vgl. Protokoll über die Lagebesprechung des zentralen Stabes am 20.9.1961, abgedruckt in: Volker Koop: »Den Gegner vernichten«. Die Grenzsicherung der DDR, aaO, S. 493 ff. (S. 495)
98 Torsten Diedrich: Die Grenzpolizei der SBZ/DDR 1946–1961, aaO, S. 219
99 Volker Koop: »Den Gegner vernichten«. Die Grenzsicherung der DDR, aaO, S. 182
100 Ebenda, S. 116 ff.
101 Ebenda, S. 108 f.
102 Auszug aus der Geheimen Verschlußsache des ZK der SED vom 11. September 1961 – Brief Walter Ulbrichts an die 1. Sekretäre der Bezirke und Kreise an der Staatsgrenze West, abgedruckt in: *Werner Barm*: Totale Abgrenzung. Zehn Jahre unter Ulbricht, Honecker und Stoph an der innerdeutschen Grenze, Stuttgart 1971, S. 225 ff. (S. 228 f.)
103 Geschichte (des) Grenzregiments »Fritz Heckert«, aaO, S. 72
104 Michael Kneise: Die Minen an der Grenze, in: Werner Filmer/Heribert Schwan: Opfer der Mauer. Die geheimen Protokolle des Todes, 1. Aufl., München 1991, S. 365 ff.
105 Befehl Nr. 76/61, abgedruckt in: Volker Koop: »Den Gegner vernichten«. Die Grenzsicherung der DDR, aaO, S. 150 ff.
106 Handbuch für Grenzsoldaten, Berlin (Ost) 1965, S. 43
107 Ausführlich dazu: Inge Bennewitz/Rainer Potratz, aaO, S. 107 ff.
108 Vgl. dazu: 116. PK der Arbeitsgemeinschaft »13. August« am 11.8.1997, S. 4 ff. (Skript/Pressematerial)
109 GVS-Nr.: G/406070 vom 27.8.1979 (Kommando der Grenztruppen der DDR; Chef Pionierwesen)
110 GVS-Nr.: G/075718 vom 6.6.1969 (Kommando der Grenztruppen/Chef Pionierwesen, Aufstellung der Sperrabschnitte, in denen Minen vom Typ PMD-6 verlegt wurden)
111 Volker Koop: »Den Gegner vernichten«. Die Grenzsicherung der DDR, aaO, S. 186 f.; ders.: Ausgegrenzt. Der Fall der DDR-Grenztruppen, aaO, S. 30 ff. (PKE: Die Stasi-Truppe in Grenzeruniform)
112 Abgedruckt in: Jürgen Rühle/Gunter Holzweißig. 13. August 1961, aaO, S. 120 f. (Dokumente 9 und 10)
113 Abgedruckt in: Dokumente des geteilten Deutschland, aaO, S. 406 ff.
114 Zitiert nach Koop, Volker: »Den Gegner vernichten«. Die Grenzsicherung der DDR, aaO, S. 249
115 116. PK der Arbeitsgemeinschaft »13. August«, aaO, S. 14
116 BA-MA, DVW 1/39473, Bl. 1 ff. (Anlage 2); Bericht/Information an den NVR auf seiner Sitzung am 20.9.1963
117 Ebenda, Bl. 2

118 Ebenda, Bl. 4 ff.
119 BA-SAPMO IV 2/12/291, Bl. 53/54
120 116. PK der Arbeitsgemeinschaft »13. August«, aaO, S. 14
121 Ebenda, S. 13
122 *Karl Horn*: Bewährung in den sechziger Jahren. Beiträge zur Geschichte der Grenztruppen der DDR, Heft 4, o.O., o.Jg. (1985), S. 57 ff. (S. 61)
123 Ebenda, S. 64 ff.; vgl. dazu auch: *Rüdiger Wenzke*: Die NVA und der Prager Frühling 1968. Die Rolle Ulbrichts und der DDR-Streitkräfte bei der Niederschlagung der tschechoslowakischen Reformbewegung, 1. Aufl., Berlin 1995
124 Erich Honecker entschied sich für die Splittermine SM-70
125 Abgedruckt bei Filmer/Schwan, aaO, S. 383 ff. (S. 383)
126 Andere sehen in diesen Anlagen eine CSSR-Erfindung
127 Vgl. Filmer/Schwan, aaO, S. 243 ff.
128 BA-MA, DVW 1/39511, Bl. 8 (NVR-Sitzung vom 30.9.1977)
129 Koop, Volker: »Den Gegner vernichten«. Die Grenzsicherung der DDR, aaO, S. 212
130 Ebenda, S. 219 ff.
131 Ebenda, S. 221
132 Ebenda, S. 212
133 Ebenda, S. 192
134 Ebenda, S. 587; *Peter Przybylski*: Tatort Politbüro, Band 2, Berlin 1992, S. 66 f.
135 Vgl. Protokoll der 67. Sitzung des Nationalen Verteidigungsrates vom 1.7.1983, abgedruckt bei: Koop, Volker: »Den Gegner vernichten«. Die Grenzsicherung der DDR, aaO, S. 537 ff.
136 *Otto Wenzel*: Kriegsbereit. Der Nationale Verteidigungsrat der DDR 1960 bis 1989, Köln 1995, S. 188
137 Abgedruckt bei: Filmer/Schwan, aaO, S. 415 f.
138 So der damalige Bundesminister f. innerdeutsche Beziehungen Heinrich Windelen (CDU)
139 BA-MA, DVW 1/39511, Bl. 4
140 Ebenda, Bl. 9
141 Ebenda, Bl. 9
142 Vgl. dazu: A. Pech: Vom humanistischen Wesen des Dienstes in den Grenztruppen der DDR, in: Militärwesen, 30. Jg. (1986), Heft 11, S. 8 ff.
143 Abgedruckt in: Die SED-Herrschaft und ihr Zusammenbruch, hrsg. von *Eberhard Kuhrt* in Verbindung mit Hannsjörg F. Buck und Gunter Holzweißig im Auftrag des BMI, Opladen 1996, S. 173 ff.
144 Oberst der GT a.D. Günter Bazyli, 1978 bis 1986 Stellvertreter des Kommandeurs für Grenzsicherung und Stabschef, in: 117. PK der Arbeitsgemeinschaft »13. August« am 7.11.1997, S. 2 f. (Skript)
145 Abgedruckt bei: Koop, Volker: »Den Gegner vernichten«. Die Grenzsicherung der DDR, aaO, S. 270
146 Abgedruckt in: Die SED-Herrschaft, aaO, S. 172
147 Günter Bazyli, aaO, S. 4
148 Vgl. dazu: Koop, Volker: »Den Gegner vernichten«. Die Grenzsicherung der DDR, aaO, S. 11 ff.
149 Ebenda, S. 11
150 Vgl. dazu unter anderem: *Ritter, Jürgen/Lapp, Peter Joachim*: Die Grenze. Ein deutsches Bauwerk, 2. Aufl., Berlin 1998, S. 96 (Fallbeispiel 5: Chris Gueffroy)
151 Abgedruckt in: Die SED-Herrschaft, aaO, S. 191
152 BA-MA, DVW 1/39511, Bl. 10
153 Der Spiegel vom 7.2.1994, S. 94 ff. (S. 114 f.)
154 Dietmar Mann (Uxa): Die Grenztruppen der DDR, Skript (1986), S. 13 (im Besitz d. Verf.)

155 Handbuch für Grenzsoldaten, aaO, S. 87
156 *Ingolf Hermann*: Die Deutsch-Deutsche Grenze. Von Posseck bis Lehesten, von Ludwigsstadt nach Prex, 2. Aufl., Plauen 1996, S. 82
157 *Dietmar Mann (Uxa)*: Die Grenztruppen der DDR, Skript, aaO, S. 10
158 Jürgen Nehrenberg, aaO, S. 59 ff.
159 *Grenztruppen der DDR*. Militärische Berufe. Für Schüler und Eltern. Eine Schrift zur Berufswahl, Redaktionsschluß: 15. Januar 1982, Berlin (Ost) 1982, S. 12
160 Armeerundschau, Heft 6 (1968), S. 16
161 BA-MA, DVW 1/39511, Bl. 10
162 Der Spiegel vom 19.12.1994, S. 176
163 Ebenda, S. 177
164 Ebenda, S. 177 ff.
165 Koop, Volker: Ausgegrenzt, aaO, S. 32 f.
166 BA-MA, DVW 1/39489, Bl. 9 ff.
167 BA-MA, DVW 1/39493, Bl. 1 ff. (Anlage 3)
168 Ebenda, Bl. 3
169 Ebenda, Bl. 4
170 Dienstvorschrift DV 18/8 – Grenzkompanie in Kraft getreten zum 1.12.1985. Ziffer 10 und 11 (auch: DV 018/0/008)
171 *Lorenz Eyck*: Die Grenzpolizei/Grenztruppen, in: *Wolfgang Wünsche* (Hrsg.): Rührt euch! aaO, S. 271 ff. (S. 316)
172 DV 18/8, aaO, Ziffer 22
173 Ebenda, Ziffer 3
174 Ebenda, Ziffer 34 b/c
175 Dietmar Mann (Uxa), aaO, S. 27
176 DV 18/8, aaO, Ziffer 37
177 Lorenz Eyck, aaO, S. 318
178 Dietmar Mann (Uxa), aaO, S. 3
179 Koop, Volker: Ausgegrenzt, aaO, S. 4
180 Dietmar Mann (Uxa), aaO, S. 22
181 Koop, Volker: Ausgegrenzt, aaO, S. 48
182 Geschichte des Grenzregiments ›Fritz Heckert‹, aaO, S. 113
183 Dietmar Mann (Uxa), aaO, S. 20
184 DV 18/8 aaO, Ziffer 71
185 Lorenz Eyck, aaO, S. 317
186 DV 18/8, aaO, Ziffer 123 (6)
187 Vgl. dazu Kapitel »Grenzsicherung, MfS und Parteierziehung«, S. 171 ff.
188 BA-MA, DVW 1/39509, Bl. 101
189 Dietmar Mann (Uxa), aaO, S. 1
190 Oberstleutnant Gerd Müller: Studie Entwicklungsschwerpunkte der Grenzsicherung und der Grenztruppen der DDR Mitte der siebziger- bis Mitte der achtziger Jahre, GVS-Nr.: B1/112440 (62 Blatt), hrsg. an der Militärpolitischen Hochschule »Wilhelm Pieck«, Lehrstuhl Geschichte der Arbeiterbewegung/Militärgeschichte, o.O. (Berlin-Ost), o.J. (1989), Bl. 27 f.
191 Ebenda, Bl. 29/30
192 BA-MA, DVW 1/39511, Bl. 5
193 Vgl. dazu: *Ludwig A. Rehlinger*: Freikauf. Die Geschäfte der DDR mit politisch Verfolgten 1963–1989, Berlin-Frankfurt am Main 1991
194 BA-MA, DVW 1/39509, Bl. 12
195 Ebenda, Bl. 12
196 Ebenda, Bl. 12

197 Vgl. dazu: 119. PK der Arbeitsgemeinschaft »13. August« am 11. August 1998, S. 9 f. (Skript)
198 Die Grenzkommission. Eine Dokumentation über Grundlagen und Tätigkeit, hrsg. vom Bundesministerium für innerdeutsche Beziehungen, 5. Aufl., Bonn 1985
199 *Heinz Hoffmann*: Sozialistische Landesverteidigung. Aus Reden und Aufsätzen, 1963 bis Februar 1970, Teil I, Berlin (Ost) 1971, S. 199
200 Oberst a.D. der GT Günter Bazyli, aaO, S. 2 f.
201 Koop, Volker: »Den Gegner vernichten«. Die Grenzsicherung der DDR, aaO, S. 269 ff.
202 Ebenda, S. 278
203 BA-MA, DVW 1/39509, Bl. 03 ff. (Investitionsplan für die GÜSten im Fünfjahrplan 1976–1980: knapp 180 Millionen Mark)
204 Vgl. dazu: Vereinbarung über die Verantwortlichkeit und das Zusammenwirken der Kräfte der Grenztruppen der DDR, der Grenzsicherungskräfte der Volksmarine, der Kräfte des Ministeriums für Staatssicherheit, der Zollverwaltung der DDR und des Ministeriums des Innern bei der Sicherung der Staatsgrenze und der Gewährleistung des grenzüberschreitenden Verkehrs an den Grenzübergangsstellen der DDR vom 1. August 1975; BStU, ZA, AGM 516 (GVS Nr. A 299679, 1. Ausf., 25 Blatt); in Auszügen abgedruckt bei: *Monika Tantzscher*: Die verlängerte Mauer, Reihe B: Analysen und Berichte Nr. 1/1998, Berlin 1998, S. 117 ff. (Dok. 8)
205 *Bernd Kuhlmann*: Züge durch Mauer und Stacheldraht, Berlin 1998, S. 23 ff.
206 Info-Material der »Gedenkstätte Deutsche Teilung« an der BAB Marienborn
207 Für diesen IM-Einsatz waren verschiedene MfS-Abteilungen zuständig (Siehe dazu: Kapitel »Grenzsicherung, MfS und Parteierziehung«)
208 Aus dem »Bericht über die Durchführung der Direktive des Sekretariats des ZK der SED zur weiteren Arbeit im Grenzgebiet an der Staatsgrenze zur Bundesrepublik Deutschland und zu WESTBERLIN sowie Schlußfolgerungen für eine wirkungsvolle Grenzsicherung« aus dem Jahre 1973; zit. nach: *Dietmar Jochum*: Der Politbüro-Prozeß, Kückenshagen 1996, S. 216 f.
209 Ebenda, S. 217
210 Die Verwirklichung der Forderungen der Direktive zur Arbeit im Grenzgebiet an der Staatsgrenze zur BRD, zu BERLIN (West) und an der Küste der DDR, Heft 3 (1988), Schriftenreihe der Offiziershochschule »Rosa Luxemburg«, S. 38 f.
211 Dietmar Mann (Uxa), aaO, S. 21
212 Wilfried Hanisch: Für den Schutz der Staatsgrenze der jungen Republik, Heft 2 der »Beiträge zur Geschichte der Grenztruppen der DDR«, o.O., o.J. (1988), S. 79
213 Geschichte (des) Grenzregiment(s) ›Fritz Heckert‹ 1946–1983, (Grenzregiment 24/Salzwedel), o.O., o.J. (1984), S. 116
214 Handbuch für die politische Arbeit in Truppenteilen und Einheiten der Nationalen Volksarmee und der Grenztruppen der DDR, Gesamtredaktion: Generalleutnant Ernst Hampf, 1. Aufl., Berlin (Ost) 1978, S. 696
215 MfS-Richtlinie Nr. 1/82 zur Durchführung von Sicherheitsüberprüfungen (GVS – MfS 0008-14/82), abgedruckt in: *David Gill/Ulrich Schröter*: Das Ministerium für Staatssicherheit. Anatomie des Mielke-Imperiums, 1. Aufl., Berlin 1991, S. 295 ff. (hier: S. 302 und 303)
216 Koop, Volker: »Den Gegner vernichten.« Die Grenzsicherung der DDR, aaO, S. 28
217 BA-MA, DVW 1/39539, Bl. 5 und 6
218 Ebenda, Bl. 4
219 *Hans-Hermann Hertle/Gerd-Rüdiger Stephan* (Hrsg.): Das Ende der SED. Die letzten Tage des Zentralkomitees, 2. Aufl., Berlin 1997, S. 355
220 Vgl. dazu: Dokumente zur Berlin-Frage. 1944-1962, hrsg. von der Deutschen Gesellschaft für Auswärtige Politik (DGAP), 2. Aufl., München 1962

221 Ebenda, S. 68
222 Wilfried Hanisch: Die Grenzpolizei bei der revolutionären Umgestaltung bis zur Gründung der DDR, in: Militärgeschichte, 13. Jg. (1974), Heft 41, S. 492
223 Torsten Diedrich: Die Grenzpolizei der SBZ/DDR (1946–1961), in: Im Dienste der Partei. aaO, S. 201 ff. (S. 205 f.)
224 Dokumente zur Berlin-Frage, aaO, S. 110
225 Wilfried Hanisch: Für den Schutz der Staatsgrenze der jungen Republik, aaO, S. 27
226 Anordnung über die Regelung des Interzonenreiseverkehrs vom 21. November 1953 (DDR-GBl. 1953, Nr. 123, S. 1157)
227 Abgedruckt in: Dokumente zur Berlin-Frage, aaO, S. 451
228 Ebenda, S. 453 f
229 Abgedruckt in: Im Schatten der Mauer. Dokumente. 12. August bis 29. September 1961, hrsg. von *Hartmut Mehls*, Berlin 1990, S. 12 ff.
230 Abgedruckt in: Koop, Volker: »Den Gegner vernichten«. Die Grenzsicherung der DDR, aaO, S. 93 f.
231 Ebenda, S. 489
232 Protokoll über die Lagebesprechung des Zentralen Stabes (des NVR) vom 20.9.1961; abgedruckt in: Koop, Volker: »Den Gegner vernichten«. Die Grenzsicherung der DDR, aaO, S. 493 ff.
233 Ebenda, S. 496
234 Werner Filmer/Heribert Schwan: Opfer der Mauer. Die geheimen Protokolle des Todes, aaO, S. 80 f.
235 Ebenda, S. 104 ff. (S. 106)
236 Dabei handelt es sich um die (spätere) »Verordnung über Maßnahmen zum Schutze der Staatsgrenze zwischen der Deutschen Demokratischen Republik und Westberlin« vom 21. Juni 1963, zu der am gleichen Tage zwei »Anordnungen« über die Errichtung eines Grenzgebiets »an der Staatsgrenze« der DDR zu Westberlin und eine »Ordnung im Grenzgebiet an der Staatsgrenze« zwischen der DDR und Westberlin ergehen (DDR-GBl. II, Nr. 549, S. 381/382)
237 BA-MA, DVW 1/39469, Bl. 5
238 Ebenda, Bl. 6
239 BA-MA, DVW 1/403359, Bl. 1
240 Vgl. dazu: Filmer/Schwan, aaO, S. 281 f. (Fall Jürgen Schmidtchen), S. 287 (Fall Peter Göring), S. 288 f. (Fall Reinhold Huhn), S. 294 ff. (Fall Egon Schultz)
241 Vgl. dazu: ND vom 6.1.1993: ›Kommen nun auch westdeutsche »Mauerschützen« vor Gericht?‹ (zum Fall Egon Schultz/S. 3); ND vom 11.1.1994: ›Ein Fuchs und sein Jakob‹. Der Tod des Unteroffiziers EGON SCHULTZ – was vor dreißig Jahren, im Oktober 1964, wirklich geschehen ist (S. 14); Zum Gedenken an Reinhard Furrer, 106. PK der AG ›13. August‹ am 20.9.1995, Skript (Text und Zusammenstellung: Rainer Hildebrandt). Lt. einer Pressemitteilung (103/94) der Berliner Senatsverwaltung für Justiz vom 26. August 1994 ist im Verlaufe eines Ermittlungsverfahrens wegen versuchter Tötung von zwei Fluchthelfern unter anderem folgendes festgestellt worden: »Nach den staatsanwaltschaftlichen Feststellungen ist seitens der östlichen Ermittlungsorgane die versehentliche Tötung des Grenzsoldaten Schultz, der posthum durch nach ihm benannte Straßen, Kasernen und Erholungsheime geehrt worden war, durch einen Angehörigen der NVA bewußt verschwiegen und von der politischen Führung aus propagandistischen Gründen den westlichen Fluchthelfern als Mord angelastet worden. Hierfür spreche im übrigen auch, daß sämtliche Obduktionsunterlagen aus der Charite verschwunden seien.«
242 Filmer/Schwan, aaO, S. 294 ff.
243 Koop, Volker: »Den Gegner vernichten«. Die Grenzsicherung der DDR, aaO, S. 505 ff. (S. 507)

244 Ebenda, S. 510 ff.
245 Ebenda, S. 519 ff. (S. 520)
246 Ebenda, S. 521
247 Ebenda, S. 521
248 Wolfgang Ratje: Der Ausbau der Berliner Mauer 1975–1989 und die Perspektivplanung bis zum Jahr 2000 im Spiegel der Grenztruppen-Akten. Hausarbeit zur Erlangung des Grades eines Magister Artium an der Christian-Albrechts-Universität zu Kiel, Kiel 1996, S. 9 f.
249 Ebenda, S. 12
250 Oberstleutnant der GT Peter Thomsen in: Volker Koop: Ausgegrenzt. Der Fall der DDR-Grenztruppen, aaO, S. 77 f.
251 Abgedruckt unter anderem bei: Filmer/Schwan, aaO, S. 389 ff. (S. 393)
252 Abgedruckt in: Koop, Volker: »Den Gegner vernichten«. Die Grenzsicherung der DDR, aaO, S, 537 ff. (S. 538)
253 Ratje, aaO, S. 3
254 Lage an der Staatsgrenze der DDR im Jahre 1987. Brief des DDR-Verteidigungsministers Heinz Keßler an Erich Honecker, 15.1.1988, abgedruckt bei: Filmer/Schwan, aaO, S. 419 f.
255 BA-MA, DVW 1/39489, Bl. 27 (Anlage 3)
256 Vgl. dazu: Zur Geschichte des GüSt-Sicherungsregiments (September 1971 – Oktober 1985), Diplomarbeit an der Militärakademie ›Friedrich Engels‹, Sektion Gesellschaftswissenschaften, eingereicht von Hauptmann Axel Voss (Betreuer: Oberst Dr. phil. Werner Thiel), Dresden, den 16. Mai 1988, 127 Blatt
257 BA-MA, DVW 1/39489, Bl. 28 (Anlage 3); *Hans-Hermann Hertle*: Chronik des Mauerfalls. Die dramatischen Ereignisse um den 9. November 1989, 3. Aufl., Berlin 1996, S. 310 (Fn. 62)
258 Koop, Volker: »Den Gegner vernichten«. Die Grenzsicherung der DDR, aaO, S. 273 ff.
259 Hertle: Chronik des Mauerfalls, aaO, S. 190 (Schaubild/Kopie nach Unterlagen des MfS)
260 *Thomas Scholze/Falk Blask*: Halt! Grenzgebiet! Leben im Schatten der Mauer, 2. Aufl., Berlin 1997, S. 199 ff.
261 Grenztruppen der DDR/Grenzkommando Mitte: Komplexe Durchsetzung der Prinzipien der Grenzsicherung in Sicherungsabschnitten eines Grenzregiments (Führungsbeispiel), Berlin, August 1988 (Nr. 00081)
262 Ebenda, S. 8 f.
263 Ebenda, S. 9
264 Ebenda, Anlage 1
265 Vgl. Anlage zu § 18 der »Grenzverordnung« vom 25.3.1982 (Verzeichnis der GÜSten der DDR)
266 9. November 1989. Nachbetrachtung zur Grenzöffnung, I, 2. Aufl., Potsdam 1994 (Hrsg. vom Brandenburger Verein für politische Bildung »Rosa Luxemburg«), S. 44
267 *Franz Josef Strauß*: Die Erinnerungen (als TB), 1. Aufl., Berlin 1998, S. 521 f.
268 Chronik der Grenztruppen 1985/86, G/737.000 (Dezember 1985–November 1986), Bl. 113
269 Dieser Schußwaffengebrauch führte zu Absagen von geplanten Besuchen von Bundesministern in der DDR; vgl.: Deutsche Einheit. Sonderedition aus den Akten des Bundeskanzleramtes 1989/90. Dokumente zur Deutschlandpolitik, bearbeitet von *Hanns Jürgen Küsters und Daniel Hofmann*, München 1998, S. 334 (Fn. 27)
270 Bernd Kuhlmann: Züge durch Mauer und Stacheldraht, aaO, S. 93 ff.
271 Thomas Scholze/Falk Blask: Halt! Grenzgebiet!, aaO, S. 117 ff.
272 Wilfried Hanisch: Für den Schutz der Staatsgrenze der jungen Republik, aaO, S. l6
273 Ebenda, S. 18; Torsten Diedrich: Die Grenzpolizei der SBZ/DDR, aaO, S. 206 ff.

274 *KzS H. Jordt*: Auf Wacht an der Seegrenze der Deutschen Demokratischen Republik, in: Marinewesen, 5. Jg. (1966), Heft 3, S. 347 ff. (S. 351)
275 Handbuch für Grenzsoldaten, Berlin (Ost) 1965, S. 123
276 Chronik der Grenzbrigade Küste 1968/69, VVS-Nr. D 29266, in Auszügen abgedruckt bei: *Christine und Bodo Müller*: Über die Ostsee in die Freiheit. Dramatische Fluchtgeschichten, 1. Aufl., Bielefeld 1992, S. 81
277 Konteradmiral der NVA-VM a.D. *Herbert Städtke* (Kommandeur der GBK bis 1990): Aufgaben und Rolle der 6. Grenzbrigade Küste, in: Zur Sicherung der Seegrenze der DDR. Protokoll der öffentlichen Anhörung der Alternativen Enquetekommission »Deutsche Zeitgeschichte« am 22. Januar 1994 in Rostock, Band 10 der Schriftenreihe des Vereins »Gesellschaftswissenschaftliches Forum e.V.«, Berlin, hrsg. von *Günther Glaser und Werner Knoll*, Berlin 1997, S. 31 ff. (S. 32)
278 Ebenda, S. 32 f.
279 BA-MA, DVW 1/39511, Bl. 11
280 Herbert Städtke, aaO, S. 34
281 Die »Erfolgsquote« von 80 Prozent nennt Herbert Städtke in einem Interview mit den Autoren Christine und Bodo Müller, aaO, S. 72 ff. (S. 75)
282 Christine und Bodo Müller: Über die Ostsee in die Freiheit, aaO, S. 80 f.; S. 18
283 Zur Sicherung der Seegrenze der DDR, aaO, S. 42 und 43
284 Grenztruppen der DDR. 6. Grenzbrigade Küste ›Fiete Schulze‹. Stellvertreter des Chefs und Stabschef, VVS-Nr.: D 178969, 17.12.1988: Einschätzung der Erfüllung der im Befehl Nr. 30/87 des Chefs der 6. Grenzbrigade Küste gestellten Aufgaben zur Grenzsicherung im Ausbildungsjahr 1987/88, in Auszügen abgedruckt bei: Christine/Bodo Müller, aaO, S. 26 ff. (S. 33 f.)
285 Ebenda, S. 27 f.
286 Ebenda, S. 29
287 *Gisela Karau*: Grenzerprotokolle. Gespräche mit ehemaligen DDR-Offizieren, 2. Aufl., Frankfurt am Main 1992, S. 17
288 Statistik der Fluchtbewegung über die Ostsee, in: Christine/Bodo Müller, aaO, S. 52
289 Inzwischen beim Verlag vergriffen. Eine Neuauflage wäre sehr wünschenswert
290 Christine/Bodo Müllers aaO, S. 135 ff. Dazu auch: Fünf Kriegsschiffe jagen eine Yacht, in: Ostsee-Zeitung vom 14. März 1992, S. 27
291 Christine/Bodo Müller, aaO, S. 151 ff.
292 *Frank Petzold*: Der Einfluß des MfS auf das DDR-Grenzregime an der innerdeutschen Grenze, in: Opfer und Täter im SED-Staat, hrsg. von Lothar Mertens und Dieter Voigt, Berlin 1998, S. 135 ff. (S. 142)
293 Zitiert nach: Ebenda, S. 143
294 Dietmar Mann (Uxa), aaO, S. 23
295 Ebenda, S. 23 ff.
296 Inoffizielle Mitarbeiter des Ministerium für Staatssicherheit. Teil 2: Anleitungen für die Arbeit mit Agenten, Kundschaftern und Spionen in der Bundesrepublik Deutschland, hrsg. von Helmut Müller-Enbergs, l. Aufl., Berlin 1998, S. 88 f.
297 Die Organisationsstruktur des Ministeriums für Staatssicherheit 1989. Anatomie der Staatssicherheit. Geschichte-Struktur-Methoden, MfS-Handbuch, hrsg. von *Klaus-Dietmar Henke, Siegfried Suckut, Clemens Vollnhals, Walter Süß und Roger Engelmann*, Berlin 1995, S. 227
298 Ebenda, S. 229
299 Ebenda, S. 229 f.
300 *Frank Petzold*: Zu einer elementaren MfS-Dienstvorschrift der achtziger Jahre für das Grenzregime, in: Diktaturen in Europa im 20. Jahrhundert – der Fall DDR, hrsg. von Heiner Timmermann, Berlin 1996, S. 325 ff

301 Die Zentrale Koordinierungsgruppe. Bekämpfung von Flucht und Übersiedlung. Anatomie der Staatssicherheit. Geschichte-Struktur-Methoden, MfS-Handbuch, aaO, Berlin 1995, S. 45
302 Frank Petzold: Aspekte der Auswahl und Kontrolle von Grenzsoldaten durch das Ministerium für Staatssicherheit, Skript, DDR-Forschertagung 1996 in Otzenhausen (unveröffentlicht), S. 1
303 Ebenda, S. 1 ff. (Fn. 3/4)
304 Ebenda, S. 8
305 Ebenda, S.
306 Dietmar Schultke: Das Grenzregime der DDR. Innenansichten der siebziger und achtziger Jahre, in: Aus Politik und Zeitgeschichte, Beilage zur Wochenzeitung »Das Parlament«, B 50/97 vom 5. Dezember 1997, S. 43 ff. (S. 51)
307 Ebenda, S. 51
308 Zitiert nach: Frank Petzold: Zu einer elementaren MfS-Dienstvorschrift, aaO, S. 354 (Fn. 40)
309 Ebenda, S. 355
310 Ebenda, S. 341
311 Das Arbeitsgebiet I der Kriminalpolizei. Aufgaben, Struktur und Verhältnis zum Ministerium für Staatssicherheit, hrsg. vom Bundesbeauftragten für die Unterlagen des Staatssicherheitsdienstes der ehemaligen DDR, Berlin 1994, S. 9 ff.
312 Christine/Bodo Müller, aaO, S. 20 f.
313 Das Wörterbuch der Staatssicherheit, aaO, S. 401 f.
314 Ebenda, S. 371
315 Befehl Nr. 2/86 (des MfS) vom 20.1.1986 (GVS-o008, MfS-Nr. 1/869, 10 Blatt)
316 MfS/Stellvertreter des Ministers: Vorläufige Grundsätze für die Arbeit der Grenzbeauftragten des MfS in den Grenzkreisen an der Staatsgrenze der DDR zur BRD vom 20.1.1986 (VVS-o008, MfS-Nr. 7/86, 30 Blatt); hier: Bl. 4
317 Ebenda, Bl. 5
318 Ebenda, Bl. 7 f.
319 Ebenda, Bl. 8 ff.
320 Ebenda, Bl. 27
321 Ebenda, Bl. 37
322 Frank Petzold: Vorläufige Anmerkungen zum Amt des Grenzbeauftragten des MfS, unveröffentlichtes Skript, o.J. (1998), S. 27 f.
323 *Hans-Jürgen Ritter*: Erkenntnisse, Erfahrungen und Schlußfolgerungen in Durchsetzung des Befehls 2/86 des Gen. Minister zum Einsatz des Grenzbeauftragten hinsichtlich der Gestaltung der Zusammenarbeit zwischen der KD Ludwigslust und dem Grenzbeauftragten unter Beachtung der Verantwortung der Kreisdienststelle für die Gewährleistung der staatlichen Sicherheit im Territorium, Diplomarbeit, 23. HFL, MfS-Hochschule, 30.10.1987 (VVS-o001, MfS JHS-Nr.: 296/87, 69 Blatt); hier: Bl. 23
324 *Heinrich Burghardt*/Hauptmann der PKE, in: 95. PK der Arbeitsgemeinschaft »13.August« am 22.1.1991, S. 12 f. (Skript)
325 Das Wörterbuch der Staatssicherheit, aaO, S. 159 f.
326 Ebenda, S. 159
327 Frank Petzold: Der Einfluß des MfS auf das DDR-Grenzregime an der innerdeutschen Grenze, aaO, S. 158
328 Ebenda, S. 158
329 Heinrich Burghardt, aaO, S. 13
330 Frank Petzold: Der Einfluß des MfS, aaO, S. 153 (Fn. 15)
331 MfS-Handbuch: Die Organisationsstruktur des MfS 1989, aaO, S. 234
332 Frank Petzold: Der Einfluß des Mfs, aaO, S. 155 (Fn. 19)

333 Diese »Instruktion« umfaßte 48 Ziffern (mehr als 100 Seiten)
334 Handbuch für die politische Arbeit in Truppenteilen und Einheiten der Nationalen Volksarmee und der Grenztruppen der DDR, Gesamtredaktion: Generalleutnant *Ernst Hampf*, 1. Aufl., Berlin (Ost) 1978, S. 685 ff.; Oberstleutnant Gerd Müller: Studie Entwicklungsschwerpunkte der Grenzsicherung, aaO, Bl. 12 ff.; vor allem: Ziffer 146 (2) DV 018/0/008 (1985)
335 Handbuch für politische Arbeit, aaO, S. 693
336 Dietmar Mann (Uxa), aaO, S. 30 ff.
337 Ebenda, S. 49
338 Monika Tantzscher: Die verlängerte Mauer, aaO, S. 4
339 Wilfried Hanisch: Für den Schutz der Staatsgrenze der jungen Republik, aaO, S. 9
340 Monika Tantzscher: Die verlängerte Mauer, aaO, S. 59 f.
341 Wilfried Hanisch: Für den Schutz der Staatsgrenze der jungen Republik, aaO, S. 9 f.; ders.: Vom schweren Anfang, aaO, S. 24
342 *Rüdiger Wenzke*: Die NVA und der Prager Frühling 1968, 1. Aufl., Berlin 1995, S. 118 ff. und S. 237 f. (Abdruck des Befehls Nr. 86/68 über die Sicherung der Staatsgrenze der DDR zur CSSR)
343 Ebenda, S. 237
344 Gisela Karau: Grenzerprotokolle, aaO, S. 27
345 Monika Tantzscher: Die verlängerte Mauer, aaO, S. 45 ff. (S. 113)
346 Kommando der Grenztruppen der DDR Chronik GKdos-Nr.: G/739980 (Dezember 1988–November 1989), 153 Blatt (Bl. 77)
347 Vgl. dazu: *Knut Amelung*: Die strafrechtliche Bewältigung des DDR-Unrechts durch die deutsche Justiz. Ein Zwischenbericht (Stand: Mai 1996), hrsg. von der Juristischen Fakultät der TU Dresden, S. 8 ff.
348 Neue Justiz, 47. Jg. (1993), Heft 59, S. 220 f.
349 Umfassend dargestellt und kommentiert bei: Henning Rosenau: Tödliche Schüsse im staatlichen Auftrag. Die strafrechtliche Verantwortung von Grenzsoldaten für den Schußwaffengebrauch an der deutsch-deutschen Grenze, 1. Aufl., Baden-Baden 1996 (2. Aufl.: 1998)
350 Ebenda, S. 139 f.
351 *Peter Przybylski*: Tatort Politbüro. Die Akte Honecker, 1. Aufl., Berlin 1991, S. 184
352 Ebenda, S. 186
353 Persönliche Erklärung von Erich Honecker vor dem LG Berlin vom 3. Dezember 1992, 26 Seiten (verteilt an die Presse; der Verfasser dieses Bandes war seinerzeit Berichterstatter des Prozesses gegen Honecker & Genossen für den DLF), S. 1
354 Ebenda, S. 23
355 Ebenda, S. 26
356 Erklärung von Heinz Keßler vor Gericht am 7. Dezember 1992, abgedruckt in: *Peter Richter*: Kurzer Prozeß. Honecker & Genossen – Ein Staat vor Gericht?, Berlin 1993, S. 207 ff. (S. 213)
357 Erklärung der Verteidiger des Angeklagten Fritz Streletz (RA Rückel & Coll./Berlin) vom 15.11.1992, 4 Seiten, S. 4
358 Erklärung von Fritz Streletz vor Gericht am 14. Dezember 1992, abgedruckt in: Peter Richter, aaO, S. 222 ff. (S. 225)
359 Ebenda, S. 226
360 Neue Justiz, 48. Jg. (1994), Heft 59, S. 210 ff. (S. 213)
361 Mitteilung der Pressestelle des BVerfG vom 12.11.1996 zur Zurückweisung der Verfassungsbeschwerden, abgedruckt in: Neues Deutschland vom 13.11.1996, S. 5
362 Vgl. dazu z.B.: Kann die Bundesrepublik über die DDR zu Gericht sitzen? Stellungnahme des früheren SED-Generalsekretärs EGON KRENZ zur Anklage wegen Totschlags für

die 27. Strafkammer des LG Berlin, in: Neues Deutschland vom 31.7.1995, S. 12; DDR-Grenzregime im Kreuzfeuer. Egon Krenz, Hans Modrow, Christian Ströbele, Wolfgang Ullmann und Friedrich Wolff im ND-Streitgespräch zum Strafprozeß gegen sechs Mitglieder des SED-Politbüros, in: Neues Deutschland vom 11./12.11.1995, S. 3; »Grenzen zwischen zwei Welten«. SPIEGEL-Streitgespräch zwischen Egon Krenz und dem Staatsrechtler Wolfgang Seiffert (nach dem Urteil), in: Der Spiegel vom 18.8.1997 (Nr. 34), S. 34 ff.

363 Politbüro-Prozeß (Dokumentation), in: Deutschland Archiv, 29. Jg. (1996), Heft 2, S. 312 ff.

364 Neues Deutschland vom 20.2.1996, S. 12

365 Neues Deutschland vom 27.2.1996, S. 12

366 Neues Deutschland vom 18.7.1997, S. 8

367 Pressemitteilung Nr. 103/97 der Senatsverwaltung für Justiz von Berlin (Justizpressestelle Moabit); Zusammenfassung der mündlichen Urteilsbegründung, in Auszügen abgedruckt in: Deutschland Archiv, 30. Jg. (1997), Heft 5, S. 699

368 Ebenda, S. 699

369 PDS-Pressedienst vom 29.8.1997 (Nr. 35), S. 1/8 ff. (S. 9)

370 PDS-Pressedienst vom 5.9.1997 (Nr. 36), S. 11 ff.

371 Gemeinsame Erklärung der angeklagten Generale der Führung der Grenztruppen der DDR vor der 36. Kammer des LG Berlin, abgedruckt in: Dokumentation/Solidaritätskomitee für die Opfer der politischen Verfolgung in Deutschland (Kontaktadresse: Klaus Feske), Berlin 1995 (2. Aufl.: März 1996), S. 2 ff. (S. 2)

372 Ebenda, S. 6

373 Ebenda, S. 7

374 Ebenda, S. 11

375 Ebenda, S. 24

376 Ebenda, S. 29

377 Ebenda, S. 34

378 Generaloberst a.D. Klaus-Dieter Baumgarten, Chef der Grenztruppen der DDR: Schlußwort vor Gericht am 30.8.1996 (»Ein politischer Prozeß!«), abgedruckt in: PDS-Pressedienst vom 11.9.1996 (Nr. 37), S. 13 ff. (S. 16)

379 FAZ vom 13.9.1996, S. 6

380 Ebenda, S. 6

Quellen/Literatur

Quellen

Bundesarchiv – Militärarchiv (Potsdam/Freiburg)
Signatur:
DVW 1/40335
DVW 1/39469
DVW 1/39473
DVW 1/39489
DVW 1/39493
DVW 1/39511

Stiftung Archiv der Parteien und Massenorganisationen der DDR im Bundesarchiv (SAPMO) – Berlin
Signatur:
J IV 2/2/2312
IV 2/12/29
IV 2/12/9
IV 2/12/31
IV A 2/12/53

Dietmar Mann (Uxa): Die Grenztruppen der DDR-Frontdienst in Friedenszeiten, Skript, 60 Blatt (1986); dazu Anlage DV 18/8 (DV 018/0/008) – 1985 –
Das Material wurde dem Autor dieses Buches von Hr. Mann 1986/87 zur weiteren Verwertung zur Verfügung gestellt.
Oberstleutnant a.D. Dietmar Mann (heute Uxa) trat 1986 in die BRD über und wurde durch unsere bundesdeutschen Dienststellen – unter anderem durch den Bundesnachrichtendienst (BND) in Pullach – »befragt«. Der ehemalige Bataillonskommandeur der DDR-Grenztruppen leitete die »Arbeitsgruppe ›Grenzsicherung‹ – Grenzkompanie –«, die die o.a. DV vorbereitete.
Dietmar Mann (Uxa) kehrte im April 1987 überraschend in die DDR zurück und wurde dort zu 4 Jahren Freiheitsstrafe verurteilt (1988). Die damalige Rückkehr des DDR-Stabsoffiziers in die DDR führte in der BRD seinerzeit zu vielerlei Vermutungen, – unter anderem der, wonach er wegen Spionage zum Tode verurteilt worden sei.

Grenztruppen der DDR/Kommando der GT

Chroniken

Bundesarchiv/Militärarchiv, Zwischenarchiv Dahlwitz-Hoppegarten

Bestandssignatur:	GKdos-Nr.:	Berichtszeitraum:	Seiten:
GT 4081 009350	G/077656	Dezember '69–Nov. '70	294 Blatt
GT 4082 009351	G/280469	Dezember '70–Nov. '71	348 Blatt
GT 4083 009352	G/283093	Dezember '71–Nov. '72	228 Blatt
GT 4084 009353	G/283196	Dezember '72–Nov. '73	214 Blatt
GT 4085 009354	G/278572	Dezember '73–Nov. '74	312 Blatt
GT 6323 009355	G/401696	Dezember '74–Nov. '75	360 Blatt
GT 6324 009356	G/279443	Dezember '75–Nov. '76	323 Blatt
GTÜ 14965	G/403390	Dezember '76–Nov. '77	323 Blatt
GTÜ 14966	G/404977	Dezember '77–Nov. '78	298 Blatt
GTÜ 14967	G/407039	Dezember '78–Nov. '79	261 Blatt
GTÜ 14968	G/408664	Dezember '79–Nov. '80	281 Blatt
GTÜ 14969	G/730442	Dezember '80–Nov. '81	206 Blatt
GTÜ 17394	G/731730	Dezember '81–Nov. '82	260 Blatt
GTÜ 17395	G/732822	Dezember '82–Nov. '83	208 Blatt
GTÜ 17396	G/734380	Dezember '83–Nov. '84	229 Blatt
GTÜ 17397	G/735650	Dezember '84–Nov. '85	212 Blatt
GTÜ 17398	G/737000	Dezember '85–Nov. '86	247 Blatt
GTÜ 17399	G/738111	Dezember '86–Nov. '87	227 Blatt
GTÜ 17400	G/739300	Dezember '87–Nov. '88	269 Blatt
GTÜ 17401	G/739980	Dezember '88–Nov. '89	153 Blatt

Grenztruppen der DDR. Grenzkommando Mitte
Komplexe Durchsetzung der Prinzipien der Grenzsicherung in Sicherungsabschnitten eines Grenzregiments (Führungsbeispiel), August 1988 (gültig ab 1.9.1988), Nr. 00081 (mit Anlagen)

Dienstvorschriften (DV) der DDR-Grenztruppen (Auswahl):

NVA
DV 318/0/001
Einsatz der Grenztruppen zur Sicherung der Staatsgrenze
– Grenzkommando und Grenzregiment –
VVS-Nr.: A 69387 (1972)

NVA
DV 018/0/002
Einsatz der Grenztruppen zur Sicherung der Staatsgrenze
– Grenzregiment –
VVS-Nr.: A 372053 (1977)

Grenztruppen der DDR
DV 018/0/008
Einsatz der Grenztruppen zur Sicherung der Staatsgrenze
– Grenzkompanie –
VVS-Nr. A 69964 (1974)

Ministerrat/Ministerium für Nationale Verteidigung
DV 018/0/008
Einsatz der Grenztruppen zum Schutz der Staatsgrenze
– Grenzkompanie –
VVS-Nr.: 372615 (1985)

NVA
DV 211/0/002
Einsatz der Grenzsicherungskräfte der Volksmarine zur Sicherung der Staatsgrenze
– Grenzbataillon und Grenzkompanie –
VVS-Nr.: D 12299 (1976)

Dissertationen zum Thema GRENZE der »Juristischen Hochschule« des MfS in Potsdam-Eiche

Oberst Heinz Ehrhardt/Oberstleutnant Willy Woythe/Oberstleutnant Bruno Mangold/Major Klaus Emmerich:
Die völker- und staatsrechtlichen Grundfragen der Staatsgrenzen. Die Grenze zwischen der DDR und der BRD zur Ostsee und um Westberlin und die politisch-operativen Aufgaben zu ihrer Sicherung.
VVS JHS 001 – 208/759, 924 Seiten (JHS 21847, Band 1–3), **24.7.1975**
BStU-Bibliographie-Nr.: 50

Oberstleutnant Reckhart Härtel/Hauptmann Jürgen Föhr:
Die Erhöhung der politisch-operativen Wirksamkeit der Diensteinheiten der Hauptabteilung I/KGT beim Schutz der Grenztruppen der DDR und das Zusammenwirken mit ihnen zur Aufdeckung, Vorbeugung und Bekämpfung subversiver Angriffe gegen die Staatsgrenze der DDR zur BRD und zu Westberlin; die Verantwortung der HA I/KGT für die Zusammenarbeit mit anderen operativen Linien und Diensteinheiten des MfS beim Schutz der Grenztruppen und der Staatsgrenze der DDR und für die Aufklärung des Grenzvorfeldes.
VVS JHS 001 – 256/78, 740 Seiten (JHS 21878, Band 1–4), **29.1.1979**
BStU-Bibliographie-Nr.: 71

Oberstleutnant Horst Schmidt/Oberst Jürgen Wolf/Oberstleutnant Dietrich Krause:
Die weitere Qualifizierung der politisch-operativen Arbeit zur Aufdeckung ungesetzlicher Grenzübertritte unbekannter Wege und daraus zu ziehende Schlußfolgerungen für die Vorbeugung, Aufklärung und Verhinderung von Erscheinungen des ungesetzlichen Verlassens der DDR, insbesondere des Ausschleusens von Bürgern der DDR.
VVS JHS o001 – 230/85, 207 Seiten (JHS 21973), **19.2.1985**
BStU-Bibliographie-Nr.: 124

Andere MfS-Dokumente

MfS/ZKG/Leiter
Information über Erkenntnisse zur Verhinderung von Angriffen gegen die Staatsgrenze über See- und Grenzgewässer der DDR mittels Wasserfahrzeugen und anderen Schwimm- und Hilfsmitteln.
VVS – o008, MfS-Nr.: 61/84 (9 Blatt) – 19.7.1984

MfS/ZKG
Arbeitsmaterial für die weitere Qualifizierung der politisch-operativen Arbeit zur Aufdeckung ungesetzlicher Grenzübertritte unbekannter Wege
VVS – o107, MfS-Nr.: 1574/85 (43 Blatt)

Ministerrat/MfS/Der Minister
Befehl Nr. 2/86
zum Einsatz von Grenzbeauftragten des MfS und zur Bildung der Abteilung Grenzsicherheit und von Unterabteilungen Grenzsicherheit in der HA I vom 20.1.1986
GVS – o008, MfS-Nr.: 1/86 (10 Blatt)

MfS – Stellvertreter des Ministers
Vorläufige Grundsätze für die Arbeit des Grenzbeauftragten des MfS in den Grenzkreisen an der Staatsgrenze der DDR zur BRD vom 20.1.1986
VVS – o008, MfS-Nr.: 7/86 (30 Blatt)

Ministerium für Staatssicherheit
Hochschule
Lehrgang: 23. HFL
Hauptmann Hans-Jürgen Ritter: Erkenntnisse, Erfahrungen und Schlußfolgerungen in Durchsetzung des Befehls 2/86 des Gen. Minister zum Einsatz des Grenzbeauftragten hinsichtlich der Gestaltung der Zusammenarbeit zwischen der KD Ludwigslust und dem Grenzbeauftragten unter Beachtung der Verantwortung der Kreisdienststelle für die Gewährleistung der staatlichen Sicherheit im Territorium, Diplomarbeit, 30.10.1987
VVS – o001/MfS JHS-Nr.: 296/87 (69 Blatt)

Schriftenreihe der DDR-Grenztruppen

Hanisch, Wilfried: Vom schweren Anfang. Beiträge zur Geschichte der Grenztruppen der DDR, Heft 1, o.O., o.J. (1986)
ders.: Für den Schutz der Staatsgrenze der jungen Republik. Beiträge zur Geschichte der Grenztruppen der DDR, Heft 2, o.O., o.J. (1988)
Autorenkollektiv: In der ersten Sicherungsstaffel. Beiträge zur Geschichte der Grenztruppen der DDR, Heft 3, o.O., o.J. (1986)
Horn, Karl: Bewährung in den sechziger Jahren. Beiträge zur Geschichte der Grenztruppen der DDR, Heft 4, o.O., o.J. (1985)
Autorenkollektiv: Gesicherte Grenze – gesicherter Friede. Beiträge zur Geschichte der Grenztruppen der DDR, Heft 5 (Teil 1 und 2), o.O., o.J. (1988)
Grenztruppen der DDR/Schriftenreihe der Offiziershochschule »Rosa Luxemburg «, Heft 3 (1988), Az.: 39 02 06 (Unterabteilung Militärwissenschaft der OHS):
Die Verwirklichung der Forderungen der Direktive zur Arbeit im Grenzgebiet an der Staatsgrenze zur BRD, zu Berlin (West) und an der Küste der DDR

Geschichte Grenzregiment »Fritz Heckert« 1946–1983, hrsg. von einem Autorenkollektiv, o.O., o.J. (1984) – GR 24 (Salzwedel)
Truppengeschichte des Grenzregiments »Robert Abshagen«, Autor: Major Jürgen Nehrenberg, o.O., o.J. (1989) - GR 8 (Grabow)

Veröffentlichungen des Bundesbeauftragten für die Unterlagen des Staatssicherheitsdienstes der ehemaligen DDR

Anatomie der Staatssicherheit. Geschichte-Struktur-Methoden.
MfS-Handbuch, hrsg. von Klaus-Dietmar Henke, Siegfried Suckut, Clemens Vollnhals, Walter Süß, Roger Engelmann:

Die Organisationsstruktur des MfS 1989, Berlin 1995
Die Juristische Hochschule, Berlin 1995
Die Zentrale Koordinierungsgruppe/Bekämpfung von Flucht und Übersiedlung, Berlin 1995

Das Arbeitsgebiet I der Kriminalpolizei. Aufgaben, Struktur und Verhältnis zum MfS, Berlin 1994
Jens Gieseke: Das MfS 1950 bis 1989/90. Ein kurzer historischer Abriß, Berlin 1998
Monika Tantzscher: Die verlängerte Mauer. Die Zusammenarbeit der Sicherheitsdienste der Warschauer-Pakt-Staaten bei der Verhinderung von »Republikflucht«, Reihe B (Analysen und Berichte), Nr. 1/98, Berlin 1998

Literatur

Lexika/Jahrbücher/Chroniken/Dokumentationen:

Wörterbuch zur deutschen Militärgeschichte, 2 Bände, hrsg. von einem Autorenkollektiv, Hauptredaktion: Reinhard Brühl, 2. Aufl., Berlin (Ost) 1987
Jahrbuch der DDR, hrsg. vom Deutschen Institut für Zeitgeschichte, 1956 bis 1961, Berlin (Ost) 1956–1961
Hertle, Hans-Hermann: Chronik des Mauerfalls. Die dramatischen Ereignisse um den 9. November 1989, Berlin 1996 (3. Aufl.)
Bahrmann, Hannes/Links, Christoph: Chronik der Wende, Teil 1/2, Teil 1: Die DDR zwischen 7. Oktober und 18. Dezember 1989, Teil 2: Stationen der Einheit. Die letzten Monate der DDR, Berlin 1994/95
Eppelmann, Rainer/Möller, Horst/Nooke, Günter/Wilms, Dorothee (Hrsg.): Lexikon des DDR-Sozialismus. Das Staats- und Gesellschaftssystem der DDR, Paderborn-München-Wien-Zürich 1996
Hoffmann, Dierk/Schmidt, Karl-Heinz/Skyba, Peter (Hrsg.): Die DDR vor dem Mauerbau. Dokumente zur Geschichte des anderen deutschen Staates 1949–1961, München-Zürich 1993
Judt, Matthias (Hrsg.): DDR-Geschichte in Dokumenten. Beschlüsse, Berichte, interne Materialien und Alltagszeugnisse, Berlin 1997

Hertle, Hans-Herman/Stephan, Gerd-Rüdiger (Hrsg.): Das Ende der SED. Die letzten Tage des Zentralkomitees, 2. Aufl., Berlin 1997
Dokumente zur Deutschlandpolitik, III. und IV. Reihe (1955–1958; 1958–1966), München 1961 ff. (Hrsg. vom BMI)

Handbücher:

Im Dienste der Partei. Handbuch der bewaffneten Organe der DDR. Im Auftrag des Militärgeschichtlichen Forschungsamts herausgegeben von Torsten Dietrich, Hans Ehlert und Rüdiger Wenzke, Berlin 1998
Handbuch für den Zolldienst, hrsg. vom Amt für Zoll und Kontrolle des Warenverkehrs (AZKW), Berlin (Ost) 1960
Schlag nach für Volkspolizisten (Handbuch), 2. Aufl., Berlin (Ost) 1972
Handbuch für den Grenzdienst, 6. Aufl., Berlin (Ost) 1987
Handbuch für Grenzsoldaten, 1. Aufl., Berlin (Ost) 1965
Handbuch für politische Arbeit in den Truppenteilen und Einheiten der Nationalen Volksarmee und der Grenztruppen der DDR, 1. Aufl., Berlin (Ost) 1978
Handbuch für politische Arbeit in Truppenteilen und Einheiten der Nationalen Volksarmee, 1. Aufl., Berlin (Ost) 1988
Handbuch Militärisches Grundwissen, NVA-Ausgabe, 18. Aufl., Berlin (Ost) 1989
SBZ-Handbuch, hrsg. von Martin Broszat und Hermann Weber, 1. Aufl., München 1990
Schroeder, Klaus: Der SED-Staat. Partei, Staat und Gesellschaft 1949–1990, München-Wien 1998
Herbst, Andreas/Stephan, Gerd-Rüdiger/Winkler, Jürgen (Hrsg.): Die SED. Geschichte – Organisation – Politik. Ein Handbuch, Berlin 1997

Bundesministerium für gesamtdeutsche Fragen/Bundesministerium für innerdeutsche Beziehungen (Hrsg.):

Die Flucht aus der Sowjetzone und die Sperrmaßnahmen des kommunistischen Regimes vom 13. August 1961 in Berlin, Berlin 1961
Die Sperrmaßnahmen der DDR vom Mai 1952. Die Sperrmaßnahmen der Sowjetzonenregierung an der Zonengrenze und um Westberlin. Faksimilierter Nachdruck des Weißbuches von 1953, Bonn 1987
Mitten in Deutschland – Mitten im 20. Jahrhundert. Die Zonengrenze, 9. Aufl., Bonn/Berlin 1965
Die innerdeutsche Grenze, Bonn 1987
Zehn Jahre Deutschlandpolitik. Die Entwicklung der Beziehungen zwischen der Bundesrepublik Deutschland und der DDR 1969–1979, Bonn 1980
Innerdeutsche Beziehungen. Die Entwicklung der Beziehungen zwischen der Bundesrepublik Deutschland und der DDR 1980–1986. Eine Dokumentation, Bonn 1987
Die Grenzkommission. Eine Dokumentation über Grundlagen und Tätigkeit, 5. Aufl., Bonn 1985
Texte zur Deutschlandpolitik, Band I (1968) bis Band 8b – 1990, Reihe I bis III, 29 Bände, Berlin/Bonn 1968–1991
Die Bemühungen der Bundesrepublik um die Wiederherstellung der Einheit Deutschlands durch gesamtdeutsche Wahlen, Dokumente und Akten, 3 Teile (1949–1955), Bonn 1958/59

Bundeskanzleramt (Hrsg. vom BMI):

Dokumente zur Deutschlandpolitik. Deutsche Einheit. Sonderedition aus den Akten des Bundeskanzleramtes 1989/90, bearbeitet von Hanns Jürgen Küsters und Daniel Hofmann, München 1998

Die SED-Herrschaft und ihr Zusammenbruch. Hrsg. von Eberhard Kuhrt in Verbindung mit Hannsjörg F. Buck und Gunter Holzweißig im Auftrag des BMI (Reihe: Am Ende des realen Sozialismus. Beiträge zu einer Bestandsaufnahme der DDR-Wirklichkeit in den 80er Jahren), Band 1, Opladen 1996

Abhandlungen:

Armee für Frieden und Sozialismus. Geschichte der Nationalen Volksarmee der DDR, hrsg. von einem Autorenkollektiv unter Leitung von Reinhard Brühl, 2. Aufl., Berlin (Ost) 1987

Backerra, Manfred (Hrsg.): NVA – Rückblick für die Zukunft, Köln 1992

Badstübner, Rolf/Loth, Wilfried (Hrsg.): Wilhelm Pieck – Aufzeichnungen zur Deutschlandpolitik 1945–1953, Berlin 1994

Bald, Detlef (Hrsg.): Die Nationale Volksarmee. Beiträge zu Selbstverständnis und Geschichte des deutschen Militärs von 1945–1990, Baden-Baden 1992

Bald, Detlef/Brühl, Reinhard/Prüfert, Andreas (Hrsg.): Nationale Volksarmee – Armee für den Frieden. Beiträge zu Selbstverständnis und Geschichte des deutschen Militärs 1945–1990, Baden-Baden 1995

Bath, Matthias: Gefangen und freigetauscht. 1197 Tage als Fluchthelfer in DDR-Haft, München-Wien 1981

Bennewitz, Inge/Potratz, Rainer: Zwangsaussiedlungen an der innerdeutschen Grenze. Analysen und Dokumente, Berlin 1994

Die Militär- und Sicherheitspolitik der SED 1945 bis 1988, Dokumente und Materialien, Berlin (Ost) 1989

Dokumente des geteilten Deutschland. Quellentexte zur Rechtslage des Deutschen Reiches, der BR Deutschland und der DDR, hrsg. von Ingo von Münch, 2. Aufl., Stuttgart 1976

Dokumente des geteilten Deutschland, Band II. Quellentexte zur Rechtslage des Deutschen Reiches, der BR Deutschland und der DDR, hrsg. von Ingo von Münch und Ondolf Rojahn, 1. Aufl., Stuttgart 1974

Dokumente zur Berlin-Frage 1944–1962, hrsg. vom Forschungsinstitut der Deutschen Gesellschaft für auswärtige Politik (DGAP) in Bonn, 2. Aufl., München 1962

Dokumente der Wiedervereinigung Deutschlands. Quellentexte zum Prozeß der Wiedervereinigung von der Ausreisewelle aus der DDR über Ungarn, die CSSR und Polen im Spätsommer 1989 bis zum Beitritt der DDR zum Geltungsbereich des Grundgesetzes der Bundesrepublik Deutschland im Oktober 1990, hrsg. von Ingo von Münch, Stuttgart 1991

Es geschah an der Mauer. Eine Bildokumentation des Sperrgürtels um Berlin (West), 12. Aufl., Berlin (West) 1981

Filmer, Werner/Schwan, Heribert: Opfer der Mauer. Die geheimen Protokolle des Todes, München 1991

Forster, Thomas M.: NVA. Die Armee der Sowjetzone, 3. Aufl., Köln 1967/68

ders.: Die NVA. Kernstück der Landesverteidigung der DDR, 4. Aufl., Köln 1972; 5. Aufl. (1979); 6. Aufl. (1983)

Fricke, Hans: Davor – Dabei – Danach. Ein ehemaliger Kommandeur der Grenztruppen der DDR berichtet, Köln o.J. (1993)

Fricke, Hans-Joachim/Ritzau, Hans-Joachim: Die innerdeutsche Grenze und der Schienenverkehr, 4. Aufl., Pürgen 1997

Frotscher, Kurt (Hrsg.): Aus dem Grenzeralltag. Episoden. Mit einem Vorwort von Walter Flegel, Schkeuditz 1998

Gerig, Uwe: Morde an der Mauer, Böblingen 1989

Geschichte der Deutschen Volkspolizei, 2 Bände, Hauptredaktion: Friedrich Dickel, Minister des Innern und Chef der DVP, 2. Aufl., Berlin (Ost) 1987

Glaser, Günther (Hrsg.): »Reorganisation der Polizei« oder getarnte Bewaffnung der SBZ im Kalten Krieg? Dokumente und Materialien zur sicherheits- und militärpolitischen Weichen-

stellung in Ostdeutschland 1948/49, wissenschaftlich-technische Mitarbeit: Regina und Werner Knoll, Frankfurt am Main 1995
ders./Knoll, Werner (Hrsg.): Zur Sicherung der Seegrenze der DDR. Protokoll der öffentlichen Anhörung der Alternativen Enquetekommission »Deutsche Zeitgeschichte« am 22. Januar 1994 in Rostock, Band 10 der Schriftenreihe des Vereins »Gesellschaftswissenschaftliches Forum«, Berlin 1997
Hermann, Ingolf: Die Deutsch-Deutsche Grenze. Eine Dokumentation. Von Posseck bis Lehesten, von Ludwigsstadt nach Prex, 2. Aufl., Plauen 1996
Hildebrandt, Rainer: Berlin – Von der Frontstadt zur Brücke Europas, Berlin (West) 1984
ders.: Der 17. Juni (1953), 2. Aufl., Berlin (West) 1984
Hoffmann, Theodor: Das letzte Kommando. Ein Minister erinnert sich, Berlin-Bonn-Herford 1993
Jäger, Wolfgang: Die Überwindung der Teilung. Der innerdeutsche Prozeß der Vereinigung 1989/90, Stuttgart 1998
Jochum, Dietmar: Der Politbüro-Prozeß. Dokumentation eines Justiztheaters, Berlin 1996
Karau, Gisela: Grenzerprotokolle. Gespräche mit ehemaligen DDR-Offizieren, 2. Aufl., Frankfurt am Main 1992
Keßler, Heinz: Für Frieden und Sozialismus. Ausgewählte Reden und Schriften (1943–1988), Teil 1 und 2, Berlin 1989
ders.: Zur Sache und Person. Erinnerungen, Berlin 1996
Koop, Volker: Ausgegrenzt. Der Fall der DDR-Grenztruppen, 1. Aufl., Berlin 1993
ders.: »Den Gegner vernichten«. Die Grenzsicherung der DDR, Bonn 1996
Korte, Karl-Rudolf: Deutschlandpolitik in Helmut Kohls Kanzlerschaft, Regierungsstil und Entscheidungen 1982–1989, Stuttgart 1998
Kuhlmann, Bernd: Züge durch Mauer und Stacheldraht, Berlin 1998
Lapp, Peter Joachim: Frontdienst im Frieden – Die Grenztruppen der DDR, 2. Aufl., Koblenz 1987
Lochen, Hans-Hermann/Meyer-Seitz, Christian (Hrsg.): Die geheimen Anweisungen zur Diskriminierung Ausreisewilliger. Dokumente der Stasi und des Ministeriums des Innern. Texte mit Einführung und Anmerkungen, 1. Aufl., Bonn 1992
Mehls, Hartmut (Hrsg.): Im Schatten der Mauer, Dokumente. 12. August bis 29. September 1961, Berlin 1990
Müller, Christine/Müller, Bodo: Über die Ostsee in die Freiheit. Dramatische Fluchtgeschichten, Bielefeld 1992
Müller, Gerd: Entwicklungsschwerpunkte der Grenzsicherung und der Grenztruppen der DDR Mitte der siebziger – bis Mitte der achtziger Jahre. Studie am Lehrstuhl »Geschichte der Arbeiterbewegung und Militärgeschichte« der Militärpolitischen Hochschule »WILHELM PIECK«, Berlin (Ost), o.J. (1989), 62 Blatt (GVS-Nr.: B1/112440)
Naimark, Norman M.: Die Russen in Deutschland. Die sowjetische Besatzungszone 1945 bis 1949, Berlin 1997
Naumann, Klaus (Hrsg.): NVA. Anspruch und Wirklichkeit nach ausgewählten Dokumenten, Berlin-Bonn-Herford 1993
Petschull, Jürgen: Die Mauer. Vom Anfang und Ende eines deutschen Bauwerks, 2. Aufl., Hamburg 1989
Petzold, Frank: Der Einfluß des MfS auf das DDR-Sperrgebiet an der innerdeutschen Grenze und an der Ostseeküste 1952–1990, Kiel 1994 (unveröffentlichte Staatsexamensarbeit)
Potthoff, Heinrich: Bonn und Ost-Berlin 1969–1982. Dialog auf höchster Ebene und vertrauliche Kanäle. Darstellung und Dokumente, Bonn 1997
Ratje, Wolfgang: Der Ausbau der Berliner Mauer 1975–1989 und die Perspektivplanung bis zum Jahr 2000 im Spiegel der Grenztruppen-Akten. Hausarbeit zur Erlangung des Grades eines Magister Artium an der Christian-Albrechts-Universität zu Kiel, Kiel 1996

Richter, Peter: Kurzer Prozeß. Honecker & Genossen – Ein Staat vor Gericht, Berlin 1993
Ritter, Jürgen/Lapp, P. J.: Die Grenze. Ein deutsches Bauwerk, 2. Aufl., Berlin 1998
Rosenau, Henning: Tödliche Schüsse im staatlichen Auftrag. Die strafrechtliche Verantwortung von Grenzsoldaten für den Schußwaffengebrauch an der deutsch-deutschen Grenze, 2. Aufl., Baden-Baden 1998
Rühle, Jürgen/Holzweißig, Gunter: 13. August 1961. Die Mauer von Berlin, 2. Aufl., Köln 1986
Sauer, Heiner/Plumeyer, Hans-Otto: Der Salzgitter-Report. Die Zentrale Erfassungsstelle berichtet über Verbrechen im SED-Staat, München 1991
Scholze, Thomas/Blask, Falk: Halt! Grenzgebiet! Leben im Schatten der Mauer, 2. Aufl., Berlin 1997
Schultke, Dietmar: Die »sozialistische« Grenze der DDR. Verhalten eines totalitären Staates zur Sicherung seiner gesellschaftlichen Existenz, Diplom-Arbeit (unveröffentlicht), Universität Duisburg 1996
Schwan, Heribert: Erich Mielke. Der Mann, der die Stasi war, München 1997
Sikorski, Werner/Laabs, Rainer: Checkpoint Charlie und die Mauer – Ein geteiltes Volk wehrt sich, Berlin 1997
Staatsrecht der DDR. Lehrbuch, 2. Aufl., Berlin (Ost) 1984
Städte und Landschaften an der innerdeutschen Grenze. Sonderdruck der Texte zum Kalender 1984 des Gesamtdeutschen Instituts (Redaktion: Hermann Rudolph), Bonn 1984
Stoll, Klaus Hartwig: Das war die Grenze. Erlebte Geschichte an der Zonengrenze im Fuldaer, Geisaer und Hünfelder Land von 1945 bis zur Grenzöffnung, 3. Aufl., Fulda 1998
Strafrecht der DDR. Lehrbuch, 1. Aufl., Berlin (Ost) 1988
Suckut, Siegfried/Süß, Walter (Hrsg.): Staatspartei und Staatssicherheit. Zum Verhältnis von SED und MfS, Berlin 1997
Suckut, Siegfried (Hrsg.): Das Wörterbuch der Staatssicherheit, 1. Aufl., Berlin 1996
Weber, Jürgen/Piazolo, Michael (Hrsg.): Eine Diktatur vor Gericht. Aufarbeitung von SED-Unrecht durch die Justiz, München-Landsberg 1995
Weisbrod, Bernd (Hrsg.): Grenzland. Beiträge zur Geschichte der deutsch-deutschen Grenze, Hannover 1993
Weissbuch. Unfrieden in Deutschland: Unrecht im Rechtsstaat. Strafrecht und Siegerjustiz im Beitrittsgebiet, Berlin 1995
Wenzel, Otto: Kriegsbereit. Der Nationale Verteidigungsrat der DDR 1960 bis 1989, Köln 1995
Wetzlaugk, Otto: Die Alliierten in Berlin, Berlin (West) 1988
Wünsche, Wolfgang (Hrsg.): Rührt euch! Zur Geschichte der Nationalen Volksarmee der DDR, Berlin 1998
Zeittafel militärpolitischer und militärischer Ereignisse 1945 bis 1964, Berlin (Ost) 1965
Zeittafel zur Militärgeschichte der DDR 1949–1988, 2. Aufl., Berlin (Ost) 1989

Aufsätze in Zeitschriften/Sammelwerken (Auswahl):

Baumgarten, Klaus-Dieter: Die Staatsgrenze der DDR ist stets zuverlässig geschützt. Zum 35. Jahrestag der Grenztruppen der DDR, in: Militärwesen, 25. Jg. (1981), Heft 11, S. 3 ff.
Berghoff, Kurt: Zur Entstehung der Grenzpolizei im Osten Deutschlands im Jahre 1946, in: Zeitschrift für Militärgeschichte, 8. Jg. (1969), Heft 19, S. 32 ff.
Diedrich, Torsten: Die militärische Grenzsicherung an der innerdeutschen Demarkationslinie und der Mauerbau 1961, in: Vom Kalten Krieg zur deutschen Einheit. Analysen und Zeitzeugenberichte zur deutschen Militärgeschichte 1945 bis 1995, im Auftrag des Militär-

geschichtlichen Forschungsamtes hrsg. von Bruno Thoß (unter Mitarbeit von Wolfgang Schmidt), München 1995, S. 127 ff.
Grafe, Roman: Die Strafverfolgung von DDR-Grenzschützen und ihren Befehlsgebern. Eine vorläufige Bilanz, in: Deutschland Archiv, 30. Jg. (1997), Heft 3, S. 377 ff.
Hanisch, Wilfried: Die Grenzpolizei bei der revolutionären Umgestaltung bis zur Gründung der DDR, in: Militärgeschichte, 13. Jg. (1974), Heft 4, S. 481 ff.
ders.: Militärpolitische Probleme der Grenzsicherung der DDR (1956–1961), in: Zeitschrift für Militärgeschichte, 4. Jg. (1965), Heft 4, S. 402 ff.
Horn, Karl/Markowsky, Gerhard/Sternkopf, Horst: Einige Entwicklungsprobleme der Grenztruppen der DDR in den sechziger und siebziger Jahren, in: Militärgeschichte, 18. Jg. (1979), Heft 4, S. 419 ff.
Krasselt, Lothar: Zur Entwicklung der Deutschen Grenzpolizei der DDR in den Jahren 1955 bis 1957, in: Zeitschrift für Militärgeschichte, 3. Jg. (1964), Heft 2, S. 212 ff.
Lorenz, Gerhard: Führung durch die Partei – Grundlage der Kampfkraft und Gefechtsbereitschaft der Grenztruppen der DDR, in: Militärwesen, 28. Jg. (1984), Heft 11, S. 3 ff.
ders.: Die Einheit von Grenzbevölkerung und Grenztruppen – Unterpfand für den zuverlässigen Schutz der Staatsgrenze, in: Militärwesen, 30. Jg. (1986), Heft 11, S. 3 ff.
Pech, A.: Vom humanistischen Wesen des Dienstes in den Grenztruppen der DDR, in: Militärwesen, 30. Jg. (1986), Heft 11, S, 8 ff.
Petzold, Frank: Zu einer elementaren MfS-Dienstvorschrift der achtziger Jahre für das Grenzregime, in: Diktaturen in Europa im 20. Jahrhundert – der Fall DDR, hrsg. von Heiner Timmermann, Berlin 1996, S. 325 ff.
ders.: Der Einfluß des MfS auf das DDR-Grenzregime an der innerdeutschen Grenze, in: Opfer und Täter im SED-Staat, hrsg. von Lothar Mertens und Dieter Voigt, Berlin 1998, S. 135 ff.
ders.: Aspekte der Auswahl und Kontrolle von Grenzsoldaten durch das MfS. Beitrag für den Sammelband zur DDR-Forscher-Tagung 1996 in Otzenhausen (Skript; 11 Seiten)
ders.: Vorläufige Anmerkungen zum Amt des Grenzbeauftragten des MfS, Skript, 28 Seiten (unveröffentlicht); o.J. (1998)
Schultke, Dietmar: Das Grenzregime der DDR. Innenansichten der siebziger und achtziger Jahre, in: Aus Politik und Zeitgeschichte, Beilage zur Wochenzeitung DAS PARLAMENT, B 50/97 (5. Dezember 1997), S. 43 ff.

Abkürzungen

ABV	Abschnittsbevollmächtigter (der Volkspolizei)
BEL	Bezirkseinsatzleitung
BGH	Bundesgerichtshof
BR/BRD	Bundesrepublik Deutschland
BVerfG	Bundesverfassungsgericht
BVerfGE	Bundesverfassungsgerichtsentscheid
CDU	Christlich-Demokratische Union
CSR/CSSR	Tschechoslowakische (Sozialistische) Republik
DBD	Demokratische Bauernpartei Deutschlands
DDR	Deutsche Demokratische Republik
DGP/GP	Deutsche Grenzpolizei
DL	Demarkationslinie (Zonengrenze)
DVdI	Deutsche Verwaltung des Innern
DVP/VP	Deutsche Volkspolizei
DWK	Deutsche Wirtschaftskommission
FDJ	Freie Deutsche Jugend
FHG	Freiwilliger Helfer (der) Grenztruppen
GG	Grundgesetz
GB	Grenzbereitschaft/Grenzbataillon
GK	Grenzkommando/Grenzkompanie
GR	Grenzregiment
GT	Grenztruppe(n)
GÜSt	Grenzübergangsstelle
GPH	Grenzpolizeihelfer
GI	Geheimer Informator (des MfS)
GM	Geheimer Mitarbeiter Sicherheit (des MfS)
GSSD	Gruppe der Sowjetischen Streitkräfte in Deutschland
GST	Gesellschaft für Sport und Technik
HA/HV	Hauptabteilung/Hauptverwaltung
HVA	Hauptverwaltung Ausbildung/Aufklärung
IM	Inoffizieller Mitarbeiter (des MfS)
KGB	Komitee für Staatssicherheit (der UdSSR)
KPP	Kontrollpassierpunkt
KPdSU	Kommunistische Partei der Sowjetunion
KSZE	Konferenz über Sicherheit und Zusammenarbeit in Europa
KVP	Kasernierte Volkspolizei
LDP(D)	Liberal-Demokratische Partei Deutschlands
LPG	Landwirtschaftliche Produktionsgenossenschaft
MdI	Ministerium des Innern
MdJ	Ministerium der Justiz
MfS	Ministerium für Staatssicherheit
NATO	Nordatlantische Verteidigungsgemeinschaft
ND	Neues Deutschland (Tageszeitung)
NDPD	National-Demokratische Partei Deutschlands
NSDAP	Nationalsozialistische Deutsche Arbeiterpartei
NSW	Nicht-Sozialistisches Wirtschaftsgebiet

NVA	Nationale Volksarmee
NVR	Nationaler Verteidigungsrat (der DDR)
OG	Oberstes Gericht (der DDR)
OibE	Offizier im besonderen Einsatz (des MfS)
OV	Operativer Vorgang (des MfS)
PDS	Partei des Demokratischen Sozialismus
PGH	Produktionsgenossenschaft des Handwerks
PHV	Politische Hauptverwaltung (der NVA und GT)
PKE	Paßkontrolleinheit (des MfS)
PKK	Partei-Kontrollkommission (der SED)
POS	Polytechnische (allgemeinbildende) Oberschule
RGW	Rat für gegenseitige Wirtschaftshilfe
RIAS	Rundfunk im amerikanischen Sektor (von Berlin)
SBZ	Sowjetische Besatzungszone (Deutschlands)
SED	Sozialistische Einheitspartei Deutschlands
SKK	Sowjetische Kontrollkommission
SMAD	Sowjetische Militäradministration in Deutschland
SPD	Sozialdemokratische Partei Deutschlands
StGB	Strafgesetzbuch
SU	Sowjetunion
UdSSR	Union der Sozialistischen Sowjetrepubliken
UNO	Organisation der Vereinten Nationen
VEG	Volkseigenes Gut
VP	Volkspolizei
VS	Verschlußsache
ZGB	Zivilgesetzbuch
ZK	Zentralkomitee
ZV	Zentralvorstand

Die wichtigsten Abkürzungen in den Grenztruppen:

AO	Anordnung
BT	Beobachtungsturm
DV	Dienstvorschrift
GAK	Grenzaufklärer/Grenzaufklärung
GB	Grenzbataillon
GK	Grenzkompanie
GK	Grenzkommando
GMN	Grenzmeldenetz
GM-75	Grenzmauer-75 (Berlin; Mauer der 4. Generation/4,20 m)
GR	Grenzregiment
GSA	Grenzsignalanlage
GSZ	Grenzsignalzaun
GSSZ	Grenzsignal- und Sperrzaun
GSZA	Grenzsignalzaunanlage
GSZE	Grenzsignalzaunelektronik
GÜ	Grenzüberwachung
GÜSt	Grenzübergangsstelle
GüSt-SiR	Grenzübergangsstellen-Sicherungsregiment

GV	Grenzverletzer
GVS	Geheime Verschlußsache
MB	Militärbezirk
MIT	Militärtechnisches Institut (der NVA)
PoP	Postenpunkt
PF	Postenführer
PSG	Postensignalgerät
PV	Politische Verwaltung (der Grenztruppen)
RdH	Raum der Hauptanstrengung
SiA	Sicherungsabschnitt
SiK	Sicherungskompanie
SiP	Sicherungspunkt
VPKA	Volkspolizei-Kreisamt
VGO	Verstoß gegen die Grenzordnung
VVS	Vertrauliche Verschlußsache
GKN	Grenzkommando Nord
GKM	Grenzkommando Mitte
GKS	Grenzkommando Süd
KGN	Kommandeur Grenzkommando Nord
KGM	Kommandeur Grenzkommando Mitte
KGS	Kommandeur Grenzkommando Süd
KC	Kompaniechef
K-GB	Kommandeur Grenzbataillon
K-GR	Kommandeur Grenzregiment
STMCGT	Stellvertreter des Ministers und Chef der Grenztruppen

Der Autor

Peter Joachim Lapp
1941 in Elbing/Ostpr. geboren, Volksschule, kfm. Lehre, 1960–1964 in politischer Haft in der DDR, 1964–1966 kfm. Angestellter, 1966–1969 Studium an der Hochschule für Wirtschaft und Politik (HWP), 1969–1974 Studium an der Universität Hamburg (Politische Wissenschaften/Öffentl. Recht und Soziologie); Diplom-Sozialwirt/Diplom-Politologe/Dr. rer. pol.; 1974–1976 Leiter einer Volkshochschule; 20 Jahre Redakteur im DEUTSCHLANDFUNK und 10 Jahre Lehrbeauftragter an der Universität Köln; seit 1997 Vorruhestand.

Buchveröffentlichungen (Auswahl): Die Volkskammer der DDR (1975); Wahlen in der DDR (1982); Die Volksmarine der DDR (zusammen mit Siegfried Breyer, 1985); Frontdienst im Frieden – Die Grenztruppen der DDR, 2. Aufl. (1987); »Die befreundeten Parteien« der SED (1988); Traditionspflege in der DDR (1988); Die Grenze. Ein deutsches Bauwerk (zusammen mit Jürgen Ritter, 3. Auflage 1999); Ausverkauf. Das Ende der Blockparteien (1998).